한국 민주주의 어디까지 왔나

한국 민주주의 어디까지 왔나

성과와 과제

조기숙 | 정태호 외 지음

인간사랑

차례

Part 2 법치주의

이 책의 공저자들은 2008년 한국미래발전연구원(이하 미래연)의 탄생 이후 함께 해온 민주주의 연구회 소속 회원들이다. 미래연은 노무현 대통령이 재임 중 마음껏 진보정책을 펼치지 못한 것에 대한 안타까움으로 참모들과 함께 설립한 싱크탱크이다. 연구원이 제대로 모습을 드러내기도 전에 노 대통령은 우리 곁을 떠났다. 연구원이 장례준비를 돕고 노무현 재단을 설립하는 산파역할을 맡게 될 줄 누가 알았던가.

나는 민주주의 연구회 준비위원장으로서 1기 회장을 영입하고 함께 할 학자들을 물색하는 일을 했다. 민주주의 연구회 회원들은 생전에 노 대통령을 만나본 적도 참여정부에서 그 흔한 위원회 감투 한 자리 받아본 적이 없다. 노무현 대통령 퇴임 직후 참여정부 실패 프레임이 한창일 때에도 여전히 노무현의 가치를 인정해 주었던 참 고마운 분들이다. 별로 높은 지지도를 기록하지 못하고 퇴임한 대통령의 참모들과 연구원을 함께 해준 모든 회원분들께 이 자리를 빌려 깊은 감사를 드린다. 참여정부에서 사법개혁위원회 위원을 맡은 서보학 교수는 우리 연구회 회원이 아님에도 옥고를 주신 데 대해서도 감사를 드린다.

한 토론회에서 어떤 교수는 대통령 서거 이후에도 참여정부와 노 대통령에 대해 매우 비판적이었다. 참다못해 노 대통령의 공과 과에 대한 국민의 평가를 진보진영이 함께 지고 가야 한다고 한마디 했다. 최근 조사에서 노 대통령은 대학생에게 가장 존경받는 대통령, 일반 국민들 사이에선 박정희 대통령과 공동 1위를 기록하거나 앞서기도 한다. 진보진영에도 박정희 대통령에 맞먹는 좋은 역사적 평가를 받는 대통령이 한 분 있다는 게 사실 얼마나 고마운 일인가. 이는 진보진영이 재집권하는 데 반드시 필요한 매우 소중한 자산이다. 민주정부 10년을 부정하면서 우리가 잘해보겠으니 표를 달라고 한다면 국민이 그 말을 믿겠는가. 상당수 국민이 보수정당에 지속적으로 묻지마 투표를 하는 것도 사실은 박정희 대통령의 유산 때문이다. 진보진영에도 이 같은 기본 자산이 생긴 것이다. 그런데 그분의 대답이 인상적이었다.

"당신들이야 한 자리씩 했으니 그런 소리를 하지만 우리처럼 한 자리 해먹지도 못한 사람이 왜 그런 책임을 져야 합니까" 하며 버럭 화를 냈다. 나중에 알고 보니 그 사람은 참여정부에서 모 단체의 기관장을 했던 사람이다. 청와대 참모면 공동책임을 져야 하고 기관장은 무책임하게 욕을 해도 된다는 말인가.

막상 국민들은 보수와 진보 양 진영을 지켜보다 집단적인 평가에 기초해 선거에서 표로 심판한다. 소선거구제의 특성도 있고 진보와 민주개혁, 좌파를 구분하기 어려워하는 국민도 있어 국민은 정치권을 양 진영으로 파악한다는 말이다. 보수진영은 싫으나 좋으나 공동의 이해를 기반으로 상부상조하니 그들이 비록 부패하고 무능할지언정 뭔가 일사분란하게 움직이는 모습이 유능해 보인다. 그에 비해 진보진영은 작은 차이에도 서로 삿대질하며 분열하니 저런 사람들을 믿고 나라를 맡겨도 좋을까 회의하게 된다. "부패는 참아도 무능은 못 참는다는" 수구언론의 구호는 진보의 이런 틈새를 이용한 프레임이다.

많은 논객들이 2007년 대선이 욕망과 탐욕의 물질주의 선거였다고 하는데 나는 오히려 '유능과 경제' 프레임이 먹혔다고 본다. 한국인은 OECD 국가 중에서 가장 물질주의적이다. 2007년에 유권자가 갑자기 더 물질주의적이 되었다고 보기 어렵다. 경제는 역대 어느 선거에서도 핵심 쟁점이었다. 2007년 대선에서 특별히 경제쟁점이 주목을 끌게 된 건 그것이 합의쟁점이 아니라 경제성장과 복지라는 균열쟁점으로 등장했기 때문이다. 노무현 대통령과 참여정부의 양극화 담론, 복지, 비전 2030 덕분에 미약하나마 경제가 균열쟁점으로 등장하게 된 것이다. 그러나 진보진영이 대패하게 된 건 이 경제쟁점에 있어서 수구언론의 '무능 프레임'이 먹혔기 때문이다. 그렇게 된 가장 큰 이유는 노무현 대통령이 비주류 아웃사이더였기 때문이지만 진보의 분열이 전적인 이유라고 생각된다.

노 대통령에 대한 일부 진보진영 학자들의 비판이 감정적인 경우도 있었던 데 비해 민주주의 연구회와 함께 한 학자들은 합리적이며, 학자로서의 논리와 근거, 균형감각을 갖췄다는 점에서 매우 소중하다. 민주주의 연구회의 위원장은 학자로서의 업적도 뛰어나면서 정치색이 없고 정의감 있는 분을 영입하겠다는 목표를 세웠다. 연구원이 정치색에 휘말리기보다는 우리 사회를 위한 진보담론을 생산하기 위해서는 졸지에 우리 사회의 왕따가 된 '친노' 이미지를 벗어나고 싶었다. 아무리 생각해도 강정인 교수만한 사람이 없었다. 강 교수와 나는 과거 학술진흥재단의 학술지 평가를 함께 한 경험이 있는데 일처리 솜씨가 뛰어난 데 반했다. 약주를 즐기는 강 교수를 설득하기 위해 코가 삐뚤어질 때까지 술을 마시며 부탁했지만 그는 단호히 거절했다. 그렇다고 포기할 내가 아니지 않은가. 이번에는 데이트를 하자며 근사한 레스트랑으로 초청했다. 그곳에서도 나의 읍소는 계속되었다. 사실 나도 강 교수가 나의 청을 받아들이리라고는 예상치 못했다. 학문활동만으로도 바쁜 분이 지성이면 감천이라고 뜻밖에도 나의 청을 받아들였다.

어떤 조직이든 초기 멤버가 중요하다. 그래야 악화가 양화를 구축하는 일이 발생하지 않기 때문이다. 어떤 이는 학자는 보수 진보가 없고 일류와 이류만 있다고 하는데 그 말에 정말 공감한다. 보수든 진보든 실력이 있는 사람은 토론을 하다 보면 합리적 공감대가 도출되기 마련이다. 그러나 실력 없이 이념만 앞세우는 사람은 때에 따라 입장이 바뀔 확률이 크기 때문에 나는 그런 사람을 별로 신뢰하지 않는다. 강정인 위원장과 쟁쟁한 학자들을 모시고 나니 부러울 것이 없었다. 그렇게 해서 꾸려진 민주주의 연구회는 2008년 봄부터 매월 월례 세미나를 하는 것으로 시작되었다.

월례 세미나는 한 번도 거르지 않고 4년이 지난 지금까지 계속되고 있다. 입소문을 듣고 찾아온 사람도 있고, 아름아름 회원이 늘어 지금 우리 연구회 회원은 20여 명이 된다. 우리는 학연, 지연, 학회 등 어떤 사적인 인연을 가지고 있지 않다는 점이 특이하다. 한 가지 통하는 점이 있다면 이 땅의 민주적 가치의 소중함을 공감하고 그 민주주의를 위해 학문적으로 기여하고 소통하고 싶어 한다는 점이다.

연구회에서 처음에는 이것저것 시사적인 것도 하고 외부 학자를 초청해서 배우기도 했지만 뭔가 공동의 결과물을 내놓는 게 좋겠다는 의견을 나누게 되었다. 그러다 2년의 회장 임기를 마친 강정인 교수는 본연의 사상연구로 돌아갔다. 노 대통령의 서거와 함께 친노가 부활했다고 느낀 강 교수는 더 이상 자신이 기여할 바가 없다고 말했다. 그동안 강 교수가 우리와 함께 하게 된 데에는 노 대통령에 대한 부당한 돌팔매질에 대한 연민과 반감이 일조했던 것 같다. 강정인 교수의 따뜻한 마음과 정의감에 다시 한 번 감사를 드린다.

경희대 법학대학원 정태호 교수가 2대 회장을 맡았다. 그 후 시작한 공동연구의 첫 번째 성과물이 이 책이다. 1987년 민주화 운동의 성공으로 우리는 대통령 직선제 개헌을 얻어냈다. 그 후 우리의 민주주의는 지속적으로 진화하여 문민정부의 탄생으로 하나회 청산, 전임 대통령의 비리 청문회 등의 성과를 거뒀고, 야당의 오랜 지도자였던 김대중 후보가 당선됨으로써 수평적 정권교체를 이뤘다. 참여정부에 이르러서는 민주정부가 10년 연속 집권하면서 민주주의 꽃이 만개했다. R&R이 2007년 12월 대선 직전에 실시한 한 설문조사에서는 90%의 응답자가 우리나라의 민주화가 이루어졌다고 평가하기도 했다. 그러나 불과 몇 년 사이에 이명박 정부의 역주행이 시작되었다.

노무현 대통령은 우리 사회가 많이 발전했기 때문에 누가 대통령이 되어도 민주정부 10년이 이룩해 놓은 시스템을 쉽게 허물지는 못할 것이라는 낙관론을 펼쳤다. 나는 시스템을 움직이는 것도 사람이므로 겉만 민주주의 속은 개발독재가 될 것이라고 2006년 졸저 『마법에 걸린 나라』에서 주장했다. 불행히도 내가 맞았다. 우리의 민주주의가 그렇게 취약했단 말인가. 무슨 문제가 있는 것일까. 그동안 우리는 어떤 민주주의 성을 쌓았기에 모래성처럼 하루아침에 허물어진단 말인가. 어떻게 민주주의가 이렇게 쉽게 후퇴할 수 있는가. 앞으로 우리 민주주의의 운명은 어떻게 될 것인가. 이런 질문에 대한 답을 찾기 위해 민주화 이후 한국 민주주의가 얻은 성과와 앞으로 남은 과제에 대해 책을 쓰기로 했다.

우리는 어떠한 결론도 내리지 않고 한국 민주주의가 어디까지 왔는가 하는 문제에 천착하게 되었다. 각 분야마다 1987년 이후 우리 사회가 이룬 것은 무엇이고 이루지 못한 것은 무엇인지, 왜 실패하게 되었는지를 분석했다. 가능하면 외국의 사례와 비교함으로써 우리가 앞으로 어떤 길로 나아가야 하는지 그 대안에 대해서도 고민했다. 그 결과 우리 필진 모두는 놀랍게도 유사한 결론에 도달하게 되었다. 민주정부 10년간 한국의 민주주의에 엄청난 발전이 있었지만 질적으로 성숙한 민주주의는 아니었다는 결론을 내렸다. 민주정부 10년 동안 민생문제가 해결되지 못한 이유도 결국은 시민주권이 뿌리 내리지 못하고 국가의 권력이 약화된 공백을 사법, 검찰, 언론, 재벌 등의 특권층이 비집고 들어왔기 때문이라는 결론을 내렸다. 길 닦아놓으니 누가 먼저 달린다고, 독재권력의 하수인이었던 자들이 독재정부가 사라지자 새로운 독재자가 되어 국민을 도탄에 빠뜨렸던 것이다.

특권층과 자본에 대한 문민통제를 강화하지 못한 가장 큰 책임이 김대중, 노무현 두 정부에 있다고 비판한다면 그 사람은 민주주의를 잘 이해하지 못하는 제왕적 대통령론자라고 말하고 싶다. 시민사회의 질적인 성장 없이 민주주의는 불가능하다. 각 부문의 특권권력을 대통령의 권력으로만 견제하는 건 불가능하기 때문이다. 게다가 헌법을 준수하겠다고 선서한 민주적 대통령에게 비민주적 방법으로 특권층을 제어하라고 요구하는 건 논리적 모순이기도 하다. 결국 한국 민주주의가 질적 성숙을 하지 못한 가장 큰 이유는 미발달된 시민사회, 민주주의적 문화와 관행 및 전통의 부족에 기인한다고 생각된다.

많은 이들이 한국 정치를 개혁하기 위해 개헌을 언급하거나 법과 제도의 개혁을 많이 이야기한다. 법과 제도를 정비하는 것은 물론

꼭 필요한 일이다. 하지만 민주적인 법을 만들고 지키는 것도 민주적 문화와 규범에서 비롯된다. 우리 민주주의의 가장 큰 문제는 민주주의 문화와 규범이 공동체 구성원 모두에게 결여되어 있다는 점이다. 아무리 좋은 제도가 있어도 구성원들이 민주주의 문화를 내면화하지 않으면 성숙한 민주주의의 작동은 불가능하다는 것을 깨달았다.

즉 이명박 정부 들어와 한국 민주주의가 후퇴하게 된 건 아직도 우리 민주주의가 법과 제도로 정비되지 못했기 때문이다. 민주주의 문화가 국민들의 마음속에 내면화하지 못한 것이다. 다시 말해 지난 10년의 민주주의는 김대중, 노무현이라는 선의의 지도자에 의해 꽃을 피웠다. 그러나 선한 지도자들이 사라지자 민주주의 수준이 과거 상태로 복원력을 발휘했다고 할 수 있다. 국민과 시민사회가 일상 속에서 민주적인 문화를 가지고 민주적으로 생각하고 실천하지 않았다는 말이다. 특히 여전히 독재문화를 향수하고 지키려는 중장년층과 시민주권의식이 뼛속 깊이 박힌 젊은 층의 세대갈등은 피할 수 없는 전환기의 특징이 되었다.

우리 국민에게 아직도 민주적 유전자가 부족하다는 점은 이명박 정부를 거치면서 더욱 뚜렷하게 알게 되었다. 이명박 대통령이 촛불집회에 놀라 두 번이나 사과했을 때 이 대통령의 지지도는 바닥으로 떨어졌다. 그러나 이 대통령이 촛불집회를 탄압하기 시작하면서 그의 지지도는 회복되었다. 새누리당의 박근혜 비대위원장이 민주적 절차를 따른 공천이 아니라 일인의 사천으로 일사분란함을 보여주었을 때 국민의 지지도가 치솟았던 것도 우리 사회에 민주적 문화가 결여되어 있다는 증거이다. 권위주의 제도는 개헌이나 법개정으로 한순간에 없앨 수 있지만 민주적 제도의 운영을 제약하는 권위주의 문화는 사람이 바뀌어야 사라지기 때문에 세대교체에 걸리는 시간

만큼이나 오래 걸린다.

결론적으로 민주정부 10년간 경제민주화가 기대만큼 진척되지 못한 건 대화와 타협의 정치가 불가능했던 미성숙한 민주정치 혹은 민주주의와 법치주의의 결핍에 있었다고 결론내릴 수 있다. 일부 진보학자들이 주장하는 경제적 민주화나 복지국가를 위해서도 성숙한 민주주의의 질적 발전은 가장 시급하게 해결해야 할 문제이다. 즉 민주 없이는 민생도 없기 때문이다. 민주와 민생은 일란성 쌍둥이다. 이명박 정부 들어와 민생이 더 파탄나게 된 이유도 민주주의의 후퇴에서 그 이유를 찾을 수 있다. 민주정부 10년은 최소한의 절차적 민주주의는 성취했을지 몰라도 사회 구석구석이 기득권 특권세력에게 저당잡힌 반쪽짜리 민주주의였다. 그래서 여전히 민생이 어려웠던 것이다.

내가 그토록 부정했던 발전론, 문화론을 내 입으로 다시 말하게 될 줄 누가 알았겠는가. 1970년대 후반에서 1980년대 초반 정치발전론자들이 민주주의 문화의 중요성을 강조할 때 나는 대학생이었다. 나는 이러한 주장에 강하게 반발했다. 국민의 민주적 문화 없이도 정치인이 마음만 먹으면 얼마든지 민주주의는 가능하다고 주장했다. 실제로 미국의 민주주의는 엘리트들 간의 경쟁에 의해 유지되는 엘리트민주주의 모델이다. 독재자가 민주주의를 유린하면서 그 실패를 민주적 문화가 없는 국민에게 돌리는 것 같아 화가 났다. "한국에서 민주주의가 꽃핀다면 그건 쓰레기통에서 장미꽃을 피우는 것과 같다"는 한 외국인의 면상에 펀치를 날리고 싶은 심정이었다.

그래서 나는 문화론에 대한 거부감으로 대학생 때부터 자생적인 '합리적 선택론자'가 되었다. 선택의 여지가 있다면 인간은 누구나 독재정보다는 민주정을 선택할 것이라 믿었다. 물론 그런 측면이 없는 것은 아니다. 상식적인 국민이라면 억압적 독재통치보다는 유연한 민주정을 선택할 것이다.

그러나 민주주의가 국민의 민주적 문화 없이 성공적으로 작동하지는 않는다는 것을 새삼 깨달았다. 바이마르 공화국이 실패하고 히틀러가 등장하게 된 것도 당시 독일 국민의 정치문화가 그만큼 성숙하지 못했기 때문일 것이다. 참여정부가 어려웠던 점은 어쩌면 제도의 민주화를 따라가지 못한 민주문화의 지체현상에 원인이 있었는지 모른다. 발전론자들이 민주주의 선진국 학자들인 게 우연이 아니다. 우리 민주주의가 어느 정도 발전하게 되면서 더 이상 나아가지 못하고 후퇴하게 된 건 민주주의의 작동에 필요한 민주적 문화가 부족하기 때문이라는 결론을 얻었다. 나만의 결론이 아니라 이 책의 저자 모두의 공통된 결론이었다. 이런 결과가 나올지 나는 물론 누구도 몰랐다.

물론 이명박 정부의 민주주의 역주행을 막아낸 것도 촛불시민의 헌신과 언론인들의 강력한 저항 덕분이다. 그러나 그 수가 너무 작기 때문에 한쪽에서는 여전히 역주행이 가능한 것이다. 가장 중요한 민주주의 인프라는 깨어 있는 시민의 민주적 문화와 민주주의에 대한 확신과 헌신이라는 결론을 얻었다. 복지와 경제민주화, 분배담론의 한가운데로 다시 민주주의를 전면으로 불러세운 이유이다.

성숙한 민주주의는 경제민주화를 위해서도 반드시 필요하다. 많은 진보진영 학자들이 북유럽의 사회복지국가를 이상으로 추구한다. 그런 나라에서 온 학생들에게 들어보면 '욱' 하는 한국인들의 감정정치를 이해할 수 없다고 말한다. 자기네 나라에서는 모든 정책이 합리적 토론을 거쳐 민주적으로 결정되기 때문에 정책결정에 몇 년씩 걸린다고 한다. 그러나 언성을 높이고 얼굴을 붉히며 멱살을 잡는 일은 결코 없다는 것이다. 논리로 토론하면 되는데 왜 한국인들은 정치에서 그렇게 다혈질적인지 이해할 수 없단다. 담론 수준이 북유럽만큼 합리적이고 논리적으로 높아지지 않는다면 우리가 복지국가를 성취하는 것도 불가능하겠다는 교훈을 얻었다.

특히 논객은 대안 없는 비판을 지양해야 한다. 완벽한 상태를 상정하고 부족한 부분을 비판하면 어떤 정치인도 어떤 정책도 비판의 화살을 피할 수 없다. 이 세상에 완벽한 게 어디 있는가. 정치란 결국 현실적으로 가능한 대안 중에서 선택하는 것이다. 사람도 그렇고 정당도 그렇고 정책도 그렇다. 선택지는 차선, 차악, 최악이 있는데 최선을 기준으로 놓고 비판하면 세 개의 이 선택지가 모두 오십보백보로 느껴지게 된다. 그놈이 그놈인 것이다. 이러한 논평이 정치불신과 무관심을 가져온다. 우리 사회의 특권정치, 독재의 잔재는 국민의 정치불신과 외면을 먹고 자라는 독버섯과 같다. 오십 보와 백 보는 오십 보만큼의 차이가 있다고 말해야 한다.

정치에서 논평가의 책임은 정치인보다 크다고 생각한다. 나는 상당수 우리 사회의 학자나 논평가들이 제대로 된 역할을 하지 못한다고 생각한다. 어떤 이는 논평가가 대안을 제시할 의무가 없다고 큰소리를 치기도 한다. 이들이 버젓이 논객으로 활동할 수 있는 이유는 언론의 문제 때문이다. 대부분의 언론인이 누가 가짜이고 진짜인지 논객의 수준을 모르거나, 아니면 정치적 목적으로 옳은 소리 하는 논객을 억압하고 자신들이 듣고 싶은 논객만을 띄우기 때문일 것이다. 이것이 우리 사회 담론이 국민의 삶을 개선시키지 않는 낮은 수준에서 형성되는 또 하나의 중요한 이유라고 생각된다.

"깨어 있는 시민의 조직된 힘"만이 민주주의를 가능하게 할 것이라 믿었던 노무현 대통령의 생각처럼 시민이 담론 수준을 높여가는 수밖에 없다. 실제로 최근엔 비논리적이거나 한심한 논평을 하는 학자들은 시민에게 가차없는 비판을 받는다. 점점 논객 하기 힘든 세상이 된 것이다. 깨어 있는 시민들이 파워 블로거로 활동한다. 이들의 글이 깊이 있고 논리적이며 학자들보다 훨씬 더 내공이 있다. 한 동료 교수는 이제 정치학자들이 할 일이 없게 되었다. 파워 블로거들에게 지성 리더십을 빼앗겼기 때문이라고 말한다. 맞는 말이다. 그렇다고 우리가 손 놓고 있을 수는 없는 일 아닌가.

우리 사회에 성숙한 시민의식을 가진 시민이 상당수 존재한다는 믿음으로 그들을 대상으로 이 책을 쓰게 되었다. 이 책이 대학생의 민주주의 교과서로, 입법고시를 준비하는 고시학도의 수험서로, 깨어 있는 시민의 민주주의 교양서로 쓰이기를 바란다. 대학원생의 연구 길잡이로도 도움이 되리라 생각한다. 또한 이 책이 민주주의에 대한 담론 수준을 높이고, 우리 정치의 문제를 정확히 진단하고 더 나아가 해결책을 찾는 데 작은 도움이 되기를 바라는 소박한 마음으로 세상에 내보낸다. 우리 연구회 회원들은 우리와 뜻을 같이 하는 학자들과 더 많은 시민들과 함께 토론하고 공감하며 좀 더 진전된 새로운 작업을 할 수 있기를 기대한다.

한국미래발전연구원 민주주의 연구회 회원을 대표하여 **조기숙**
www.twitter.com/leastory | blog.daum.net/leadershipstory

어떤 민주주의인가?

조기숙

1. 다양한 민주주의 개념

민주주의는 지구상에서 현재까지 생각할 수 있는 최고의 가치이며 정치체라는데 많은 이들이 동의한다. 인류의 역사는 진보해 왔으며, 그 진보의 최고점이 민주주의라는데에 이견을 제기할 이도 많지 않다. 민주주의가 최선의 결과를 가져오는 건 아니지만 민주주의보다 더 좋은 정치체를 아직까지는 찾지 못했기 때문이다. 그런데 민주주의에는 워낙 다양한 의미가 들어 있어 어떤 민주주의인지에 대한 합의가 없으면 논의 자체가 불가능하다.

세계 각국은 민주주의를 내세우지만 그들의 정치형태는 매우 다르다. 우리의 헌법 제1조도 민주주의를 대내외에 명시적으로 공포하고 있다. "헌법 제1조 ① 대한민국은 민주공화국이다. ② 대한민국의 주권은 국민에게 있고, 모든 권력은 국민으로부터 나온다." 그런데 미국, 일본, 독일, 북유럽 국가들만 민주주의를 내세우는 게 아니다. 북한의 공식명칭은 조선민주주의인민공화국이고, 콩고의 공식명칭도 콩고민주공화국Democratic Republic of Congo이며 라오스도 라오인민민주주의공화국Lao People's Democratic Republic이다. 전체주의적 의사결정을 따르는 공산주의 국가도 모두 민주주의를 지향하고 있기에 그렇다.

　이러한 혼란 때문에 1987년 민주화 이후 한국 민주주의의 성과와 과제를 다루는 이 책에서 말하는 민주주의의 개념은 무엇인지, 또 어떤 민주주의 모델을 사용하는지에 대한 합의가 선행되어야 한다고 본다. 그렇지 않을 경우 말로는 민주주의를 말하지만 실제로는 전혀 다른 현상을 다루는 동문서답이 될 가능성이 있다. 민주주의 절차와 관련해서는 다수의 지배를 존중하는 다수결주의와 소수를 존중하는 협의민주주의로 구분되기도 하고, 주민의 직접참여 정신을 살린 직접(참여)민주주의와 대표에 의해 의사결정을 하는 대의민주주의로 구분되기도 한다. 의사결정 과정에서 토론과정을 중시하는 심의(숙의)민주주의가 최근엔 새로운 대안으로 제시되기도 한다.

　이 장에서는 민주주의 논의에서 가장 큰 개념적 혼란을 가져오는 절차적 민주주의와 실질적 민주주의로 구분하고 개념의 차이를 2절에서 살펴본다. 그리고 만일 양자가 긴장관계에 있을 경우 우선순위를 정할 수 있는지, 민주주의의 역사라고 할 수 있는 시민주권의 역사과정을 통해 3절에서 추론해 본다. 4절에서는 절차적 민주주의와 실질적 민주주의의 개념적 혼란이 현실정치의 담론에 어떤 영향을 미쳤는지, 참여정부는 과연 절차적 민주주의에 성공했는지 살펴본다. 5절에서는 참여정부는 실질적 민주주의를 어느 정도 성취했는지, 부족하다면 왜 좋은 성과를 내지 못했는지 살펴본다. 결론부분에서는 본장의 내용을 요약하고 2012년 총선과 대선은 한국 민주주의 발전에서 어떤 의미를 지니는지 토론한다.

2. 절차적 민주주의 vs. 실질적 민주주의

1) 자유민주주의(정치) vs. 사회주의(경제)

우선 민주주의는 가장 크게 절차적 민주주의와 실질적 민주주의로 구분된다. 보통 절차적 민주주의는 정치적 민주주의를 의미하며, 얼마나 민주적인 절차를 준수하여 결과가 산출되었느냐에 따라 민주주의 정도가 평가된다. 절차적 민주주의에서는 개인의 정치적 자유가 중요시되는 만큼 자유민주주의와 동일시되기도 한다. 반면 실질적 민주주의는 결과가 얼마나 민주적인지에 따라 평가된다. 이 때문에 실질적 민주주의는 경제적 민주주의라 불리기도 하며 평등을 강조한다. 이는 엄밀히 말하면 사회주의로서 자유민주주의가 정치적 차원에 집중된다면 실질적 민주주의는 경제적 차원을 다룬다. 정치적 민주주의와 경제적 민주주의(사회주의)가 동시에 민주주의라 불리기 때문에 많은 혼란을 야기시킨다. 절차적 민주주의를 추구하는 남한이나 공산주의를 지향하는 북한이 국가 이름에 민주주의를 붙이는 건 서로 다른 민주주의를 지향하기 때문이다.

링컨의 게티스버그 연설은 전통적 민주주의가 절차적 민주주의와 실질적 민주주의를 모두 포함하고 있음을 보여준다. 민주주의는

"국민의, 국민에 의한, 국민을 위한" 정치로 정의된다. '국민의'는 주권재민, 즉 모든 권력은 국민으로부터 나온다는 것을 공표한다. '국민에 의한'은 절차적 민주주의에 방점을 찍는다면 '국민을 위한'은 실질적 민주주의를 강조한다. 이는 절차적 민주주의가 성숙하고 제대로만 이루어진다면 자연스럽게 실질적 민주주의도 이루어진다는 것을 의미한다. 즉 1인 1표에 의한 민주주의는 자연스럽게 국민 대다수를 위한 정책을 택할 것이다. 만일 소수만을 배불리는 경제정책이 채택된다면 그건 절차적 민주주의가 실패하고 있음을 의미하기도 한다.

2) 절차적 민주주의와 경제적 민주주의는 보완관계

한국의 보수주의자들은 절차적 민주주의가 자유민주주의이며 자유민주주의를 사회주의와 적대적인 개념으로 이해하는 경향이 있다. 그러나 진정한 의미의 자유민주주의는 사회주의적 경제질서와 만날 때 비로소 실현 가능하다는 게 자유민주주의론의 대가인 달 Robert A. Dahl과 맥퍼슨C. B. Macpherson의 생각이다.[1] 절차적 민주주의를 지탱하는 1인 1표는 경제적 불평등과 결합될 때 제대로 작동하지 않고 실패할 수도 있기 때문이다. 어느 사회나 안정된 사회에서는 재산이 많고 많이 배운 사람은 투표율이 높고, 가난하고 배우지 못한 사람은 먹고 살기 바빠서 혹은 주권 개념이 부족해서 투표율이 낮은

---

1. Kisuk Cho, 1990, *The Role of Intensity of Preferences and its Implications for the Representative Democracy*, Ph.D. Dissertation, Indiana University.

편이다. 아무리 1인 1표가 평등하게 주어진다 해도 경제적인 격차가 존재한다면 경제적 약자는 투표권을 행사하기 어려우므로 절차적 민주주의가 성공한다고 보기 어렵다. 또한 사회경제적 약자는 투표 이외의 정치참여, 가령 정당참여, 선거운동, 국회의원 접촉 등의 활동에서도 매우 열세인 것이 현실이다. 따라서 진정한 의미의 절차적 민주주의의 성공은 실질적 민주주의에 의해 담보된다고 할 수 있다.

자유민주주의가 성공하기 위해서는 경제적 민주주주의가 필요하고, 역으로 경제적 민주주의는 절차적 민주주의의 성숙에 의해 가능하다고 볼 수 있다. 그런데 절차적 민주주의를 실시하는 우리나라뿐만 아니라 미국에서도 서민이 부자와 특권층을 위한 정당에 투표하는 경향이 있다. 가장 큰 이유는 어려서 경제적으로 어려움을 겪었거나 전쟁을 경험한 사람은 보수적인 성향이 있기 때문이다. 빈곤이나 전쟁을 경험한 사람은 생존에 대한 욕구가 충족되지 않았기 때문에 자아실현을 추구하는 진보적 가치에 공감하지 못한다. 이들이 자신들과 같은 소외계층의 이익을 보호하는 진보정당에 투표하기 위해서는 의식의 깨어남을 경험해야 한다. 의식화는 교육이나 직업에서의 경험, 노조활동과 같은 시민교육에 의해 가능하다.

즉 민주주의가 미성숙한 나라에서는 최소한의 절차적 민주주의를 확보했다 하더라도 국민이 국민을 위한 투표를 하지 않을 수 있다. 영남 서민의 지역주의 투표에 의한 새누리당 지지나 미국 남부 백인들의 인종주의 투표에 의한 공화당 지지는 미성숙한 민주주의의 결과라고 할 수 있다. 특히 우리의 경우 박정희 대통령의 근대화를 경험한 노년 세대가 보수정당을 지지하는 건 그들의 젊은 시절의 경험에 비추어 당연하고 합리적인 선택으로 이해될 수 있다. 또한 고연령층의 지역주의 투표, 저소득층 백인의 인종주의 투표는 특정한 경험의 결과일 수도 있고 저학력, 정보의 부족, 빈곤의 영향인 경우도 많다. 경제적 민주주의가 이루어져 생존에 대한 욕구를 해소한다면 소외계층이 보다 자신의 이익을 위해 투표할 가능성이 높아질 것이다. 즉 경제적 민주주의의 실패가 성숙한 절차적 민주주의를 방해하는 요인이 되기도 한다.

따라서 성숙한 절차적 민주주의가 이루어진다면 국민은 소수의 특권층에게 유리한 정책이 아니라 자신의 이익을 위한 정책을 택하게 될 것이다. 이처럼 절차적 민주주의와 실질적 민주주의는 양자가 서로에게 영향을 미치며 상호 보완적인 관계를 맺는다. 절차적 민주주의 없이 경제적 민주주의 없으며, 경제적 민주주의 없이 절차적 민주주의는 완성되지 않는다. 이 때문에 빈부격차가 심한 미국보다는 절차적 민주주의와 사회주의가 결합한 유럽 국가들이 선진민주주의의 전형으로 꼽힌다.

이처럼 절차적 민주주의와 실질적 민주주의는 모두 중요하다. 만일 양자가 모두 부족하다면, 그래서 양자를 동시에 추구할 수 없는 경우라면 어느 쪽이 우선되어야 할까? 이는 자유민주주의와 공산주의의 긴장관계라고도 할 수도 있다. 서구는 자유민주주의를 먼저 택하고 복지국가를 도입했다면 동구는 공산주의를 먼저 택하고 자유화를 뒤에 도입했다. 역사는 서구가 택한 경로가 옳았음을 증명하고 있다. 국민이 주인임을 강조하는 시민주권의 역사도 서구가 택한 경로가 자연스러운 인간 발달의 변화과정임을 보여준다.

3. 시민주권의 역사적 전개

1) 국민과 시민

민주주의의 역사는 시민주권의 역사라고 해도 과언이 아니다. 민주주의의 핵심은 시민주권에 있기 때문이다. 국민이라는 용어보다 시민이라는 용어를 사용하는 이유는 민주주의는 시민에 의해 운영될 때 성취되기 때문이다. 국민이 한 국가에 태어나거나 혹은 혈연에 의해 자동적으로 자격을 갖게 되는 수동적 개념이라면, 시민은 투쟁을 통해 지배자로부터 주권을 획득한 능동적 자발성이 포함된 개념이이다. 시민은 원래 아테네의 도시국가에서 주권(참정권)을 행사한 특정한 집단을 일컫는 용어였다. 그 후 혁명(영국의 명예혁명, 프랑스 혁명)을 통해 구체제를 무너뜨리고 참정권을 획득한 부르주아 계급을 시민계급이라 부르게 되었다. 투표권이 노동계급에까지 확대된 이후에는 국민과 시민의 구분이 무의미해졌다. 그러나 오늘날에도 자신의 권리를 자각하고 이의 행사를 위해 자발적으로 참여하는 사람을 시민으로 표현하는 경향이 있다. 즉 시민에는 깨어 있다는 의미가 포함되어 있다. 따라서 시민에 의한 정치를 한다면 국민을 위한 정치는 자동으로 가능하게 될 것이다.

2) 시민주권의 역사적 변천

시민주권은 천부인권civil liberties과 참정권civil rights을 포괄한다. 천부인권은 인간이 태어나면서부터 타고나는 권리를 말한다. 국가나 지배자가 개입하거나 제약하지 않으면 보장받을 수 있는 권리, 즉 종교의 자유, 언론의 자유, 공정한 재판을 받을 자유, 소유권의 자유 등이 여기에 속한다. 이는 국가가 억압하지 않으면 누릴 수 있는 자유라고 해서 소극적 자유라고도 불린다. 반면 참정권은 국가가 시민의 권리를 적극적으로 보장해야 행사할 수 있다고 해서 적극적 자유라고 한다. 참정권은 공직에 출마할 권리, 투표권 등을 포함하므로 정치적 권리political rights라고도 한다.

20세기 이전 정치적 권리에서 시작한 시민주권의 1세대 개념(참정권)은 보다 확대되어 20세기 이후 2세대에 이르러서는 의식주, 의료, 일자리의 권리를 포함하는 '복지권'을 의미하게 되었다. 경제적으로 생존이 보장되는 사회보장제도가 갖추어져야 '정치적 권리'가 실질적인 의미를 갖기 때문이다. 그러나 모든 나라에서 시민주권이 '복지권'을 포함하는 것은 아니다. "자신을 부양할 수 없는 사람은 공적 부조를 받는다"는 규정으로 시민권에 복지권을 포함시키는 예는 덴마크처럼 선진 복지국가에서나 찾을 수 있다.

최근에는 3세대 시민권의 필요성이 제기되고 있는데, 이는 소수자들이 자신의 언어, 관습, 제도 등을 유지할 수 있는 권리를 의미한다. 이는 자치autonomy를 행사할 수 있는 권리로서 '문화적 소속의 권리'rights of cultural membership라고도 한다. 3세대 시민권은 최근에 제기되어 많은 논란을 일으키고 있지만 합의를 이루기 위해서는 더

많은 시간이 필요할 것으로 보인다. 시민주권의 발전과정을 볼 때 각
국의 역사는 1세대 참정권에서 시작하여 2세대 복지권, 3세대 자치
권으로 옮겨가는 추세라고 할 수 있다.

시민권의 역사는 인간계발Human Development의 역사와 함께한
다고 해도 과언이 아니다. 즉 인간이 1단계의 발전을 이루었을 때 1
세대 시민권을 향한 투쟁이 이루어진다. 1단계 시민권이 어느 정도
성취되면 인간은 더 계발되고, 2단계 시민권을 위한 투쟁으로 넘어
간다. 2단계 시민권이 성취되면 인간은 더 발전하게 되고, 3단계 시
민권을 위한 투쟁으로 넘어가게 된다. 실제로 각국의 역사를 볼 때
인간계발과 시민권의 발전은 긴밀하게 연결되어 있다. 잉글하트 교
수에 따르면 인간계발은 경제적 발전과도 밀접한 관련을 맺는다.[2] 경
제적 발전이 어느 정도 이루어져 중산층이 형성되어야 이들을 중심
으로 시민권에 대한 각성이 생긴다는 것이다. 경제발전이 어느 정도
이루어진 곳에서 민주화 운동이 성공하는 것도 이 때문이다. 1인당
소득수준이 5-6천 달러 정도 되면 독재로의 회귀가 불가능하다고 한
다.

이는 매슬로우의 욕구 피라미드needs hierarchy 이론으로 설명
이 가능하다. 즉 인간은 안전, 생리적 욕구 등 낮은 차원의 욕구가 해
소되어야 자아실현이라는 고차원의 욕구를 추구하게 된다. 시민권에
대한 각성은 전적으로 자아실현의 욕구가 있어야 가능하다. 어느 정
도 경제적 발전이 이루어지면 자아실현 욕구가 일어나면서 시민권

2. Ronald Inglehart and Christian Welzel, 2005, *Modernization, cultural change, and democracy : the human development sequence*, Cambridge, UK ; New York : Cambridge University Press.

에 대한 자각이 생긴다는 것이다. 그러나 경제가 모든 것을 결정하는 것은 아니다. 국가의 종교나 전통, 문화도 중요한 영향을 미친다. 한국, 일본, 중국은 유교문화의 영향으로 같은 경제 수준에 있는 다른 나라에 비해 인간계발 수준이 낮은 편이다.

이 때문에 우리 사회에서는 국민에 의한 정치가 국민을 위한 정치를 가져오지 않는다. 우리처럼 압축된 경제성장을 이룬 나라에서는 더딘 문화의 변화가 급속한 경제발전을 따라가기 어렵다. 유교문화의 전통, 지속적인 경제성장으로 인해 분배문제를 놓고 계급갈등을 경험해 보지 않은 점, 남북분단과 한국전의 경험으로 기득권층에 대한 어떤 비판적인 발언도 반공이란 이름으로 탄압받았던 우리의 역사적 경험과도 깊은 관련이 있다. 조동문 수구언론과 이에 부화뇌동하는 지식인들의 곡학아세, 무비판적으로 보수언론의 논리를 함께 전파하는 일부 진보 언론인도 빼놓을 수 없는 요인이다. 같은 시기에 민주화된 동구 여러 나라와 비교해도 민주주의의 중요한 척도라고 생각되는 투표참여율, 조직가입률이 우리는 현저하게 낮은 편이다.[3]

하지만 실망할 필요는 없다. 우리의 교육 수준은 세계에서 세 손가락 안에 꼽힌다는 점, 물질적 풍요를 경험한 젊은 세대들의 의식화 속도가 매우 빠르다는 점, 민주정부 10년을 경험한 사람들이 민주주의를 공기처럼 마시지 않으면 숨쉬기 힘들어 한다는 점 등이 긍정적 요인이다. 무엇보다도 우리는 짧지 않은 자랑스러운 시민주권운동의 역사를 지니고 있다.

3. 조기숙, 2009, 「시민주권의 시대는 올까?」, 이정우 외, 『노무현이 꿈꾼 나라 : 대한민국 지식인들, 노무현의 질문에 답하다』, 동녘.

3) 시민주권운동의 역사

우리는 여성이나 흑인의 참정권을 위한 피의 투쟁 없이 일제로 부터 해방과 동시에 미국에 의해 민주주의가 이식되었고 자동으로 참정권을 부여받았다. 따라서 국민은 존재하되 자신의 운명을 스스로 결정할 시민계층은 형성되지 않았다. 초대 대통령의 독재를 허용한 것도, 군부 쿠데타로 정권을 잡은 사람을 투표로 대통령에 당선시키고 국민투표를 통해 유신헌법을 합법화시켜 준 것도 모두 우리 국민이었다.

하지만 우리는 민초들이 이 나라를 지켜온 자랑스러운 역사를 지니고 있다. 그것이 자유주의 사상에 바탕을 둔 시민의식은 아니었다 할지라도 국가의 주권과 민초들의 생존권을 지키기 위한 주권항쟁이었다. 동학농민혁명과 항일의병항쟁, 3·1운동, 상해임시정부로 이어진 국내외 항일 민족해방운동이 그것이다. 국가를 잃은 국민에게 나라의 주권은 시민주권에 우선하는 개념이다.

광복 이후 소수의 깨어 있는 시민들은 스스로 집권세력이 되지는 못했을지언정 끊임없이 구체제를 위협하고 무너뜨리는데에 기여해 왔다. 이승만 독재정부의 부정투표를 규탄한 4·19 항쟁이 그 효시라고 할 수 있다. 5·16 군사 구테타 이후 민주주의를 향한 시민주권운동은 더욱 도도한 흐름을 형성했다. 한일협정반대운동, 삼선개헌반대운동, 반유신운동, 군부독재에 항거한 부마민주화 운동 등등, 시민주권운동의 거센 파도는 마침내 유신독재를 무너뜨리고 '서울의 봄'을 가져왔다.

그러나 민주화를 향한 우리의 열망은 다시금 12·12와 5·17 군

사 구테타로 좌절되었다. 피의 학살에 맞선 광주민주화항쟁은 시민
의식을 질적으로 성장시키는 기폭제가 되었다. 시민의식의 획기적
성장은 1987년 6월 민주항쟁을 이끌어냈고, 마침내 대통령 직선제를
쟁취하게 된다. 하지만 시민세력의 일부가 군부세력과 결탁하여 3당
합당을 이룸으로써 시민계층은 분열되고 시민의식은 지체된다. 노무
현 대통령도 유고집 『성공과 좌절』에서 여러 차례 지적했듯이 김영
삼 전 대통령의 3당 합당은 한국 시민사회의 발전에 치명적인 악영
향을 미치게 된다.[4]

마침내 1997년 시민세력이 수평적 정권교체를 이뤄내는 데 성
공한다. 50년 만에 민주화 세력이 처음으로 집권하게 된 것이다. 하
지만 이는 수구세력인 자민련과의 지역연대를 통한 절반의 승리였
다. 이후 2002년 민주당 경선과정에서 시민운동은 또 한번 질적인 도
약을 이룬다. 자발적인 시민들의 참여로 탄생한 최초의 정치인 팬클
럽 노사모는 인터넷을 중심으로 당내 소수 후보였던 노무현을 대통
령에 당선시키는 기적을 이뤄낸 것이다.

그러나 국민의 정부와 참여정부의 탄생은 시민계층의 역량이
완전히 무르익어 자력으로 시민후보가 집권한 것이 아니었다. 기득
권층의 분열, 집권세력의 국가부도 사태 초래, 기득권 후보와의 연대
등 우연적 요소가 복합적으로 결합한 데다 김대중, 노무현이라는 두
정치지도자가 구심점이 되어 이룬 기적이었다. 시민계층이 제대로
형성되거나 조직되지 않은 상태에서 탄생한 민주정부의 집권은 구
조적으로 순탄할 수 없었다. 재벌기업, 언론재벌, 검찰권력 등 기득권

---

4. 노무현, 2009, 『성공과 좌절』, 학고재.

을 등에 업은 한나라당은 끊임없이 민주정부를 흔들었다.

그럼에도 불구하고 민주정부 10년은 보수정당이 불러온 외환위기를 성공적으로 극복했다. '4대 보험', '기초생활보장법' 등의 도입으로 복지의 기틀을 마련했다. 6·15 정상회담, 금강산 관광과 개성공단 등을 통해 남북한 사이에 평화의 디딤돌을 놓았다. 무엇보다도 민주주의를 심화·발전시켜 '시민주권 시대'를 활짝 열었다. 민주주의의 확대로 창의성이 고양되면서 과학과 문화의 꽃이 만발했고 IT강국, 문화강국 대한민국의 이름을 세계에 널리 알렸다. 불균형성장전략을 극복하고 수도권과 지방, 대기업과 중소기업, 약자와 강자의 상생을 도모하는 균형발전전략을 실천했다.

국민들은 지난 10년간 만개한 민주주의를 경험하면서 이제 우리나라가 완전히 민주화되었다고 안심하게 되었다. 그래서 정치를 외면했고, 시민정부가 수구기득권 세력과 싸우다 패해도 관심이 없었다. 그러나 민주주의의 뿌리가 얼마나 취약한지는 이명박 정부 취임 후 불과 몇 개월 만에 드러났다. 시민주권이 제대로 뿌리를 내리지 못했기에 너무도 쉽게 과거로 회귀한 것이다. 한 번도 혁명을 거치지 않고 수백 년간 지속되어 온 구체제를 단 10년 만에 뒤집을 수 있다는 생각은 착각에 불과했다.

그나마 민주주의가 이명박 정부에서도 명맥을 잇게 된 것은 순전히 시민의 저항의식 때문이다. 이명박 정부의 출범 이후 한국의 민주주의는 위기에 처했지만 반대로 시민의식은 비약적으로 성장하고 있다. 정치학자들은 이를 위협 이론으로 설명한다. 민주주의의 적이 사라지면 국민이 민주주의에 대해 무관심하지만 민주주의를 위협하는 세력이 등장하면 시민들은 다시 민주주의의 중요성을 깨닫는다는 것이다.

4) 2008 촛불집회

피 흘려 찾은 민주주의가 이렇게 빨리 무너질 수 있음을 지켜본 시민들이 잠에서 깨어나기 시작했다. 정치가 나와 무슨 상관이냐며 방관했던 주부들까지도 미국산 쇠고기 검역조건의 재협상을 촉구하며 2008년 광장으로 몰려나왔다. 2008년 촛불집회는 규모나 형태에 있어서 과거의 시위와는 비교할 수 없는 독특한 문화현상이었다. 여중고생들의 제안으로 시작된 집회는 6월 10일에 전국적으로 100만의 시민을 동원했다. 일부 수구언론은 친북반미좌파들이 집회의 배후에 있다고 주장했고, 일부 진보논객은 신자유주의에 반대하는 시위였다고 주장했지만 둘 다 틀렸다.[5]

2008 촛불집회는 가장 대표적인 시민주권운동으로 한국 역사에 기록될 것이다. 이들은 시민계급의 핵심 사상이라 할 수 있는 개인주의를 추구하고 시민의 인권과 생명권을 존중하는 탈물질주의자들(반물질주의)이다.[6] 개인주의는 시민혁명의 핵심 사상이라고 할 수 있는 자유주의의 씨앗이다. 촛불집회 당시 8월 4–5일에 실시된 내일신문의 전국 전화 설문조사에 따르면 응답자의 45.4%가 노무현 대통령의 국정운영을 긍정적으로 평가했다. 지난 민주정부 10년을 경험했던 이들이 현 정부의 신권위주의 통치를 경험하자 '시민주권'의

5. 조기숙, 2010, 「2008 촛불집회 참여자의 이념적 정향」, 『한국정치학회보』 제43집 제3호, 125–148쪽.
6. 조기숙·박혜윤, 2008, 「광장의 정치와 문화적 충돌」, 『한국정치학회보』 42집 4호, 243–268쪽.

중요성을 자각하면서 노 대통령에 대한 재평가가 이루어진 것이다.

촛불집회 참여자는 더욱 적극적으로 노 대통령을 재평가했다. 응답자의 73.6%가 노 대통령의 업적을 인정했다(6월 6일 서강대 이현우 교수와 공동으로 실시한 1,300명 대상 과학적 현장 여론조사, 표본오차는 95% 신뢰구간에서 ±2.7%). 낮은 지지도 때문에 노 대통령이 실패했다고 주장한 교수도 있었지만 노 대통령은 이미 서거 전에도 지지도에서 성공을 인정받은 것이다.

노 대통령에 대한 검찰수사는 "무슨 돈으로 초를 샀느냐"는 이명박 대통령의 질문과 함께 시작되었다. 검찰은 촛불집회의 배후가 노 대통령이라는 심증을 강하게 가지고 있었던 것 같다. 실제 촛불집회에서 설문조사를 하던 필자에 대한 청중들의 환호와 호의를 생각하면 친노무현적 시민들의 참여가 많았던 게 사실이다. 하지만 이들이 노사모 같은 조직을 통해 노 대통령과 연결된 게 아니다. 이들 참가자들이 가치지향적인 면에서 노무현의 사상과 일치했을 가능성이 높다. 즉 촛불집회는 노무현 정부 5년의 민주주의 학습결과 나타난 것으로 해석해도 무리가 없다는 말이다.

5) 탈물질주의의 가치지향과 인간계발

탈물질주의는 고도의 산업화를 경험한 서구의 선진 민주국가에서 물질적 가치보다는 인권, 자유, 자아실현, 환경, 생태, 삶의 질 등 탈물질적 가치를 추구하는 고학력, 중산층, 젊은 세대 성향이 지니는 핵심 사상을 일컫는다.[7] 이들은 노동자계급보다도 더 진보적이며, 정치적 의사표현에 적극적이고, 따라서 선거와 선거운동과 같은 비전

통적 정치참여는 물론이고 항의, 시위, 청원과 같은 비전통적 정치참
여에도 적극적이다. 탈물질주의를 우리 학자들은 생태와 먹거리 환
경문제 등 좁은 개념으로 한정하는데, 이들의 가장 큰 관심사는 인권
과 자유, 민주주의라고 할 수 있다. 따라서 탈물질주의자들은 인간계
발을 가장 높은 단계에서 성취한 시민계층이라고 할 수 있으며, 이들
의 이념적 지향은 진보적 자유주의라 명할 수 있을 것이다.

　　인간계발의 수준이 높은 선진국일수록 이러한 탈물질주의자들
이 많으며 직접적인 정치참여도 높은 편이다. 우리나라 정당의 실패
가 시민을 광장으로 불러냈다는 주장은 맞지만 정당이 발전하면 거
리의 정치가 줄어들 것이라는 최장집 교수의 주장은 틀렸다.[8] 따라서
촛불을 끄고 국회로 들어가자는 최 교수의 주장은 21세기 직접민주
주의의 흐름을 이해하지 못한 대의민주주의 시각에 머문 과거지향
적 생각이다.

　　정당정치가 발전한 선진국에서 오히려 이러한 탈물질주의자들
의 직접 정치참여가 더 활발하다.[9] 탈물질주의적 시민계층은 정치에
대한 욕구도 다양하고 기대가 높기 때문에 대의정치가 해결할 수 없
는 문제를 끊임없이 제기하면서 직접참여로 해결하려 하기 때문이
다. 따라서 탈물질주의자가 증가할수록 정당과는 별개로 시민주권운
동의 영역은 더 확대된다고 할 수 있다. 시민주권운동의 미래를 밝게

7.　Inglehart, Ronald, 1990, *Culture Shift in Advanced Industrial Society*, Princeton : Prince-
ton University Press.

8.　최장집, 「민주주의는 대의제, '정권 퇴진' 구호는 잘못」, 《오마이뉴스》(2008년 6월 20일)
http://www.ohmynews.com/nws_web/view/at_pg.aspx?CNTN_CD=A0000931241

9.　Kisuk Cho and Hye Yun Park, 2010, "The Agents of Political Activism : Disaffected
Radicals vs. Strategic Resources Thesis", 한국정치학회 발표논문(2010년 4월 17일), 연
세대학교.

보는 이유가 바로 여기에 있다.

노사모가 우리나라 탈물질주의 운동의 효시였다[10]면 2008년 촛불집회는 탈물질주의 운동이 일반 시민에까지 확산되었음을 보여주었다. 현재 이명박 정부의 폭압정치와 경제적 위기로 시민주권운동이 주춤하지만, 한 번 분출된 탈물질주의자들의 정치적 욕구는 수그러들지 않을 것이다. 그것이 전 세계적인 추세이기 때문이다. 탈물질주의 운동은 전형적으로 21세기적 가치를 추구하는 새로운 형태의 사회운동이라고 할 수 있다.

서구 민주국가에서 20세기는 근대의 시기로서 대표적인 갈등의 균열은 시장과 국가의 역할과 관련된 좌우 이념에 있었다. 20세기적 좌우 갈등은 근본적으로 경제문제를 둘러싼 물질주의적 갈등이다. 21세기는 탈근대의 시기로서 서구 민주 각국에서는 탈물질주의자의 수가 지속적으로 증가하고 있다. 탈근대는 근대적 합리성을 부정한다. 따라서 탈물질주의 운동의 특징은 권위와 위계질서를 부정하고 시민 스스로 리더가 되는 것이다. 탈물질주의 운동은 탈권위주의적이라 부당한 권위에 도전하고 수평적이고 창의적인 '문화운동'이다.

2007년 대선과 2008년 총선은 물신주의 '경제 프레임'으로 치러졌다. 브레이크 없는 탐욕의 정치에 브레이크를 건 것이 바로 탈물질주의적 2008 촛불집회였다. 집회 참여자들이 노 대통령을 높이 평가했던 이유도 이들의 진보적 자유주의의 가치지향이 노무현 대통령의 가치와 일치했기 때문이다.

---

10. 김용호, 2004, 「네티즌 포퓰리즘이냐, 새로운 형태의 정치참여인가? : 「노사모」사례 연구」, 『2004 IT 정책연구 자료집 : 정보기술과 정치, 사회의 변화』 정보화 정책자료 2004-3, 한국전산원.

우리는 민주정부 10년간 제도적 민주주의를 이룩했다. 하지만 그 제도를 움직이는 것은 사람이며 문화이다. 높은 수준의 민주주의는 일상생활의 민주화에 의해 가능하다. 시민혁명을 겪지 않은 우리로서는 문화를 바꾸는 데 매우 오랜 시간을 필요로 한다. 그래서 노 대통령은 문화적 혁신을 위해 탈권위주의적인 대통령이 되었다. 제왕적 대통령의 불법적 권력을 반납하고 모든 권력을 국민에게 돌려주었다. 사법개혁, 검찰개혁을 통해 권력기관이 국민 위에 군림하던 관행을 타파하고 국민을 위해 봉사하도록 했다. 노무현 대통령이 추구한 문화혁신의 결과가 2008 촛불집회에서 촉발되었다고 할 수 있다. 이 때문에 노 대통령은 이명박 정부와 검찰로부터 촛불의 배후란 오해를 샀으며, 비자금 수사를 받던 중 스스로 목숨을 끊는 초유의 비극을 초래하게 된 것이다.

그러나 노 대통령의 죽음으로 인해 더 많은 시민이 깨어났고 진보의 미래가 화두가 되면서 중산층의 진보화 현상이 두드러지게 되었다. 2008 촛불집회에서만 해도 집회 참여자는 기륭전자 비정규직의 외침을 외면했다.[11] 그러나 홍익대 청소부의 투쟁에 연예인이 가담하면서 SNS를 중심으로 촛불들이 노동문제에 관심을 갖는 계기가 되었다. 이후 촛불은 희망버스, 쌍용자동차 노조 등에까지 영역을 넓혀가며 중산층과 노동의 연대를 이루어 가고 있다. 촛불은 야권단일 정당운동인 '백만민란 국민의 명령'에도 적극 참여했다. 서구에서도 탈물질주의적 중산층이 노조원보다 더 진보적인 성향을 띠게 되는데 우리나라에서도 중산층의 진보화 현상, 소위 강남 좌파의 등장이

---

11. 조기숙·박혜윤, 2008, 앞의 글.

관찰되기 시작했으며, 2012년 4·11 총선에서는 통합민주당 후보들
이 강남에서 선전하는 결과를 낳았다. 장기적으로는 선진국처럼 고
소득, 고학력자의 진보화 현상이 가속화될 것으로 기대된다.

4. 참여정부는 절차적 민주주의에 성공했는가?

1) 최장집 교수의 오류 : 개념의 혼란

이상의 논의를 종합해 보면 한국의 민주주의는 민주정부 10년
동안 활짝 꽃 피웠으며, 특히 참여정부 5년간 시민주권의 확대는 괄
목할 만한 진전을 이룬 것으로 평가된다. 특히 노 대통령의 탈권위주
의와 문화혁신에 의해 탈물질주의적 운동이 시민주권운동을 주도했
고, 노 대통령의 유고집인 『진보의 미래』는 중산층의 진보화 운동에
까지 영향을 미쳤다고 필자는 주장했다. 이 대목에서 독자는 의문이
들 수 있다. 참여정부 임기 내내 노 대통령은 조중동은 물론이고 진
보언론에 의해서도, 그리고 진보의 거목이라고 일컫는 최장집 교수
에 의해서 "제왕적 대통령"이라 불렸고 민주주의에 실패했다고 비난
을 받았기 때문이다. 노무현 대통령의 비민주성이 정권교체를 불러
왔다는 비난을 샀고, 아직도 진보진영에서는 참여정부가 사회경제민
주화에 실패했으니 노무현을 뛰어넘어야 한다는 주장이 나온다. 도
대체 누구 말이 옳은가?

이러한 혼란은 최장집 교수가 사용한 민주주의 개념의 혼란에
서 비롯되었다고 생각한다. 또한 보수, 진보언론이나 최장집 교수의

주장이나 평가는 논리적으로나 경험적 근거로 전혀 뒷받침되지 않는다는 것을 이 장에서 보여주고자 한다. 최장집 교수는 참여정부 시절 노무현 대통령을 '제왕적 대통령', 참여정부를 '위임민주주의'delegative democracy라고 평했다. 위임민주주의는 1980년대 오도넬이 남미에서 최소한의 절차적 정당성을 확보한 대통령이 입법부나 사법부에 의해 견제받지 않는 권력을 휘두르던 권위주의 정부를 지칭했던 용어이다. 참여정부가 위임민주주의였는지는 논외로 하더라도 1980년대 남미 정치를 묘사했던 용어가 21세기 한국에서 이론적 적실성이 있는지 의문이다. 반면 이명박 정부 들어와 이 대통령의 독선과 비민주적 행태에 대해 분노한 시민들이 촛불을 들었을 때 최 교수는 다음과 같이 말했다.

"나는 민주주의를 발전과 후퇴의 관계로 보는 방식에 대해서는 동의하지 않아요. 민주주의가 이명박 정부 들어와 크게 후퇴했는가? 나는 민주주의는 후퇴하지 않았다고 생각합니다. 그런 건 민주주의를 어떻게 정의하느냐에 따라 다르겠지요. 제도적으로 정상적인 선거를 치르고, 정당들이 경쟁해서 선거를 통해 정권이 교체되고, 이 과정에서 큰 정치적 위기가 없으면 민주주의는 정상적으로 작동했다고 보는 것입니다."[12]

즉 이명박 정부의 일방적 통치에 반발해 촛불시위가 일어나 이를 막았으니 민주주의는 제대로 작동했다는 말이다. 실제로 촛불이 성취한 건 정부의 눈가림 쇼에 불과했고 정책적으로 달라진 것은 없

12. 전홍기혜·송호균, 「'권력에 대한 저항' 아닌 '좋은 통치'가 핵심」, 『최장집 인터뷰·上』 「반MB가 진보? 민주주의에 대한 오해」, 프레시안(2011년 1월 1일).

었다. 광우병이 발견된 2012년 4월 말 현재 한국 정부는 미국소 수입을 중단조차 할 수 없는 형편이다. 촛불집회 참여 시민들은 법원에서 수백만 원의 벌금형을 받았으며, 경찰의 감시와 사찰에 의해 직장으로부터 쫓겨나는 일도 있었다.

그런데 최 교수는 노무현 정부에서 민주주의가 퇴보했다고 비판한 것으로 보도되었다.[13] "노무현 정부에서 정치는 정부와 언론 사이의 다툼으로 치환되면서 국가 관료제와 거대 사익私益의 영향력만 강화됐다"며 노무현 정부를 '국가가 중심이 되는 민주주의'라고 규정했다. 더 나아가서 최 교수는 "정부가 실패하고 리더십을 보여주지 못했다면 교체되는 것이 당연하다"[14]며 한나라당으로 정권교체 안 된다는 얘기는 이제 안 통하는 시대라며 정권교체의 필요성을 공공연히 주장했다.[15]

많은 시민들은 최 교수의 평가에 대해서도 의문을 가졌겠지만 이를 보도하며 최 교수를 진보학계의 대가라고 칭송하며 1면을 장식했던 일부 언론에 대해서도 의문이 들었을 것이다. 그 이유는 최 교수가 두 개의 사례에서 민주주의를 완전히 다른 의미로 사용했기 때문이다. 즉 최 교수는 노무현 정부의 성과를 실질적 민주주의의 관점에서 평가했다. 참여정부 시절에는 노무현 정부가 사회경제적 문제를 해결하지 못해 빈부격차가 벌어졌다는 이유로 노무현 대통령을 제왕

13. 권재현, 「'현정부 정당-시민사회 배제 '국가 중심의 민주주의' 키워' 최장집 교수 주장」, 《동아일보》(2007년 10월 31일) : 28.
14. 김호정, 2007, 「노 정권은 민주정부로서 실패 … 개헌 제기는 파괴적 정치행위」, 《중앙일보》(2월 20일).
15. 배영대, 2007, 「한나라로 정권 교체 안 된다는 얘기는 이제 안 통하는 시대」, 《중앙일보》(2월 21일).

적 대통령이라며 비난한 것이다. 최 교수는 "지난 4년간 노무현 정부가 민주정부로서 실패했다고 보나"라는 한겨레 기자의 질문에 "난 실패했다고 본다. 이렇게 말한다는 것은 너무 단정적일 수 있지만 적어도 지지자의 신뢰상실, 사회경제적 불평등의 심화 등 객관적 정책수행의 지표는 분명 그렇게 말하고 있다"고 주장했다. 최 교수의 잣대로만 평가한다고 해도 노 대통령은 퇴임 후 이미 지지자의 신뢰를 얻었으니 지금은 참여정부가 성공했다고 평가해야 옳지 않겠는가.

반면 이명박 정부는 절차적 민주주의의 최소요건인 '자유롭고 공정한 규칙적인 선거의 존재'라는 차원에서 민주주의를 정의했다. 민주적 절차에 의해 선출되었으니 민주적 절차를 무시하고 정당의 공천에 개입하고 돈봉투를 돌려 박희태라는 하수인을 당대표로 세우고 국회의원을 사병처럼 날치기에 동원한 대통령을 민주적이지 않다고 말할 수 없다는 것이다. 참고로 노무현 정부 시절 빈부격차를 측정하는 지니계수는 김대중 정부보다 더 많이 개선되지는 못했지만 더 악화되지는 않았음을 이 책에서 박용수 박사가 밝히고 있다. 이명박 정부 들어와 민생은 더 파탄났지만 최 교수는 실질적 민주주의라는 잣대로 이명박 정부를 평가하지 않았다.

이렇게 전혀 다른 개념으로 두 정부를 평가한 최 교수의 논평도 문제지만, 이를 보도하는 언론도 이러한 문제점을 인식하지 못했는지 의문이다. 절차적 민주주의는 최 교수처럼 절차의 존재에 의해 평가되는 게 아니라 존재하는 절차가 얼마나 민주적으로 작동되는지에 의해 평가된다. 최 교수의 주장대로라면 히틀러도 선거에 의해 당선되었고 박정희도 선거에 의해 당선되었으니 민주적이지 않다고 말할 수 없는 것이다.

최 교수가 이런 무리한 주장을 하는 이유는 정치구도가 민주와 반민주로 가는 걸 경계하기 때문이다. 민주 대 반민주 구도가 사회경제적 쟁점을 희석시킨다는 이유에서다. 최 교수는 절차적 민주주의와 실질적 민주주의를 상호 보완관계로 파악하기보다는 상호 긴장 관계라고 파악하는 것 같다. 절차적 민주주의가 위협을 받아도 사회경제적 이슈가 외면당하면 안 되기 때문에 절차적 민주주의의 문제를 외면해야 한다는 논리와 무엇이 다른가. 더 극단적으로 단순화하면 사회주의를 위해 절차적 민주주의는 희생해도 괜찮다는 생각이다. 이건 극단적으로 말하면 공산주의와 통한다. 전체주의적 방법을 통해 혹은 독재를 통해서라도 경제적 민주주의를 추구하는 게 공산주의다.

최 교수는 사회경제적 문제를 제대로 해결하지 못했다고 노 대통령을 비난했는데, 이는 국민이 원치 않아도 대통령이 독재적인 방법을 통해서라도 적극적인 분배를 했어야 한다는 주장이다. 노 대통령은 새로운 정치를 약속하고 당선되었다. 당시의 유권자들은 사회경제적 문제를 적극적으로 해결하는 걸 원치 않았다. 복지를 경험해보지도 않았고, 또 어려서부터 복지국가의 폐해를 배우며 자란 기성세대는 성장주의 이념 외에는 생각해 본 적이 없다.[16] 이는 당시의 여론조사를 보면 쉽게 알 수 있다. 열린우리당이 2006년 지방선거에서 대패하자 정동영 당시 당의장은 종합부동산세가 결정적으로 부정적인 영향을 미쳤다고 토로했다. 당시 언론은 '세금폭탄'이라며 종부세에 대한 공분을 불러일으켰다. 노무현 대통령이 "복지를 위해 세금을 올릴지 논의해 보자"며 2006년 신년연설에서 제안했을 때 최 교

---

16. 박종민, 2008, 「한국인의 정부역할에 대한 태도」, 『한국정치학회보』, 제42집 4호, 269–288쪽.

수는 이러한 제안에 찬성하는 어떤 발언도 해본 적이 없다. 민주국가
에서는 여론이 정책이 된다. 부자정당을 지지하는 서민들을 설득하
기 위해 최 교수는 어떤 노력을 해봤는지 묻고 싶다. 최 교수 외에도
여론이 사회경제적 정책을 지지하도록 만들기 위해 이 땅의 진보 지
식인들이 어떤 노력을 했는지 모르겠다.

　최장집의 목표지상주의는 최근 절차적 민주주의를 위반하고 자
신들의 목표를 위해 부정선거로 당선된 통합진보당의 당권파들의
생각과 일맥상통하는데가 있다. 경제적 민주주의를 위해 절차적 민
주주의는 별로 중요하지 않다는 생각이 아니라면 이해가 불가하다.
시민주권과 인간계발의 역사를 살펴볼 때 절차적 민주주의가 성숙
하면 사회경제적 쟁점은 저절로 이슈화된다. 세금을 한 푼도 안 내는
사람이 세금을 올려 복지를 하자면 결사반대하는 상황에서 절차적
민주주의를 외면하고 사회경제적 쟁점에 집중하자는 주장은 민주진
보정당은 집권을 하지 말라는 주장과 다르지 않다.

2) 지식인의 제왕적 대통령 문화

　최장집 교수는 민주주의에 대한 개념만 헷갈린 게 아니다. 최 교
수의 주장 중 참여정부가 경제적 민주화에 실패했다는 부분은 새겨
들을 부분도 있고 동의하는 대목도 있다. 하지만 정치적 민주주의에
대한 그의 평가나 정당, 언론, 대연정, 선거제도 등에 대한 그의 주장
은 어떤 이론이나 논리로 보아도 설득력이 떨어진다. 어떤 기준과 잣
대를 사용하면 노무현 정부에 대해선 그렇게 인색하고 이명박 정부
에 대해선 그렇게 너그러운 평가를 할 수 있는지 이해하기 어렵다.

이 책 어느 장을 보아도 민주주의를 어떻게 정의하든 노무현 정부는
역대정부 중 가장 좋은 성과를 얻은 것으로 나온다. 각 정부의 민주
주의 성과를 평가하기 위해서는 동일한 평가기준을 사용하고 업적
을 측정할 객관적 지표가 있어야 한다. 그러나 최 교수는 일체의 기
준이나 증거를 제시한 적이 없다. 딱 한 가지 빈부격차를 지표로 사용
한 적이 있는데, 최 교수는 빈부격차가 세계에서 가장 큰 미국을 민
주주의 국가의 예로 종종 듦으로써 스스로의 논리를 훼손하고 있다.

　　최 교수는 2007년 이명박 대통령이 당선되자 참여정부가 민주
주의를 제대로 하지 않아 정권교체를 당했다고 주장했다. "집권파가
민주주의 기본 원칙을 준수하지 않은 것에 대한 유권자의 복수라고
본다. 저항투표였다. … 나는 이번 대선이 흔히 말하듯 보수반동 혹
은 유권자의 보수화로 인한 정치 퇴행이 아니라, 민주주의가 잘 지켜
지지 않을 때 대중은 그래도 민주적으로 행동한다는 것을 보여주었
다고 생각한다"고 주장했다.[17] 최 교수의 주장과는 반대로 2007년 대
선에 대한 경험적 연구는 노무현에 대한 평가와 이명박의 당선은 무
관한 것으로 나온다. 노무현을 지지하는 상당수의 유권자가 이명박도
지지했다. 한나라당의 정당재연합이 이명박의 당선에 결정적인 영향
을 미친 것으로 분석되었다.[18] 선거연구를 제대로 해본 경험이 없는
학자의 자기중심적 추측이 낳은 커다란 오류이다. 그러나 이러한 오
류가 보수-진보언론을 통해 전파되면서 하나의 진실이 되어버렸다.
거짓이 진실이 되는 현 상황에 지식인들의 책임이 참으로 크다고 할

17. 최장집 인터뷰, 「선거결과, 반동이라고 여기면 안 된다」, 『시사인』(2008. 01. 03).
18. 조기숙, 2011, 「정당재편성이론으로 분석한 2007 대선」, 『한국과 국제정치』 제27권 제4호, 187-218쪽.

수 있다. 진보진영 정치인들은 이런 주장을 그대로 믿었기 때문에 2012년 4·11 총선에서 패배할 수 없었던 선거를 패배했다고 본다.

최 교수는 사회경제적 정책의 실패뿐만 아니라 정당, 국회, 시민사회의 실패에 대해서도 노무현 대통령에게 책임을 돌렸다. 경향신문과의 인터뷰에서 "국민 의사에 순응하지 않으면 노 대통령은 민주적으로 선출된 독재자가 될 것"이라고 경고하기도 했다.[19] 최 교수는 참여정부의 브리핑룸 개혁에 대해서도 "취재 제한조치로 이를 막으려는 것은 대통령의 권력남용이며 민주주의를 위기에 빠뜨리는 행동이다"라고 말한 바 있다.[20] 실제로 우리와 같이 온갖 부정부패, 뒷거래, 권언유착의 온실이라고 할 수 있는 폐쇄적인 기자실을 가지고 있는 나라는 선진국 중에서 언론자유도가 노무현 정부 당시 우리나라보다도 뒤떨어졌던 미국의 (국방부 등 폐쇄성이 필요한) 몇 개 부처와 일본뿐이다. 기자실은 서구 민주주의 국가에선 상상도 할 수 없는 제도이다.

실제로 언론자유도를 측정할 때 모든 기자들에게 브리핑룸이 열려있는지 개방성을 측정한다. 그런데 최 교수는 브리핑룸을 반대하고 기자실을 고수하려는 언론들의 손을 들어주었다. 뿐만 아니라 참여정부 당시 한국은 아시아에서 가장 높은 언론자유도를 누렸다. 이명박 정부 하에서 언론자유도는 계속 추락하여 2011년에는 196개국 중 70위로, 이는 54위인 아프리카 가나보다 낮은 순위이다. 반면

---

19. 손제민, 「최장집 교수 경향 60돌 인터뷰- '盧대통령은 개혁리더 아니다.'」, 《경향신문》(2006. 9. 28) : 1.
20. 손제민, 2007, 「'독단적인 취재제한 盧지시는 권력남용' 최장집 교수 '임기말 盧대통령' 을 말하다」, 《경향신문》(5월 30일) : 1.

노무현 정부 시기에 〈프리덤하우스〉의 자유화 지수는 1.5등급, 정치 자유화 지수는 1등급이었다. 참여정부 시절 민주주의 척도에서 역대 가장 높은 평가를 받은 셈이다. 자유화 지수가 1.5등급을 한 이유는 정부 때문이 아니라 국가보안법의 존재 때문이다. 이의 폐지를 반대한 한나라당과 수구언론에 책임이 있는 것이다. 참여정부에서 언론 자유도가 실제보다 낮게 나온 이유도 정부 때문이 아니라, 수구언론의 카르텔과 이로 인해 언론의 다양성이 낮고 언론인이 되는 통로가 폐쇄적이고 국가보안법의 존재, 북한 인터넷 사이트 차단 등 주로 보수정당이나 언론사의 문제 때문이다.

최 교수는 노무현 대통령의 '지역구도 극복을 위한 연정론'을 정면으로 비판하기도 했다. "지역구도 극복이 민주주의 개혁의 핵심 문제가 아닌데도 지역문제를 정면에 내걸어 오히려 민주주의를 후퇴시키고 있다"는 게 요지였다.[21] 노 대통령이 대연정을 제안한 이유는 지금처럼 여야갈등이 지속되면 국가의 미래를 위해 어떤 중요한 결정도 내릴 수 없다는 생각에서였다. 참여정부가 겨우 통과시킨 유일한 개혁법안이었던 '사학법'은 한나라당의 장기 장외투쟁에 의해 좌절되었다.

서유럽, 북유럽 등이 복지제도를 도입할 때 노동과 자본의 대타협, 여야정당의 대타협을 거치지 않은 나라는 없다. 노 대통령에게 표를 던진 지지자들은 대연정 제안에 대해 화를 낼 수 있지만 지식인들은 왜 우리도 대타협이 필요한지 진실을 말했어야 했다. 민주주의의 최고봉은 투표가 아니라 합의라는 점을 국민에게 알릴 의무가 있다.

---

21. 안수찬, 2005, 「최장집 교수 '연정론' 정면 비판」, 『한겨레』(9월 3일) : 1.

그러나 최 교수가 한 일이라곤 민주주의 후퇴라는 비난뿐이었다. 민주주의 후퇴란 말은 존재하지 않는다고 했던 사람이 역대 가장 민주적이었던 노 대통령에겐 후퇴란 말을 수도 없이 사용했던 것이다.

노 대통령이 대연정을 제안한 가장 큰 이유는 선거제도의 개혁을 위해서였다. 2012년 총선에서 통합민주당은 부산에서 40% 이상 득표했다. 그러나 겨우 두 석을 건졌을 뿐이다. 소선거구 선거제도 때문이다. 노무현 대통령은 필자가 청와대에 들어간 이후 단 한 번도 중대선거구제로 개혁하자는 주장을 한 적이 없다. 독일식이나 득표가 정직하게 의석으로 전환되는 비례대표제를 도입하자고 제안했다. 최 교수는 이러한 변경된 입장도 모른 채 노 대통령이 중대선거구제를 주장한다고 비판했다. 사실관계도 제대로 파악하지 않은 것이다.

최 교수도 선거제도 개혁에 찬성한다. 하지만 현재의 제도로부터 이득을 보는 한나라당이 과연 선거제도 개혁에 찬성하겠는가. 그래서 대연정을 통해 권력의 반을 주더라도 선거제도를 개혁하는 게 국가의 미래를 위해 필요하다고 보았던 것이다. 정치학자로서 선거제도 개혁의 필요성을 주장하면서도, 게다가 약한 정당이 한국 정치의 모든 문제라고 주장하면서 지역주의 문제는 외면하는 태도는 이해하기 어렵다. 최 교수는 정당중심주의자라고 할 만큼 정당의 중요성을 강조해 왔다. 그러나 왜 한국 정당이 계속 실패하고 있는지에 대해선 제대로 고민해 본 적이 없는 것 같다.

최 교수는 "오늘의 한국 정치에서 가장 큰 문제는 견제되지 않은 대통령 권력이다. 노무현 대통령 집권기는 김대중DJ 정부 때보다 못하고 DJ 정부는 김영삼YS 정부 때보다 못하다"[22]고 비난했다. "YS 정부에서는 구식이나마 정당이 작동했고, 정당정치도 구태의연하나마 이뤄졌지만 현재 노무현 정부에서는 과연 정당이 존재하는가 하는 회의감이 든다"는 게 그 이유이다. 최 교수는 정당의 실패도 노 대통령 때문이라고 여기는 것 같다. "당정분리를 내걸고 당과 국회의 역할을 가급적 우회하거나 회피하려 하고 청와대 중심의 정책 산출, 전문가 중심의 정책 산출, 관료 중심의 정책 산출에 너무 크게 의존했다고 생각한다"[23]고 주장했다. 2011년 서울대 사회과학연구소는 '노무현 정부의 실험'이라는 세미나를 개최하고 그 결과물을 책으로 냈다. 그 중 강원택 교수도 노무현 대통령에게 열린우리당 실패의 책임을 물었다.[24]

2002년 대선 직전에는 물론이고 지금도 학자들은 입만 열면 대통령에게 총재직을 내놓고 정당과 의원 개인에게 자율성을 주라고 주장한다. 노무현 대통령은 학자들의 조언을 그래도 받아들였다. 제왕적 대통령이 되기를 거부하고 대통령이 사용하던 초과권한을 내놓았다. 4대 권력기관을 비롯해 국회, 정당 등을 정상화시켰다. 한국 정당의 문제가 제왕적 총재에 있으니 노 대통령은 역대 대통령과 달리 일체의 당무와 당직인선에 개입하지 않았다. 정당민주화를 위해 최선의 길은 정당에 자율성을 주는 것이라 생각해 당정분리를 선언한 것이다. 그러나 노 대통령은 정책 부문에서는 매주 1회 이상 정례적인 당정협의를 실시하도록 지시했다. 역대정부 중 참여정부만큼 당정협의를 많이 하고 각종 위원회에 의원들이 참여해 의견을 개진

22. 정용관, "최장집 교수 '盧정부는 DJ때보다, DJ정부는 YS때보다 못해'", 《동아일보》(2007년 6월 29일) : 4.
23. 조혜정, 「『1987년 그 뒤, 20년』 민주개혁세력 어디로 ① 최장집 교수」, 《한겨레신문》(2007년 1월 21일).
24. 강원택, 2011, 「참여 민주주의와 정당정치 : 제도화의 실패와 정당 재편의 좌절」, 강원택·장덕진 공역, 『노무현 정부의 실험 : 미완의 개혁』, 한울아카데미.

한 경우는 드물다.

지구당 폐지는 열린우리당이 40여 석의 소수당일 때 오세훈이 발의한 개혁입법에 구민주당이 동의하면서 이루어진 제도이다. 대통령이 개입해서 만든 법안이 아니다. 기업의 기부를 막는 정치자금법도 오세훈이 시민단체의 건의를 받아들여 엄격하게 만들었다. 노 대통령은 시민단체들의 이상적 사고가 비현실적인 정치자금법을 만들어 정치인을 교도소 담장 위를 걷게 만든다고 사석에서 강한 불만을 표한 바 있다. 그런데 정당과 정치자금에 대한 문제가 터질 때마다 학자와 언론인은 노무현 대통령을 비난했다.[25] 일반인이 '돌에 걸려 넘어져도, 비가 와도 노무현 때문' 이라고 원망했던 건 바로 이런 학자와 언론인의 영향 때문이라고 본다.

노 대통령이 당을 탈당한 후에도 민주당의 지지도는 변함이 없이 낮았다. 노 대통령 서거 이후 반짝 지지도 상승을 경험했지만 열린우리당, 대통합민주당, 민주당 할 것 없이 개혁진영 정당의 지지도는 19%가 균형점이었다. 그 후 민주당이 〈혁신과 통합〉과 통합하면서 지지도가 40%를 상회하기도 했다. 즉 진보진영의 정당문제는 노 대통령과 무관한 것이다. 그럼에도 불구하고 진보진영 학자들이 노 대통령에게 책임을 돌리기 때문에 진보진영 정당은 여전히 실패하고 있는 것이다. 진단이 잘못되었으니 해결책이 효과가 없는 건 당연하다. 그러니 문제의 개선도 없는 것이다.

민주당의 통합 이후 한명숙 대표와 민주통합당은 여전히 무능

---

25. 최성진 「위험한 칼끝, 도덕성」, 《한겨레 21》(2009년 5월 29일)은 노무현 대통령 서거 직후 만든 추모특집에서 노 대통령의 강한 도덕주의적 성향이 비현실적인 '정치자금법'을 만들었다는 강원택 교수의 인터뷰를 인용해 오보를 냈다.

하고 실망스런 모습을 보여줘 MB 심판이 선거의제에서 실종되는 상황을 연출하기도 했다. 그것이 한명숙 개인의 리더십만의 문제라고 할 수 있을까? 왜 진보진영 정당은 노 대통령 사후 몇 년이 지난 오늘도 여전히 실패하고 있는가. 열린우리당과 민주당이 끊임없이 실패하는 진짜 이유에 대해 천착하는 학자가 없다는 사실은 매우 불행한 일이다. 노 대통령은 학자들의 주장을 철저히 실천했는데 정작 학자들은 제왕적 대통령적 시각에서 벗어나지 못했던 것이다.

이 책에서 채진원 교수와 필자가 밝히고 있듯이 열린우리당은 대통령으로부터 민주적 자율권을 넘겨받았지만 무책임한 집단지도체제를 택함으로써 효율적인 거버넌스 구조를 확립하는 데 실패했다. 민주통합당의 원내는 다선의원이 다수 존재하는 호남의원들이 리더십을 발휘할 수밖에 없고, 개혁적인 영남인사들은 원외에서 소외당하는 구조이다. 한나라당보다 개혁적인 대안과 탈지역주의 정당을 원하는 유권자의 요구에 민주당이 부응하기 어려운 구조이다. 한국 정당이 실패하는 가장 큰 이유가 지역주의 정당에 있음에도 불구하고 최 교수는 이념과 계급기반의 비현실적인 대중정당론을 주장하며 정당의 실패를 노무현에게 돌린 것이다.

결론적으로 참여정부에서 민주주의가 실패했다는 최 교수의 주장은 논리적 근거나 경험적 자료를 갖추고 있지 못하다. 오히려 그 반대이다. 2007년 초 R&R이 실시한 여론조사에 따르면 우리나라가 민주화되었느냐는 질문에 응답자의 90%가 그렇다고 답한 바 있다. 2007년 민주주의가 다 되었다고 생각해 이명박 후보에게 투표한 것이지 민주주의의 실패를 심판하기 위해 이명박 후보에게 투표한 게 아니다. 강원택에 따르면 "2000년 갤럽인터내셔널의 밀레니엄 서베이에 참여해 태국, 인도네시아, 필리핀, 한국 등을 대상으로 정치만족도를 조사한 바 있는데 한국의 정치만족도가 제일 낮았다. 반면 참여 정부 시절 자체 조사한 결과를 보면 정치만족도는 75%에 달했다"고 한다.[26] 반면 이명박 정부 시절인 2009년 정치만족도는 '불만족' 응답이 83.2%(전혀 33.5% + 별로 49.7%)였고 '만족' 응답은 14.8%(매우 0.4% + 비교적 14.4%)에 불과했다.[27]

이명박 정부 들어와 국민의 삶은 참여정부 때와 비교할 수 없을 만큼 후퇴했다. 복지비도 많이 삭감되었다. 이는 절차적 민주주의가 실질적 민주주의에도 영향을 미친다는 것을 보여준다. 본 책의 저자 들은 참여정부 시기에도 한국의 절차적 민주주의는 매우 미성숙한 상태에 있음을 발견했다. 대통령만 초과권력을 포기하고 민주적이었 을 뿐 사회 곳곳에 권위주의의 잔재와 문화, 관행이 그대로 남아 있 었다. 이 때문에 성공회대 민주주의연구소에서 참여정부 시절 조사 한 민주발전 지수에 따르면 제도와 실행 면은 73.25인데 의식부문은 40.25로 나타났다.

이러한 결과는 이 책의 발견과 정확히 일치한다. 민주적 제도의 도입과 실행은 비교적 쉬워도 민주적 관행과 문화의 정착에는 시간 이 걸리기 때문이다. 이를 필자는 문화적 지체현상이라 부른 바 있 다.[28] 그동안 많은 정치문화론자들은 한국의 민주주의가 국민의 민주 적 문화 없이 이루어지기 때문에 언제든지 역진할 수 있다고 경고한

26. 박신용철, 「노무현 정부, 상당히 성공한 부분 있다」, 《오마이뉴스》(2006년 12월 14일). http://www.ohmynews.com/nws_web/view/at_pg.aspx?CNTN_CD=A0000380024
27. 이영섭, 「76% '올해 기억에 남는 정치사건', 盧 서거」, 《뷰스앤뉴스》(2009년 12월 31일). http://www.viewsnnews.com/article/view.jsp?seq=58280
28. 조기숙, 「언론자유 외치는 언론 생똥 맞지 않나요?」, 《오마이뉴스》(2007년 5월 31일) http://www.ohmynews.com/NWS_Web/view/at_pg.aspx?CNTN_CD=A0000413579

바 있다.[29] 민주적 문화 없이 엘리트민주주의는 가능할지 몰라도 민주적 문화 없이 성숙한 민주주의는 불가능하기 때문이다. 이 때문에 김대중, 노무현 정부에서 누리던 최고의 민주주의가 이명박 정부 들어와서 너무도 쉽게 역진하게 된 것이다. 사회경제적 이슈가 우리 사회 담론을 지배하지 않는 것도 절차적 민주주의가 아직 성숙하지 않았기 때문이라고 본다. 절차적 민주주의를 외면해야 사회경제적 이슈가 중요해지는 게 아니라, 절차적 민주주의를 공고화해야 사회경제적 문제가 자연스럽게 쟁점화되는 것이다. 양자는 긴장관계가 아니라 상호 보완관계에 있기 때문이다.

5. 참여정부의 실질적 민주주의 성과

1) 경제민주화가 부진했던 이유

이상에서 참여정부가 절차적 민주주의에서 역대 어느 정부보다 성공적이었으며 참여정부와 노 대통령은 민주주의에 실패했다는 최장집 교수의 주장은 오류 투성이라는 것을 밝혔다. 이 장에서는 민주주의를 실질적 민주주의로 정의하면 참여정부가 실패했다고 볼 수 있는지 살펴보겠다. 참여정부가 경제사회적 문제를 보다 적극적으로 해결하지 못한 건 사실이다. 양극화 계수가 더 나빠지지는 않았지만

---

29. Doh C. Shin, 1999, *Mass politics and culture in democratizing Korea*, Cambridge ; New York : Cambridge University Press.

더 적극적으로 줄이지는 못한 것도 사실이다. 그렇다면 왜 민주주의에 천착했던 노무현 대통령과 참여정부는 사회경제적인 문제를 보다 적극적으로 해결하지 못했나? 세 가지 이유가 있다고 본다.

첫째, 사회경제적 쟁점이 선거의제가 아니었으므로 그걸 해결할 수 있는 권한위임mandate을 국민으로부터 받지 못했기 때문이다. 노무현은 정몽준과의 단일화와 그것의 파기과정에서 극적으로 대통령에 당선되었다. 대선의 핵심 쟁점은 새 정치 대 낡은 정치였지, 사회경제적 쟁점으로 승자연합을 이룬 것이 아니다. 사회경제적 정책이 여론의 지지를 받을 수 없었던 건 당연하다. 2009년 이전에는 발전주의, 성장이념에 대한 지지가 복지주의에 대한 지지보다 높았다. 재벌개혁 소리만 나오면 경제가 어려운데 경제를 망칠 생각이냐며 비난했고, 세금에 대해 토론해 보자면 세금폭탄이라고 아우성을 쳤다. 규제개혁 철폐가 개혁이라고 믿는 국민이 다수였다. 민주정치는 여론정치인데 진보적 정책에 대한 여론을 만들어내지 못한 이유는 박정희 근대화로 대변되는 오랜 성장주의 유산의 영향으로 국민의 생각을 바꾸기 쉽지 않았기 때문이다. 수구언론의 구체제에 대한 옹호는 국민의 이러한 생각을 보다 견고하게 만들었다.

둘째, 경제민주화를 실천할 만한 대안이 부족했고, 대안이 있어도 국민적 합의를 이끌어내지 못했다. 민노당, 민노총 등 좌파진영은 국민의 동의를 얻기 어려운 이상적이고 급진적인 대안을 내놓아 국민적 합의를 이끌어내는 데 실패했다. 진보 지식인이나 정치인, 언론인은 국민에게 자신의 대안을 설득하려는 노력 대신 이를 받아들이지 않는 노무현 대통령만 공격했다. 노 대통령이 내놓은 온건한 개혁법안이 한나라당이 아닌 민노당의 저지로 통과되지 못한 적이 많았다. 참여정부가 경제적 민주화를 실천하지 못한 것은 하기 싫어서 혹은 의지가 없어서가 아니라 할 수 없어서 혹은 대안이 없었기 때문이다. 국민이 경제민주화를 원하고 민주주의가 발달한 나라라면 이를 이루는 것이 당연하다.

셋째, 조선시대, 일제 강점기를 거치며 해방 이후 60여 년의 보수일색의 지배체제에서 공고화한 기득권의 연합을 뚫고 소수정부가 개혁에 성공하는 건 불가능에 가까운 일이다. 민주화로 인해 국가의 권한이 급격히 약화된 틈을 언론과 재벌이 차지했다. 검찰이나 언론, 재벌 등에 대해 민에 의한 통제는 불가능한 상황이었다. 민주화가 다 되었다고 생각한 유권자는 정치에 관심도 없었고, 독재문화의 유산으로 대통령이 시민주권의 대리자라고 생각하기보다는 견제해야 할 권력으로만 생각했다. 수구언론은 이 틈새를 영악하게 뚫고 들어와 노 대통령과 유권자를 이간질하는 데 성공했다.

결론적으로 앞장에서 보았듯이 절차적 민주주의가 매우 성공한 것처럼 보였지만 실제로는 성숙한 민주주의가 작동하지는 않았다. 대통령은 민주적이었지만 시민사회의 미성숙으로 인해 시민주권이 권력을 제대로 행사하지도 못했다. 정당에 자율권은 주었지만 정당을 운영할 효율적인 거버넌스 구조나 역량은 턱없이 부족했다. 사회경제적 개혁의 실패는 노 대통령이 독재를 행사하지 않는 한 불가능한 것이 현실이었다. 독재를 한다고 해도 여소야대의 상황, 야당의 극한 투쟁 가운데 가능하지 않은 일이었다.

2) 계층투표와 좌우균열의 등장

그럼에도 불구하고 노 대통령은 양극화 의제를 통해 사회경제적 문제를 해결하려고 많은 노력을 했다. 그리고 그 노력이 무위로 끝나지는 않았다. 노 대통령은 임기 5년 동안 영남의 지역주의를 종식시키고 지지기반에 계층적 변화를 가져옴으로써 이익에 의한 투표를 이끌어낸 것이다.[30] 2002년 노무현 후보를 지지했던 중상층의 지지는 잃었지만 소득 백만에서 2백만 사이의 서민층이 새로운 지지자로 영입되었다. 2007년 대선에서 서민들이 이명박 후보에게 표를 찍은 건 사회경제적 개혁에 실패한 참여정부에 대한 복수라는 최장집, 박상훈의 주장은 틀렸다. 소득 백만 원 이하의 저소득층은 한 번도 진보진영 정당을 지지한 적이 없다. 2007년에만 한나라당을 지지한 게 아니라, 이명박 정부가 복지비를 삭감하고 이들의 삶을 더 피폐하게 만든 후인 2012년 총선에서도 새누리당을 지지했다. 이러한 결과는 선거연구자들에겐 상식에 속하는 일이다.

　이들의 주장과는 정반대로 노 대통령이 양극화를 적극적으로 의제화하고 복지를 쟁점화함으로써 오히려 지지기반을 축소시킨 결과를 초래했다. 사회경제적 개혁에 실패해서가 아니라, 사회경제적 개혁을 적극적으로 시도함으로써 중산층의 지지기반을 잃게 된 것이다. 그 결과 2007년 대선에서 복지에 대한 국가의 역할을 중심으로 좌우균열이 역사상 최초로 등장하게 되었다.[31] 노 대통령이 지지자를 잃으면서까지 비전 2030을 내놓고 복지정책을 추진했던 이유는 발전주의와 복지주의라는 경제적 균열이 단기적으로는 진보진영을 소수로 만들겠지만 장기적으로는 그것이 이기는 길이라고 생각했기 때문이다.

30. 조기숙, 2011, 앞의 글.
31. 강원택, 2010, 『한국 선거정치의 변화와 지속』, 나남.

〈그림 1〉 한국 정당의 재편성과 균열쟁점

이승만 박정희	노태우 김영삼 김대중	노무현	이명박

반공주의 ------------------- 북방정책 ------- 햇볕정책 ---------> 실용주의로
                                                     비쟁점화

발전주의(민주 대 권위주의/여야균열)-----> (여야균열 종식)-(민주화 완성)>발전주의

지역주의 ----------------> (탈지역정당)

개혁 ------------ (새 정치)

복지주의 등장 ---------->
(vs. 발전주의 강화)

물질주의
(vs. 탈물질주의 강화)

* 출처 : 조기숙, 2011, p. 195.

　　〈그림 1〉에 나타나듯이 한국 정당의 역사적 균열구조를 살펴보면 1987년 이전까지는 민주 대 독재의 균열이 한국의 선거를 좌우했다. 1987년 민주화 이후 민주 대 반민주의 균열이 약화되면서 지역주의 정당이 등장했다. 노무현은 탈지역주의와 새로운 정치를 내걸고 당선되었다. 참여정부 이전까지 한국 정치에는 지역주의 균열만 존재했다. 즉 전근대적 균열이 한국 정치를 지배했던 것이다. 그러나 노무현 정부 5년간 두 가지 변화가 일어났다. 하나는 복지주의의 등장으로 발전주의와 대립하면서 약한 균열구조를 만들어낸 것이다. 이는 한국 정치사에 전근대적인 지역균열을 근대적 의미의 좌우균열로의 이동이 시작되었음을 의미한다. 분단과 지속적인 경제성장으로 인해 근대적 의미의 좌우균열이 지연되다가 이제야 나타나게 된 것이다.

　　하지만 2007년 정동영 후보가 이 균열을 적극적으로 선거 캠페인에 활용하지 않음으로써 강하게 표면화되지는 못하고 잠재된 균

열로 존재했다. 그러다 노무현 대통령 사후 『진보의 미래』가 알려지면서 복지쟁점이 표면 위로 등장하게 되었다. 이를 적극적으로 표면화시킨 건 박근혜 전대표였다. 이로 인해 발전주의 대 복지주의 균열은 본격적으로 정당의 균열쟁점이 되지 못하고 합의쟁점이 되어버렸다. 따라서 2012년에 정책 간의 경쟁은 있어도 복지쟁점은 선거에서 균열쟁점이 되기는 어렵다고 본다. 복지정책에 대한 지지가 높다고 민주통합당이 환호할 일은 아니다. 그 열매는 새누리당이 누릴 가능성이 더 크다. 국민의 머릿속에 복지는 이제 민생으로 인식되고 우리 역사에서 민생을 살린 건 박정희 대통령이기 때문이다. 민생이 쟁점화되면 될수록 새누리당에 유리한 선거가 될 것이다. 민주당은 오히려 민생 프레임을 깨뜨려야 선거에 이길 수 있는 아이러니한 상황에 부닥치게 되었다.

3) 신좌파의 등장과 진보의 분열

두 번째 변화는 앞절에서 살펴본 것처럼 탈근대적 현상의 출현이다. 근대적 시장과 국가를 둘러싼 경제균열 외에 탈물질주의 대 물질주의 균열이 뚜렷이 나타난 것이다. 좌우의 균열이 주로 20세기의 대표적인 물질주의적 균열이라면 탈물질주의 균열은 좌우 개념을 뛰어넘는 21세기적 균열이라 할 수 있다. 좌파는 국가의 역할을 강조하고 노동을 중시하며 여전히 개발을 필요성을 인정하며 개방에 반대하는 경향이 있다. 무엇보다도 좌파 정치조직은 폐쇄적인 집단주의적 문화를 기초로 한다.

이에 비해 탈물질주의자는 개인주의적이며 물질주의 자체를 반대하기에 노동문제에 무심하거나 개방에 대해서도 적극적이고 집단적 폐쇄성에 혐오감을 보인다. 이러한 두 가지 변화는 진보진영에 원심력으로 작용하게 될 것이다. 노무현의 당선은 세 집단의 연대에 의해 가능하게 되었다. 호남을 기반으로 하는 민주화 세력, 노사모를 중심으로 하는 진보적 자유주의 세력, 전교조 등 실질적 민주주의를 추구하는 구좌파세력이 그들이다. 탈지역주의 정당인 열린우리당이 깨끗한 선거혁명을 이루면서 경제쟁점을 중심으로 선거연합이 해체되었다. 물질주의적 좌파와 탈물질주의적 진보는 문화적으로 하나가 되기 매우 어렵다. 물질주의 좌파는 문화적으로 엘리트주의적이고 보수적이지만 탈물질주의 진보는 문화적으로 대중주의적이고 진보적이다. 2012년 총선 이후 당내 비례대표 후보선출을 위한 부정선거와 관련해 이정희 중심의 당권파와 유시민 중심의 참여파의 갈등은 이러한 문화적 차이를 상징적으로 보여준다.

노무현 대통령의 이념적 정향은 〈표 1〉과 같이 표현할 수 있다.

〈표 1〉 이념의 두 차원 : 경제적 쟁점과 문화적 쟁점의 교차

		문화적 쟁점	
		보수적 (엘리트주의, 권위적)	진보적 (대중주의, 탈권위적)
경제적 쟁점	발전주의	한나라당 (보수우파) 조선, 동아, 문화	새누리당의 20-30 중앙일보
	복지주의	통합진보당, 최장집 (구좌파) 경향, 과거 한겨레	노무현과 촛불시민 (신좌파) 나꼼수, 최근 한겨레

위의 표를 보면 구좌파와 신좌파는 문화적으로 큰 차이를 보인다. 구좌파들은 대중이 이해할 수 없는 언어로 대중을 가르치려 든다. 신좌파는 대중을 신뢰하며 집단지성을 믿는다. 전통적인 경향, 한겨

레 등의 진보언론과 나꼼수가 갈등을 보일 수밖에 없는 이유도 문화적 차이에서 비롯된다고 생각된다. 특히 기존의 언론인들은 언론에 대한 특권의식이 매우 강해 언론개혁을 과업으로 삼았던 노 대통령과의 관계가 좋지 않았다. 이 표를 보면 왜 최장집 교수가 조중동 등의 수구언론은 물론이고 일부 진보언론으로부터도 각광을 받았는지 쉽게 이해할 수 있을 것이다.

새누리당은 한나라당에서 벗어나 복지주의를 지향하고 SNS나 인터넷 등을 통해 대중과 소통함으로써 자신의 한계를 뛰어넘는 노력을 한다는 것을 알 수 있다. 그러나 전통적인 보수정당 지지자들은 새누리당의 변신에도 불구하고 어차피 보수정당을 지지하게 될 것이다. 보수는 변화에 대한 두려움으로 뭉치기 때문에 아직까지는 분열의 기미가 없다. 사적이익으로 뭉친 집단이라 통합되고 이해관계가 일치한다.

한마디로 말해 1987년 체제는 두 개의 축에 의해 유지되어 왔다고 할 수 있다. 하나는 한나라당과 민주당이 지역주의를 통해 공생해왔으며, 다른 하나는 좌우 엘리트의 연합, 즉 보수와 구좌파의 적대적 공생관계에 의해 유지되어 왔다고 할 수 있다. 이들이 겉으로는 극과 극으로 보이지만 문화적 보수주의란 측면에서는 통하는 면이 많다. 회의장에서 폭력을 행사하고 절차적 민주주의를 존중하지 않으며 상대와 공존하기보다는 제거의 대상으로 본다는 점에서 극과 극은 통한다고 할 수 있다. 한나라당과 새누리당이 보수 유권자의 강고한 지지를 유지하는 데 북한정권의 존재만큼은 아니더라도 민노당이나 통합진보당 등 좌파정당의 존재가 기여하는 바가 크다는 점이다.

우리 언론도 합리적이고 중도적이며 진실을 보도하는 언론은 적은 반면 뚜렷한 이념적 좌표를 가지고 자신들의 이념을 전파하기 위해 왜곡이나 오보도 서슴지 않는 우파언론과 의도적 왜곡은 하지 않지만 신념이 강한 좌파언론이 존재한다. 이 좌우언론과 지식인, 지역정당은 1987년 체제로 응축되고 권위주의 체제로 상징된다. 우는 독재세력과 그 잔존세력이고, 좌는 우파 독재에 맞서 싸우기 위해 똑같은 권위주의 문화를 갖게 된 좌파 운동권 세력인 것이다. 결과적으로 노무현의 당선, 그리고 현재 안철수 바람을 이끌고 있는 진보적 자유주의 세력은 이들을 대변해 줄 정당은 물론이고 언론도 없는 것이 현실이다. 물론 진보언론 내에도 구세대와 신세대 간 문화적 갈등이 구좌파와 신좌파의 갈등처럼 존재하리라 생각된다.

노 대통령은 탈권위주의 탈지역주의를 추구하다 좌우 양쪽으로부터 협공을 당해 좌절했다. 유권자들은 2007년까지 경제적 균열에 대해 관심이 없었지만 엘리트들은 이미 1987년부터 좌우로 나뉘어져 있었다. 대중은 민주화 운동을 했지만 엘리트 운동권들은 민중운동을 했던 것이다. 한국의 좌우 지식인과 언론인이 대중과 괴리되고 대중으로부터 비웃음을 당하는 지성 리더십의 위기에 빠지게 된 건 우연이 아니다.

노 대통령은 1987년 체제에 온몸으로 저항했다. 문화적 혁신을 위해 대통령의 권위도 던져버리고 탈권위주의를 추구했다. 2008 촛불시위는 조중동을 거부했을 뿐만 아니라 구좌파의 집단주의에 대해서도 거부감을 표현했다. 2008 촛불운동은 1968년 유럽의 신좌파 운동과 여러 면에서 닮았다. 운동의 주역이 경제적 풍요를 만끽한 세대라는 점, 문화적 상상력이 뛰어난 점, 좌우이념이나 집단주의 문화, 꼰대 문화를 배격한다는 점, 시민주권, 참여민주주의, 삶의 질을 추구했다는 점에서 그렇다. 이들이 노무현과 가치지향이 유사한 건 우연이 아니다. 참여정부 5년간의 학습결과 이명박의 역주행이 이들을 광장으로 불러냈기 때문이다.

한국 민주주의는 현재 두 가지 도전에 직면하고 있다. 하나는 절차적 민주주의가 견고하게 뿌리를 내릴 수 있도록 민주적 문화의 혁명을 이루는 것이다. 문화적 변화에는 시간이 많이 걸린다. 그러나 다행스럽게도 2017년이면 1987년 체제도 30주년을 맞이하게 된다. 세대교체로 인해 정치변동에 걸리는 시간은 30년으로 알려졌다.[32] 2017년 대선에서는 1987년 체제가 본격적으로 해체될 것이다. 또 하나의 도전은 신좌파와 구좌파의 분열을 어떻게 극복하고 보수-진보 양 세력 간에 균형을 유지하느냐 하는 것이다. 보수 일변도의 사회에서 어느 정도 균형을 맞추는 사회로 나아가기 위해서는 진보의 연대는 필수적이기 때문이다.

그러나 이번 총선에서 보았듯이 민주통합당이 통합진보당에 끌려가는 연대는 시너지를 내지 못하고 국민에게 감동을 주지 못했다. 그러나 그 연대 덕분에 진보진영이 전체 득표율에서는 보수진영을 앞서는 결과를 낳기도 했다. 미래지향적으로 보면 구좌파 정당은 유럽에서도 쇠퇴하고 제3의 길을 걷고 있다. 과학기술의 발달로 인한 산업구조의 변화와 노동시장의 변화 때문일 것이다. 위계적이고 계층을 기반으로 하는 유럽의 정당도 새로운 시대정신에 맞게 변신을 시도하고 있다. 투명하고 수평적인 대중의 참여를 바탕으로 하는 21세기형 네트워크 정당이 등장하는 것이다. 따라서 구좌파는 폐쇄적이고 집단주의적인 문화에서 벗어나 복지주의를 중심으로 신좌파와 연대하고, 민주통합당은 지역적 기반에서 벗어나 네트워크 정당으로

32. Beck, Paul Allen, 1979, "The Electoral Cycle and Patterns of American Politics", *British Journal of Political Science*, Vol. 9, No. 2, pp. 129–56.

변신하지 않으면 미래가 없다고 할 수 있다.

6. 2012년 대선과 민주주의

이상에서 민주주의 개념과 시민주권의 역사적 전개를 살펴보았다. 민주주의 개념에 대한 혼란은 잘못된 담론형성을 통해 현실정치에도 부정적인 영향을 미친다는 것을 살펴보았다. 참여정부가 실패했다는 주장에도 동의할 수 없지만, 만일 실패했다면 그건 노무현의 실패가 아니라 우리 사회가 절차적 민주주의를 제대로 할 만큼 성숙하지 않았기 때문이니 우리 모두의 실패가 된다. 시민사회의 미발달이 가장 큰 이유이다. 정당과 국회, 언론은 각 부문에 민주적 문화와 관행, 규범이 만들어질 때 성공할 수 있다. 특히 이 책에서 밝힌 것처럼 정당의 성공을 위해 선거제도의 개혁은 필수적이다. 이러한 개혁 의제에 대한 고민과 성찰 없이 최장집 교수를 비롯해 많은 학자들은 이 모든 책임을 모두 노무현 대통령에게 돌렸다. 이들이야말로 민주주의 사상과는 거리가 먼 제왕적 대통령주의자가 아닌지 모르겠다. 대통령이 정당도, 국회도, 시민사회도 유능하게 만들어야 한다는 주장은 대통령에게 제왕이 되기를 주문하는 것과 다르지 않다.

민주주의는 여론정치이다. 합리적이고 이성적인 담론형성이 민주주의 성공의 열쇠라고 할 수 있다. 그런데 학자나 논평가들이 민주주의에 대한 개념을 헷갈리면 잘못된 담론이 형성된다. 민주주의는 건강한 담론의 형성 없이는 국민을 위한 정책이 산출되지 않는다. 파퓰리즘과 감성의 정치, 앵벌이 정치가 정치판을 휩쓸게 되어 있다. 우리 정치에서 합리적 진단과 대안이 실종된 것이 정치발전이 지연되는 가장 큰 이유일지도 모른다. 정치학자들의 책임이 참으로 크다고 본다.

우리 사회 논객은 두 종류이다. 하나는 서구에서 발전한 이념적 잣대로 좌우의 논평만이 존재한다. 한국의 정치적 현실은 무시한 채 자신의 이념적 틀에서 공허한 논평을 지속하는 것이다. 우파는 그래도 열심히 연구해 전략적으로 보수가 이기는 논평을 하는 반면, 일부 진보진영 학자들은 경험적 증거도 제대로 없이 추측과 가정에 기초해 이념적인 논평으로 정치인들을 잘못된 길로 이끈다. 다른 하나는 정치과정을 전공하지도 않은 교수가 전문성도 없이 마구잡이 논평을 하며 국민의 눈과 귀를 현혹하는 것이다. 둘 다 한국 정치를 망치는 주범이라고 본다. 그러나 학계의 비판문화 실종으로 인해 잘못된 담론을 바로잡는 관행이 없는 건 더 심각한 문제이다.

정치적 논평이 틀린지 맞는지는 예측의 정확성으로 평가된다. 이 장에서 사용한 분석 틀을 사용하여 2012년 대선을 내다본다면 참여정부에서 시작된 지역에서 이익으로의 정당 재편성은 진보 보수 양쪽이 팽팽한 균형을 이룰 때까지 지속될 것이다. 필자는 2012 총선과 대선에서 정당 재편성이 일어날 것이라 예측한 바 있는데[33] 실제로 이번 총선에서 양 정당의 후보는 이념적으로 양극화된 것으로 나타났다.[34] 양 진영의 정당 재편성이 이뤄지면서 팽팽한 결전을 치름으로써 자민련이 몰락하게 되었다. 주관적 이념성향에 따른 각 정당

33. 조기숙, 2011, 앞의 글.
34. 강원택, 2012, 「19대 국회의원의 이념 성향과 정책태도」, 19대 총선평가 학술회의, 국회입법조사처, 한국정당학회 공동주최, 2012년 4월 25일 국회도서관 421호.

별 의원의 평균 이념은 새누리당이 6.21, 민주통합당이 2.91, 통합진
보당이 1.62로 나타났다. 예측대로 과거에 비해 매우 심한 양극화가
벌어진 것이다. 그러나 이념의 평균점수가 5.5, 유권자 이념 평균이
5.18임을 감안하면 민주당이 너무 좌로 간 것이 총선패배의 한 가지
이유였음이 분명하다.

지지기반의 정당 재편성 흐름은 2012년 대선에서도 지속될 것
이다. 새누리당은 박근혜대세론을 극복하기 어려울 것으로 보인다.
박 후보는 발전주의의 상징이기 때문이다. 반면 진보진영의 후보는
중도적인 후보보다는 상대적으로 진보적인 후보에게 더 유리한 선
거가 될 것이다. 정당 재편성 때문이다. 그럼에도 불구하고 복지쟁점
은 이미 합의쟁점이 되어 균열을 만들기 어려울 것으로 보인다. 대북
정책에 있어서도 박근혜 후보는 이명박 대통령이 선거운동 시기에
택했던 것처럼 실용적이고 전향적인 입장을 택할 것이다. 따라서 민
주당은 사회문화적 쟁점에서 균열을 만들어내야 선거 승리에 접근
할 수 있게 될 것이다. 그러나 국민다수의 정서와 동떨어지게 너무
좌로 가지 않는 균형의 미덕이 필요하다. 지난 10년간 국민이 경제적
입장이 그렇게 많이 진보화하지는 않았기 때문이다.

노 대통령은 우리의 무관심이 민주주의의 위기를 초래한다고
지적한 바 있다. "민주주의에 대한 무관심은 민주주의에 대한 외부의
적이 사라졌기 때문"이라고 했다. "전제왕권은 소멸했고, 파시즘은
패배하고, 공산주의는 붕괴했고, 그리고 독재권력도 점차 붕괴돼 가
고 있어" 국민이 안심하고 더 이상 민주주의를 걱정하지 않기 때문이
라는 것이다. 민주주의에 시장의 지배, 언론의 지배 등 새로운 지배구
조가 등장했음에도 불구하고 국민이 그 위험성을 망각하고 있다고
경고하기도 했다. 이 책의 모든 저자들의 연구결과도 노 대통령의 생

각과 동일하다.

한국 민주주의는 지금 도전에 직면해 있다. 실질적 민주주의뿐만 아니라 절차적 민주주의도 미성숙하다. 성숙한 절차적 민주주의를 위해 경제민주화가 이루어져야 하고, 경제민주화의 쟁점화를 위해 성숙한 민주주의가 필요하다. 이 얽힌 실타래를 어떻게 풀어야 할까? 사회경제적 정책이 채택되려면 유권자가 힘을 가져야 한다. 그동안 선의의 지도자에 의해 위로부터의 민주주의를 실천했다면 앞으로는 아래로부터 시민에 의한 민주주의 혁명을 이루어야 한다. 그것이 겉만 번지르한 민주주의가 아니라 속이 꽉 찬 진정한 의미의 민주주의이다. 이번 대선에서 진보진영은 후퇴한 절차적 민주주의를 쟁점화해야 한다. 탈물질주의적 유권자가 가장 민감하게 반응하는 이슈이기 때문이다. 경제적 쟁점이 쟁점화되면 될수록 앞에서 말했듯이 보수정당에게 유리하게 된다. 새로운 서민 지지층을 만들어내기 위해서는 구체적 이익을 가져다 줄 생활정책을 내놓아야 한다. 운동권 엘리트들의 추상적인 구호는 2012년 총선에서처럼 유권자의 외면을 받게 될 것이다.

PART 1
민주주의 제도

한국의 국회
제도적 발전과 파행적 운영

조진만

1. 서론

의회는 국민의 대표기관으로 법을 제정하고 행정부를 견제하는 기능을 수행한다. 그리고 의회정치는 일반적으로 한 나라의 정치 수준을 가늠할 수 있는 기준이 된다고 평가된다. 왜냐하면 우리는 의회정치를 통하여 사회의 다양한 의견과 이해관계들이 어떻게 수렴되고 해소되는가를 직접적으로 파악할 수 있기 때문이다.

의회는 국민의 대표기관이기 때문에 자연스럽게 사회의 다양한 의견과 이해관계들이 직접적으로 충돌하고 갈등하는 모습을 보이게 된다. 그러므로 의회가 이와 같은 갈등들을 어떠한 과정과 노력을 통하여 타협을 이루어내는가의 문제는 정치적으로 중요한 의미를 갖는다. 만약 의회가 사회적 갈등들을 원만하게 수렴하여 해소하지 못할 경우 국민들의 신뢰를 얻지 못하게 될 뿐만 아니라 현실에서의 민주주의가 제대로 기능하지 않을 수 있다.

민주화 이후 한국은 제도권 밖의 정치에서 제도권 내의 정치가 갖는 효용성이 커지게 되었다. 그리고 이에 따라 국회가 정치의 핵심 축으로 부상하게 되었다. 특히 민주화 직후 형성된 여소야대의 정국은 국회 내 다수를 장악한 야당들로 하여금 국회의 권한을 신장시킬 수 있는 다양한 제도들을 채택할 수 있게 해주었다. 그 결과 과거 대통령과 정부 여당의 요구와 지시에 무조건적으로 순응하는 거수기擧手機와 같던 국회의 모습은 변모하게 되었다.

민주화 이후 국회가 꾸준하게 제도적으로 발전해 왔다. 하지만 오늘날 국회에 대한 국민들의 평가는 매우 부정적인 것이 사실이다. 예를 들어 세계가치조사WVS(World Values Survey)가 국가별 의회 신뢰도를 조사하여 발표한 결과를 살펴보면, 한국의 국회 신뢰도는 주요 민주국가들의 의회 신뢰도와 비교하여 매우 낮은 특징을 보이고 있다. 구체적으로 이 조사자료에서 주요 민주국가들의 경우 자국의 의회를 신뢰한다고 응답한 비율이 평균 39.7%(최하 14.2%–최고 68.9%)인 반면 한국의 경우 국회를 신뢰한다고 응답한 비율은 단지 10.2%에 불과했다. 더욱이 시기별로 볼 때 한국의 국회 신뢰도는 지속적으로 하락하는 경향을 보이는 상황 속에서 권위주의 정권 시기보다 오히려 민주화 이후 시기에 더 낮은 특징을 보이고 있다. 구체적으로 권위주의 정권 시기인 1982년 한국의 국회 신뢰도는 66.8%를 기록했지만 이후 1990년에는 33.9%, 1996년에는 31.0%, 그리고 2001년에는 10.2%로 지속적으로 추락했다.

그렇다면 민주화 이후 국회가 제도적 발전을 꾸준히 이루어 왔음에도 불구하고 이처럼 국민들로부터 불신을 받는 이유는 무엇일까?

이 문제와 관련하여 국회가 민주화 이후 입법기능과 대행정부(대통령) 감시·견제 기능을 제대로 수행하지 못하였기 때문이라고 지적할 수 있다. 하지만 이러한 지적은 현실과 잘 부합하지 않는다.

실제로 민주화 이후 국회의 입법기능은 지속적으로 활성화되는 경향을 보였다.[1] 민주화 이후 국회에서 논의된 전체 법안 중 의원발의 법안이 차지하는 비율은 지속적으로 증가하여 17대 국회에서는 의원발의 법안이 정부제출 법안보다 더 많이 제안되는 모습을 보였다. 그리고 오늘날 국회의원들은 정부가 제출하는 법안보다 몇 배나 더 많은 법안을 발의함으로써 입법적 주도권을 확보하고 있다. 또한 민주화 이후 의원발의 법안의 가결률은 지속적으로 높아지고 있으며, 정부제출 법안에 대한 부결률과 수정률 역시 꾸준한 증가추세를 보이고 있다.

뿐만 아니라 민주화 이후 국회는 다양한 제도적 개혁을 단행함으로써 대행정부 감시·견제 기능도 지속적으로 강화되는 경향을 보였다. 구체적으로 민주화 이후 국회는 각종 청문회와 국정감사, 그리고 강도 높은 대정부질의 등을 통하여 행정부에 대한 감시와 견제의 기능을 강화해 왔다. 그 결과 오늘날 한국의 경우 오히려 국회의 지나친 행정부에 대한 감시와 견제가 국정운영의 효율성을 저해하는 결과를 초래하고 있다는 비판이 제기되고 있다.

오늘날 한국의 국회가 국민들로부터 신뢰를 받지 못하는 이유는 그 기능을 수행하는 과정에서 갈등 조정을 위한 합의적 대의기관으로서의 모습을 제대로 보여주지 못하였다는 점에 있다고 생각된

---

1. 가상준, 2006, 「17대 국회의원들의 입법행태 평가」, 『의정연구』 제12권 1호.

다. 다시 말해 국회가 정당들이 중심된 정쟁政爭의 장으로 변질됨에 따라 국민들의 신뢰를 받지 못하게 된 것이다.[2] 민주화 이후 국회가 정치의 핵심 축으로 부상한 것은 사실이지만, 다른 한편으로 그동안 은폐되고 관용되었던 한국 정치의 부정적인 모습들도 국회를 통하여 집결되고 국민들에게 알려지게 되었다. 즉 민주화 이후에도 원 구성의 지연, 날치기 법안 통과, 고성의 논쟁과 공방, 몸싸움과 주먹다짐 등의 대립적·갈등적 정치상황이 국회라는 장을 통하여 더욱 심화되어 발현되는 상황 속에서 국회에 대한 국민들의 불신이 팽배하게 된 것이다.

이에 본 연구는 다음의 세 가지 점에 초점을 맞추어 논의를 전개하고 있다. 첫째, 민주화 이후 국회가 어떠한 제도적 발전을 도모해 왔는지를 살펴본다. 둘째, 국회가 그 운영에 있어서 파행적인 특성을 보이는 이유를 고찰한다. 셋째, 국회가 국민들로부터 신뢰받는 대의기관으로 새롭게 그 위상을 정립하기 위하여 요구되는 제도적 개선점들에 대하여 논의한다.

2. 한국 국회의 제도적 발전

민주화 이전 국회는 진정한 의미에서 국민의 대표기관이라고

---

2. 실제로 2001년 한국갤럽 설문조사 결과에 따르면 한국의 국회에 대한 최고의 부정적 이미지로 국회의원들의 극단적인 당파싸움으로 인한 정치불안정을 지적한 응답자 비율이 41.8%로 가장 높게 나타났다.

간주하기 어려운 측면이 존재한다. 왜냐하면 민주화 이전 권위주의 시기 선거와 관련한 제도와 법은 집권여당에게 일방적으로 유리하게 설정되어 있었고, 대규모 동원과 불법적인 선거운동도 가능하였기 때문이다. 즉 집권여당은 법적·제도적 수단들을 동원하여 항상 국회의 다수를 장악할 수 있었다. 그리고 이처럼 국회에서 집권여당이 과다대표되는 상황 속에서 국회의 대표성은 떨어질 수밖에 없었다.

하지만 민주화 이후 전국구 비례대표의석 배분방식의 개혁과 1인 2표 정당투표제 도입 등으로 인하여 보다 다양한 배경을 갖고 있는 인물들이 국회의원으로 충원되게 되었다. 예를 들어 제헌국회 당시 여성 국회의원은 단 한 명(0.5%)에 불과하였지만 18대 국회에서는 41명(13.7%)에 달할 정도로 국회의 여성 대표성이 크게 신장되었다. 뿐만 아니라 1인 2표 정당투표제의 도입으로 인하여 17대 국회에 민주노동당과 같은 진보적 이념정당이 10석의 의석을 얻어 원내에 진출할 수 있었다.

민주화 이후 국회 운영과 관련한 제도적 개혁도 많이 이루어졌다. 민주화 이전 여당은 과반수 이상의 안정적 의석을 확보함으로써 국회에서 자신이 원하는 법안을 비교적 수월하게 가결시킬 수 있었다. 그리고 이러한 상황에서 여당은 국회 운영과 관련된 사안들을 결정함에 있어서도 야당의 협조와 동의를 구할 필요가 없었다. 즉 민주화 이전 여당은 야당의 주장을 경청하여 타협을 도모하기보다는 종종 과반수 이상의 안정적 의석을 기반으로 자신들의 의지를 관철시키는 행태를 보였다.[3] 또한 권위주의 정권 하에서 야당이 존재하는

---

3. 강원택, 2005, 「갈등과 불신의 정당정치 : 원인과 대책」, 강원택 저, 『한국의 정치개혁과 민주주의』, 서울 : 인간사랑, 140쪽.

국회의 권한과 기능의 강화는 궁극적으로 체제에 대한 비판여론을 형성하는 데 기여할 수 있었다. 그러므로 국회의 권한과 기능을 강화하는 방향으로 제도를 개혁하기 어려운 측면이 존재하였다.

이러한 상황 속에서 소수당인 야당은 국회의 의사결정 과정에서 배제되기도 하였다. 그리고 과반수 이상의 의석을 무기로 자신의 의사를 관철시키려는 여당에 철저하게 굴복해야 하는 처지에 놓이기도 하였다. 그러므로 민주화 이전 야당은 이와 같은 상황을 극복하기 위하여 국회 내에서 물리적으로 저항하거나 여론의 힘을 토대로 장외투쟁을 하는 대결구도를 형성하였다.

하지만 민주화 이후 제도권 밖의 정치에서 제도권 내의 정치가 갖는 효용성이 커지게 됨에 따라 국회는 그 권한과 기능을 강화하기 위한 다양한 제도적 개혁을 단행하게 되었다. 특히 민주화 직후 구성된 13대 국회 초기 여소야대의 분점정부 상황은 국회의 권한과 기능을 강화하기 위한 제도적 개혁을 수행할 수 있는 원동력이 되었다.[4] 실제로 민주화 직후인 13대 국회 초반에 단행된 국회법 개정의 경우 야 3당의 주장이 80% 이상 전폭적으로 반영되었다[5]고 평가될 정도로 여당이 많은 양보를 하였다. 물론 이것은 당시 여소야대의 분점정부 하에서 국회의 제도개혁에 대한 야당들의 요구가 많이 수용되었다는 것을 의미한다. 하지만 당시 이 같은 국회제도의 대폭적인 개혁이 가능하였던 것은 민주화 이후 국회의 권한과 기능을 강화할 필요

---

4. 김민전, 2008, 「원내 의석분포, 대통령의 권력, 그리고 국회법 개정의 방향 : 민주화 이후 국회를 중심으로」, 『한국과 국제정치』 제24권 4호 ; 박통희, 1993, 「제13대 여소야대 국회의 효율성 논란 : 대표성, 능률성, 그리고 전문성을 중심으로」, 『한국정치학회보』 제27집 1호.
5. 『한국일보』 1988년 6월 12일자.

가 있다는 정치권의 공감대가 구축되어 있었기 때문이다.

구체적으로 이 시기 임시회의 소집요건 완화, 총 회기일수 제한 삭제, 상임위원회 증설, 국정감사제도 부활, 상임위원회의 청문회 개최 명문화, 국회의원의 일반 발언시간 연장, 정부에 대한 국회의원의 서면질문 요건 폐지 등의 제도적 개혁이 이루어졌다. 뿐만 아니라 과거 다수당인 여당이 독점하던 국회의장의 권한도 대폭 축소하여 자의적 판단이나 정부의 요구로 국회가 운영되는 것을 방지하였다. 그 결과 민주화 이후 국회의 운영은 교섭단체 대표들 또는 국회 운영위원회가 중심이 되어 이루어지게 됨으로써 국회 내 정당들 간의 사전 협의와 동의 없는 국회 운영은 사실상 불가능하도록 만들었다.[6] 더불어 13대 국회 후반 원 구성 당시 여당인 민주자유당은 3당 합당을 통하여 79.2%의 의석을 차지하고 있었음에도 불구하고 기존 관행과 달리 전체 상임위원장 자리의 25%를 야당인 평화민주당에게 할당해 줌으로써 비례적 원 구성의 관행이 정착되게 되었다.[7]

13대 국회 이후에도 국회는 민간자문위원회 구성을 통한 국회법 개정, 상임위원회 회의 정례화, 대체토론제도와 기록표결제도 도입, 대정부질의 시간 확대, 행정규칙 제정 시 국회 송부 명문화, 행정부 서류 제출기한 규정, 예결위원회 상설화, 국회의장의 당적이탈 명문화와 자유경선에 의한 선출, 국무총리 및 국무위원에 대한 인사청문회 실시, 전원위원회 부활 등과 같은 제도적 개혁을 지속적으로 단행하였다. 이와 같은 제도적 개혁은 국회의 권한과 기능을 강화하는 데 많은 기여를 하게 되었다. 또한 이러한 제도적 개혁의 효과로 국회의

6. 유병곤, 2006, 『갈등과 타협의 정치 : 민주화 이후 한국 의회정치의 발전』, 오름, 82쪽.
7. 유병곤, 위의 책, 22쪽.

의사결정에 있어 타협과 합의의 중요성이 강조되게 되었다.

뿐만 아니라 민주화 이후 국회의원을 보좌하는 전문인력과 지원기구의 확충도 꾸준히 이루어졌다. 예를 들어 3대 국회에서 처음으로 국회의원 1인당 한 명의 보좌관이 배정되었던 것이 민주화 직후 13대 국회에서는 5명, 그리고 1998년 이후부터는 6명이 배정되게 되었다. 또한 국회사무처와 국회도서관 등에 소속된 전문인력들도 지속적으로 증가해 왔으며, 2000년에 들어와서는 예산정책처와 입법조사처가 신설되어 국회의원들의 의정활동을 지원하고 있다.

민주국가에서 의회는 경쟁적인 선거를 통하여 선출된 대표자들로 구성된다. 그러므로 의회는 전문성보다 사회적 대표성을 더욱 중시하며, 항상 가변적인 성향이 강하다. 더욱이 의원들은 무엇보다도 재선이라는 목표를 항상 염두에 두고 활동하게 된다. 이러한 이유로 의원들은 입법활동과 행정부 견제활동 등을 수행함에 있어 전문성을 제고하고 철저한 준비를 하기가 어려울 수 있다. 더욱이 비대해지고 전문화된 행정부와 비교하여 의회는 의원의 개별적인 역량에 기반하여 입법활동과 행정부 견제활동을 수행하게 되기 때문에 기본적인 한계를 노정하고 있다. 뿐만 아니라 전문성과 정보의 부족으로 인해 발생하게 되는 의회와 행정부 사이의 정보 비대칭 문제는 관료의 도덕적 해이를 불러일으킬 수 있다. 그러므로 이러한 문제를 해결하기 위해서는 의회의 활동을 전문적으로 지원하는 인력과 기구가 필요한 것이다.

이 밖에도 민주화 이후 국회는 국회의원 겸직에 대한 국회법 제한규정 확대, 비회기 중 상임위원회 개최 가능, 예결산특별위원회의 상설화, 윤리특별위원회 신설과 상설화, 소위원회 상설화, 공청회 활성화, 전원위원회 제도의 부활 등과 같은 다양한 제도적 개혁들을 단행해 왔다. 그리고 상설 국회, 입법예고제, 공청회 개최 의무화 등과 같은 제도적 개혁과제들도 여전히 남아 있다.

다만 전반적으로 보았을 때 국회는 민주화 이후 자신의 권한을 강화하는 방향으로, 그리고 정당 간의 협의와 합의를 중시하는 방향으로 제도가 변화해 온 특징을 보였다고 평가할 수 있다. 그리고 이러한 제도적 개혁의 큰 방향은 앞으로도 큰 변화를 보일 가능성은 적어 보인다. 그렇다면 왜 국회는 합의적인 제도 하에서 파행적으로 갈등하는 모습을 보이는 것일까? 그 해답은 제도적 문제보다는 인식과 문화적 차원에서 찾을 필요가 있다.

3. 한국 국회의 파행적 운영 : 현실과 원인

대의민주주의 하에서 의회정치는 서로 다른 정책적 입장과 이해관계를 갖고 있는 정치행위자들의 의사결정을 기반으로 이루어진다.[8] 그러므로 의회정치는 사회의 다양한 의견과 이해관계들이 수렴되고 논의되는 과정에서 치열한 논쟁이 발생하게 된다. 그리고 차별적인 정책 입장과 이해관계를 대변하는 정당들이 합의를 도출하는 데 있어서도 많은 시간과 노력이 요구된다. 그러므로 의회정치는 기본적으로 갈등적인 동시에 효율성이 떨어지는 특성을 보이게 된다. 문제는 의회가 대화와 타협을 거부한 채 심각한 정치적인 공방과 갈등만

---

8. David P. Baron and John A. Ferejohn, 1989, "Bargaining in Legislatures", *American Political Science Review*, vol. 83, pp. 1181-1206.

을 양상할 경우 민주적 거버넌스의 구축이 제대로 이루어지지 못할
수 있다는 점에 있다.

다음의 내용은 현 18대 국회가 출범한 이후 각종 언론매체들을
통하여 집중적으로 제기되었던 기사들의 내용을 개괄적으로 정리해
본 것이다. 18대 국회는 17대 대선에서 정권교체가 이루어진 지 불과
몇 개월 만에 총선이 실시되어 여당인 한나라당(현 새누리당)이 과반
수 이상의 의석을 차지하게 되었다. 그러므로 이명박 정부는 임기 초
'밀월기간'과 '단점정부'라는 유리한 정치구조 속에서 국정을 운영
할 수 있는 길이 열리게 되었다.

여당은 독자적으로 국회를 소집하여 개원을 하고자 시도하였다. 쟁점
법안들도 단독으로 상임위원회에 상정하는 모습을 보였다. 이에 야당
은 등원 거부, 장외투쟁, 의사일정 전면 거부로 맞섰다. 여당과 야당 사
이의 갈등이 심화되면서 해머, 전기톱, 소화기 등이 동원된 난투극이
벌어졌다. 고성과 막말이 이어졌다. 헌정사상 가장 늦은 개원을 하였
다. 첫 정기국회의 마감을 일주일 앞둔 시점에서 국회에 제출된 2,787
개의 법안 중 단지 9개만이 처리되었다.[9] 여당은 야당이 '소수의 횡포'
를 부리고 있다고 비판하였다. 야당은 여당이 '다수의 독주와 전횡'을
일삼고 있다고 비판하였다. 시민들의 국회에 대한 불신이 심각해져 국
회무용론이 제기될 정도다.

하지만 이러한 유리한 정치환경에도 불구하고 국정운영과 관련

9. 『동아일보』 2008년 12월 1일자.

하여 이명박 정부와 18대 국회가 보여준 모습은 파행적인 것이었다. 특히 18대 국회에서 여당과 야당이 벌였던 첨예한 갈등과 대립의 양상은 원활하고 효율적인 국정운영을 저해하는 주요 요인으로 지적되었다. 그리고 이러한 이유로 민주화를 이룩한 지 20년이 넘는 시간이 흘렀고, 절차적 민주주의의 구축을 넘어 민주주의의 공고화를 달성해야 하는 현시점에서 한국의 민주주의는 오히려 큰 위기를 맞고 있다는 우려감이 거세지고 있다.

한국의 경우 대통령제 통치권력 구조를 채택하고 있다. 그러므로 삼권분립의 원칙에 입각하여 대통령제가 원활하게 운영되기 위해서는 행정부(대통령)와 국회가, 그리고 국회 내의 여당과 야당이 상호 신뢰하는 상황 속에서 대화와 타협을 통하여 정책을 작성하고 결정하는 노력이 요구된다. 서로의 입장과 이해관계가 다른 정치행위자들 사이에 신뢰와 배려감이 형성되어 있지 않다면 대화와 타협이라는 수단보다는 강제와 저항이라는 수단이 더 중요할 수 있다.[10] 그리고 이러한 상황에서는 다수의 의사가 존중되고 소수의 의사가 보호될 수 있는 민주적 거버넌스도 구축되기 힘들다.[11] 더욱이 국회가 민주적 거버넌스에 기초하여 의사결정을 이루지 못할 경우 국회가 제정한 법들에 대한 국민들의 자발적인 준수의식은 떨어지게 된다.[12]

10. Geraint Parry, 1976, "Trust, Distrust and Consensus," *British Journal of Political Science*, vol. 6, pp. 129–142.
11. Valerie Braithwaite and Margaret Levi, eds., 1998, *Trust and Governance*, New York : Russell Sage ; Dahl, Robert A. Dahl, 1971, *Polyarchy : Participation and Opposition*, New Haven : Yale University Press ; William A. Gamson, 1968, Power and Discontent, Illinois : The Dorsey Press.
12. Dalton, Russell J. Dalton, 2004, *Democratic Challenges Democratic Choices : The*

그렇다면 국회가 민주화 이후 지속적인 제도적 개혁을 단행하였음에도 불구하고 그 운영에 있어서는 더욱 파행적인 특징을 보이는 이유는 무엇일까? 이 문제와 관련하여 우선적으로 다음의 두 가지 점을 짚고 넘어갈 필요가 있다. 첫째, 국회가 항상 갈등하고 파행적인 모습을 보이는 것은 아니라는 점이다. 국회의 파행적 모습들은 매스미디어를 통하여 자주 부각된다. 하지만 실질적으로 국회에서 거의 대부분의 법안들은 여야 만장일치의 동의로 가결되며, 본회의 표결에서 정당 간의 입장이 확연하게 분리되는 쟁점법안의 수는 상대적으로 많지 않다.[13] 그러므로 국회의 파행성과 관련하여 우리가 관심을 가져야 할 점은 쟁점법안과 같이 정당들 간의 정책적 입장과 이해관계가 차이를 보이는 사안들의 처리 문제이다.

둘째, 서구 민주국가들의 의회에서도 쟁점법안의 처리 문제를 놓고 다수당과 소수당이 첨예하게 갈등하지만 한국의 국회와 같은 파행성은 보이지 않는다는 점이다. 즉 서구 민주국가들의 의회에서 쟁점법안은 제도적 절차들을 통해 처리되는 반면 한국의 국회에서 쟁점법안의 처리는 폭력적이고 비제도적인 수단들까지 동원되는 특징을 보인다. 미국의 시사잡지인 *Foreign Policy*에서 세계에서 가장 규

Erosion of Political Support in Advanced Industrial Democracies, New York : Oxford University Press ; Tom R. Tylor, 2006, *Why People Obey the Law*, Princeton : Princeton University Press ; Eric Uslaner, 1993, *The Decline of Comity in Congress*, Ann Arbor : University of Michigan Press.

13. 예를 들어 16대 국회에서 본회의에 회부된 952건의 법안들 중 전자표결이 이루어진 법안은 429건이었다. 그리고 전자표결에 부쳐진 법안들 중 만장일치로 가결된 법안은 155건(36.1%)에 달하였으며, 평균 찬성률 역시 95.8%로 매우 높게 나타났다. 이러한 이유로 국회의원의 표결결정에 유의미한 영향을 미치는 요인을 통계적으로 검증할 수 있는 법안은 단 27건에 불과한 것으로 나타났다. 전진영, 2006, 「국회의원의 갈등적 투표행태 분석 : 제16대 국회 전자표결을 중심으로」, 『한국정치학회보』 제40집 1호.

칙을 안 지키고 무질서한unruly 의회 중 하나로 한국의 국회를 지적한 이유도 이와 무관하지 않다.

국회가 파행적으로 운영되는 가장 큰 이유는 한국의 경우 대통령제를 채택하고 있음에도 불구하고 국회의원이 자율성을 갖지 못한 상황에서 '행정부(대통령) + 여당 대 야당'의 정치적 대결구도를 기반으로 국회가 운영되고 있다는 점에 있다. 실제로 민주화 이후 국회 다수당이 단독으로 법안을 의결한 경우는 단점정부 상황에서 256건이었는데, 이것은 분점정부 상황에서의 104건과 비교하여 두 배 이상 많은 것이었다.[14] 특히 13대 국회에서 다수당 단독으로 처리된 법안 60건은 모두 민주자유당 합당 이후 단점정부 상황에서 처리된 것이었다. 뿐만 아니라 국회의장의 직권상정 역시 대부분 대통령이 주도한 입법의제들에 대하여, 그리고 단점정부 상황 하에서 집중적으로 이루어졌다.[15]

이처럼 대통령과 여당이 수적 우위와 국회의장의 직권상정을 동원하여 대화와 타협 없이 입법권력을 행사하는 상황 하에서 소수당인 야당이 취할 수 있는 선택은 물리적 수단들을 동원한 저항뿐이었다. 특히 권위주의 정권 시기 이와 같은 야당들의 저항은 국민들로부터 민주주의에 대한 최후의 보루로서 인정을 받기도 하였다. 그러므로 민주화 이후에도 소수당이 국회에서 비제도적인 수단들을 동

---

14. 전진영, 2011a, 「국회 입법교착의 양상과 원인에 대한 분석」, 『의정연구』 제17권 2호, 178쪽.

15. 17대 국회의 일반법안 상임위원회 계류기간 평균은 176.3일이었던 반면 국회의장이 직권상정한 법안들의 계류기간은 평균 149.7일이었다. 이것은 국회의장이 법안을 직권상정하는 이유가 단순히 상임위원회가 뚜렷한 이유 없이 법안심사를 지연시키는 것 때문만은 아니라는 점을 보여준다. 전진영, 2011b, 「국회의장 직권상정제도의 운영현황과 정치적 함의」, 『한국정치연구』 제20집 2호, 65쪽.

원하여 저항하는 것이 하나의 관행처럼 인정되었고, 일정 수준 용인
되는 측면도 존재하였다.

　종합하면 국회가 쟁점법안의 처리 문제를 놓고 파행을 보이는
이유는 크게 두 가지 차원에서 파악이 가능하다. 첫째, 대통령과 정당
들의 권한이 강하고, 이로 인하여 국회의원들의 자율성이 약하다는
점이다. 즉 대통령이 추구하는 입법의제에 대하여 여당 국회의원들
은 일사분란하게 단결하고, 이에 야당 국회의원들 역시 단합하여 저
항하는 모습을 보이기 때문에 대화와 타협을 통한 의사결정이 어렵
게 되는 것이다.

　둘째, 쟁점법안의 처리 문제를 둘러싼 합의된 의사규칙이 마련
되어 있지 못하다는 것이다. 쟁점법안의 처리 문제와 관련하여 다수
당은 제도적 수단을 동원하여 다수결적 방식으로 국회의 의사결정을
이끌 수 있다고 생각한다. 그리고 소수당의 경우 비제도적 수단을 동
원하여 다수당이 다수결적 방식으로 국회의 의사결정을 하는 것에
제동을 걸 수 있다고 생각한다. 이처럼 다수당과 소수당의 인식 차이
가 존재하는 상황 하에서 국회의 파행적 운영을 피하기 어렵게 되는
것이다.[16]

　하지만 오늘날 민주주의의 공고화를 추구하고 있는 한국의 상
황을 고려할 때 어떠한 형태로든 이 문제를 해결하는 것이 시급해 보
인다. 즉 한국의 민주주의 수준을 획기적으로 제고하기 위해서는 제
도적 틀 안에서 국회의 파행성 문제를 해결할 수 있는 논리와 방안들
을 적극적으로 모색할 필요가 있다.

---

16. 조진만, 2009, 「의회의 집합적 의사결정과 신뢰 : 한국의 현실과 선택」, 『의정연구』 제15권
　1호.

4. 한국 국회의 민주적 운영을 위한 논리와 방안

민주화 이후 한국의 국회는 대화와 타협을 중시하는 합의제적 방향으로 그 제도를 지속적으로 개혁·보완해 왔다. 그러므로 오늘날 한국의 국회는 다수결적 방식보다는 합의제적 방식으로 운영되고 있다고 평가할 수 있다. 그리고 향후에도 이와 같은 방향으로 국회의 제도적 개선이 이루어질 가능성이 높아 보인다.

실제로 2007년 국회의원들을 대상으로 진행된 "국회 운영의 효율성 제고와 신뢰확보 방안" 설문조사[17] 결과, 한국 국회의 의사결정 방식은 다수결형(45.8%)보다 합의제형(54.2%)에 가깝다고 응답한 비율이 상대적으로 높게 나타났다. 그리고 원활한 국회 운영을 위해서는 합의제(84.4%)가 다수결제(15.6%)보다 좋다는 의견이 압도적으로 많았다.

문제는 대통령이 추구하고자 하고 정당들 간의 이해관계가 첨예하게 갈리는 쟁점법안의 처리를 둘러싼 다수당과 소수당 간의 인식 차이가 존재한다는 점에 있다. 즉 이와 같은 쟁점법안을 처리함에 있어 다수당은 좀 더 다수결적인 방식으로, 그리고 소수당은 더욱 합의적인 방식으로 국회의 의사결정을 하는 것이 유리하다는 인식을 가지고 있다. 그러므로 쟁점법안의 처리 문제를 놓고 다수당과 소수당은 합의를 이끌어내지 못하고 파행적으로 갈등하는 모습을 보이

---

17. 손병권·가상준, 2009, 「갈등의 현실과 합의에 대한 소망 : 국회 운영 및 의사결정 방식에 대한 17대 국회의원들의 인식」, 『한국정치연구』 제17집 1호.

게 되는 것이다.[18]

그렇다면 한국 국회의 민주적 운영을 위한 논리와 방안들로는 무엇이 있을까? 첫째, 한국 국회의 제도를 어느 정도 합의제적인 수준까지 개혁할 것인가에 대한 합의가 필요하다고 보여진다. 한국은 민주화 이후 두 번의 정권교체를 이루어냈으며, 오늘날에도 정권교체의 가능성은 항상 열려 있다. 이것은 국회 내 다수당과 소수당의 지위도 고정되어 있지 않고 변화의 가능성을 상시적으로 내포하고 있다는 것을 의미한다. 다시 말해 이것은 주요 정당들의 경우 다수당과 소수당의 지위를 동시에 경험할 수밖에 없기 때문에 국회의 운영과 관련한 제도적 개혁이 타당성을 가질 경우 충분히 타협이 가능할 수 있다는 점도 시사한다.

이 문제와 관련하여 앞서 지적한 바 있듯이 대다수의 국회의원들이 합의제를 선호하고, 실제로 민주화 이후 국회의 제도도 합의제적인 방향으로 개혁되어 왔다. 하지만 문제는 어느 정당이든 소수당이 되면 현행 국회제도가 여전히 다수결적인 측면이 강하다는 입장을 보이면서 장외투쟁이나 물리적 저항 등을 통하여 원만한 국회의 의사결정을 방해한다는 점에 있다. 그러므로 향후 국회의 제도적 개혁은 소수당이 비제도적 수단들을 동원하여 국회의 의사결정을 방해하는 것을 방지할 수 있을 정도로 합의제적인 요소들을 보강하는 방향으로 이루어질 필요가 있다.

---

18. 17대 국회의원들을 대상으로 한 설문조사 결과 국회 운영이 경직되어 있다고 응답한 비율이 78.9%에 달하였다. 그리고 경직된 국회 운영의 원인으로 여당의 비타협적 태도를 지적한 비율이 45.8%로 나타났고, 야당의 비타협적 태도를 지적한 비율이 38.6%로 나타났다. 손병권·가상준, 위의 논문. 이것은 대다수 국회의원들이 국회가 제대로 운영되지 못하고 있으며, 그 이유로 상호 비타협적인 정당들의 태도를 지적하고 있다는 것을 의미한다.

혹자는 이에 대하여 효율성이 떨어진다는 이유로 문제를 제기
할 수 있다. 하지만 국회는 효율성보다는 대표성을 더욱 중시하는 국
민의 대의기구이다. 또한 모든 의사결정은 효율성과 대표성의 두 가
지 요인을 고려한 비용이 발생하게 된다.[19] 그러므로 효율성과 대표
성을 종합적으로 고려할 때 국회 내 합의적 의사결정제도의 도입을
확대하고, 장외투쟁 및 물리적 저항 등과 같은 비제도적 수단의 동원
을 방지하는 것이 한국적 현실에서는 최소의 비용을 부담하게 되는
선택이 될 수 있다.[20]

둘째, 정책적 위임과 관련한 대통령과 다수당의 인식에 있어서
도 변화가 요구된다. 대의민주주의에서 정당과 후보자가 정책공약을
제시하여 승리한 후 집권기간 동안 이를 충실하게 이행하는 것은 정
책선거 및 책임정치와 관련하여 중요한 의미를 갖는다. 하지만 대통
령이나 다수당이 제시한 모든 정책공약들에 대하여 다수의 국민들
이 동의해 주었다는 인식은 책임정치를 강조하면서 승자독식의 정
치문화를 양산하는 결과를 초래할 수 있다. 선거에서 모든 유권자들
이 대통령 후보와 정당들이 제시한 정책공약을 다 숙지하였을 가능
성은 없다. 그리고 만약에 모든 유권자들이 대통령 후보와 정당들이
제시한 정책공약을 다 숙지하였다고 가정하더라도 특정 대통령 후
보나 정당을 지지한 유권자가 그 대통령 후보나 정당의 정책공약 전
체를 지지한다고 가정하기도 어렵다. 더욱이 실제 민주화 이후 한국
의 선거에서 투표율과 득표율을 고려할 때 전체 유권자 과반수 이상

19. James M. Buchanan and Gordon Tullock, 1962, *The Calculus of Consent : Logical Foundation of Constitutional Democracy*, Ann Arbor : The University of Michigan Press.
20. 조진만, 앞의 논문.

의 득표를 받은 후보나 정당도 존재하지 않는다.

이것은 대통령과 다수당이 소수당의 반대에도 불구하고 특정 쟁점법안을 처리하는 것은 부적절할 수 있다는 논리가 될 수 있다. 다시 말해 대통령과 다수당이 국민 다수의 지지와 정책적 위임을 받았기 때문에 선거에서 제시한 모든 정책공약들은 다수결적인 수단들을 동원해서라도 반드시 이행해야 한다는 인식은 실질적으로 국민 다수의 의사와는 차이를 보일 수 있다는 것이다. 그러므로 소수당이 반대하고 여론도 반대하는 입법의제나 쟁점법안에 대해서 대통령과 다수당은 좀 더 신중하게 숙고할 필요가 있다. 그리고 입법과정에서 소수당을 설득하고 합의를 도출하기 위한 노력들을 보다 적극적으로 전개하는 것이 요구된다.

셋째, 민주주의 국가에서는 성과나 결과보다 절차와 과정이 더 중요하다는 점을 인식할 필요가 있다. 민주화 이후 국회에 대한 국민들의 신뢰가 지속적으로 떨어지고 있는 것은 국회가 입법기능, 행정부 감시와 견제기능, 지역구 대표기능 등을 잘 수행하지 못하기 때문이 아니다. 실제로 민주화 이후 이와 관련한 국회의 기능들이 강화되고 제고되었다는 점들은 각종 통계수치를 통해 어렵지 않게 파악할 수 있다.[21]

오히려 민주화 이후 국회에 대한 불신이 지속적으로 증가하고 있는 것은 국회가 자신이 부여받은 정치적 임무와 기능을 민주적인 방식으로 올바르게 수행하지 못하고 있다는 점에 기인하는 바가 크

---

21. 예를 들어 국회 입법활동의 경우 민주화 이후 14대 국회를 제외하고 의원발의법안이 정부제출법안보다 많은 경향을 보였다. 구체적으로 17대 국회의 경우 전체 법률안에서 의원발의법안이 차지하는 비중이 85%를 차지했다. 그리고 정부제출법안이 563건 가결된 것과 비교하여 의원발의법안은 1,350건이나 가결되었다.

다. 즉 국회는 의사진행과 정책결정을 함에 있어 표현의 자유를 보장
하고 소수의 의견을 존중하였는지, 제도적 규칙들을 잘 준수하였는
지, 상대방을 배려하고 존중하는 모습을 보여주었는지, 투명하고 개
방적인 의사결정을 하였는지, 부정부패나 비리에 연계되지 않고 청
렴한 모습을 보여주었는지 등과 같은 질문들에 대하여 스스로에게
질문해 보면 국민들이 왜 국회를 신뢰하지 않는지에 대한 해답을 어
렵지 않게 구할 수 있을 것이다.

　그러므로 예의와 품위를 상실한 고성과 막말, 몸싸움, 주먹다짐,
사적인 공간에서 자행되는 국회의원들의 부정부패와 부적절한 언행
등을 보다 엄격하게 다룰 필요가 있다. 특히 이를 위해서는 현재의 윤
리특별위원회를 상설화시키고, 세부적인 윤리 메뉴얼과 처벌기준들
을 마련하여 엄중하게 적용할 필요가 있다. 그리고 윤리위원회 위원
장을 국회의장단에 준하여 선출하거나 선임하는 것도 고려해 볼 필
요가 있다. 뿐만 아니라 외부 전문가들로 구성된 독립된 윤리심의기
구를 구성하여 국회의 윤리문제에 대한 일차적인 조사와 심의 기능
을 수행할 수 있는 제도적 방안들도 모색할 필요가 있다.[22]

　넷째, 국회의원들의 자율성을 제고할 수 있는 방안들을 다각적
으로 모색할 필요가 있다. 앞서 지적한 바 있듯이 국회의 파행성은 대
통령과 소속 정당으로부터 자율성을 갖지 못하는 국회의원들로부터
기인하는 바가 크다. 한국의 정치는 기본적으로 제왕적 대통령제와
기율이 강한 정당정치라는 두 가지 틀을 중심으로 이루어진 측면이
존재한다. 그리고 이러한 상황 속에서 국회의원들은 대통령과 소속

---

22. 임성호, 「국회의원과 윤리 : 윤리위원회 개혁방안」, 박찬욱·김병국·장훈 공편, 2004, 『국회의 성공조건 : 윤리와 정책』, 나남출판, 75–106쪽.

정당으로부터 자율성을 갖지 못하고 대립함으로써 국회가 대화와 타협의 장이 아닌 정쟁政爭의 장으로 변질되어 파행적으로 운영된 측면이 존재한다.[23] 그러므로 국회의 파행성을 극복하기 위해서는 국회의원의 자율성을 제고시켜 그 위상을 재정립하는 노력이 요구된다.

정치인의 기본적인 목적은 재선에 있다. 그러므로 국회의원이 대통령과 소속 정당으로부터 자율성을 갖지 못하는 이유는 자신의 재선의 목적을 달성하는 데 있어 대통령과 소속 정당의 영향력이 매우 크게 작용하기 때문이다. 즉 공천, 선거운동, 정치자금 제공 등과 같이 재선에 중요한 영향을 미치는 요인들에 대한 대통령과 소속 정당의 권한이 여전히 큰 상황 속에서 국회의원이 자율성을 발휘할 수 있는 여지가 적어지게 되는 것이다. 또한 국회의원이 재선 이후 정치경력을 쌓고 국회, 정당, 정부의 요직을 차지하기 위해서도 대통령과 소속 정당으로부터 충성심을 인정받을 필요가 있다.

그러므로 국회의원이 대통령과 소속 정당으로부터 자율성을 갖기 위해서는 공천방식과 선거제도, 그리고 정당정치의 민주화 등을 복합적으로 고민할 필요가 있다. 한국의 경우 진성당원의 부족으로 인하여 정당 지도부가 실질적으로 국회의원에 대한 공천권을 장악하고 있다. 또한 지역주의가 존재하고, 승자독식의 소선거구제 하에서 주요 정당의 국회의원 후보들은 지역구민들의 의사보다 정당 지도부의 눈치를 더욱 볼 수밖에 없는 상황이다. 민생에 대한 유권자들의 요구가 높은 상황에서 여야 국회의원들이 이와 무관한 특정 쟁점에 대하여 결사적으로 투쟁하는 이유도 차기 선거에서 공천을 받기

---

23. 강원택, 앞의 책.

위해서는 정당의 요구를 충실히 따라야 한다는 인식이 존재하기 때문이다. 또한 국회의원이 탄탄한 지역적 기반을 다지고 훌륭한 의정활동을 하였다 하더라도 정당 지도부의 눈 밖에 나면 현실적으로 공천을 받기 힘든 것도 현실이다. 더욱이 당내의 민주화가 제대로 이루어지지 않은 상태에서 국회의원이 당내에서 자신의 소신을 피력하고 소통할 수 있는 기회도 많지 않다. 그러므로 이와 같은 점들이 획기적으로 개선되지 않는 이상 국회의원의 자율성 제고를 통한 국회 운영의 정상화를 기대하기 어려운 측면이 존재한다.

다만 이러한 정치현실 속에서 국회 차원의 비교적 손쉽고 채택 가능한 제도적 개선방안으로 주요 쟁점법안에 대한 기록표결 폐지를 충분히 고려해 볼 수 있다고 생각된다. 기록표결은 책임정치와 관련하여 중요한 의미를 갖는다. 하지만 정당의 기율이 강한 한국적 특성을 고려할 때 주요 쟁점법안에 대한 기록표결은 국회의원들로 하여금 소속 정당의 입장을 지지할 수밖에 없도록 만드는 요인이 되고 있다.[24] 그리고 이런 상황에서 상호 양보가 없는 정당투표가 국회에서 진행될 경우 정당들 간 대화와 타협의 가능성은 줄어들게 되고 갈등과 교착을 반복하는 모습을 보일 가능성이 높다.

그러므로 쟁점법안에 대한 표결과 관련하여 국회의원의 자율성을 보장해 줌으로써 국회 의사결정에 대한 불확실성을 제도화[25]할

---

24. 물론 이와 같은 중요 쟁점법안에 대한 기록표결 폐지는 한국 정치의 현실 속에서 과도기적으로 운영해 볼 수 있는 제도이다. 이러한 제도를 통하여 국회의원의 자율성 제고와 국회 의사결정의 민주화가 일정 수준 확보된다면 궁극적으로 책임정치의 관점에서 기록표결을 유지하는 것이 바람직하다. 그리고 유권자들로 자신의 대표자인 국회의원들이 국회에서 어떠한 표결을 하였는가에 대한 관심을 갖고, 국회의원들이 표결에서 부적절한 선택을 하였을 경우 저항하는 모습을 보일 때 책임정치와 국회의원의 자율성은 동시에 제고될 수 있다.

25. 이 문제와 관련하여 쉐볼스키의 경우 대의민주주의가 공고화되기 위해서는 '불확실성의 제

경우 정당지도자와 국회의원들 간에, 그리고 정당들 사이에 대화와 협의를 위한 소통의 창구가 보다 용이하게 개설될 수 있다. 또한 대통령도 자신이 추진하고자 하는 입법의제에 대해서는 소속 정당 국회의원들의 동의를 구할 수밖에 없기 때문에 제왕적인 태도를 보이기도 힘들어진다. 더 중요한 점은 이러한 과정을 거쳐 나온 국회의 의사결정에 대해서는 반론과 거부의 목소리가 나오기 힘들다는 것이다. 즉 쟁점법안에 대한 충분한 논의를 진행한 후 적절한 시점에 결과를 확신할 수 없는 표결을 실시한다면 그 결과에 대해서는 모든 정당들이 수용할 수밖에 없다. 즉 다수당의 밀어붙이기식 공세나 소수당의 장외투쟁 및 물리적 점거와 같은 문제가 해결될 수 있다. 그리고 이처럼 국회 의사결정의 불확실성이 제도화될 경우 잘못된 의사결정에 대하여 국회가 연대책임을 지게 된다는 점에서 대화와 협의를 위한 공동체의식도 제고될 수 있다.

5. 결론

의회는 국민의 대표기관으로 사회의 다양한 의견과 이해관계들이 직접적으로 충돌하고 갈등하는 모습을 보이게 된다. 그러므로 의회가 이와 같은 갈등들을 어떠한 과정과 노력을 통해 해소하는가의 문제는 정치적으로 중요한 의미를 갖는다.

도화' 가 필요하다고 주장했다. Adam Przeworski, et al., 1995, *Sustainable Democracy*, Cambridge : Cambridge University Press.

한국의 경우 민주화 이후 꾸준히 민주주의의 공고화를 위한 노력들을 전개하고 있다. 하지만 국회의 파행성 문제는 여전히 해결하지 못한 숙제로 남아 있다. 의회정치의 수준을 보면 그 국가의 정치 수준을 알 수 있다는 말이 있듯이 한국의 민주주의 수준을 획기적으로 제고하기 위해서는 제도적 틀 내에서 국회의 파행성 문제를 해결하는 노력이 요구된다.

민주화 이후 한국의 국회는 그 권한과 기능을 강화하고 합의를 중시하는 방향으로 제도적 개혁을 단행해 왔다. 그럼에도 불구하고 국회의 파행 문제가 해결되지 않고 더욱 심각한 양상을 보이는 것은 국회의 의사결정과 관련한 정당들 간의 인식 차이가 존재하기 때문이라고 보여진다. 즉 다수당과 소수당의 정책 입장과 이해관계가 뚜렷하게 차이를 보이는 쟁점법안에 대해서 다수당은 '독주와 전횡'을 하려 하고 소수당은 '횡포'를 부리는 모습을 보이고 있다.

국회가 이러한 모습을 보이는 주요 원인은 한국의 정치가 제왕적 대통령제와 기율이 강한 정당정치라는 두 가지 축을 중심으로 이루어진다는 점에 기인하는 바가 크다. 즉 국회의 파행성 문제를 해결하기 위해서는 국회의원들의 자율성을 제고할 수 있는 방안들을 모색하고 쟁점법안의 처리 문제를 둘러싼 합의된 의사규칙을 마련하는 일이 시급해 보인다.

국회의원의 자율성 제고는 공천, 정치자금, 선거운동 등과 관련한 대통령과 정당의 영향력이 약해질 때 가능할 수 있다. 하지만 과도기적인 상황에서 쟁점법안에 대한 기록표결을 폐지하는 제도적 개선으로도 국회의원의 자율성은 일정 수준 신장될 수 있다고 판단된다. 그리고 국회의 의사결정을 효율성의 관점에서만 보기보다는 대표성을 동시에 고려하여 정당들이 제도적 합의를 이루어가는 노력도 요구된다. 이 문제와 관련하여 국회 의사결정의 파행성을 방지하고 정당들 간의 신뢰를 구축하기 위해서는 합의적 의사결정제도의 도입을 보다 확대하고, 장외투쟁 및 물리적 저항 등과 같은 비제도적 수단의 동원을 방지하는 것이 최선의 선택이 될 수 있다고 보여진다. 뿐만 아니라 선거를 통한 정책위임과 책임정치에 대한 대통령과 다수당의 인식이 재고될 때, 그리고 민주주의 하에서 결과보다 과정이 더 중요하다는 공감대가 형성될 때 국회의 의사결정은 보다 합의적인 방향으로 이루어질 수 있을 것으로 전망된다.

서구 민주국가들의 경험을 고려할 때 의회는 위기상황에서 항상 다양한 제도적 개혁을 도모하여 이를 극복하려는 모습을 보여왔던 것이 사실이다.[26] 그리고 의회가 위기를 맞이한 상황 하에서 제도 개혁의 논리는 각 정당—특히 다수당—의 입장과 직접적인 이해관계가 반영된 이기성의 논리logic of instrumentality보다는 어떠한 제도적 개혁이 의회를 위하여 필요한가라는 적절성의 논리logic of appropriateness가 더욱 설득력을 가질 수 있다.

오늘날 국회무용론이 제기될 정도로 심각한 위기를 맞이하고 있는 한국의 국회가 갈등과 반목을 넘어 적실성 있는 제도적 개혁을 단행할 수 있기를 기대해 본다. 물론 그 시작은 국회의 의사결정과 관련한 정당들 간의 인식 차이를 줄이고 상호 신뢰를 구축하는 데 있다.

---

26. Roger H. Davidson, David M. Kovenock, and Michael K. O'Leary, 1966, *Congress in Crisis : Politics and Congressional Reform*, Belmont, California : Wadsworth Publishing Company ; Lawrence C. Evans and Walter J. Oleszek, 1997, *Congress Under Fire : Reform Politics and the Republican Majority*, Boston : Houghton Mifflin Company.

대통령제의 특성과 민주화 이후 한국 대통령에 대한 비교 평가
정치적 조건, 위기관리, 국정과제의 측면에서

박용수

1. 대통령제의 특성과 한국 대통령제

대통령제에서 대통령과 국회는 국민들로부터 선출된 독자적인 정당성 기반을 지닌다. 대통령제의 이원적 국가권력의 정당성은 국회로 일원화되어 있는 의원내각제와 구분된다. 국민에 의해 선출된 대통령과 국회의원 각각의 임기와 자율성은 법률에 의해 보장된다. 정당성과 법률의 기반 위에서 대통령은 자율적으로 행정부를 구성하고, 국정을 운영하며, 국회 또한 그 구성과 운영에 대해 자율성을 갖는다.

대통령과 국회는 서로 자율성을 지니지만 서로 관계없이 분리된 채 기능하는 것은 아니다. 국민이라는 정당성 기반이 동일한 만큼 대통령과 국회는 국정 전반에 대한 책임을 공유한다. 이 둘은 견제와 균형을 통해 지속적으로 긴장과 조화를 유지해야 한다. 대통령과 국회의 밀착은 민주주의를 위태롭게 만들고, 둘 간의 교착은 민주주의가 작동하기 어렵게 만든다. 국회의 여당과 야당 구성은 대통령과 국회의 이중적 관계의 균형을 가능케 한다.

대통령은 권력구조의 핵심으로서 대외적으로 국가를 대표할 뿐만 아니라, 국가의제를 주도하는 최고의 정치지도자이다. 또한 자체적으로 대립·균형 구도를 지닌 국회나 사법부와 달리 행정부는 대통령을 정점으로 위계적 구조를 지니고 있다. 그러므로 대통령은 국내 어느 누구보다 강력한 정치적 리더십과 권력을 행사할 수 있다. 그렇지만 대통령은 국회에 의해 견제를 받으며 국회의 법률과 예산심의에 의존할 수밖에 없다.

또한 대통령은 국민의 지지에 기반하여 권력을 행사하는 만큼 이에 상응하는 책임을 져야 한다. 대통령의 권한행사에 뒤따르는 책임은 크게 국민 전체와 지지자에 대한 책임으로 구분된다. 이 두 가지 책임성은 서로 충돌할 수 있으며, 어느 한쪽을 선택해야 하는 경우 대통령에 대한 비판이나 불만 여론이 고조되기 쉽다. 이 경우 대통령 리더십은 정치상황이나 정책성과에 영향을 미치는 결정적 요인이다. 권한행사에 대한 책임과 견제를 전제로 대통령 리더십에는 일정한 자율성의 보장이 필요하다.

이와 같은 대통령제의 특성은 한국에서 1987년 이후부터 적용 가능하다. 민주화 이후 '87년 체제'는 5년 단임의 대통령 직선제로 대표된다. 대통령 직접선거는 민주화 이후 처음 실시된 것이 아니라, 1952년부터 1971년까지 여섯 번에 걸쳐 실시된 바 있다.[1] 그런데 권위주의 시기에는 현직 대통령과 집권세력의 압도적 지원과 부정선거로 야당후보의 승리가 사실상 불가능했다. 그러므로 국민의 선택에 의해 결과가 결정되는 대통령 직접선거는 1987년 민주화 이후부터 시작된 것이다. 또한 5년 단임제는 대통령의 장기집권을 봉쇄한다는 국민의 의지가 담겨져 있다. 제도적으로 대통령 간선제나 연임제 그 자체가 비민주적인 것은 아니지만 한국에서 대통령 직선제와 5년 단임제는 국민이 쟁취한 민주주의라는 상징성을 띤다.

민주화 이후에도 한국 대통령은 견제받지 않는 압도적 권한을 행사한다는 의미에서 '제왕적 대통령'으로 규정되곤 한다. 그렇지만 1987년 민주화 이후 대통령들은 임기 말 극단적인 레임덕에 시달려 5년 단임조차 내용적으로 충실히 채우지 못한 측면도 있다. 상대적으로 민주화 이후 국회나 사법부의 권한, 언론이나 시민사회, 시장market, 지방의 자율성 강화도 고려되어야 한다. 이러한 요인들은 대통령 권한을 분산시키고 제약하는 조건이 된다. 대통령의 권한 분산이나 견제에도 불구하고 책임이 집중된다는 의미에서 민주화 이후 한국의 대통령제에는 '대통령 무한책임제'의 경향도 확인할 수 있다.[2]

민주화 이후 한국 정치의 질적 수준에 대한 비판과 우려가 크지만 한국은 세계 수준의 민주화 '제3의 물결'[3] 중 가장 성공적인 사례에 속한다. 타국에 비해 성공적인 한국 민주화의 기본적인 요인 중 하나가 대통령 권한의 분산과 견제 시스템의 작동이다. 민주화 이후 대통령의 권한이 분산되고 견제되었다면 자율성이 커진 대통령 이외의

---

1. 1948년 초대 대통령은 국회에서 선출되었고, 1972년 유신체제 수립 이후 1987년 민주화 이전까지 대통령은 간접선거로 선출되었다.
2. '대통령 무한책임제'에 대한 논의는 다음 논문 참조. 김종철, 2005, 「대통령의 헌법상의 지위와 권력비판의 올바른 방향」, 『언론과 법』 4(2).
3. 민주화 '제3의 물결'은 1970년대 남유럽 민주화 이래 1980년대 남미, 동남아시아, 1990년대 동유럽까지 전개된 세계 수준의 민주화 추세를 일컫는다.

주요 정치행위자들의 책임도 강화될 필요가 있다. 한국 민주주의의
질적 수준은 대통령뿐 아니라 여타 주요 행위자들의 권한과 사회적
책임성이 균형을 이룰 때 높아질 것이다. 그러므로 이 글은 권한뿐 아
니라 책임의 측면에서 대통령과 여타 주요 행위자들 간의 관계에 주
목할 것이다. 권한의 관점에서 대통령제는 '제왕적 대통령제' 혹은
'상징적 대통령제', 책임의 측면에서 대통령 '무한책임제' 와 '무책임
제' 라는 기준으로 구분할 수 있다.

　　이러한 관점에서 이 글은 우선 대통령에게 부여된 제도적 권한
을 미국, 브라질 대통령과 비교하여 민주화 이후 한국 대통령의 특성
을 개괄적으로 검토할 것이다. 그리고 대통령의 국정운영 환경으로
언론과 국회의 특성을 정리할 것이다. 다음으로 이 글은 대통령별 국
정운영 성과를 비교 평가할 것이다. 그런데 대통령 권한영역 전반을
이 글에서 다루기는 힘든 만큼 대통령의 역할[4]을 크게 위기관리와 국
가의제로 구분하여 검토하고자 한다. 그리고 대통령에 대한 사후평
가와 임기 중 지지율, 그리고 대통령의 국정운영 지지에 영향을 준
요인들을 검토할 것이다. 이를 통해 이 글은 보다 바람직한 대통령제
에 대한 검토를 통해 균형 잡힌 대통령 평가기준을 마련하는 데 기여
하고자 한다.

4.　파버(2003)는 대통령 업무수행 영역을 대외관계, 국내문제, 정부조직, 의사결정과 지도력,
개성과 도덕성 등 다섯 가지로 구분하여 각 부문별로 긍정적 혹은 부정적 지표를 설정했다.
예를 들어 대외관계에서 필요한 경우 단호하게 군사력을 사용했다면 긍정적, 불필요한 군
사조치를 취했다면 부정적 지표에 포함된다. 파버는 대통령의 능력 발휘를 통한 대통령 권한
확대를 개성과 도덕성에 긍정적 지표로 설정했다. 이것은 대통령 권한 확대를 우려하며 부
정적으로 보는 한국의 대통령에 대한 인식과 다른 점이다. Faber, Charles F. & Richard
B. Faber, *The American Presidents Ranked by Performance*, 김형곤 역, 2003, 『대통
령의 성적표』, 혜안, 30-79쪽.

2. 한국 대통령의 권한과 환경

1) 대통령의 권한

대통령은 전국단위에서 선출된 1인 헌법기관으로서 행정부의 최고책임자이다. 행정부는 대통령을 정점으로 각 부처별로 위계적으로 구성되어 있으며, 군(국방부), 경찰(행정안전부), 검찰(법무부), 국세청(기획재정부) 등의 물리력과 정보력에 기반한 권력기관을 포함한다.[5] 또한 정치적으로 대통령은 의제설정을 주도하며 국민통합을 추구하고, 대외적으로 국가를 대표하며 조약체결 혹은 전쟁선포권 등을 지닌다. 그리고 대통령은 국회에 대해 개헌발의권, 임시국회소집 요구권, 국회출석 및 의사표명권, 국회의결에 대한 거부권, 긴급명령권 등을 지닌다. 사법권과 관련하여 대통령은 사면·감형·복권에 대한 권한, 대법원장·대법관·헌법재판소장 임명권 등을 지니고 있다. 이외에 대통령은 긴급재정경제처분명령권, 계엄선포권, 국민투표권 등을 지닌다.

이와 같이 대통령의 권한은 강력할 뿐만 아니라 행정을 넘어 입

---

5. 정부부처 이외에 대통령 직속 기구로 비서실, 경호실, 감사원, 중앙인사위, 중소기업특위, 국가안전보장회의(NSC), 민주평화통일자문회의, 국민경제자문회의, 부패방지위원회, 국가과학기술자문회의, 방송위원회, 국가인권위원회 등이 있다. 행정부 수반으로서 대통령은 국무총리, 국무위원, 공무원 임면권을 통해 행정부를 조직하고 지휘·감독 권한을 지닌다. 대통령은 직접적으로 대통령 보좌를 위해 480여 명(2003)의 청와대 비서실·경호실 조직을 갖고 있으며, 그 이외에 수십 개에 달하는 공공기관(공기업, 기금, 위탁기관) 대표에 대한 임명권을 행사한다.

법 및 사법에 걸쳐 광범위하지만 국회의 동의 없이는 권한을 제대로 행사하기 힘들다. 그것은 국회의 법률안 및 예산안 심의를 통과하지 못하는 경우, 대통령은 정책집행의 법률적 정당성이나 재정적 자원을 확보하기 어렵기 때문이다. 또한 장관이나 권력기관장에 대한 국회의 인사청문회를 통과하지 못하면 대통령은 내각 구성에 지장을 받는다. 그리고 대통령의 권한행사는 사후적으로 국회의 행정부에 대한 국정감사와 국정조사 그리고 청문회 등을 통해 견제받는다. 이에 비해 대통령은 국회의 반대나 교착상태가 지속되더라도 국회를 해산하거나 국회심의를 강제할 수 없다. 따라서 대통령에게 집중된 제도적 권한은 포괄적이고 강력하지만 대통령은 국회의 결정에 의존하거나 제약받을 수밖에 없다.[6]

한국의 대통령제는 정부입법 발의, 의원과 장관 겸임, 국무총리제 등의 의원내각제적 요소를 지닌다. 의원내각제적 요소는 대통령 권한 분산의 이미지를 지니지만 현실에서는 대통령의 국회에 대한 권력강화 수단으로 활용되었다.[7] 입법과정에서 국회의원을 통하지 않는 대통령의 법안발의는 국회의 입법과정 첫 단계에서 정부가 자율적 행위자로 등장할 수 있음을 의미한다. 국회의원의 장관 겸임이란 대통령이 국회의원에게 공직을 제공하여 영향력을 행사할 수 있다는 의미이다. 또한 국무총리는 그동안 헌법에 부여된 권한을 행사하기보다 공론화된 정부의 문제에 대해 대통령을 대신해 책임지는

---

6. 대통령에 비해 국회와 사법부는 대통령에 의존할 필요 없는 완결적인 권한을 지닌다.
7. 1948년 제헌헌법은 의원내각제로 만들어졌지만 이승만에 의해 대통령제로 운영되었고, 1952년 부산 정치파동을 거쳐 대통령 직선제가 도입되어 대통령제로 자리 잡았다. 그런데 헌법상의 의원내각제적 요소들은 1987년 개헌을 포함한 그 이후 개헌과정에서도 그대로 유지되었다.

정치적 방패역할을 수행했다. 이러한 요인들은 대통령의 권한을 강화하고 영향력 범위를 넓힐 수 있다는 의미에서 '제왕적 대통령제'의 근거로 거론되었다.

그렇지만 이러한 의원내각제 요소를 근거로 한국의 대통령을 미국이나 브라질 대통령보다 강한 대통령으로 규정할 수 있는지 의문이다. 그것은 정부의 입법발의권이나 국회의원의 장관입각이 민주화 이후 국회의 심의과정이나 세력균형을 바꾸기 어렵고, 국무총리는 기본적으로 대통령의 행정수반 권한을 분산시키는 의미를 지니기 때문이다. 한국과 비슷한 시기에 민주화를 달성한 브라질[8]의 경우 대통령은 법률발의권뿐 아니라 국회심의를 거치지 않고 법률을 만들 수 있는 임시조치권을 지닌다. 또한 정부발의안은 일정기간 내에 국회에서 논의되지 않는 경우 자동적으로 국회에 우선 심의대상으로 재상정된다. 여기에 브라질 대통령은 야당에게 공직과 자원을 제공하여 정치적 협조를 얻을 수 있다.[9] 실제로 이에 의존하여 브라질 대통령은 민주화 이후 국회의 미흡한 견제 하에서 주요 경제정책을 추진해 왔다.

---

8. 브라질은 다당제, 연방제, 비례대표제(주별 대선거구제), 결선투표제를 채택하고 있다. 1989-1994년 동안 국회에서 통과된 1,259건 법률안 중에서 997건이 대통령이 발의한 안건이었다. 이러한 현상은 분극적 다당제 하에서 브라질의 룰라 대통령은 8년 임기를 마치고 2010년 말 퇴임시 지지율 80%로 성공적으로 임기를 마쳤다. 강경희, 2007, 「현재 브라질 대통령제의 특징에 관한 고찰 : '강화된' '연합형' 대통령제」, *OUGHTOPIA : The Journal of Social Paradigm Studies*, 22(2).

9. 룰라 대통령도 2005년 6월 브라질 역사상 최대 뇌물파동으로 거론되는 집권세력의 부정부패 혐의로 위기를 겪었다. 노동당은 야당의원들에게 각종 입법활동에서 여당을 미는 조건으로 매달 세비 외에 비공식 봉급을 3만 헤알(1천2백만 원 상당)씩 지급한 것으로 알려졌다. 이와 관련하여 제페르손 야당 총재는 정부 투자기관과 관련 업체, 정부 고위 공무원들이 담합하여 뇌물이 오간 각종 자료를 공개했다(프레시안 2005. 06. 24).

대통령제의 대표적 사례인 미국의 경우 입법부나 사법부의 권한이 강하고 권력분립 전통이 오랫동안 유지되어 왔다. 그렇지만 슐레진저는 존슨과 닉슨 대통령이 대외 군사행위를 통해 국회의 견제를 받지 않고 높은 수준의 자유재량을 행사한 것을 근거로 미국 대통령제를 '제왕적 대통령제'로 규정한 바 있다.[10] 한국 대통령도 권위주의 시대 북한과의 적대적 대치상황을 배경으로 인권침해와 정치탄압을 포함한 무소불위의 권한을 행사하곤 했다. 그렇지만 한국전쟁 이래 한국군 전시작전권은 미군이 가지고 있으며, 베트남 파병이나 이라크 파병 모두 미국의 경제군사적 지원이나 북핵문제 협조를 얻기 위한 것이었다. 또한 국가보안법이나 선거를 앞둔 '북풍' 기획 등도 사라지지 않고 있지만 민주화 이후 그 효과는 점차 줄어들고 있다.

이러한 의미에서 한국 대통령이 브라질이나 미국 대통령에 비해 국회의 교착상태를 돌파할 수 있는 능력이 더 크다고 보기 어렵다. 브라질의 경우 법률발의권, 임시조치권을 통해 대통령의 국회에 대한 강력한 영향력은 제도적으로 보장되어 있다. 이것은 대통령의 강력한 권력행사를 제도적으로 보장한 것으로 브라질 대통령의 권한은 한국 대통령보다 강하다고 볼 수 있다. 미국의 경우 의회의 독점적 법률안 제출권, 예산안 편성·심의권, 전쟁선포권 등은 한국 의회보다 강한 권한을 나타낸다. 그렇지만 미국의 입법부는 선출방식과 임기가 다른 상하 양원으로 분리되어 있으며, 미국 연방의원들은 정당에 대한 자율성이 크기 때문에 소속 정당과 상관없이 대통령과 거

---

10. 슐레진저(Arthur Schlesinger, Jr.)는 베트남과 캄보디아에 대한 전투행위 및 지원행위를 비밀리에 추진한 존슨과 닉슨 대통령을 '제왕적 대통령'(Imperial Presidency)으로 규정했다. Arthur Schlesinger, Jr., 1973, *The Imperial Presidency*, Houghton Mifflin Company.

래가 가능하다.[11] 정리하자면 제도적으로 한국 대통령은 미국이나 브라질 대통령에 비해 강하다고 보기 어렵다.

2) 대통령의 권력행사 환경 : 국회와 언론

대통령의 실질적 권한은 제도뿐 아니라 국회나 언론의 견제에 의해 영향을 받는다. 제도적 특성에도 불구하고 현실적으로 국회나 언론의 견제가 작동되기 힘들다면 제왕적 대통령제에 가깝다고 볼 수 있다. 그럼 민주화 이후 국회와 언론이 대통령에게 어떠한 통치환경이었는지 대통령별로 살펴보자.

(1) 국회

국회의 상황 중에서 여야 간 의석비율은 대통령 국정운영에 직접적인 영향을 미치는 요인이다. 국회에서 여당이 과반수를 확보하는 경우(단점정부)는 대통령에게 우호적인 환경이고, 여당이 과반수가 안 되는 경우(분점정부)는 불리한 환경이라고 볼 수 있다.

다음의 〈표 1〉에 의하면 야당이 국회의석 과반수 이상을 차지한 기간은 노태우 정부 3년, 김영삼 정부 4년 10개월, 김대중 정부 2년, 노무현 정부 1년이고, 이명박 정부는 5년 내내 유지될 가능성이 크다.

---

11. 최근 들어 미국의 정치적 대립이 심화되어 연방의원들의 정당투표 성향이 강화되었지만 기본적으로 미국 대통령의 능력은 국민과 국회에 대한 설득력에 의존한다. Neustadt, Richard, 1976, *Presidential Power : The Politics of Leadership : With Replexions on Johnson and Nixon*, New York : Wiley, p. 10.

〈표 1〉 민주화 이후 단점/분점정부 기간

	노태우	김영삼	김대중	노무현	이명박
단점시기	1990.1-1993.2	1993.2-1996.4 1996.5-1998.2	1998.8-2000.5 2001.4-2001.9	2004.4-2005.4	2008.2- 2013.2(예상)
분점시기	1988.5-1990.1	1996.4-1996.5	1998.2-1998.8 2000.5-2001.4 2001.9-2003.2	2003.2-2004.4 2005.4-2008.2	-

* 출처 : 원시연, 2007, 「대통령과 국회의 제도적 권력관계의 변화」, 『비교민주주의연구』 3(1),
26-27쪽 참조.

그러므로 이명박, 김영삼, 노태우 대통령 순으로 국회의석 분포상 우호적인 환경에서 집권했고 김대중, 노무현 대통령 순으로 불리한 국회상황이었음을 알 수 있다. 노무현 정부 시기 열린우리당, 민주당, 민주노동당이 대통령에게 우호적이라고 보면 분점점부로 보기 어려운 측면도 있다. 그렇지만 당시 민주당은 한나라당과 함께 대통령 탄핵을 주도했고, 민주노동당은 이라크 파병과 한미 FTA 반대 등 강력한 정부 비판 입장을 견지했다. 또한 노무현 정부의 단점정부 기간이 포함된 17대 국회 2004-2006년 2년간 국회 파행일수가 197일로 길었다.[12] 그러므로 노무현 대통령에 대한 국회의 견제는 민주화 이후 다른 대통령에 비해 강력했다고 볼 수 있다.

노태우, 김영삼, 김대중 정부 시기 총선시점과 상관없이 여야 간의 의석분포가 변화되었다. 이것은 주로 야당의원이 여당으로 당적을 변경한 것으로, 이 시기 대통령들은 합당이나 정당연대 혹은 개별 입당을 통해 여당의 과반수 의석을 확보했다. 인위적으로 여야 의석분포를 바꿀 수 있을 만큼 이들 대통령은 국회의원들에 대한 영향력

---

12. 「17대 국회, 법안 통과율 최악·197일 파행 '식물 국회'가 '식물 대통령' 탄생에 한몫」, 『시사저널』 894호(2006. 12. 01).

이 컸다. 노태우 대통령 시기 여당이었던 민정당은 1990년 3야당 중에서 두 야당과 통합하여 국회의석 2/3를 상회하는 거대여당 민자당으로 변신했다. 1996년 김영삼 대통령 시기 여당이었던 신한국당은 무소속 및 민주당 국회의원 12명을 영입하여 과반수 의석을 확보했고, 김대중 대통령도 2000년 호남 출신 무소속 의원 4명을 영입하여 DJP 연대를 통해 과반수에 근접한 의석을 확보했다.

그렇지만 노무현, 이명박 대통령은 야당 국회의원에 대해 이전 대통령과 같은 영향력을 행사할 수 없었고, 여당에 대해서도 영향력은 제한적이었다. 2004년 총선에서 신생 열린우리당이 제1당이 된 결정적 요인은 국회의 노무현 대통령 탄핵안 의결에 대한 국민들의 반발이었다. '탄돌이'로 불리웠던 열린우리당 국회의원들은 노무현 대통령에게 정치적 부채를 진 셈이다. 그렇지만 열린우리당 의원들이 노무현 대통령에게 항상 우호적인 것은 아니었으며, 노무현 대통령은 열린우리당의 공천이나 당 지도부 구성에 개입하지 않았다. 이명박 대통령의 경우 2008년 공천과정에 영향력을 행사했다고 볼 수 있지만 2012년 공천은 박근혜 비상대책위원장이 주도했다. 이명박 대통령의 경우 여당 내 직계 국회의원들은 분열되었으며, 박근혜 계파와의 거리도 좁히지 못했다. 그러므로 국회에 대한 두 대통령의 영향력은 과거에 비해 약했으며, 특히 노무현 대통령은 여당에 대한 제한된 영향력 행사조차 자제했다고 볼 수 있다.

(2) 언론

언론은 여론에 직접적인 영향을 주거나 그것을 반영하는 만큼 대통령에게 민감한 환경요인 중 하나이다. 다음 표는 정치적 영향력

〈표 2〉 조선일보, 동아일보 1면 게재 대통령 1일 평균 보도건수 및 성향

		이승만	박정희	전두환	노태우	김영삼	김대중	노무현	이명박
건수		0.5	0.9	1.5	0.8	0.8	0.7	0.4	1.3
성향 (%)	우호	37.9	21.7	31.6	26.0	31.9	19.0	11.8	43.8
	중립	57.3	76.8	68.4	71.9	60.6	66.7	49.0	53.1
	비판	4.8	1.4	0	2.1	7.4	14.3	39.2	3.1

* 출처 : 최영재, 2011, 「대통령 커뮤니케이션과 대통령 보도」, 『언론과학연구』, 11(3), 370, 372쪽 참조.

이 가장 큰 보수적인 두 신문의 1면에 게재된 대통령 관련 보도건수와 대통령에 대한 기사의 성향이다.

대통령에 대한 1면 보도건수를 보면 역대 대통령 중에서 전두환 대통령이 가장 많고 민주화 이후에는 이명박 대통령이 가장 많다. 그리고 노무현 대통령이 이명박 대통령의 1/3에 못 미치는 수준으로 가장 낮고 노태우, 김영삼, 김대중 대통령은 그 중간에서 비슷한 수준을 나타냈다. 민주화 이후 양적 측면에서 두 언론의 주목을 가장 많이 받은 대상은 이명박 대통령이고, 가장 적게 받은 대상은 노무현 대통령이었다.

질적 측면에서 비판적인 기사의 비율은 역대 대통령 중에서 전두환 대통령이 가장 낮았고, 민주화 이후에는 노태우 대통령과 이명박 대통령이 낮은 수준을 나타냈다. 비판적 기사 비율이 우호적 기사보다 높았던 경우는 노무현 대통령이 유일하고, 그 뒤를 김대중 대통령이 잇고 있다. 우호적인 기사의 비율은 역대 대통령 중에서 노무현 대통령이 가장 낮다. 조선일보와 동아일보의 보도건수와 성향을 함께 고려할 때, 민주화 이후 언론환경은 노무현 대통령에 가장 비판적이었음을 알 수 있다. 노무현 정부 시기 기존 종이신문 이외에 진보적인 인터넷 신문이 등장했지만, 노무현 대통령은 권언유착을 경계하

면서 모든 언론과 일정한 거리와 긴장관계를 유지했다. 특히 노무현 정부의 청와대 기자실 폐쇄 등 언론 대응방침에 대해 보수, 진보 막론하고 언론들은 강하게 반발했다. 그러므로 앞의 〈표 2〉가 나타내는 의미는 인터넷 언론을 고려하더라도 유지될 가능성이 크다.

노무현 대통령과 대조적으로 이명박 대통령에 대한 우호적 기사 비율이 가장 높았다. 이것은 보수적인 조선일보, 동아일보가 우호적이었던 측면도 있지만, 이들 신문사에게 방송을 인가했던 이명박 정부의 방송정책과 관련이 있다. 또한 이명박 정부의 KBS, MBC, YTN 사장의 무리한 해임과 이명박 대통령에게 우호적인 인사의 사장임명 이후 정부에 대해 비판적인 뉴스, 심층보도 방송 프로그램이 급격히 위축되었다. 그 결과 임기 마지막 해인 2012년 방송 3사 노조 파업이 수개월 동안 지속되고 있음에도 불구하고 인위적인 방식으로 이명박 대통령에 대한 우호적인 언론환경은 변하지 않고 있다.

3) 소결

이상의 내용을 정리하면 우선 제도적으로 한국 대통령은 미국이나 브라질 대통령에 비해 국회의 견제나 교착상태를 극복할 조건이나 수단이 부족하다. 이러한 제도적 조건에서 자율성이 커진 국회나 언론은 대통령 권력을 제약하는 환경이 되었다. 국회와 언론은 민주화 이후 대통령 견제에서 강력한 영향력을 행사해 왔지만 대통령에 대한 견제의 수준은 대통령에 따라 큰 차이가 있었다.

노태우, 김영삼, 김대중 대통령은 모두 여당 총재로서 여당 공천이나 국회운영에 영향력을 행사할 수 있었다. 그렇지만 노무현 대통령부터 대통령–국회 관계는 보다 수평적인 방향으로 변화했고, 이에 따라 대통령–국회 관계의 과제는 김대중 대통령까지 '당청분리'에 서 노무현 대통령 이후 '당청관계 정립'으로 바뀌었다. 그것은 대통령–국회의 수평적 관계로 인해 조율의 필요성이 커졌음을 의미한다. 결론적으로 노태우, 김영삼, 김대중 대통령이 상대적으로 제왕적 대통령에 가까운 권한을 행사할 수 있었다. 또한 이명박 대통령은 이들에 비해 권한은 약했지만 국회나 언론의 성향은 우호적이었으며, 노무현 대통령의 경우 국회나 언론의 견제도 강했으며 권한행사도 절제했다고 볼 수 있다.

3. 대통령 권한행사 방식

대통령의 실질적인 권력은 제도적 요인이나 국회 및 언론 등의 환경만으로 설명되기 힘들다. 현실정치에서는 대통령별로 권력기관과 행정부 운영방식이 다르기 때문이다.

1) 권력기관

권위주의 시기 한국 대통령의 무소불위의 권력은 직접적으로 '권력기관'에 의한 것이었다. 대표적인 권력기관에는 국가정보원(과거 국가안전기획부, 중앙정보부), 검찰, 국세청 등이 포함된다. 이 절에서는 정치적 영향력이 강한 국정원과 검찰을 중심으로 대통령의 권한을 간략히 살펴볼 것이다.

민주화 이후 국가정보원의 국내 사찰활동은 소위 '삼성 x-file' 폭로로 안기부 시기 여론조사팀 '미림'의 실체를 통해 드러났다. 제1차 '미림'은 1991. 9-1992. 9 동안 구성되어 활동했고, 활동 중단 및 해체 이후 제2차 '미림'이 구성되어 1994. 6-1997. 11 동안 활동했으며, 1998년 4월 해체되었다.[13] 이에 따르면 국정원의 국내 사찰활동은 노태우 정부 후반기와 김영삼 정부 중후반기 동안 전개되었고, 김대중 정부 이후 팀이 해체되어 재구성되지 않았다. 국가정보원의 국내 사찰이나 대통령의 국정원 의존도는 김영삼, 김대중, 노무현 대통령을 거치면서 점차 줄어들었음을 알 수 있다. 이러한 추세는 이명박 정부에 의해 역전되었다. 예를 들어 박원순 서울시장의 출마배경 중 하나가 그의 시민사회 활동에 대한 국정원의 압박이었다.

검찰[14]은 국정원과 대조적으로 민주화 이후 정치적 영향력이 강화되었다. 노태우 정부의 1989년 문익환, 임수경 등 민간인 방북에 대한 사법처리는 민주화 이후 검찰의 정치적 영향력과 편향성을 확인한 계기였다. 김영삼 대통령 취임 직후 검찰은 개혁대상이자 개혁추진 주체였고, 당시 개혁에 대한 대검 수뇌부의 소극적 자세와 서울지검의 적극적 자세는 검찰 내부의 대조적인 두 분위기를 대변했다.[15] 김대중 정부 시기 정치적으로 민감한 사안들은 검찰이 아닌 특검에 의해 조사될 만큼 검찰은 정치적 불신대상이었다. 노무현 대통령은

---

13. 「X파일 사건의 핵심 3인방 증언」, 『신동아』, 565호(2006. 10).
14. 한국의 검찰은 법무부 소속 행정기관이지만 기소권과 수사권을 독점하면서 경찰을 지휘하며 검사동일체 원리에 따라 움직인다. 이에 대한 자세한 내용은 이 책 "검찰개혁" 부분 참조.
15. 김영삼 정부 시기 검찰의 상황에 대해서는 정동식·박래용 외, 1999, 『당신 검사 맞아?』, 자작나무.

검찰의 정치적 중립성 보장을 약속했고, 검찰의 현직 대통령 측근에 대한 비리 수사는 임기 내내 지속되었다. 노무현 대통령에 의해 검찰의 자율성이 강화되었지만 검찰의 정치적 중립성에 상응하는 자기 규율이나 외부 견제는 강화되지 못했다.

이명박 정부의 등장과 함께 권력기관의 대통령 독대가 부활되었다. 한겨레뉴스 기사에 의하면 국정원은 "요일을 정하진 않았지만 현안이 있을 때마다 국정원장이 대통령에게 두 시간 정도씩 독대 보고를"[16] 하며, 그 횟수는 집권 전반기 2년 동안 100회에 달한다. 국정원뿐 아니라 검찰의 대통령 독대도 같은 수준이며, 감사원, 경찰청, 국세청이 여타 정부 부처에 비해 많은 횟수를 나타내고 있다.[17] 이외에 이명박 정부 시기 기무사의 민간인 사찰활동 또한 확인되었다.[18] 이명박 대통령은 법무부장관과 검찰총장에 측근 인사를 임명해 논란을 일으켰다. 그 결과 노무현, 한명숙 등에 대한 과잉수사 의혹을 불러일으켰고, 반면에 국무총리실의 민간인 사찰에 대한 수사 등 이명박 정부에게 불리했던 사건의 경우 검찰은 내부자 폭로로 재수사가 실시될 정도로 늑장 혹은 과소수사 경향을 나타냈다. 결론적으로 이명박 대통령은 권력기관을 비민주적 방식으로 활용하거나 그러한 활동을 묵인했다고 볼 수 있다.

16. 「대통령 독대 부활 … 국정원 '통치기구화' 가속」, 한겨레뉴스(2008. 09. 06).
17. 오재록, 2012, 『관료제 권력구조』, 대영문화사, 115쪽.
18. 「[인터뷰] 기무사 민간인 사찰 폭로한 이정희 민주노동당 의원」, 오마이뉴스(2009. 08. 13).

2) 국무총리와 대통령 비서실

〈표 3〉 민주화 이후 대통령별 국무총리

대통령	국무총리
노태우	5명(이현재 / 강영훈 / 노재봉 / 정원식 / 현승종)
김영삼	6명(황인성 / 이회창 / 이영덕 / 이홍구 / 이수성 / 고건)
김대중	4명(김종필 / 박태준 / 이한동 / 김석수)
노무현	4명(고건 / 이해찬 / 한명숙 / 한덕수)
이명박	3명(한승수 / 정운찬 / 김황식)

　　민주화 이후 역대 국무총리는 〈표 3〉과 같다. 이 중에서 자신의 목소리를 낼 수 있었던 총리는 정부별로 1명 이상 확인할 수 있다. 노태우 정부의 노재봉, 김영삼 정부의 이회창, 김대중 정부의 김종필, 노무현 정부의 고건, 이해찬 총리 등이 대표적 사례이다. 이 중에서 노재봉, 이회창 총리는 자신의 목소리를 내기는 했지만 국무총리 본래 권한인 각 부처의 의견을 최종 조율하는 국무조정을 수행하지 못했다. 이회창 총리의 국무조정 권한행사 의지는 김영삼 대통령과 마찰을 일으켜 총리직 사임으로 연결되었다. 이에 비해 김종필, 이해찬 총리는 김대중, 노무현 대통령에 의해 국무조정 역할을 보장받았다. 김대중 대통령은 김종필 총리와 정치적 연대를 통해 집권했던 만큼 책임총리가 불가피했던 것에 비해, 노무현 대통령은 정치적 조건과 관계없이 대통령과 총리의 역할분담 차원에서 적극적으로 책임총리제를 채택했다고 볼 수 있다. 이명박 정부에서는 집권 4년차까지 책임총리로 거론된 사례가 나타나지 않는다.

　　국무총리의 권한이나 자율성은 대통령 비서실의 행정부처에 대한 영향력과 반비례 경향이 있다. 국무총리의 부처 간 정책조율 권한이 강화되면 대통령 비서실 수석비서관의 장관에 대한 영향력은 약화될 수밖에 없다. 노무현 대통령은 총리에게 권한과 자율성을 부여했을 뿐만 아니라, 비서실장 중심의 일원화된 비서실을 비서실장과 정책실장으로 이원화시켰다. 반면에 이명박 대통령의 경우 국무총리실에서 민간인 사찰을 실시하고 그 정황이 알려지자 청와대 비서실에서 증거인멸을 지시했다는 증언이 제기되기도 했다. 이것은 이명박 정부의 청와대 비서실과 국무총리실 사이의 위계적 관계를 보여주는 것이다. 그리고 국무총리실이 권위주의 시대 안기부 국내 사찰 실무팀의 역할을 수행했다는 것은 국무총리실의 본래 역할이나 위상이 무시되었음을 의미한다.

3) 소결

대통령의 권력기관과 국무총리와의 관계를 볼 때 민주화 이후 노무현 대통령까지 국정운영은 과거 제왕적 대통령제와 점차 멀어지고 있음을 알 수 있다. 권력기관 중에서 국정원의 영향력 약화, 검찰의 자율성 강화는 이를 나타내는 주요 현상이다. 또한 정권교체 이후 헌법상 국무총리의 고유권한 보장이 강화되었다. 특히 노무현 대통령의 경우 권력기관의 중립성 보장, 책임총리제 시도 등을 통해 과거 '제왕적 대통령제' 유산을 적극적으로 청산하고자 했다.

그런데 이명박 대통령 등장 이후 이러한 탈권위주의 기조가 중단되고 오히려 역전되었다. 이명박 대통령은 군부 권위주의 체제와 같은 공포 분위기를 형성하지는 않았지만, 언론과 권력기관의 협조를 통한 정부 비판행위를 위축시키는 조치들이 지속되었다. 이것은 제도의 변화보다 방송통신위원회를 대통령 직속 최상위기구로 활용하고 인사를 통한 권력기관과 방송사 통제, 그리고 사법수단을 통한 압박 등을 통해 이루어졌다. 이러한 인위적 조치들은 관료, 권력기관, 방송 내부의 적극적인 협력자들과의 상호작용을 통해 이루어졌다. 이러한 이명박 대통령의 선별적 억압조치들의 효과는 국회, 언론, 시민사회 그 이전까지의 견제방식이 제대로 작동되지 않은 결과이기도 하다. 그것은 결국 이명박 대통령의 권력강화뿐 아니라 무책임성을 방조 혹은 조장하는 것으로 연결되었다.

4. 민주화 이후 대통령의 위기관리

이제부터 대통령별 국정운영 성과에 대해 살펴볼 것이다. 정부의 역할 중에서 국가적 위기관리와 국정과제는 대통령이 직접 책임져야 할 과제이자 핵심적인 평가대상이 될 수 있다. 따라서 이 장에서는 위기관리를 중심으로 검토할 것이다. 국가적 위기에 대한 사전관리 혹은 사후대응은 국민의 안전과 국가안보를 책임지는 대통령의 최우선적인 임무이다. 그러므로 위기관리는 대통령 평가에서 가장 우선적인 기준으로 설정할 필요가 있다. 다만 이에 대해 유의할 것은 사전적 위기관리를 충실히 수행한 경우 그 성과를 제대로 인정받기 힘들다는 점이다. 그러므로 이에 대한 공정한 평가를 위해 국가적 위기가 현실화된 사례뿐 아니라 위기의 잠재적 가능성을 고려할 필요가 있다. 또 하나 대통령 평가에서 주요한 판단기준은 현실화되지 않은 잠재적 위기요인의 누적 혹은 완화 여부이다. 이 글에서 민주화 이후 한국의 국가위기는 안보위기, 경제위기, 정치위기 등 세 가지로 구분하고자 한다. 민주화 직후 정치위기 가능성이 높았다면 탈냉전 이후 북한 관련 안보위기 요인이 커졌으며, 최근엔 세계화로 인해 경제적 불안정성이 커졌고, 한국은 이에 대한 취약성이 컸다.

1) 노태우 대통령

노태우 대통령은 1987년 민주화 이후 첫 번째로 등장한 대통령이다. 1987년은 해방 이후 1960년 4·19, 1979년 10·26 다음으로 맞이하는 세 번째 민주화 기회였다. 4·19 직후 민주당 정부는 5·16 쿠데타로 실패했고, 10·26 직후 1980년 '서울의 봄'은 12·12와 5·17 쿠데타로 실패했다. 1987년 민주화도 권위주의에 대한 학생들의 투쟁과 민주주의에 대한 국민들의 열망이 기본 동력이었지만, 권위주의 집권세력이 힘을 상실한 상황이 아니었기에 민주주의의 지속이 확실한 것은 아니었다. 더구나 군부출신이자 12·12의 핵심 인물이라는 노태우 대통령의 정체성은 직접선거를 통한 대통령 당선에도 불구하고 민주주의 정당성과 불일치하는 이미지를 지녔다. 보수세력의 입장에서도 노태우 대통령은 6월 항쟁에 이어 폭발한 노동운동과 통일운동을 제압하지 못해 믿음직하지 못한 대통령이었다.

이러한 상황에서 노태우 대통령은 1989년 이래 공안정국, 1990년 3당 합당 등의 한계를 드러냈지만 13대 총선의 여소야대 국회를 인정하면서 광주항쟁의 복권, 전두환 정부와 단절을 통해 민주개혁을 추진했다. 그리고 노태우 대통령은 자신의 탈당을 포함한 여당의 심각한 내분 속에서 김영삼을 대통령 후보로 인정했다. 이를 통해 노태우 대통령은 4·19 직후 장면 정부의 실패와 달리 1987년 체제의 핵심 제도인 5년 단임의 대통령 직선제 유지에 성공했다. 이것은 노태우 대통령이 6월 항쟁의 열정과 이에 대한 반동 가능성이 충돌하는 정치적 위기를 민주주의 정치제도의 범위 내에서 관리해낸 것으로 평가할 수 있다. 이러한 정치적 위기관리에는 노태우 대통령의 6·29선언에 대한 자부심이나 타협적이고 인내하는 성격이 중요한 요인이었다고 볼 수 있다.

그렇지만 노태우 대통령은 탈냉전상황에서 추진한 북방정책의 의미 있는 성과에도 불구하고 제1차 북핵위기의 잠재요인을 해소하지 못했다. 또한 노태우 대통령은 1988년까지 지속된 3저 호황의 경제성과를 안정적으로 지속시키지 못했다. 이러한 의미에서 노태우 대통령은 안보적 위기요인과 경제적 불안요인을 김영삼 정부에게 넘겨준 위기관리의 한계를 지닌다.

2) 김영삼 대통령

김영삼 대통령은 외환위기와 IMF 관리체제를 초래하는 결정적인 한계를 드러냈다. 이로 인해 한국 경제는 대외적 위상 하락뿐 아니라 대량의 기업 도산과 실업이 발생하는 공황상태를 경험하게 된다. 이 사건은 대통령뿐 아니라 재벌, 금융, 정치권, 관료, 언론, 학계 등 한국사회의 총체적 한계를 드러낸 것으로서 대통령에게 모든 책임을 돌리기 힘든 측면이 있다. 그럼에도 불구하고 국가적 위기상황을 초래한 책임은 국가와 국민의 안위를 보호해야 하는 대통령이 가장 클

수밖에 없다. 특히 위기의 직접적인 요인이었던 정부 외환보유고 고
갈, 종금사 부실, 한보사태 이래 대기업의 연속적인 도산 등은 김영삼
정부가 국정과제로 추진했던 사안이나 대통령의 지지기반과 밀접하
게 관련되어 있기 때문이다.

안보 측면에서 김영삼 정부에 있어서 제1차 북핵위기의 전개과
정은 위기이자 기회였다. 북한의 핵개발 시도는 위기요인이지만 클
린턴 정부의 강력한 해소 의지는 기회로 볼 수 있기 때문이다. 그러나
김영삼 정부는 기회의 측면을 적극적으로 활용하지 못한 한계를 드
러냈다. 물론 제1차 북핵위기의 발생은 집권 초기에 있었던 것인 만
큼 김영삼 정부의 책임은 아니다. 또한 '제1차 북핵위기' 때문에 김
영삼 대통령의 임기 초 '동맹보다 민족 우선' 기조를 지속하지 않은
것을 비판하기는 어렵다. 그럼에도 불구하고 1994년 10월 미국과 북
한 간의 제네바 합의에 김영삼 정부는 거의 기여하지 못했다. 김영삼
정부는 북핵위기 해소 그 자체보다 그 과정에서 보여지는 한국 정부
의 주도성에 민감했다.[19] 그것은 여론과 주도성에 민감한 김영삼 대
통령의 리더십 특성과 대북관계의 주도성에 민감한 국내 언론의 상
호작용 결과였다. 정리하자면 김영삼 대통령은 미국과 북한 간의 합
의를 남북관계 진전으로 연결시키지 못했던 것이다.

---

19. 김영삼 정부의 북핵위기에 대한 대응은 다음 논문 참조. 박용수, 2011, 「김영삼 정부 북핵
위기 대응의 한계에 대한 재평가」, 『한국정치연구』, 서울대학교 한국정치연구소.

3) 김대중 대통령

김대중 대통령에게 가장 중요한 위기관리 사안은 외환·금융위기였다. 김대중 대통령의 국제적 명성은 외환위기의 직접적인 요인이었던 외환부족 해소에 큰 도움이 되었다. 그는 이승만 대통령 이래 미국 정치를 가장 잘 아는 대통령이었고, 이승만 대통령과 달리 일본에서도 그에 대한 신뢰 수준이 높았다. 이것은 그의 민주화 운동 과정에서 미국과 일본 정부 및 주요 인사들의 도움을 받았던 경험에 기반한다. 국내적으로도 김대중 대통령은 IMF가 요구하는 조건을 넘어서는 수준에서 금융, 대기업, 공기업, 노동부문의 개혁을 추진했다. 그렇지만 경제위기 조기극복 과정에서 일정한 후유증이 발생했다. 카드사 위기, 개인 신용불량 위기, 벤처 신화의 몰락 등이 그 대표적 사례이다. 이 문제들은 위기요인을 누적시키고 새로운 발전동력을 제약하면서 그 처리의 책임부담은 노무현 정부로 넘어갔다.

그의 햇볕정책은 미·일·중·러의 지지에 기반하여 추진된 것이었고, 이것은 구조적인 제약요인으로 자리 잡고 있는 안보불안을 완화하는 데 기여했다. 그러므로 그의 햇볕정책은 미국과 일본뿐 아니라 중국과 러시와의 관계 심화에도 기여했다. 그러나 '햇볕정책'의 성과와 의미에도 불구하고 김대중 대통령은 제2차 '북핵위기' 발생을 막지 못했다. 그 원인은 기본적으로 미국과 북한 관계에 있지만, 이 둘 사이의 접촉으로 오해가 해소될 수 있다는 김대중 정부의 느슨한 상황인식도 문제였다. 2002년 10월 켈리 특보의 방북 이후의 상황은 이러한 김대중 대통령의 판단이 느슨한 상황인식에 기인한 것임을 보여주었다. 임기 마지막 해에 발생한 제2차 북핵위기는 김대중

대통령의 임기 마지막 순간까지 지속된 노력에도 해소되지 못하고
노무현 정부의 부담으로 넘겨졌다.

4) 노무현 대통령

노무현 대통령은 제2차 북핵위기와 카드사 위기, 개인 신용불량
등 안보와 경제 두 측면의 위기요인과 함께 임기를 시작했다. 미국은
북한과 대화를 거부하고 북한은 미국과 1 : 1 대화만을 고집하여 교
착상태가 지속되면서 2006년 북한의 제2차 핵실험 등 어려운 상황이
발생하기도 했다. 그렇지만 다자협상 방식의 6자회담을 통해 노무현
정부는 제2차 북핵위기 해소의 결정적 계기를 마련했고, 이에 기초하
여 2007년 10월 제2차 남북정상회담까지 성사시켰다. 노무현 정부는
이러한 성과에 기초하여 대북문제 해소 또는 완화에 대한 부담을 이
명박 정부에게 넘겨주지 않았다.

경제적으로 노무현 정부는 집권 초기 카드사(SK글로벌, LG카드
등) 문제로 금융위기가 재발할 수 있는 상황에 처했다. 주로 개인 신
용카드 남발에 기인한 것으로, 이 문제는 개인 신용불량 문제 및 내
수침체와 연결되어 있었다. 다시 말해 카드사 규제 혹은 구조조정이
개인 신용불량자 증가 및 내수경제 침체 심화를 초래할 수 있는 문제
였다. 이에 대해 노무현 정부는 채권단과 카드사의 화의를 중재하고
주택담보대출을 규제하면서 제도적 보호를 받지못하는 개인 신용불
량자들을 관리했다. 그 이후에도 노무현 정부는 인위적 경기부양을
추진하지 않았기 때문에 경제적 위기요인을 완화시킬 수 있었다.

5) 이명박 대통령

이명박 정부는 2008년 세계금융위기를 맞이하여 구조조정을 미루고 재정지출을 늘리는 방식으로 대응하면서 과거 1997년과 같은 위기를 초래하지는 않았다. 이것은 김영삼 정부에 비해 대외경제위기 관리의 일정한 성과로 볼 수 있다. 그러나 미국에서 시작된 금융위기가 일본이나 중국 혹은 동남아 국가들에 미친 영향이 제한적이었음을 고려하면 평가는 달라질 필요가 있다. 동아시아에 미친 영향력의 제한성에도 불구하고 한국의 환율 변동 폭은 여타 국가에 비해 현격히 컸고, 외환보유고가 급격히 축소되어 그 불안을 미국 정부와의 달러 스왑 계약으로 어렵게 해소했기 때문이다. 그리고 이명박 정부 시기 국가부채 및 가계부채가 급격히 늘어난 것 또한 잠재적 위험요인을 누적시킨 것이다.

안보 측면에서 이명박 정부는 북한과의 대화나 협조보다 봉쇄나 압박을 강화했지만 천안함 사건, 연평도 피격 등 안보 취약성을 드러냈다. 해군함정이 침몰하고 민간인 지역이 포격당한 이 두 사건 모두 한국군의 훈련상황에서 벌어졌다. 연평도 사건은 북한의 사전 조짐이 있었지만 이명박 정부가 이를 간과한 책임이 있으며, 그 대응 또한 단호하지 못한 한계를 지닌다. 천안함 사건 또한 북한 소행이라는 정부의 공식 입장을 전제할 때, 이명박 정부는 군사 경계와 대응 측면에서 심각한 안보 공백을 드러낸 것이다. 왜냐하면 해군은 북한 잠수정이 연평도 이남으로 들어와 천암함을 공격하고 다시 북한 해역으로 돌아가는 동안 대응 이전에 인지조차 하지 못한 셈이기 때문이다.

정치적으로도 전임정권에 대한 보복성 조치들이나 민간인 사찰, 공사 구분이 불분명한 방식의 대형사업 추진 등으로 추후 정치적으로 많은 갈등요인을 형성시켰다. 추후 천안함 사건에 대한 이명박 정부의 주장에 사실이 아닌 부분이 드러난다면 심각한 정치적 위기요인이 될 수 있다. 이외에도 이명박 대통령은 민간인 사찰, 방송장악, 자원외교나 저축은행 사건 등의 의혹이 추후 밝혀지면 우리 사회에 충격을 줄 수 있는 사안이 많다. 이러한 점에서 이명박 대통령은 정치적 불안요인을 누적시켰다고 볼 수 있다.

6) 소결

이 글에서 위기관리에 대한 평가를 간결하게 정리한 방법은 대통령별로 전직 대통령으로부터 넘겨받은 위기요인과 후임 대통령에게 넘겨준 위기요인을 비교하는 것이다. 이러한 기준에서 볼 때 위기관리에 실패한 대표적인 대통령은 김영삼, 이명박 대통령이다. 김영삼 대통령은 노태우 대통령으로부터 넘겨받은 위기요인에 비해 압도적으로 큰 위기상황을 초래하여 후임 김대중 대통령에게 넘겨주었기 때문이다. 이명박 대통령 또한 물려받은 위기요인에 비해 후임 대통령에게 물려줄 위기요인이 더 심각하고 많아질 가능성이 크다. 이명박 대통령은 비교적 안정적인 안보상황과 건전한 재정구조를 넘겨받았지만 안보와 경제 그리고 정치부문에서도 후유증이 큰 위기요인들을 누적시키고 있기 때문이다.

위기관리에 성공적인 사례로 노무현 대통령과 김대중 대통령을 꼽을 수 있고, 특히 노무현 대통령은 잠재적 위기요인을 완화시킨 유일한 대통령이었다. 노무현 대통령은 제2차 북핵위기가 시작되고 신용카드 부실화 문제를 넘겨받았지만 이 사안을 적절히 관리하고 문제를 해소하여 위험요소를 심화시키지 않았다. 김대중 대통령의 경우 외환위기와 미북 제네바 합의 이행의 교착상태를 적극적인 개혁과 외교능력 그리고 '햇볕정책'으로 돌파할 수 있었다. 그렇지만 김대중 대통령은 제2차 북핵위기와 신용카드 부실 문제를 노무현 대통령에게 위기요인으로 넘겨주었다. 이상의 내용을 표로 정리하면 아래와 같다.

〈표 4〉 대통령별 위기관리 성과

	기존 위기에 대한 대응	잠재적 위기요인 형성 혹은 누적
노태우	민주화 이행기 정치적 위기 대응(성공적)	제1차 북핵위기 형성(부정적)
김영삼	외환위기 발생(부정적)	남북관계 교착(부정적)
김대중	외환위기 극복(성공적)	제2차 북핵위기 형성, 신용카드 부실(부정적)
노무현	제2차 북핵위기 해소, 신용카드 위기 해소(성공적)	거시경제 위기요인 완화(성공적)
이명박	세계적 금융위기 대응(중립적)	공적/가계부채 증가, 남북관계 경색(부정적)

5. 민주화 이후 대통령의 국정과제 평가

국정과제는 대통령이 임기 중 달성목표를 위해 추진할 핵심 정책이며, 대통령 국정운영 성과에 대한 주요 평가기준이 될 수 있다. 이 장에서는 이에 대한 적실성 그리고 추진성과에 대해 개괄적으로 검토할 것이다.

1) 노태우 대통령

노태우 대통령은 세 가지 주요 국정과제로 정치적 민주화, 분배를 통한 경제적 민주화, 그리고 북방정책을 설정했다.

정치적 민주화와 관련하여 노태우 정부는 '3당 합당', '공안정국', 지방자치단체장 선거 연기 등의 한계를 드러냈다. 특히 '3당 합당'의 경우 지역구도 심화의 결정적인 계기가 되었다. 그렇지만 그 이외의 몇 가지 점에서 정치적 성과를 인정할 필요가 있다. 당시 노태우 대통령은 13대 국회의 '5공비리조사특위', '광주사태진상특위' 청문회를 수용했다. 이것은 노태우 대통령이 전두환 대통령의 영향력에서 벗어나 민주화를 중단 혹은 역전시키지 않고 지속시켰음을 의미한다. 또한 노태우 정부는 국가모독죄 삭제, 체포 및 구속절차 강화, 국가보안법 적용대상 제한 및 불고지죄 적용대상 축소, 집회 및 시위에 대한 법률개정 등의 민주개혁 조치를 취했다.

경제적 민주화를 위해 노태우 대통령은 금융실명제, 토지공개념을 선언하여 한국 민주화가 정치적 영역에 한정된 것이 아니라는 것을 천명했다. 그 이후 노태우 정부 하에서 금융실명제는 실시되지 못했지만 토지공개념은 부분적으로 실현되었다. 토지공개념을 위한 조치에는 택지소유상한제, 개발부담금제, 토지초과이득세제 등이 포함되었다. 또한 재벌의 비업무용 토지 매각을 노태우 대통령이 압박하여 재벌의 반발을 초래했고, 그 중에서 현대 정주영 회장은 정당을 만들고 직접 대통령 선거에 출마하기도 했다.

노태우 대통령에게 '북방정책'은 김대중 대통령의 '햇볕정책'과 비슷한 의미와 비중을 지닌다. 소련의 고르바초프 개혁, 1988년 서울올림픽, 독일통일, 동구권 붕괴 등의 탈냉전을 배경으로 노태우 대통령은 동구권 및 중국과 외교관계를 수립했다. 그리고 남북한 유엔 동시 가입, '남북기본합의서', '한반도 비핵화 공동선언' 등 노태우 정부는 한국전쟁 이후 가장 의미 있는 남북합의를 마련했다. 이러한 성과에도 불구하고 노태우 정부는 북한의 핵개발 시도를 조기에 막지 못했으며, 대북창구 단일화 원칙으로 민간의 자발적 대북접촉 시도를 통제하고 이를 '공안정국'으로 억압하는 한계를 보였다.

2) 김영삼 대통령

김영삼 대통령이 집권 초 제시한 '신한국 창조'라는 국정목표는 부패와 권위주의 유산에 대한 위로부터의 개혁을 의미했다. 이를 위해 김영삼 대통령은 집권 초부터 고위공직자 재산공개, 군 내부 사조직 '하나회' 척결 등을 과감하게 추진했다. 대통령 주도의 부패척결은 고위공직자 재산공개를 제도화시키고 이후 금융실명제 실시까지 과거 어느 시기보다 과감했다. 물론 이것은 여당 내 김영삼 대통령의 직계였던 상도동계와 경쟁파벌이었던 민정계 및 공화계의 정치적 약화를 노린 집권세력 내부의 권력투쟁의 의미를 지닌다. 김영삼 대통령은 집권세력 내부의 권력투쟁을 부패개혁정책으로 연결시켜 집권 초기 국민들의 압도적인 지지를 받았다.

'역사 바로세우기'를 통해 김영삼 대통령은 임기 중반 다시 한번 높은 수준의 지지율을 회복했다. 좌파 독립운동가들의 명예회복과 교과서 개정은 교육과 문화부문의 민주화라는 의미를 지닌다. 또한 김영삼 대통령은 전직 대통령 전두환, 노태우를 12·12와 5·17 쿠데타에 대한 특별법을 만들어 사법조치를 취했다. 그 시기 사법부는 성공한 쿠데타는 처벌할 수 없다는 논리로 이에 대한 법적 책임을 추궁할 수 없다는 입장이었다. 그러나 김영삼 대통령은 1995년 10월 '노태우 비자금'이 드러나는 것을 계기로 12·12와 5·18에 대한 성역 없는 수사를 지시했다. 전두환, 노태우 대통령의 구속을 통해 쿠데타는 용납될 수 없다는 김영삼 대통령의 단호한 의지를 과시했던 것이다.

'세계화'는 대통령의 정부 주도 담론전략의 대표적인 성공사례라고 볼 수 있다. 구체적인 정책으로 전환된 성과는 뚜렷하지 않지만 국내 언론과 지식인 사회에 '세계화' 담론과 이를 둘러싼 논의가 광범위하게 전개되었다. OECD 조기 가입을 추진하면서 김영삼 대통령은 임기 말까지 노사관계 개혁, 금융개혁, 규제개혁을 추진했다. 그렇지만 종금사를 비롯한 금융기관 건전성 감독이 거의 부재한 상태에서 금융개방을 실시하여 대외경제에 대한 취약성을 심화시켰다.

3) 김대중 대통령

김대중 대통령의 국정기조는 크게 '남북화해협력'과 '민주주의와 시장경제의 병행발전'이라는 두 가지로 대별된다. 정책적으로 외환위기 해소를 위한 조치 이외에 '햇볕정책', '생산적 복지', 지식정보기반 구축, 인권신장 등으로 대표된다.

'햇볕정책'을 통해 김대중 대통령은 2000년 남북정상회담 이후 금강산관광, 개성공단뿐 아니라 남북 간 군사회담 등 군사적 긴장완화와 상호 신뢰에 성과를 나타냈다. 김대중 대통령의 '햇볕정책'은 재계에서 현대그룹 정주영 회장의 적극적인 호응으로 남북경제협력 사업이 조기에 가시화되었다. 김대중 대통령의 햇볕정책은 한미동맹을 전제로 한 것이었고, 실제 제2차 북핵위기가 발생한 임기 말까지 동맹우선원칙을 견지했다. 또한 김대중 대통령의 일본, 중국, 러시아와의 관계개선 노력은 동맹에 치우쳤던 주변국과의 균형외교를 강화시킨 의미를 지닌다.

김대중 정부는 '생산적 복지'를 표방하며 '국민기초생활보장법', 국민연금, 고용보험, 의약분업 등 기초적인 복지기반을 강화했다. 이것은 산업화 이래 보편적 복지제도의 기반형성을 의미한다. 또한 지식정보기반 구축 차원에서 IT산업 인프라를 확충하고 인력양성, 국민교육, PC보급 등을 통해 국민들에게 저렴하게 고속 인터넷 활용이 가능해졌다. 특히 '국민기초생활보장법', IT 인프라 조기 구축 등은 김대중 대통령의 결단이 정책결정 과정에 결정적 요인이었다. 물론 벤처 지원이 부패사건으로 연결되고 코스닥 붕괴로 연결되기도 했지만 후기산업사회로 접어든 한국이 IT산업을 특화시킨 것은 대단히 중요하다. 그리고 김대중 정부는 인권법 제정, 사법개혁, 부패방지법 제정, 국회법·정당법·선거법·정치자금법 개정 등을 추진했다.

4) 노무현 대통령

노무현 대통령은 참여민주주의, 균형발전 사회, 평화와 번영의 동북아 시대라는 3대 국정목표를 설정했다.

노무현 대통령은 대외전략에서 김대중 대통령의 동맹과 균형의 병행전략을 지속하면서 이를 더욱 진전시켜 한국이 동북아 다자관계를 주도할 수 있는 조건과 환경을 형성하고자 했다. 노무현 대통령은 북핵위기 해소를 위한 '6자회담'을 통해 한미동맹을 기반으로 분단 문제를 해소하고, 남북을 잇고 대륙까지 연결되는 물류 시스템 및 공동개발 사업을 추진하고 동북아 시장통합을 주도하면서 동북아 다자관계 형성을 주도하고자 했다. 이것은 '평화와 번영의 동북아 시대'라는 국정기조로 나타났다.

노무현 대통령은 참여민주주의를 위해 정치적으로 권력기구의 중립성 강화 보장과 시민사회 주요 인사들의 국정참여를 위한 거버넌스 시스템을 강화했다. 이 과정에서 정부 산하 위원회의 수가 늘어나 '위원회공화국'이라는 논란이 제기되었지만 노무현 대통령은 이것을 적극적으로 수용하며 그 필요성을 인정하기도 했다. 복지부문에서 노무현 대통령은 임기 전반에는 김대중 정부의 기본 제도 위에 차상위계층 복지강화를 추진했고, 임기 후반에는 '동반성장전략', '비전 2030'을 추진했다. 이러한 복지정책의 강화는 통상개방 확대 및 심화와 함께 추진되었으며, 그 대표적 사례가 한미 FTA 협상 추진이었다.

그리고 더 이상 국가 수준의 산업정책을 추진하기 어려운 상황에서 노무현 정부는 혁신 클러스터 형성 방식으로 침체된 지방경제 활성화를 유도했다. '국가균형발전전략'은 지방의 산학협력을 통해 자체적인 발전동력 네트워크와 인프라를 마련하기 위한 것이었다. 이와 함께 지방의 자율성과 재정을 강화했다. 이 정책기조 하에서 추진된 기업도시, 혁신도시 등의 개발로 부동산 투기논란이 있었다. 그렇지만 노무현 대통령이 주도한 국가균형발전전략은 산업화 이래 경제, 정치, 문화 등 거의 모든 부문에서 과도하게 수도권에 집중된 문제를 해소하고 지방에서 새로운 발전 잠재력을 형성·강화하는 의미를 지닌다.

5) 이명박 대통령

이명박 정부는 선진화(세계 일류국가)와 이를 위한 신발전체제 구축이 기본적인 국정목표였다. 이를 위해 '747공약'이 제시되었으나 이것은 국제 경제상황을 파악하지 못한 것이었다. 집권 이후 국정과제로 '녹색성장', '비핵개방 3000', '능동적 복지' 등이 제시되었다. 그러나 이를 실현하기 위한 대표적 정책은 찾아보기 어렵다. '비핵개방 3000'의 경우 북한의 핵개발 포기와 체제개방이 전제조건인 만큼 북한의 변화 이전에 추진할 수 있는 정책이 제한된다. '능동적 복지' 또한 복지수혜 조건을 엄격하게 적용하여 이전 정부가 채택한 복지제도의 축소 시행의 의미에 가깝다.

이명박 정부는 가장 대표적 국책사업인 '4대강 살리기' 사업을 '녹색성장' 정책으로 구분하고 있다. 그렇지만 4대강 본류에 시멘트 구조물을 설치해 강물 흐름을 통제하는 것이 녹색정책이자 성장정책이 될 수 있는지 의문이다. 더구나 '4대강 사업'조차 부실공사의 우려가 커짐에도 불구하고 이명박 대통령의 문책이 확인되지 않는 점을 고려할 때, 이명박 대통령은 이 사업 자체보다 대규모 재정의 조기 투입에 우선순위가 있었던 것 아닌가 하는 의혹을 떠올리게 만든다. 이외에 원자력발전소 수출, 해외자원 확보, 정상회담 개최 등을 이명박 정부는 주요 성과로 제시하고 있다. 그렇지만 이것을 이전 정부와 차별화된 국정과제 수준에서 의미를 부여하기에는 미흡하다. 더구나 그 결과의 불확실성이나 이면합의 조건 등에 대한 의혹이 강하게 제기되고 있다. 기본적으로 이명박 정부의 경우 국정목표 달성을 위한 주요 정책이 제대로 설정되지 않았던 것으로 보인다.

6) 소결

이명박 정부를 제외하고 각 정부는 나름의 의미 있는 국정과제를 설정했고 국정과제의 일정한 맥락이 유지되었다. 노무현 대통령까지의 정책기조가 이명박 대통령에게 지속되었다면 현재와 다른 양상을 기대할 수 있다. 이명박 정부는 이전 정부와의 국정기조의 단절을 추구했지만 이에 상응하는 대안을 준비하지 않았던 것으로 보인다. 실제로 당선 직후 이명박 정부의 인수위원회는 내용적으로 노무현 정부로부터 정권인수를 거부했다.

물론 민주화 이후 정부들의 국정과제가 적절히 준비되고 수행되었다고 볼 수 없다. 예를 들어 양극화 해소는 민주화 이후의 정부 모두가 부족했다는 평가는 지배적이다. 그렇지만 이 경우도 노무현 정부의 정책기조가 이명박 정부에 의해 유지되었다면 지금과는 그 양상이 달라졌을 가능성이 크다. 가령 김대중 정부의 기초생활보장법, 노무현 정부의 차상위계층 복지, 여기에 이명박 정부가 중산층 위기에 대한 대응책을 적극적으로 추진했더라면 양극화 양상이 완화되는 방향을 확인할 수 있었을 것이다.

양극화와 관련하여 지니계수 그래프를 참고할 수 있다.

다음의 그래프를 보면 외환위기 이후 시장소득과 가처분소득에

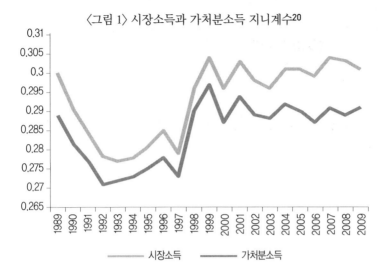

〈그림 1〉시장소득과 가처분소득 지니계수[20]

* 출처 : 2010, 한국보건사회연구원, 『빈곤통계연보』, 165쪽.

서 높은 수준의 양극화를 지속하고 있음을 알 수 있다. 그나마 가처분소득의 경우 각종 복지정책으로 인해 노무현 정부 시기 줄어드는 양상을 보이고 있다. 이것은 노무현 정부 시기에도 시장의 공정성 혹은 동반성장 조치가 미흡했음을 보여주는 것이다. 다만 조세와 복지를 통한 재분배정책은 노무현 정부 시기 미약하나마 효과가 있었음을 보여준다. 이명박 정부 들어 미국과 유럽의 금융위기를 배경으로 부동산 시세가 약화되면서 시장소득 지니계수가 낮아지고 있다. 여기에 전임정부의 재분배정책이 가속화되는 기조가 채택되었다면 가처분소득 지니계수는 낮아지는 추세를 확연히 보여줄 수 있었을 것으로 보인다.

---

20. 한국보건사회연구원 지니계수는 통계청 지니계수와 다른 추세를 보여준다. 2011년 국회 국정감사에서 통계청자료의 신뢰성 논란이 제기된 바 있다(시사브리핑 2011. 09. 23).

6. 대통령 지지도

대통령 지지율은 크게 사후적 평가와 임기 중 지지율로 구분할 수 있는 만큼 이 장에서는 이 둘을 구분하여 정리할 것이다.

1) 사후적 평가

〈그림 2〉 역대 대통령 신뢰도 및 국가발전 기여도

(단위 : %)

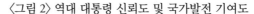

* 출처 : 2009년 : 국가발전 기여도(한국일보 8. 26.) / 2010 : 신뢰도(시사인 9. 24.) / 2011 : 재선출 의사(CBS 5. 12.) / 재선출 의사(머니투데이 1. 25.)

역대 대통령 평가에서는 오랫동안 박정희 대통령이 압도적으로 높은 지지를 받아왔고, 최근 김대중, 노무현 대통령에 대한 평가가 최근 좋아지고 있다. 온라인 조사에 의하면 노무현 대통령의 긍정적 평가가 박정희 대통령을 상회하기도 했다. 이것은 부분적으로 이명박 대통령에 대한 실망으로 인한 반작용과 노무현, 김대중 대통령 사망 이후 높아진 진보여론의 결집에 기인한 측면이 있다. 그런데 김대중, 노무현 대통령에 대한 재평가는 기본적으로 앞에서 설명한 대통령별 위기관리나 국정과제의 성과에 부합한다. 예를 들어 박정희 대통령의 경제성장과 김대중, 노무현 대통령의 민주주의, 경제위기 극복, IT산업 육성, 균형발전 그리고 한반도 긴장완화 등이 그 근거가 될 수 있다.

여타 대통령에 대한 낮은 평가는 위기관리나 정책성과에 부합하지 않은 측면이 있다. 노태우, 김영삼 대통령에 대한 지지율은 5% 수준을 하회하는 낮은 수준을 보여주고 있다. 이 중에서 김영삼 대통령의 경우 외환위기에 대한 평가로 이해할 수 있지만 노태우 대통령의 낮은 지지율은 설명하기 힘들다. 노태우 대통령의 위기관리는 실패로 규정하기 힘들고, '북방정책'이라는 주요 정책성과도 분명하기 때문이다. 김영삼 대통령 또한 위기관리 실패로 공직자 재산공개, 하나회 해체, 금융실명제 등 정책성과가 무시되는 것으로 보인다. 현재 여론이 진보와 보수로 양분되어 있다고 가정할 때 노태우, 김영삼 대통령은 보수와 진보 여론 모두로부터 외면당하고 있다는 것이다. 이와 관련하여 이명박 대통령의 정책기조와 통치방식은 민주당 정부의 '잃어버린 10년' 뿐 아니라 민주화 이후 20년을 지우려는 듯이 보인다.

2) 임기 중 지지율

임기 중 지지율은 대통령의 정치적 성공과 실패를 보여주는 민
감한 지표이다. 다음 그래프는 노태우, 김영삼, 김대중, 노무현 대통령
의 임기 중 지지율 추이이다.

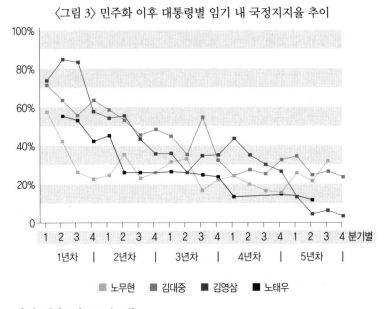

〈그림 3〉 민주화 이후 대통령별 임기 내 국정지지율 추이

■ 노무현   ■ 김대중   ■ 김영삼   ■ 노태우

*출처 : 갤럽 조사 2008년 11월

위 그래프에서 나타난 바와 같이 임기 중 대통령 지지율 추이는
대통령별 큰 차이를 나타내는 사후적 평가와 구분된다. 대체적으로
집권 초 50% 이상의 높은 지지율에서 출발해서 1년을 못 넘기고 하
락하다가 임기 중간 일시적인 상승을 나타내지만 다시 30% 이하의
낮은 지지율로 임기를 마치는 양상이다. 결과적으로 이명박 대통령

이전까지 모든 대통령들이 정치적으로 실패한 셈이다. 실제로 임기 말 대통령의 지지율 하락과 여당으로부터의 탈당은 노무현 대통령까지 예외 없이 반복되었다.[21] 그 원인으로 우선 임기 말 대통령 친인척 및 측근 비리 의혹이나 정책실패 효과를 예상할 수 있다. 그런데 노무현 대통령의 경우 임기 말 비리가 제기되지 않았을 뿐만 아니라 제2차 남북정상회담, 아파트 가격 안정 등의 성과도 분명했다. 그러므로 임기 말 극단적 레임덕을 설명하기 위해 비리의혹이나 정책성과 이외의 요인을 고려해 볼 필요가 있다.

민주화 이후 대통령의 정치적 실패는 '대통령 무한책임제' 경향과 관련되어 있다. 이것은 과거 '제왕적 대통령제'의 반영으로 한국 민주화 양상과 밀접히 관련되어 있다. 한국 민주화 이후 대통령에 대한 견제 측면은 진전되었지만 여타 주요 행위자들의 책임성을 높이는 측면은 진전되지 못했다. 특히 사회와 경제의 헤게모니를 행사할 수 있는 주요 집단의 경우 자유와 권리에 비해 책임과 견제 시스템이 미흡하다. 예를 들어 재벌총수들이 사실상 사법적 면책특권을

---

21. 대통령의 정치적 실패에 대해 최장집은 대통령의 정치적 실패를 정당의 한계로 설명했다. 한국의 정당이 사회의 주요 대립과 갈등을 대표하지 못해 국민들의 기대와 실망이 대통령에게 집중되며 이것을 제왕적 대통령제로 연결시켰다. 그런데 민주화 이후 대통령에게 집중되는 기대와 실망은 정당만으로 설명하기 힘들며, 제왕적 대통령제보다 대통령 무한책임제로 연결된다. 이 외에 안병진(2004)과 조기숙(2007)은 대통령을 둘러싼 상황과 조건을 통해 정치적 실패를 설명하고자 했다. 안병진은 대통령의 실패를 한국 정치의 미국화에 대한 적응실패로 설명했다. 그는 대중매체를 매개로 전개되는 치열하고 영속적인 정치공방에서 대통령의 보다 전략적 대응의 중요성을 강조했다(안병진, 2007, 「노무현 대통령의 리더십 특성 : 토플루리즘과 포퓰리즘의 모순적 공존」, 한국정치·관훈클럽 편, 『한국의 대통령 리더십과 국가발전』, 인간사랑). 조기숙은 기본적으로 한국 사회의 보수적 헤게모니가 강하고 진보진영의 국가권력에 대한 거부감이 노무현 대통령의 정치적 실패 조건이라고 규정했다. 그는 이에 대한 대안으로 대통령과 대중의 문화적·정서적 친밀감을 강조했다(조기숙, 2007, 『마법에 걸린 나라』, 지식공작소).

갖고 있으며, 기득권 집단들 간의 카르텔 경향도 강하다. 그런데 대통령에 대한 실망과 비판이 집중되면서 지배집단들 간의 카르텔과 그 주요 세력의 사회적 책임성은 주요 사회적 쟁점에서 멀어지게 된다.

이명박 대통령의 통치방식은 무한책임성과 대조적인 무책임성에 가깝다. 그것이 가능했던 기반은 재벌–언론–관료–사법(검찰) 카르텔의 지지였다. 예외적으로 집권초기 2008년 촛불시위 2개월 동안 흔들렸지만 이명박 대통령은 집권 4년차 중반까지 50% 내외의 안정적인 지지율을 유지했다. 천안함 침몰, 연평도 피격, 용산참사, 구제역 파동, 민간인 사찰, 장관 임명자들의 도덕불감증, 4대강 사업 부실공사, 자원외교 비리 의혹, 내곡동 사저매입, 선거부정 의혹, 저축은행 비리, 공공/가계부채 증가 등의 요인들이 이명박 대통령 지지율을 하락시키지 않았다. 이러한 사안에 대해 이명박 대통령은 안타까움을 표시하더라도 대통령으로서 책임지는 단호한 조치는 찾아보기 힘들었다. 이러한 이명박 대통령의 무책임성은 보수적 지배 카르텔에 의해 묵인되었고, 상대적으로 국회, 언론, 시민사회 내부의 진보적인 세력의 견제와 비판은 무기력했다고 볼 수 있다.

7. 바람직한 대통령을 위한 모색

권력은 타자에 대한 영향력과 반작용이라는 관계의 의미를 지닌다. 국내 권력관계의 핵심 행위자로서 대통령에 대해 견제와 지지 등의 관계를 통해 그 특성을 이해할 필요가 있다. 그러나 한국에서 권위주의 시대가 길었고 민주화 이후에도 바로 민주주의가 정착되는 것은 아닌 만큼 그동안 일방적인 대통령의 권력행사를 중심으로 논의되었다. 그렇지만 노무현 대통령까지 그 권한이 지속적으로 분산되고 견제가 강화된 점을 고려할 때 대통령 이외에 국회, 사법부, 언론, 시민사회, 시장 등의 자율성과 함께 공적 책임성도 강화되어야 한다.

민주화 이후 대통령을 기존에는 1997년 정권교체를 중심으로 구분했지만, 1997년 정권교체 이후 대통령과 그 이전 시기와 연속적인 측면도 중요하다. 가령 국정과제의 측면에서 노태우 대통령의 '북방정책'은 김대중 대통령의 '햇볕정책'과 노무현 대통령의 대북포용정책으로 연결될 수 있고, 김영삼 대통령의 관치경제 해소와 '세계화' 전략의 맥락 또한 김대중, 노무현 대통령에 의해 유지되었다.

노태우 대통령부터 노무현 대통령까지 점진적으로 변화하는 제도적·정치적 환경에서 집권했다. 민주화 이후 대통령과 국회의 관계를 볼 때 한국 대통령은 미국이나 브라질 대통령에 비해 강하다고 보기 힘들다. 한국 대통령은 국회의 비토나 교착상태를 돌파하기 힘들고 사법부, 언론, 시민사회, 시장의 자율성이 커졌기 때문이다. 기본적으로 대통령제에서 국회는 대통령에 대한 견제뿐 아니라, 균형을 통해 국정에 대한 책임을 공유한다면 대통령 권한에 대한 견제와 분산과 함께 책임도 이에 상응하여 분산되고 있는지 검토할 필요가 있다. 권한에 비해 책임이 집중된다면 대통령은 권한이 강하다 하더라도 정치적 실패를 벗어나기 힘들다. 권한과 책임을 함께 고려할 때 민주화 이후 노무현 대통령까지 '제왕적 대통령제'보다 '대통령 무한책임제'에 가깝다.

'대통령 무한책임제'는 대통령에 대한 비판의 자유와 이에 대한 대통령의 무조건 수용 경향을 의미하며, 대통령에 대한 짧은 기대와 긴 실망의 급격한 교차, 치열한 정치공방의 지속성, 보수언론 프레

임 등이 그 조건이다. 예를 들어 노무현 대통령의 경우 '행담도 사건'
이 무죄판결이 났지만 논란과정에서 제기된 청와대의 입장표명은 구
차한 변명으로 치부되었다. 김대중 대통령의 경우 '옷로비' 사건은
국정운영과 거의 관계없는 작은 사안으로 밝혀졌지만 결국 여론에
신속히 순응하지 않은 대통령의 책임으로 규정되면서 큰 정치적 부
담이 되었다. 특히 노무현 대통령의 경우 임기 후에도 무한책임의 부
담에서 벗어나지 못했다. 대통령에 대한 부적절한 혹은 과도한 비판
의 무책임성은 대통령의 무한책임성으로 연결되는 것이다.

그런데 이명박 대통령 집권을 계기로 '대통령 무한책임제'는
'대통령 무책임제'로 전환되었다. 대북대결구도 및 한미동맹 편향성
재강화, 그리고 관치경제 강화, 방송장악, 민간인 사찰, 편파수사 경향
이 다시 강화되었다. 이에 대해 야당 혹은 시민사회에서 제기되는 비
판이나 의혹을 이명박 정부는 오해나 괴담으로 규정한 경우가 많았
다. 오해나 괴담의 주체는 결국 대통령이나 정부·여당 이외의 행위
자들이 된다. 예를 들어 2008년 촛불 사건은 MBC PD수첩의 책임이
었고, '용산참사'의 경우도 다수가 사망한 철거민 측만 사법처리되
었다. 이명박 대통령은 구제역 파동 관련 대응 실패에 대한 책임표명
은 없었고 정서적 안타까움만 표명했다. 천안함 사건에 대해 대통령
은 안보 실패의 최종책임자로서 책임 있는 사후조치를 취하지 않았
다. 내곡동 사저매입 사건에 대해서도 대통령 경호실 담당자가 사표
를 냈을 뿐이다.

이명박 대통령 이전 대통령들은 모두 민주주의 지도자로서 자
부심이 분명했다. 노태우 대통령은 대통령 5년 단임제를 지키며 여소
야대 국회에 적응했고, 김영삼 대통령은 하나회를 척결한 최초의 문
민대통령, 김대중 대통령은 외환위기를 극복한 최초의 평화적 정권

교체, 노무현 대통령은 '3김정치'로 지속된 권위주의 정치문화 종식을 상징했다. 물론 노무현 정부 시기까지 드러난 한계나 실패도 극복해야 할 과제임에는 분명하다. 대표적으로 1997년 외환위기는 김영삼 대통령의 경제위기 관리 실패 사례이다. 그 이전 시기의 노태우 대통령은 3저 호황 이후 성장동력 형성이나 거시경제 관리에 미흡했고, 김대중 대통령 또한 경제위기 극복과정에서 신용카드사, 벤처 비리 사건 등의 후유증을 남겼다. 노무현 대통령의 경우 수도권 아파트 가격안정 실패와 사회적 양극화 대응 미흡은 다수 국민들에게 상대적 박탈감을 안겨주었다.

정책성과나 한계 이외에 대통령의 이미지 혹은 감성적 측면 또한 대통령의 지지율에 큰 영향을 준다. 대통령으로서 국민들에게 무기력한 이미지를 심어주는 경우 회복하기 힘든 낮은 지지율을 확인할 수 있다. 노태우 대통령의 무기력한 이미지는 최규하 혹은 장면에 대한 지지율이 낮은 것과 비슷하다. 상대적으로 민주화 이후 가장 지지가 높았던 사례는 김영삼 대통령의 초기 사정개혁 시기였다. 대통령은 기득권 세력을 제압하면서 개혁을 주도할 때 국민들의 압도적인 지지를 받을 수 있음을 알 수 있다. 노무현 대통령의 경우 권력기관 통제를 포기한 대신 대통령의 정치적 성향을 표현할 수 있는 자율성을 인정받기 원했다. 그렇지만 당시 한국의 정치문화는 노무현 대통령의 이러한 시도를 수용하지 않았다.

대통령의 정치적 성공을 위해서는 정책성과나 위기관리 혹은 이미지와 감성적 요인을 포함한 전략적 대응이 필요하다. 그렇지만 기본적으로 대통령 이외에 민주화 이후 자율성이 강화된 행위자들의 책임성과 이들에 대한 견제가 강화될 필요가 있다. 특히 재벌총수나 보수언론, 검찰을 포함한 엘리트 집단 간의 암묵적 카르텔에 대한 사

회 내 대응 헤게모니가 균형을 유지할 필요가 있다. 민주화 이후 진보
진영과 이를 대표하는 지식인들이 형성되었지만 이것으로 균형을 유
지하기는 어려운 상황이다. 대통령 무한책임 경향은 사회적 주요 행
위자들의 무책임과 균형 없는 견제의 반영이며, 대통령 무책임 경향
은 대통령과 사회 헤게모니 유착의 결과이다. 두 경향 모두 사회 내
헤게모니가 압도적이고 대항 헤게모니가 형성되지 못하거나 해체된
불균형이 배경이다.

민주화 이후 한국의 정당 발전
정당개혁의 한계와 대안[1]

채진원 | 조기숙

1. 정당개혁은 성공적으로 추진되고 있는가?

2011년 6월 27일 한나라당과 민주당의 원내 부대표들로 구성된 6인 소위는 필리버스터Filibuster 도입 등을 골자로 한 '국회 선진화 방안'에 합의했다. 필리버스터란 의회에서 다수세력의 독주를 막기 위해 소수파가 합법적인 방법으로 의사진행을 방해하는 것을 말한다. 필리버스터가 제기된 배경에는 그동안 국회가 대화와 타협보다는 직권상정과 점거농성으로 점철되어 난장판 국회라는 오명으로

---

1. 이 장은 주로 채진원이 작성하였고 대중정당 모형과 원내정당 모형의 구분과 정치의 사법화 현상에 대한 논의는 채진원의 구상이다. 조기숙은 참여정부와 관련한 약간의 첨언, 최근의 개혁에 대해 보완하는 역할을 했다.

국민의 불신을 받아왔기에 이를 개선할 필요가 있었기 때문이다. 국회 내 대립과 갈등의 관행은 의원의 자율성보다는 당론黨論을 중시하는 정당의 강한 규율에서 비롯된 측면이 크다.

민주화를 이루어낸 지 25년이 지난 오늘날 국회와 정당은 국민의 대표기관으로서 사회갈등의 해소와 국민통합이라는 본연의 역할을 제대로 수행하고 있는가? 그 대답은 별로 긍정적이지 않다. 그동안 한국 정치의 지배적인 현상과 행태는 정치 보스boss들이 정치와 정당을 주도하는 '머신정치'machine politics[2]라고 할 수 있다.[3] '3김씨'는 이른바 '정치 머신'political machine의 보스로서 당을 지배해온 게 사실이다. 그들은 후보의 공천권과 정치자금의 분배권 및 당직 임명권을 독점하여 의원들의 자율권을 구속했을 뿐만 아니라, 정당을 공당公黨이 아닌 사당私黨으로 운영하여 특정 인물을 위한 '정치적 도구'로 만들어 버렸다. 민주진영의 지도자도 독재정권과 맞서 싸우면서 효율성을 위해 권위주의적인 정당운영과 리더십을 발휘했던 것이다.

따라서 당을 장악한 정치 보스 중에서 자신이 대통령이 된 경우

2. 정치 머신이라는 말은 1800년 미국 대통령 선거에서 파란을 불러일으키며 부통령에 당선된 당시 뉴욕 주 주지사 아론 버(Aron Burr)에 의해서 생겨났다. 정치 머신의 특징은 보스 1인의 지배 하에 보스의 지시대로 움직인다는 점이고, 둘째, 머신은 보스가 지명한 후보를 당선시키기 위해 수단과 방법을 가리지 않고 표와 돈을 동원한다는 점이다. 셋째, 머신은 선거에서 승리한 후 전리품을 분배한다는 점이다. 즉 조직원들에게 물질적 혜택은 물론 다양한 공직을 분배하고, 정치자금을 대준 기업가들에게 관급공사와 같은 막대한 이권과 특혜를 준다는 점이다. 넷째, 결과적으로 머신은 정부와 정치의 질을 떨어뜨리고 정경유착과 부정비리를 양산해낸다는 점이다. 이에 대해서는 김용호, 2004, 「머신정당과 대중정당」, 《내일신문》 신문로칼럼(10. 19) ; 백창재, 2002, 「미국의 '정당머신'」, 《한국경제신문》 시론(7. 17) 참조.
3. 강원택, 2007, 「민주화 20년의 정당 정치 : 평가와 과제」, 『경제와 사회』 통권 제74호.

에는 국민의 대표기관인 '국회'를 대통령의 '하부기구'로 작동하도록 만들었다. 뿐만 아니라 현직의원의 사조직으로 전락한 '지구당'은 정당이 표방하는 가치와 정책에 관심을 갖고 참여하는 당원들과 지지자들의 공적인 공간이라기보다는 오직 특정 후보자의 선거승리를 위해 수단과 방법을 가리지 않고 표와 조직을 동원하는 고비용과 부패정치의 온상으로 작동하게 되었다.

그러나 정치 머신의 보스 역할을 해온 '3김씨'가 마침내 퇴장하고, 2002년 16대 대선과 2004년 17대 총선을 기점으로 촉발된 '당정분리', '원내대표와 의원들의 자율성 강화', '상향식 공천' 등 여러 정치개혁과 정당민주화 조치가 추진되었다. 그렇다면 이러한 조치의 도입 이후 한국 정당개혁은 어떤 성과를 얻었는가. 크게 두 가지 흐름이 감지된다.

노무현 대통령은 대통령이 된 후 당정분리를 선언하고 열린우리당의 당직인선이나 당무에 일체 관여하지 않았다. 그 결과 열린우리당은 11명의 당의장과 5명의 원내대표를 배출하며 리더십의 공백을 보였고, 콩가루 정당을 방불케 했다. 최소한의 규율과 절제도 찾아볼 수 없어 정당으로서의 기능을 상실했다고 볼 수 있다. 참여정부의 정책실장은 열린우리당 의원들과 주 1회 이상의 정책협의를 했고, 책임총리였던 이해찬도 열린우리당과의 긴밀한 정책협의를 했다. 그러나 108명의 초선의원을 가졌던 열린우리당은 정책협의에 열정을 보이지 않았고, 자신들을 조종하려는 것이라 오해해 청와대와 최소한의 소통마저도 거부했다. 보수언론의 참여정부 공격에 불안과 공포를 느끼면서 청와대와 본격적인 차별화를 시도하기도 했다. 그것이 다시 진보언론에 보도되면서 언론과 열린우리당의 합작에 의해 참여정부 실패 프레임이 만들어지기도 했다.[4] 이러한 문제는 당과 청와

대의 소통 부족뿐만 아니라 당내 소통구조의 부재에서 비롯된 것이었다.[5] 결과적으로 비효율적인 당정관계는 2007년 대선에서 정권교체를 당하는 데 결정적으로 기여했다.[6] 특히 2007년 대선후보 선출을 위한 당내 경선은 2002년의 경선규칙보다도 공정성이 후퇴한 실패작이었다.

반면 야당이었던 한나라당은 박근혜 대표 중심으로 일사분란하게 움직였다. 그 후 대선과정에서는 박근혜, 이명박 두 후보가 예비선거를 치르고 결과에 승복하면서 정당의 기능이 업그레이드된 측면이 있다. 그러나 집권 후 이명박 대통령의 공천과 당대표 경선 개입은 정도의 차이는 있을 뿐 3김 시대 문화와 크게 다르지 않았다. 한나라당(최근 새누리당으로 개명)에서 반복되고 있는 '3김식 정치관행'의 대표적인 예는 2008년 18대 총선을 앞두고 발생했던 이명박 대통령의 공천개입과 박근혜 전 대표와의 계파 간 갈등에서 찾을 수 있다. 또한 그러한 계파 보스들 간의 갈등은 한나라당 새 지도부를 뽑는 '2008년 7·3 전당대회'에 출마한 모든 후보자가 '대등한 당-청와대 관계설정'을 공약으로 내거는 상황이 벌어졌다. 그러나 그 후 친이명박계의 지원 속에 당권을 잡은 박희태 대표는 당에 대한 대통령의 개입과 권한강화를 위해 당헌·당규를 개정하겠다는 발언을 하기에 이른다. 박 대표는 전당대회에서 현금을 돌린 혐의로 현재 재판을 받고

---

4. 조기숙, 2006, 『마법에 걸린 나라』, 지식공작소 참조.
5. 조기숙은 청와대 홍보수석 재직 시 언론의 왜곡보도에 대해 진실을 알리기 위해 열린우리당 지도부와 적극적으로 소통했지만 당내 의사소통 구조가 없어 지도부 내에서 소통 내용이 공유되지 않았다. 열린우리당은 정당의 기본 구조도 갖추고 있지 못했던 것이다.
6. 조기숙, 「정당재편성 이론으로 본 2007년 대선」, 『한국과 국제정치』 제27권 제4호, 187-218쪽.

있으며 재판에서 돈봉투 살포를 인정한 바 있다.

이 같은 위계적인 대통령-종속적인 집권당 관계의 지속은 대통령당과 야당 간의 심각한 교착과 파행을 가져왔다. 2008년 말 국회에서 이명박 대통령과 한나라당이 일방적으로 밀어붙친 한·미자유무역협정FTA 비준안 등 쟁점법안에 대해 야당이 결사항전으로 맞선 결과 장기간의 국회공전 사태가 발생했다. 이러한 여야 간 힘겨루기로 인한 국회의 교착상태는 2008년 12월 예산국회와 2009년 미디어법 날치기 처리과정에서도 나타났다. 그 결과 사법부가 판결로 정치에 개입하는 '정치의 사법화 현상'[7]이 등장하게 되었다. 이는 국회의원과 국회에 대한 대통령과 행정부의 지배관계가 여전하다는 것을 반증해 주고 있다.

이에 다음 절에서는 정당의 이념형, 개념 등을 먼저 살펴보고, 3절에서는 2002년 3김정치 이후 추진된 정당개혁과 정당민주화 조치를 살펴보고 그 성과를 평가한다. 4절에서는 최근 우리 정당의 현주소와 그 한계를 가장 집약적으로 보여주는 '정치의 사법화 현상'에 대해 살펴본다. 5절에서는 최근 시민들로부터 시작된 아래로부터의 정당개혁운동이라고 할 수 있는 〈국민의 명령〉 운동과 〈혁신과 통합〉의 등장과 민주당의 합당, 이로 인해 나타난 정당개혁 움직임을 살펴보고 향후 정당개혁을 위한 대안을 검토함으로써 이 장을 마무리하고자 한다.

---

7. '정치의 사법화' 현상에 대한 개념 정의는 학자들 마다 조금씩 다르고 논쟁이 되는 개념이지만 일반적으로, 국가의 중요한 정책결정이 정치과정이 아닌 사법과정에서 해결되는 현상을 말한다.

2. 정당의 이념형

애드먼드 버크Edmund Burke는 "정당은 합치된 노력으로 국가적 이익을 증진시키기 위해 모두가 동의하는 어떤 특정의 원칙에 근거해서 모인 사람들의 집합체"[8]라고 정의한다. 정당은 한마디로 "정권을 잡기 위해 이념과 정책을 같이하는 사람들이 모인 조직체"라고 정의된다. 정당에 관한 기본적인 정의가 학자들마다 다양한 만큼 정당에 대한 유형분류도 다양할 수밖에 없다. 따라서 라팔롬바라Lapalombara는 "정당을 정의한다는 것은 정치학자들에게 있어서 '개념적인 골칫거리' conceptional headache로 다가온다"고 보았다.[9] 정당은 시대와 환경에 따라 다양한 모습으로 나타나는 '정당의 기능과 특성들' 때문에, '정당의 본질'을 파악하는 데 어려움이 있다. 정당은 환경의 변화에 따라 변화된 '정당의 상징'을 따라잡아야 하고, 이 때문에 '정당의 형태'가 주변 환경에 따라 변화하는 것이 불가피하다.[10]

하멜과 잔다Harmel and Janda는 20세기 주요한 발전 중의 하나인 '정당'을 사회 및 정치적 환경의 '원인'으로 이해하기보다는 그것의 '결과'로, 즉 '독립변수'라기보다는 '종속변수'로 간주되는 것이 타당하다고 한 바 있다.[11] 정당은 시공간을 초월한 '어떤 고정된 개

8. Burke, Edmund, 1961, "Thought on the Cause of Present Discontent", *Works*, Vol. 1, London : Henry G. Bohn, p. 151.
9. Lapalombara, Joseph, 1974, *Politics Within Nations*, Englewood Cliffs, N.J. : Prentice-Hall, Inc, p. 508.
10. 최한수, 1993, 『현대정당론』, 을유문화사, 36쪽.

넘체'라기보다는 시간과 장소(공간)의 영향을 받으며 상호작용하는 '살아 움직이는 생물체'로 비유되기도 한다. 정당이 고정된 실체가 아닌 유동적인 상황에 따라 변신하는 생물체에 비유되는 만큼 그것을 제대로 이해하고 개념을 정의하는 일은 결코 쉬운 일이 아니다. 그럼에도 불구하고 정당을 논할 때 정당을 기능에 따라 개념적으로 구분하는 키이(Key 1964)의 정당 모형을 우선 살펴볼 필요가 있다.

전통적으로 정당에 대한 연구는 다음 〈그림 1〉에서 키이가 제시하는 정당기능의 세 수준 모형을 기초로 진행되어 왔다.[12] 이 모형은 정당이 시민사회와 국가의 중간에서 양자를 연계하는 매개자로서의 기능을 수행한다. 키이에 따르면 정당은 유권자 속Parties in the Electorate에 존재하기도 하고, 조직으로서의 정당Parties as Organization이 있으며, 정부 내에 존재Parties in Government하기도 한다.

〈그림 1〉 정당기능의 세 수준 모형

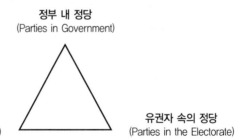

정부 내 정당
(Parties in Government)

조직으로서의 정당
(Parties as Organization)

유권자 속의 정당
(Parties in the Electorate)

* 출처 : 키이(Key), 1964, 근거로 필자가 재구성.

---

11. Harmel, Robert and Kenneth Janda, 1982, *Parties and Their Environments*, New York : Longman Inc., Press.
12. Key, 1964, 앞의 책.

〈그림 2〉 대중정당 모형   〈그림 3〉 원내정당 모형(유권자정당 모형)

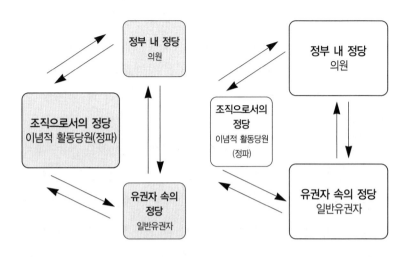

* 출처 : 채진원, 2010, 재구성.

앞의 〈그림 1〉처럼 도식화를 통해 정당기능의 측면을 설명해 보면 다음과 같다. 첫째, 정부 내 정당은 의원과 행정부의 입법과 관련된 기능으로 정책이 입안되고 실행된다. 둘째, 유권자 속의 정당은 유권자들의 정당일체감과 충성심 제고 및 선거에서의 지지와 참여 활성화 등과 관련된 기능을 말한다. 셋째, 조직으로서의 정당은 정당지도자를 발굴·교육·훈련하는 기능과 지지자들의 이익표출interest articulation과 이익집약interest aggregation을 위한 기능을 한다. 이는 정당의 내부적 속성으로 정당구성원들의 정책 수립을 위한 제반 여건의 형성과 효과적인 정책 수립을 위한 제도적 환경의 구성, 정당 내 의견수렴의 절차 확립 등이 이루어진다. 조직으로서 정당의 가장 중요한 기능은 공직 후보자의 공천일 것이다.

하지만 키이Key의 세 수준은 시대상황에 따라 '비중'의 차이가 있을 수밖에 없다. 왜냐하면 정당은 시·공간을 초월하여 존재하는 '보편적인 개념체'가 아니라, 구체적인 시·공간에 따라 탄력적으로 반응하는 유기체적인 존재이기 때문이다. 따라서 일반적으로 국민국가의 건설기와 산업화 시대에는 〈그림 2〉처럼 정당의 기능 중 '조직으로서의 정당기능'의 비중이 강조된다. 그러나 국가 간의 경계가 약화되는 지구화와 후기산업화 시대에는 〈그림 3〉처럼 '정부 내 정당기능'과 '유권자 속의 정당기능'에 대한 비중이 강조된다. 지구화와 후기 산업화의 진전에 따라 개인주의가 발전하고 수평적 문화에 대한 선호가 높아지면서 위계적인 조직을 갖춘 정당은 유권자를 더 이상 유인하지 못하기 때문이다. 이 때문에 '조직 내의 정당'은 약화되고 '유권자 속의 정당' Parties in the Electorate이나 '정부 내 정당' Parties in Government을 활성화되는 경향이 있다.[13] 그리고 이런 입체적인 관점 하에서 한국 정당연구에서 가장 많이 거론되는 두 개의 이념형, 즉 대중정당 모형과 원내정당 모형을 비교하면 앞의 〈그림 2〉, 〈그림 3〉과 같다.

---

13. Aldrich, John, 1995, *Why Parties? The Origin and Transformation of Political Parties in America*, Chicago : University of Chicago Press ; Dalton, Russell J., 2006, *Citizen Politics*, New Jersey : C. H. Publisher, pp. 177–197 ; Dalton, Russell J. and Wattenberg, Martin P., 2000, *Parties without Partisans : Political Change in Advanced Industrial Democracies*, New York : Oxford Press ; Thies, Michael F., 2000, "on the Primacy of Party in Government : Why Legislative Parties Can Survive Party Decline in the Electorate", in Russell J. Dalton and Martin P. Wattenberg(ed.), *Parties without Partisans : Political Change in Advanced Industrial Democracies*, New York : Oxford Press.

1) 대중정당 모형

　한국에서 대표적인 대중정당 모형론자는 최장집과 박찬표이다.[14] 이들은 대중정당 모형과 대척점에 있는 원내정당 모형이 '정당조직'을 약화시킬 뿐만 아니라, 보수 엘리트 지배구조를 대변하는 수단으로 민중들의 정치참여를 제약한다고 비판한다. 이들은 한국에서 계층적·계급적·이념적 균열은 아직 정치적인 균열로 동원되지 않고 잠재해 있기 때문에 이 같은 사회균열을 이념적으로 조직화하여 대변할 수 있는 '대중정당 모형'이 적실성을 가진다고 주장한다.

　따라서 이들은 정당개혁의 방향으로 '지구당 활성화'와 '진성당원제의 확대' 및 '이념적·계급적 정체성 강화'를 주장한다. 아울러 이들은 IMF 이후 우리 사회에서 신자유주의적 세계화가 전면화되면서 발생하고 있는 빈부격차와 양극화는 대중정당의 사회적 기반을 증가시키는 요인이라고 주장한다. 논의의 간편화를 위해 대중정당 모형이 추구하는 것이 무엇인지에 대해 박찬표의 논의[15]를 통해 요약해 보면 다음과 같다.

　〈표 1〉과 〈표 2〉는 대중정당 모형론자들이 생각하는 정당기능의 정상화를 위한 개혁의 방향을 비교적 잘 보여주고 있다. 이들은 서구의 정당들이 산업화와 국가 건설기에 걸어갔던 것처럼 계급정당, 이념정당, 정파정당을 지향하자고 제안한다. 서구의 대중정당 모형처

---

14. 최장집, 2005, 앞의 책 ; 최장집, 2007, 앞의 책 ; 박찬표, 2002, 앞의 책 ; 박찬표, 2007, 앞의 책.

15. 박찬표, 2002, 같은 책 ; 박찬표, 2007, 같은 책.

럼 지구당을 더욱 활성화하고 진성당원제를 강화하기 위해 당원들의 당비납부를 의무화하자고 한다.

또한 공천방식에 있어서도 정당과 후보를 지지하는 일반 유권자보다는 당비 내는 당원들이 직접 참여하여 후보를 결정할 수 있게 하는 당원공천제를 강조한다. 당의 재정모금에 있어서도 국고보조금보다는 당비 납부비율을 활성화하는 쪽을 선택하자는 것이다. 박찬표의 이러한 주장은 정당의 사회적 토대가 약하고 당원이 거의 없는 한국적인 상황에서 하나의 대안일 수는 있다고 생각된다. 그러나 이러한 방향성이 시대적 적실성을 지니고 있는지는 여전히 의문이다.

박찬표는 〈표 1〉과 〈표 2〉에서 자신이 대안으로 삼고 있는 '대중정당 모형'을 강조하기 위해 '포괄적 선거전문가정당' 또는 '전문가정당 정치모형'과 비교하지만 이 논의에는 대중정당의 대안모형이라고 생각되는 원내정당 모형(유권자정당 모형)에 대한 논의가 빠져 있다는 게 아쉽다.

2) 원내정당 모형(유권자정당 모형)

원내정당 모형은 의원들을 중심으로 하는 원내정당 조직이 활성화되면 될수록 인지적 유권자와의 연계가능성이 커진다는 점에서 '정부 내 정당'Parties in Government과 '유권자 속의 정당'Parties in the Electorate 간의 연계기능에 대한 비중을 극대화시키는 모형이다. 따라서 원내정당 모형은 다층적인 측면에서 보면 유권자의 참여를 개방적으로 촉진한다는 점에서 '유권자정당 모형', 그리고 원내의원들과 유권자들이 적극 결합한다는 점에서 '의원-유권자 네트워크 정당 모

<표 1> 정당 모형에 따른 구체적 개혁방안 비교

	대중조직정당	포괄적 선거전문가정당
지구당	• 지구당은 정당기능 수행의 필수적 최소 단위조직 : 기능은 강화, 경비는 절감 • 지구당 중심의 정당운영, 지구당의 자율권 보장, 정책개발 참여 강화, 공직후보 선출권 부여 • 자발적 당원 확보, 당원의 당비납부 제도화, 자원봉사자 확보	• 고비용 정치의 주범이므로 폐지, 대신 의원 및 공직후보자의 개인사무실(후원회, 연락사무소) 개설 • 선거조직으로 개편, 평시에는 민원사항 접수하는 연락처로 축소 • 공천 등의 기능을 수행할 비상설협의체 설치
당원	• 정당법상의 당원자격 제한 완화하여 당원 확충 촉진 • 당비 납부의 의무화, 실질적인 공천참여 등 '당원에 의한 정당운영' 실현	• 당원에 기반한 정당보다 유권자 및 지지자에 기반한 정당으로 전환 • 당비 납부하는 자로 당원을 정예화
후보공천	• 국회의원 후보 : 지구당에서 당원의 직접투표로 결정 • 대통령 후보 : 지구당에서 선출된 대의원들이 전당대회에서 선출	• 공직후보 선출과정을 개방하여 당원뿐 아니라 일반유권자도 참여하는 미국식 예비선거제도 도입
당의 재정	• 당비와 후원금에 기초한 정당운영 지향 • 다수의 소액 기부형식이 바람직 • 국고보조금은 최소화	• 당비보다는 후원금, 국고보조금에 의존하는 것이 대세 • 후원금제도 활성화, 법인세 1% 정치자금화, 국고보조금의 공정한 분배
중앙당	• 중앙당이 지구당을 통제·지시·명령하는 관계에서 중앙당이 지구당의 발전을 지원·보조하는 관계로 개편 • 방대한 상설조직과 기구를 축소하여 운영비와 인건비 축소	• 정책개발 및 홍보에 주력하는 자원봉사자 중심의 조직으로 개편 • 중앙당과 시도지부 사무국은 비선거 기간에 최소한의 인원을 배치, 선거기간에는 자원봉사자를 중심으로 운영

* 출처 : 박찬표, 2002, 152, 재인용.

형'으로도 표현할 수 있다. 이 모형은 필연적으로 인터넷과 SNS 등으로 인지적 동원력을 가진 일반 유권자의 정당참여를 적극적으로 반영하고자 한다는 점에서 개방적인 유권자정당을 추구한다.[16]

---

16. 정진민, 2009, 「원내정당론을 둘러싼 오해들에 대한 정리」, 『한국정치연구』 제18집 제1호.

<표 2> 정당정치 개혁의 두 가지 모형

영역 \ 모형	전문가정당정치 모형	대중정당정치 모형
유권자 속의 정당	포괄정당, 실용정당	계급, 계층정당
정당조직	선거전문가정당	대중조직정당
정부 속의 정당	당정분리, 원내정당화	정당정부, 책임정당정치

＊출처 : 박찬표, 2007, 245쪽에서 재인용.

　이상의 논의를 종합하여 원내정당 모형을 대중정당 모형과 비교해 설명해 보면 다음과 같다. 먼저 두 정당 모형의 개념 차이를 일반화해 보면 대중정당 모형은 <그림 2>처럼 '정부 내 정당'Parties in Government과 '유권자 속의 정당'Parties in the Electorate 간의 직접적 연계를 줄이고, 이념적 활동당원(정파)을 주요 행위자로 하는 '조직으로서의 정당'Parties as Organization 기능에 대한 비중을 극대화하는 모형이다.

　이 모형에서는 조직과 이념 및 이념적 활동당원(정파)이 부각된다. 원내정당 모형이란 <그림 3>처럼 이념적 활동당원(정파)을 주요 행위자로 하는 '조직으로서의 정당'Parties as Organization 기능을 약화시킴으로써 의원들을 주요 행위자로 하는 '정부 내 정당'Parties in Government의 비중을 부각시킨다.

　<표 1>의 조직방식을 비교하면 이념성향이 강한 당원을 중심으로 고정된 계급과 계층의 이해를 대변하려는 대중정당 모형과는 달리 원내정당 모형은 일반유권자를 당의 지지기반으로 하기 위하여 원내의원들과 유권자들의 역할을 강조한다. 즉 원내정당 모형(유권자정당 모형)은 이슈와 쟁점별 요구에 소통과 정책능력을 갖춘 의원들과 유권자들이 서로 민감하게 반응하면서 소통하려고 한다는 점에서, '실

용적 정책정당'과 '의원-유권자 간 네트워크형 정당'을 지향한다.

이어서 〈표 3〉의 '당 운영방식'의 차이를 살펴보면 다음과 같다. 대중정당 모형은 대체로 사회·경제적인 균열에 따른 정치적 균열을 조직화한다는 점에서 정당의 이익집성interest aggregative 기능을 다른 기능보다도 강조한다. 이러한 점에서 대중정당 모형은 달Dahl 등에 의해서 주창된 '절차적 민주주의 모형'에 입각한 대의적 운영을 선호하게 된다.[17] 이에 비해 원내정당 모형은, 후기 산업화, 지구화, 정보화 등으로 표현되는 전환기적 시대상황이 고정된 기존의 사회이익들을 파편화시키고 유동화하기 때문에 '이익집성'interest aggregative에 기반한 '절차적 민주주의 모형'이 작동하기 어렵다고 인식한다.[18] 특히 시대상황의 변화로 더 이상 진성당원을 안정적으로 확보할 수 없는 환경에서 대중정당 모형(책임정당 모형)을 구현하겠다는 발상은 그야말로 시민들의 실제 생활세계와 동떨어진 매우 시대착오적인 발상으로 받아들여진다.[19]

따라서 유권자들의 선호와 이익을 단순히 반영하기보다는 공공선에 입각한 선호변형의 과정과 상호 주관적인 토의를 통해 다양한

17. 최장집, 2007, 앞의 책.

18. Dalton, Russell, Flanagan, Scott & Beck, Paul, 1984, *Electoral Change in Advanced Industrial Democracies*, Princeton, NJ. Princeton University Press, pp. 15-22 ; Franklin, M. N., Mackie, T. T. and Valen, H., 1992, *Electoral Change : Responses to Evolving Social and Attitudinal Structures in Western Countries*, Cambridge University Press.

19. Caul, Miki, and Mark Gray, 2000, "From Platform Declarations to Policy Outcomes : Changing Party Profiles and Partisan Influence over Policy", in Russell J. Danton and Martin Wattenberg, *Parties without Partisans : Political Change in Advanced Industrial Democracies*, New York : Oxford Press, p. 236 ; Dalton, Russell J. and Wattenberg, Martin P., 2000, *Parties without Partisans : Political Change in Advanced Industrial Democracies*, New York : Oxford Press, pp. 266.

〈표 3〉 대중정당 모형과 원내정당 모형(유권자정당 모형)의 주요 특징 비교

		대중정당 모형	원내정당 모형(유권자정당 모형)
기본개념	시대 상황	• 국가건설기와 산업화 시기	• 지구화시대와 후기 산업화 시기
	주요 행위자	• 이념적 활동당원(정파) 및 원외 중 앙당조직	• 원내의원 및 인지적 유권자
	조직 기반	• 당원중심 • 고정된 계급계층이나 지지기반이 있는 계급정당 + 이념정당 + 정파정당 지향	• 당원 + 정당 · 후보 지지자 중심 • 유동적인 유권자와 연계하는 '실용적 정책정당' + '유권자정당' 지향
전략개념	운영 방식	• 이익집성적 대의모형 (이익중심적 : 고정된 이익을 갖는 이념적 정파원들 간의 협상과 타협)	• 이익통합적 대의모형 (토의중심적 : 유권자의 반응성에 민감한 의원들 간의 대화와 토의)
	시민 사회 연계	• 경쟁관계 : 정당과 시민사회의 경계가 겹침	• 분업적 협력관계 정당 : 정책조정기능 + 공직자충원기능 시민단체 : 이익집약 기능
	당조직 관계	• 당원 중심의 수직적 연결망	• 의원과 다양한 이슈/쟁점과 관련된 일반 유권자 간의 수평적 네트워크
	반응성	• 특정 집단의 이해관계에 집중적으로 반응(고정적 관계)	• 지구화/후기 산업화의 복잡하고 파편화되고 가변성이 높은 이해관계자들에게 민감하게 반응(유동적 관계)
	민주주의관	• 절차적 민주주의	• 토의민주주의
	의원상	• 대리인(delegate)	• 토의자(deliberator)

* 출처 : 채진원, 2010, 재구성.

의견들을 통합해 나가는 것이 무엇보다도 중요하다고 판단한다. 즉 민주주의 모형과 관련해서는 하버마스J. Habermas와 엘스터J. Elster 등에 의해서 주창되고 변형되어 온 '이익통합적'interest integrative인 '심의민주주의 모형'deliberative democracy model을 선호한다.[20] 원내 정당 모형에서 강조되는 의원의 역할상은 자신의 고정된 지지자의 선호기반에 구속받는 명령에서 벗어나 독자적인 의견을 가지고 대화와

토론 속에서 국가이익과 공공선을 재발견하는 심의자deliberator의 모
습이다. 이 같은 대중정당 모형과 원내정당 모형의 이상형을 기반으
로 그동안 한국 정당개혁의 과정을 살펴보고 성과를 평가해 보겠다.

3. 정당개혁 추진과정과 결과에 대한 평가

1) 민주당의 정풍운동과 그 성과

그동안 한국 정당은 주로 정치 머신으로 기능하였기에 정부나
조직에서만 발견되었다. 유권자 속의 정당은 실종되었다고 해도 과
언이 아니다. 그러나 김대중 대통령 말기 새천년민주당에서 천신정
(천정배, 신기남, 정동영)이 주도한 정풍운동은 3김 시대 정당구조를
혁파하는 데 초점을 맞췄다. 이러한 운동은 당시 김대중 대통령의 아
들 비리로 인해 민심이반을 겪고 정권교체를 당할 처지에 놓여 있던
민주당이 대통령 선거 예비경선에서 '국민참여경선제'를 받아들이
게 만들었다. 당시 새천년민주당은 〈당 발전과 쇄신을 위한 특별대책
위〉(이하 특대위)를 가동하여 정치개혁과 정당개혁에 박차를 가했다.
　〈표 4〉처럼 새천년민주당은 특대위를 가동하여 오랜 논의 끝에
정당개혁 방안을 마련했다. 특대위는 새천년민주당이 추구해야 할

---

20. 임성호, 2008, 「지구화 시대에 적합한 정당모형의 제도 기반」, 『지구 시민사회와 세계정치』, 한국세계지역학회·경희대학교 인류사회재건연구원·전남대학교 세계한상문화연구단 공동 학술대회.

〈표 4〉 새천년민주당의 정당개혁 내용(2002. 1. 7)

	현행	쇄신안
총무 위상	• 당 3역의 일원 • 형식상 원내 대표의원	• 당연직 최고위원 • 실질적 원내 사령탑
총무 권한	• 당 지도부 지시와 당론을 바탕으로 한 정당 간 협상창구 • 원내 전략 지휘	• 상임위원회 위원장 및 간사 추천 • 소속의원 상임위 배정 • 원내 전략 지휘와 원내 행정 총괄
의원총회 권한	• 원내총무 선출 • 당무위원회의를 통과한 법안 심의	• 주요 정책 및 법안 의결 • 국회의장 및 부의장 후보 선출 • 원내총무 선출
총재직 폐지	• 총재 지배체제 • 총재-대통령 겸임 • 하향식 공천 • 총재 정치자금 장악	• 총재직 폐지, 집단지도 체제 • 당-정 분리 • 상향식 공천 • 재정운영 투명화
국민경선제	• 폐쇄형 체육관 전당대회 • 특정지역·장노년 중심의 대의원 구성	• 국민참여형 순회 예비경선 • 국민선거인단 구성 • 인구비례로 대의원 구성 • 연령별·성별 비율 반영

* 출처 : 새천년민주당, 2002, 『당발전과 쇄신을 위한 특별대책위원회 백서』.

바람직한 대안정당 모형으로서 처음에 원내정당 모형과 대중정당 모형을 유력한 안으로 검토했다. 그 검토과정에서 두 모형을 둘러싸고 특대위원들 간의 심각한 의견충돌이 있었다. 하지만 결국 특대위는 타협과 절충 끝에 정당개혁의 전체적인 방향은 원내정당 모형으로 잡되 개혁의 수위를 조정하는 식으로 합의[21]해 개혁안의 핵심 사항으로 '총재직 폐지', '의총에서 원내총무 선출', '당정분리', '상향

21. 이 같은 최종 합의사항(새천년민주당 2002)은 대체로 카리스마 정당조직을 대신해서 원내정당 모형으로의 정당조직 개혁을 위한 조치로 이해된다. 그러나 대선후보를 위한 국민경선제의 선거인단 경우는 진성당원제를 기초로 하는 대중정당 모형과 일정한 타협이 있었다.

식 공천', '국민참여경선제' 등을 제출하였다.

　이 같은 새천년민주당 정당개혁의 추진은 국민적 공감대를 바탕으로 당시 제1야당이었던 한나라당이 국민참여경선제를 수용하는 것을 포함하여 민주당과 유사한 정당개혁을 추진하도록 영향을 미쳤다. 그 결과 2004년 3월 17대 총선을 앞둔 시점의 국회 정치개혁특위는 '의원총회 활성화', '중앙당 축소', '지구당 폐지', '개방형경선제' 등을 내용으로 하는 정치관계법 개정안을 여야합의로 처리하였다. 이로써 미약하지만 일정 정도 정당개혁의 단초를 마련할 수 있었다.

2) 정당개혁의 좌절과 실패[22]

(1) 탈지역주의 정당의 실험과 좌절

　국민참여 경선의 최대수혜자는 노무현이었다. 후보단일화를 거치는 우여곡절 끝에 노무현 후보가 2002년 12월 19일 17대 대통령으로 당선되었다. 대선에서 승리한 민주당은 2004년 17대 총선을 앞두고 공천권을 둘러싼 당내 권력투쟁을 시작했다. 당시 새천년민주당의 당권파는 공천권을 내놓으려 하지 않았고 정풍운동에 앞장섰던 천신정은 상향식 공천을 주장했다. 많은 이들이 신당이 노무현 대통령에 의해 주도되었다고 오해하지만 실제로 노 대통령은 초기엔 신

---

22. 이 소절은 채진원, 2011a, 「지구화 시대 정당의 거버넌스 모형과 전략」, 『지구화 시대의 정당정치』, 경희대 인류사회재건연구원의 일부 내용을 준용하였다.

당창당에 반대하는 입장을 견지했다. 그 후 신당이 본격적으로 진행
되는 과정에는 일체 개입하지 않았다. 추미애, 조순형 의원 등이 민주
당에 잔류하게 된 것도 노 대통령이 신당으로 올 것을 권유하지 않았
기 때문이라고 노 대통령은 밝힌 바 있다. 그러나 탈지역주의와 상향
식 공천 등 정당개혁을 내걸고 열린우리당이 창당하고 40%가 넘는
지지를 얻자 노 대통령도 입당했다. 총선을 앞두고 2004년 2월 24일
방송기자 클럽 초청 대통령 기자회견에서 노 대통령은 "국민들이 총
선에서 열린우리당을 압도적으로 지지해 줄 것을 기대한다", "대통
령이 뭘 잘해서 우리당이 표를 얻을 수만 있다면 합법적인 모든 것을
다하고 싶다"라고 한 발언이 빌미가 되어 탄핵을 당했다. 그 후 탄핵
역풍으로 열린우리당은 152석을 확보한 여당이 되었다.

　그러나 많은 기대를 받았던 열린우리당은 2003년 11월 출범하
여 창당 3년 9개월 만인 2007년 8월에 당을 해산하였다. 열린우리당
의 정당개혁이 좌초하게 된 배경에는 여러 가지 이유가 있다. 그 핵
심에는 정당 모형의 이상형ideal type에서 볼 때, 서로 배치되고 충돌
하고 있었던 원내정당화와 대중정당의 핵심인 '기간당원제' (진성당
원제)를 거의 같은 비율로 동시에 추구하려고 했던 점이라고 생각된
다. 이러한 동시 추구로 인하여 원내정당화를 지지하는 세력과 기간
당원제를 지지하는 세력 간의 권력투쟁은 실용과 진보이념의 당내
노선투쟁으로 비화되기도 했다.[23] 보다 구체적으로는 호남을 중심으
로 하는 민주당 출신의 원내정당파와 영남을 기반으로 하는 개혁당

---

23. "열린우리당은 당정분리뿐만 아니라 △기간당원제, △지구당 폐지, △원내정당화, △투톱
　　시스템(당의장-원내대표 권한 배분) 등의 원칙으로 운영되었다. 결과적으로 이런 원칙들은
　　차례차례 무너졌다. 기간당원제는 '지지자들'의 생각을 반영하지 못했다", 성한용, 2007, 「끝
　　내 닫힌 우리당, 3년 9개월 만에 … 민주신당과 합당」, 《한겨레신문》(08. 19).

출신의 기간당원제파의 대립이 당내 지역갈등의 양상을 띠기도 했다.

열린우리당의 탈지역주의 실험은 지역적 기반이 압도적으로 유리한 소선거구라는 선거제도의 벽 앞에서 실패로 끝났다. 2007년 대선과 2008년 총선을 앞둔 상태에서 호남지역을 포기하면 수도권 선거에서 대패할 것이란 두려움에 대통합민주신당이 만들어지면서 열린우리당은 해산의 길에 들어섰다. 열린우리당의 실패는 '원내정당화'와 '기간당원제'로 표현되는 '대중정당화'처럼 방향성이 서로 다른 두 제도를 동시에 동일한 비중으로 추구하려다가 어느 하나도 제대로 된 성과를 남기지 못한다는 점을 보여주었다.

열린우리당이 정당으로서 실패한 또 다른 이유는 집단지도 체제라는 거버넌스 구조에 있다. 당의장에게 권한은 주지 않고 최고위원과 나눠야 하지만 책임은 당의장이 지고 당의장을 흔들었던 2위의 최고위원이 당의장이 되는 구조가 무책임한 정당을 만든 또 하나의 이유라고 생각된다. 이는 2012년 총선에서 한명숙이 이끈 민주통합당의 무능에서도 거버넌스의 문제가 여실히 드러난 바 있다.[24] 거버넌스(협치)란 "인간행위를 조정함으로써 효율성을 향상시키는 신뢰, 규범, 네트워크와 같은 사회적 조직의 특성"이라고 정의된다.[25] 한마디로 일 잘하고 유능한 정당으로 만드는 시스템을 어떻게 디자인할 것인가 하는 문제이다. 새누리당의 선거승리와 민주통합당의 선거패배는 바로 이 거버넌스의 차이에서 비롯되었다고 생각된다. 새누리

---

24. 조기숙(2012. 4. 22), 「민주통합당 누가 당대표 되도 선거 못 이겨 : 당대표와 최고위원의 목표가 일치하도록 거버넌스 개혁해야」 http://www.ohmynews.com/nws_web/view/at_pg. aspx?CNTN_CD=A0001724183
25. The Commission on Global Governance, 1995, *Our Global Neighborhood*, Oxford : Oxford University Press, p. 2(번역).

당은 당대표와 당원, 후보의 목표가 일치하고 상벌이 조직의 목표와 일관되게 주어진 반면, 민주통합당은 당대표와 의원은 물론이고 최고위원의 목표조차도 일치하지 않는다. 즉 최고위원이 당대표의 리더십을 공개적으로 공격하면 보수언론, 더 나아가서 진보언론의 칭찬을 받고 결국 당대표를 밀어내는 데 성공하면 2위 최고위원이 언젠가는 당대표의 자리를 차지하게 된다. 이러한 거버넌스 구조로는 정당이 실패를 반복하게 되어 있다.

(2) 지구당 폐지

정당개혁과 관련해 2002년 대선 이후 이루어진 또 하나의 조치는 지구당 폐지라고 할 수 있다. 지구당을 폐지하게 된 결정적인 이유는 지구당이 돈 먹는 하마라는 비난을 받으면서 시민단체 등의 요청에 따라 오세훈이 발의한 정치개혁법에서 지구당을 폐지하기로 결정했기 때문이다. 그 후 지구당은 지역위원회로 개편되어 현직의원이나 의원출마자가 아닌 지역주민들이 위원장을 선임해 운영하도록 했다. 이에 대해 최장집 등은 지구당 폐지가 정당발전에 역행한다며 원내 정당화를 주장한 학자들을 강력히 비판했다. 반면 원내정당화를 주장했던 임성호나 정진민은 자신들이 지구당 폐지를 주장한 바 없다며 반박했다.

이들은 오히려 정치권 차원에서 추진된 '지구당 폐지'가 원내정당화의 조건이 아니라는 의견을 적극 개진했다.[26] 이들은 오히려 지

---

26. 임성호, 2003, 「원내정당화와 정치개혁」, 『의정연구』 제9권 제1호 ; 정진민, 2003, 「정당개혁의 방향 : 정당구조의 변화를중심으로」, 『한국정당학회보』 제2권 제2호 ; 정진민, 2005,

구당 폐지에 반대하고 '지역구 당원 또는 정당지지자들에 의해 자율적으로 운영되는 연결망 조직'을 제시한 것으로 드러났다. 그리고 그들은 지구당 개혁의 방향으로 '제왕적 지구당 위원장제도 폐지'와 '지구당 운영방식의 전면적인 개편'을 제시한 것으로 확인되었다. 실제로 열린우리당 시절 지역위원회는 정진민과 임성호의 제안대로 운영되었으며, 최장집의 비판은 과거 지구당의 문제에 대한 천착이나 현실에 대한 이해가 부족한 데 기인한 것으로 보인다. 그러나 대통합민주신당은 손학규를 당대표로 선출하면서 민주당과 합당을 하게 되었다. 그 후 민주당은 지구당위원장을 다시 임명하기 시작했다.

(3) 국민참여경선제의 제도화 실패

2002년 16대 대선과정에서 상향식 공천으로 각광받았던 '국민참여경선제'는 민주당에서 시작되었지만 제도화되지 못했다. 원내정당화의 다른 측면인 유권자의 참여를 활성화하기 위하여 당을 개방화하는 '유권자정당화'는 필연적으로 후보 선출과정에서도 정치적 보스와 중앙당 및 대통령이 독점적으로 가지고 있는 후보공천권을 당원과 당 밖의 일반유권자들에게 개방하여 그들의 참여를 촉진시키는 것을 목적으로 하고 있다.

그러나 이 제도는 16대 대선 이후 안착에 실패했다. 2007년 17대 대선에서는 개방형경선제도가 도입되기는 했지만 양당 모두 여론조사가 삽입된 불완전한 제도라고 할 수 있다. 또한 대통합민주신

「지구당 폐지 이후의 새로운 정당구조와 당원중심 정당운영의 범위」, 『의정연구』 제11권 제1호.

당의 경우는 지역적 안배도 없는 동원 위주의 대선경선을 치르면서 오히려 제도적으로 후퇴하고 말았다. 2008년 18대 총선을 앞두고 여야정당들은 상향식 공천보다는 당지도부에 의한 하향식 전략공천을 실시하여 계파 간의 공천갈등 문제를 야기시키기도 했다. 특히 외부 공심위원들이 일률적 잣대로 휘두른 공천과 당지도부의 나눠먹기식 비례대표 공천은 유권자에게 공감을 주지 못해 역대 최저인 46%의 투표율을 기록해 민주주의의 실패라는 말까지 나왔다.

2010년 6월 2일 지방선거를 앞두고 여야정당들은 주요한 공천 방식으로 이른바 '국민공천배심원제'(한나라당)와 '시민공천배심원제'(민주당)를 시행한 바 있다. 이러한 배심원제는 당지도부에 의한 계파공천의 특혜를 방지하고자 하는 차원에서 공천 심사과정에 당원이 아닌 일반시민들의 참여를 촉진시켜 개방한 점은 일보 진전이라고 할 수 있다. 대통령이나 도지사 후보를 선출하는 경우에는 국민참여 경선이 바람직하지만 국회의원이나 시도의원 등 단위가 작은 선거의 경우에는 2012년 총선에서 도입된 모바일 투표에서 나타났듯이 조직동원 선거로 변질될 우려가 있다. 따라서 우리처럼 정당에 대한 거부감이 높고 지금과 같은 과도기의 작은 단위 선거에는 배심원제를 적극 활용하는 것이 바람직할 것으로 보인다.

4. 정치의 사법화와 정당기능의 정상화 방향에 대한 논쟁[27]

이른바 정치의 사법화 현상은 그동안 추진된 정당개혁의 한계와 우리 정당의 현 수준을 보여주는 상징적인 사례이다. 따라서 이것에 대한 진단과 해법을 둘러싼 논쟁은 그 속에 숨겨져 있는 우리 정당기능의 한계점과 개선점을 풍부하게 논의할 수 있다는 점에서 중요하다. 따라서 이 장에서는 정치의 사법화 현상이 등장하게 된 배경과 논의과정을 살펴봄으로써 정당의 발전방향을 찾아보고자 한다.

최근까지 우리 사회는 대통령 탄핵심판, 신행정수도건설특별조치법 위헌심판, 미디어법 처리 등 중요한 정치적 의제들이 국회와 정당이 아니라, 사법적 판단에 맡겨지는 이른바 '정치의 사법화' 현상이 일상화되는 것을 목격했다. 따라서 이것을 우려하는 목소리도 커지고 있다. 일반적으로 정치의 사법화란 사법부가 정치에 참여하는 것으로서, 국가의 중요한 정책결정이 정치과정이 아니라 사법과정으로 해소되는 현상을 말한다.[28] 즉 정치과정에서 해소되지 못하는 각종 현안을 최종적인 헌법해석권을 가지고 있는 헌법재판소나 대법원을 정점으로 하는 사법권력에 기대어 해결하려는 경향을 의미한다.

그렇다면 민주화 이후 정치발전과 민주주의 관점에서 볼 때 이러한 정치의 사법화 현상은 긍정적인가 아니면 부정적인가? 그 배경은 무엇인가? 그리고 그 해법의 실마리는 무엇인가? 이에 대해서는 몇 가지 논쟁점이 존재한다.

첫째, 정치의 사법화에 대한 시각차가 존재한다. 정치의 사법화를 민주주의와 헌정주의(법치주의) 간의 대립으로 볼 때 비관적인 시

---

27. 채진원, 2011b, 「정치의 사법화 현상의 이론적 쟁점 : 민주주의의 비관론과 낙관론 및 정당 기능의 정상화 방향」, 『평화연구』 제19권 제2호의 일부 내용을 준용하였다.
28. 김종철, 2005, 「'정치의 사법화'의 의의와 한계 : 노무현 정부 전반기의 상황을 중심으로」, 『공법연구』 제33집 제3호 ; 오승용, 2009, 「민주화 이후 정치의 사법화에 관한 연구」, 『기억과 전망』 제20호 ; 박은정, 2010, 「정치의 사법화(司法化)와 민주주의」, 『서울대학교 법학』 제51권 제1호.

각과 낙관적인 시각이 팽팽하게 대립·경쟁하고 있다. 이 문제에 대해
헌법학계는 2000년대 중반에 이르러 비관론과 낙관론 간의 논쟁이
실익이 없는 이분법적 논쟁이라는 쪽으로 어느 정도 마무리하였지
만 정치학계의 논쟁은 아직도 계속되고 있다.

둘째, 정치의 사법화의 배경에 대한 시각차이다. '의회에서 정당
기능의 약화'에 따른 민주주의의 약화현상으로 보는 시각[29]과 이러
한 정당기능의 약화에 동의하면서도 이것에 경로의존적으로 더 앞
서는 '사회구조의 변동요인'을 강조하는 시각[30]이 핵심적으로 다투
고 있다.

특히 후자의 시각은 의회에서 정당기능이 왜 필연적으로 약화
될 수밖에 없는가에 주목하면서 그 배경으로 지구화, 후기 산업화, 탈
냉전화, 정보화 등으로 표현되는 시대전환기적 사회변동 요인을 찾
는다. 이러한 전환기적 시대상황은 사회와 개인 및 정치권력을 더욱
파편화시키고 유동화시킴으로써 사회적 연대감과 신뢰감 및 사회적
합의가능성을 약화시킨다. 결국 이러한 것들의 약화는 또 다시 정당
이 정상적으로 수행해 왔던 이익집성의 기능을 저하시키고 이것이
결국 의회 내 정당들 간에 교착과 파행을 촉진시킴으로써 정당과 의
회가 스스로 정치의 사법화를 초래한다고 보고 있다.

본장에서는 탄핵과 신행정수도 그리고 미디어법의 사례처럼 처

29. 최장집, 2005, 『민주화 이후의 민주주의』 개정판, 후마니타스 ; 박찬표, 2006, 「헌법에 기
대기 : 민주주의에 대한 두려움 혹은 실망」, 『한국정당학회보』 제5권 제1호 ; 오승용, 2009,
「민주화 이후 정치의 사법화에 관한 연구」, 『기억과 전망』 제20호.
30. 임성호, 2003, 「원내정당화와 정치개혁」, 『의정연구』 제9권 제1호 ; 정진민, 2007, 「민주화 이
후의 정치제도 : 원내정당화를 중심으로」, 『국가전략』 제13권 제2호 ; 박은정, 2010, 「정치
의 사법화(司法化)화와 민주주의」, 『서울대학교 법학』 제51권 제1호 ; 채진원, 2010, 「원내정
당모형의 명료화 : 대안적 정당모형들과의 비교논의」, 『의정연구』 제16권 제2호(통권 30호).

음부터 의회 내 주요 정당들이 헌법재판소에 소송을 제기하지 않았더라면 정치의 사법화 현상은 제기되지 않았을 것이라는 가정 하에서 정치권력의 파편화 속 정당기능의 약화문제를 핵심적인 이유로 제기한다. 즉 의회 내 정당기능의 약화가 한국적인 대통령제 하에서 강력한 정당기율에 따라 일사분란하게 움직이는 정당의 원외정당적 관행과 맞물려 의회 내 정당 간에 그리고 의회와 행정부 간 잦은 교착과 파행 등 거버넌스의 문제를 초래한다고 진단한다.

셋째, 정치 사법화의 개선방향에 대한 시각차이다. 핵심적으로 다뤄지고 있는 것이 '의회 내 정당기능의 정상화 방향'이고, 이것을 위한 정당개혁의 방향을 놓고 대중정당 모형론과 원내정당 모형으로 간의 논쟁이 치열하다. 이 같은 학계의 논의에서 눈여겨 볼 하나의 특징은 정치의 사법화 현상을 비관적으로 보는 시각들은 대체로 사법권력의 축소(헌법재판소의 폐지 또는 법관의 직접 선출 등)와 더불어 정당개혁의 방향으로 대중정당 모형을 선호하는 경향이 있다.

하지만 반대로 정치의 사법화 현상을, 문제점은 있지만 낙관적으로 보는 시각들은 사법권력의 축소를 반대하는 관점에서 민주주의와 헌정주의(법치주의)가 서로 융합할 수 있는 '공화민주주의적 헌정모형'을 추구하는 가운데 정당기능의 정상화가 필요하다는 정도의 이야기를 하고 있다. 즉 낙관론자들은 의회 내에서 정당기능의 정상화를 구체화시킬 수 있는 정당 모형이 어떤 모형인지에 대해서는 아직까지 구체적인 관심을 집중시키지 못하고 있다. 낙관론자들은 비관론자들이 제시하고 있는 대중정당 모형과의 비교 차원에서 차별성있는 대안정당 모형을 제시하지 못하고 있다.

1) 정치의 사법화 현상에 대한 비관론과 대중정당 모형

정치의 사법화 현상을 비관론의 입장에서 해석하는 학자들은 대체적으로 '민주주의'와 '헌정주의' 사이의 긴장관계에 있어서 민주주의 쪽 손을 들어주고 이것의 강화를 위해 사법권력의 축소를 강조하는 사람들이다.[31] 비관론은 대체로 정치의 사법화 현상을 불안정한 정치체제의 특성으로 바라보고 '민주주의의 위기상황'으로 인식한다. 즉 정부의 책임능력 감퇴, 입법능력의 한계, 권력분립을 통한 견제와 균형의 약화로 인한 '민주주의의 실패조짐'으로 인식한다.[32]

왈드론Waldron은 정치의 사법화를 다수결 민주주의에 반하는, 즉 '반다수주의적인 민주주의'로 간주한다.[33] 나이어Neier도 이것을 '민주주의의 기본 원칙인 권력분립의 파기'이며, '제왕적 사법부의 등장'이라고 비판했다.[34] 아울러 허쉴Hirschl도 정치의 사법화 현상을

31. 한병진, 2007, 「미국의 헌정질서, 법치, 민주주의의 삼위일체 : 애커만의 이중 민주주의를 중심으로」, 『대한정치학회보』 제14집 제3호.

32. Parker, Richard, 1993, "Here, The People Rule" : A Constitutionalism, Departmentalism, and Judicial Supremacy", California Law Review 27 ; Waldron, Jeremy, 1999, Law and Disagreement, New York : Oxford University Press ; Waldron, Jeremy, 2004, "Judicial Review and Republican Government", Christopher Wolfe, ed., That Eminent Tribunal, Judicial Supremacy and the Constitution, New Jersey : Princeton University Press ; Dahl, Robert A., 2002, How democratic is the American Constitution?, New Haven and London : Yale University Press ; Hirschl Ran., 2002, "Resituating the judicialization of politics : Bush v. Gore as a global trend", Canadian Journal of Law and Jurisprudence, vol. XV, NO. 2 ; Santos, Boaventura de Sousa, 2002, Toward a New Legal Common Sense : law, globalization, and emancipation, Londres : Butterworths.

33. Waldron, 2004, 앞의 책, pp. 159-180.

34. Neier, Areh, 1985, Only Judgement : The Limits of Litigation in Social Change, Middletown, CT : Wesleyan University Press, p. 3.

민주주의와 대립되는 특이한 지배형태로 '사법통치주의'juristocracy
라고 비판하였다.[35] 또한 허쉴은 정치의 사법화가 입법부의 기능을
약화시키는 '민주주의의 축소'로 귀결된다고 비판하였다.[36]

정치의 사법화 현상을 비관론의 관점에서 설명하는 다양한 견
해가 있다. 하지만 논의의 단순화를 위해 소개할 가장 대표적인 학자
는 최근 한국에 『미국헌법과 민주주의』How Democratic Is the American
Constitution?라는 책을 소개한 로버트 달Dahl과 그의 견해를 긍정적으
로 수용하는 사람들이다. 달은 이 책에서 전 세계 많은 나라들이 민
주주의의 선진국 모형으로 찬양하며 모방하려는 미국의 헌법에 대
해 다소 강력하면서도 도발적인 문제제기를 하였다. '미국 헌법은 얼
마나 민주적인가?'라는 원제목에서 드러나듯이 미국 사법부가 가진
막강한 권한이 미국의 민주주의 발전에 악영향을 미치고 있다는 것
이다.[37]

즉 그에 의하면 헌법의 정당성은 정치적으로 평등한 시민들이
다수지배의 원리에 따라 민주적인 제도와 실천을 뒷받침해줘야 하
는데, 미국의 헌법은 사법부의 강력한 법률심사권, 대통령선거인단
제도, 헌법개정을 어렵게 하는 조항 등에서 드러나고 있듯이 민주적
인 제도와 실천을 억압하고 있다는 것이다. 특히 그는 2000년과 2004
년에 있었던 제43대, 44대 대선에서 선거인단Electoral College의 투표
결과에 대한 민주, 공화 양 진영의 법적 다툼이 빚어져 대법원으로

35. Hirschl, 2002, 앞의 책, p. 224.
36. Hirschl, Ran, 2004, *Towards Juristocracy : The Origins and Consequences of the New Constitutionalism*, Cambridge, Massachusetts : Harvard University Press, p. 225.
37. Dahl, 2002, 앞의 책.

가게 되고, 거기에서 최종적인 승자가 결정되는 초유의 사태가 벌어
졌다고 지적하면서 이것이 과연 민주주의에 합당한 조치인지를 회
의하였다.

이러한 달의 문제의식을 한국적인 상황에서 수용하여 정치의
사법화 현상을 비관론적으로 보는 대표적인 학자는 최장집이다. 그
는 분점정부 하에서 등장하는 정치의 사법화 현상을 쉐프터와 긴스
버그Shefter and Ginsberg가 정의한 '다른 수단에 의한 정치' politics by
other means로 정의한 후 이것을 정당을 중심으로 하는 대의민주주의
의 위기현상으로 이해한다. 그리고 이것을 극복하기 위하여 정당기
능의 정상화를 주장한다. 특히 그는 사회적 균열구조에 근거하여 사
회적 약자의 의사를 조직하는 대중정당 모형을 대안으로 제안한다.[38]

박찬표는 한국에서 정치의 사법화 현상이 나타나는 주요 배경
이 정치적 민주화가 사회경제적 민주주의로 나아가려는 시점에서 자
신들의 기득권이 해체될 것을 두려워한 기존 지배세력이 사법권력
의 증대를 통해 민주주의의 영역을 축소하고 자신의 헤게모니를 지
키고자 한 기획이라고 보고 있다.[39] 아울러 그는 정상적인 민주주의
작동을 위해서는 정당기능의 정상화가 최우선적으로 필요하다고 보
면서 대중정당 모형을 강조한다.

오승용도 의회민주주의가 사법민주주의로 대체되는 정치의 사
법화는 국민들로부터 정치적 책임을 부여받지 않는 사법부가 정치
적 문제 해결의 주체로 서는 현상으로, 이것은 민주주의에 대한 심각

---

38. 최장집, 2005, 앞의 책 ; 최장집, 2008, 앞의 책.
39. 박찬표, 2006, 앞의 책 ; 박찬표, 2007, 「민주주의 대 정치적 민주주의」, 최장집 외, 『어떤
민주주의인가』, 후마니타스, 197쪽.

한 도전이라고 지적한다. 아울러 그는 정치의 사법화를 해소할 수 있
는 방법은 사법권력을 축소하는 가운데 정당기능을 정상화시킬 수
있는 정당개혁에서 찾아야 하며, 그 대안으로 최장집 등이 제시해 온
대중정당 모형을 강조한다.[40]

2) 정치의 사법화 현상에 대한
낙관론과 원내정당 모형(유권자정당 모형)

낙관론은 정치의 사법화 현상을 비관론자들이 보는 것처럼 '민
주주의의 실패현상' 으로 보지 않고 문제점은 있지만 '민주주의의 필
요조건', '입헌주의의 확대과정' 또는 '입헌주의 공고화의 필연적 과
정' 으로 보는 시각이다.[41] 낙관론은 정치의 사법화를 입헌주의 혹은
법치주의의 과정에서 낙관적으로 이해한다. 즉 법에 의한 지배rule of
law를 강화하는 과정, 다시 말해서 헌법에 입각한 지배를 실현하는
'정치과정의 헌법화' 로 이해한다. 이러한 정치과정의 헌법화 관점에

40. 오승용, 2009, 「민주화 이후 정치의 사법화에 관한 연구」, 『기억과 전망』 제20호.
41. Tate, C. Neal and Vallinder, T, 1995, *The Global Expansion of Judicial Power*. New York : Yale University Press ; Lane, Jan-Erik, 1996, *Constitutions and political theory*, Manchester : Manchester University Press ; Alexander. Larry, ed. 1998, *Constitutionalism : Philosophical Foundations*, Cambridge : Cambridge University Press ; Friedman, Barry, 1998, "The History of the Countermajoritarian Difficulty, Part One : the Road to Judicial Supremacy", *New York university Law Review 73* ; Friedman, Barry, 2003, "Mediated Popular Constitutionalism", *Michigan Law Review*, 101 ; Peretti, Terri Jennings, 1999, *In Defense of a Political Court*, Princeton : Princeton University Press ; Rosanvallon, Pierre and Arthur Goldhammer, 2008, *Counter-Democracy : Politics in an Age of Distrust*, Cambridge : Cambridge University Press.

서는 이것을 활성화시키는 요소로서 위헌법률심사제도와 헌법재판소의 역할 강화가 필수적인 전제이다. 이러한 관점에서 보면 입헌주의적 가치를 무력화하는 '과도한 사법화'judicial tyranny 또는 '제왕적 사법지배'imperial judiciary는 문제가 되겠지만 입법부와 행정부, 그리고 사법부 간의 균형을 찾는 정치의 사법화는 어느 정도 불가피한 측면이 있다는 입장이다.

김종철은 최근 우리나라에서 사회적 갈등이 정치적 과정에서 해소되기보다는 사법부에 의존하는 정치의 사법화 경향이 강해지는 것을 입헌주의의 공고화 과정에서 필연적으로 발생하는 현상으로 보고 있다.[42] 차동욱은 정치의 사법화가 민주주의에 반한다는 비관론자들의 주장에 대한 반론 차원에서 헌법재판소의 역할을 적극 긍정한다. 그는 현대적인 권력분립 구도 하에서 헌법재판소는 국회의 안티테제anti-these가 아니라고 주장하면서 바람직한 입법부와 사법부의 견제와 균형관계에서 정치의 사법화를 이해할 필요가 있다고 강조한다.[43]

박은정도 정치의 사법화를 권력분립의 실질적인 정착과정에서 비롯되는 과도기적 현상이라고 보고 있다. 즉 민주화의 결과로 사법부의 독립이 강화되고, 이것에 따른 견제와 균형의 역할을 자처해야 하는 사법권이 상대적으로 자율성이 커지면서 입법권 그리고 행정

42. 김종철, 2005, 「'정치의 사법화'의 의의와 한계 : 노무현정부 전반기의 상황을 중심으로」, 「공법연구」 제33집 제3호.
43. 차동욱, 2006a, 「헌법재판소는 국회의 안티테제인가 : 현대적 권력분립원리 하에서의 두 헌법기관의 관계」, 「의정연구」 제12권 제2호 통권 제22호 ; 차동욱, 2006b, 「위헌법률심사제도의 민주적 정당성에 관한 고찰 : 대의제 민주주의 하에서의 헌법재판제도의 정당성」, 「정부학연구」 Vol. 12.

권과 불가피하게 과도기적으로 긴장을 할 수밖에 없다는 것이다.[44]

위에서 살펴본 바와 같이 정치의 사법화는 매우 '단기적'으로 그리고 '현상적'으로만 보면 사법부에 의한 문제해결에 따라 민주주의와 정당의 기능이 축소되는 부정적인 측면이 있다. 하지만 전체적인 맥락에서 보면 그동안 견제와 균형이라는 권력분립의 원칙이 지켜지지 못하다가 민주화 이후 정치의 사법화라는 매개를 통해 점차 입법부와 사법부의 분화된 기능이 살아나고 있음을 동시에 보여주고 있다는 점에서 긍정적인 측면도 존재한다고 생각된다. 즉 정치의 사법화를 민주화 이후 삼권분립이 제도화되고 견제와 균형이 내실화되면서 발생하는 과도기적 갈등과 혼란으로 이해된다.

특히 정치의 사법화를 민주주의 원리와 헌정주의(법치주의) 원리 간 갈등으로 보는 단순한 대립적인 시각을 지양하고, 두 가치 모두가 민주화 이후 견제와 균형을 통해 지켜지는 것이 필요하다는 점에서 양자를 상호 보완의 관계로 보는 것이 적절해 보인다. 민주화 이후 민주주의가 다수결주의나 포퓰리즘 혹은 실정법주의로 흐르지 않고 민주주의와 헌정주의의 적극적인 작동을 통해 '공화민주주의적 헌정모형'[45]에 도달할 수 있도록 이 두 가치를 적절하게 융합시킬 필요가 있다고 본다.[46] 따라서 '공화민주주의적 헌정모형'에 부합하는 정

---

44. 박은정, 2010, 「정치의 사법화(司法化)화와 민주주의」, 『서울대학교 법학』 제51권 제1호.
45. '공화민주주의'는 자유롭고 평등한 시민들에 의한 자율통치(rule by people)를 통해 어느 누구도 지배할 수 없는 상태에 도달해야 한다는 민주주의의 이상(isonomia : 이소노미아)이 다수결주의(rule by the majority : democratia)나 다수의 횡포(tyranny of majority) 및 중우정치(populism)로 흐르는 것을 견제하고자 공공(republic)의 관점을 강조한다. 이것은 법치(rule of law)를 통해 구현된다. 또한 '공화민주주의'는 공공의 관점을 유지하기 위하여 혼합정체를 추구한다. 혼합정체의 핵심은 민주정적인 요소인 하원, 군주정적인 요소인 대통령, 귀족정적인 요소인 상원이 서로 적절한 견제와 균형을 통해 조화를 추구하는 것이다.

당모형은 앞에서 논의한 바대로 대중정당 모형보다 이익통합을 강조하는 원내정당 모형이 더 큰 적실성을 가진다고 강조한다.

5. 〈국민의 명령〉 운동과 네트워크 정당 시대의 도래

이 글은 그동안 추진된 정치개혁과 정당개혁이 성공하고 있는가라는 실험적인 질문을 던졌다. 그동안 한국적 고질병으로 등장했던 '정치 머신'을 개선할 수 있는 정치개혁과 정당개혁을 통해 민주화 이후 새로운 정치관행을 제도화할 것인가에 대한 대안을 탐색하고자 하였다. 이러한 논의를 위한 정당의 이념형으로 대중정당 모형과 원내정당 모형 두 가지를 살펴보았다. 여기에 기초해 일차적으로 민주화 이후 정당개혁의 기원과 추진과정 및 내용을 살펴보았다. 한국 정당정치의 현실이 개선되지 않고 반복되는 배경에는 정당개혁의 방향성과 모형이 분명하지 않은 채 좌충우돌해서 좌초한 측면이 있다는 점을 몇 가지 사례(열린우리당 정당개혁의 실패, 지구당 폐지, 개방형국민경선제의 안착 실패 등)를 통해 논의했다. 특히 최근 우리 정당개혁의 현주소를 보여주고 있는 정치의 사법화 현상을 놓고 벌어진

46. 김경희, 2006, 「데모크라티아(Demokratia)를 넘어 이소노미아(Isonomia)로」, 「한국정치학회보」 제40집 제2호 ; 이동수, 2006, 「민주화 이후 공화민주주의의 재발견」, 「한국동양정치사상사」 제6권 제2호 ; 차동욱, 2006a, 위의 책 ; 장명학, 2009, 「지구화 시대 한국의 공화민주주의-신자유주의적 세계화와 참여적 공화민주주의를 중심으로」, 경희대학교 사회과학연구원, 「사회과학연구」 제35집 제2호 ; 최정욱, 2009, 「'Democracy'는 민주주의가 아니라 다수정이다 : 공화주의와의 차이를 논하며」, 「비교민주주의연구」 제5집 제1호.

비관론과 낙관론의 논쟁을 정당모형과 연결시켜 논의하였다.

끝으로 미래의 정당개혁 방향을 이해하기 위해서는 2010년 8월 영화배우 문성근에 의해 시작된 〈국민의 명령〉 운동에 주목할 필요가 있다. 필자들은 〈국민의 명령〉 집행위원으로서 〈국민의 명령〉이 '정파등록제'를 매개로 민주당과 국민참여당, 민노당, 진보신당 등 진보진영 제 정당이 하나로 합치라는 운동을 전개해 왔다. 〈국민의 명령〉 18만 회원을 기초로 시민사회 제 단체가 결합하여 〈혁신과 통합〉이 만들어질 때까지 야권단일정당운동을 펼쳤다. 그 후 국민참여당, 민노당, 진보신당은 일부 이탈세력을 제외하고 〈통합민주당〉을 결성하고 〈혁신과 통합〉은 민주당과의 통합을 통해 〈민주통합당〉을 낳았다.

〈국민의 명령〉은 이 장에서 제시한 원내정당 모형과 유사하게 '네트워크 정당'을 이상으로 내걸었다. 한국의 정당이 지역주의 정당이라는 한계를 지니고 있으므로 원내정당에 방점을 찍는 것은 위험할 수 있다. 의원을 배출하지 못한 지역은 정당 내에서 대표성을 가질 수 없기 때문이다. 따라서 〈국민의 명령〉은 '조직 내에서의 정당'과 '유권자 속의 정당'을 결합하는 네트워크 정당을 지향한다. 네트워크 정당의 모습은 〈국민의 명령〉 제안서에 잘 나타나 있는데, 기존의 당비 내는 당원 외에도 당비를 내지 않는 온라인 당원, 지지자들에게도 공천과정에서 일정한 권한을 주자는 것이다. 특히 〈민주통합당〉의 초대 당대표와 최고위원을 선출하는 선거에 유권자 80만 명이 등록해 당대표를 선출한 일은 한국 정당사에 의미 있는 변화로 기록될 것이다.

그러나 민주통합당의 거버넌스 시스템은 그러한 지지자의 기대에 부응하지 못했고, 2012년 4·11 총선에서도 좋은 성적을 보여주지 못했다. 유능한 정당을 향한 새로운 거버넌스 시스템의 구축은 여전

히 숙제로 남아 있다고 할 수 있다. 거버넌스 시스템 개혁을 위해서
는 다음의 세 가지 대안이 제시된 바 있다.[47]

첫째, 당대표 경선과 최고위원 경선을 분리하는 것이다. 당대표
와 최고위원 경선을 합치게 된 이유는 당대표만 선거자금을 합법적
으로 모금할 수 있는 현행 정치자금법 때문이다. 이는 법개정이 이루
어지기 전까지는 채택하기 어렵다. 향후 관계법을 정비함으로써 당
대표와 최고위원 경선이 분리될 필요가 있다.

둘째, 당대표와 최고위원의 러닝메이트제이다. 주류와 비주류
혹은 온건파와 개혁파, 당내 파벌이 두 개 정도 존재하는 것은 당내
민주주의를 위해 바람직할 것으로 보인다. 당대 계파가 사람 중심인
것은 전근대적이지만 이념이나 정책에 따른 분파의 존재는 피할 수
없는 현상이다. 2012년 현재 민주통합당에는 수많은 계파가 춘추전
국 시대처럼 할거 하고 있다. 당대표와 최고위원 선출을 러닝메이트
제로 하면 이념을 중심으로 각 계파의 질서 있는 합종연횡이 이루어
질 것이다. 다수파가 당권을 잡으면 소수파는 지도부를 견제하면 된
다. 다수파가 되기 위해 각 계파는 승자연합을 구성하게 될 것이다.
따라서 다수파와 소수파의 경쟁은 죽기 살기식 싸움보다는 느슨한
연대가 될 것이다. 당권파가 선거에 실패하거나 책임질 일이 있으면
지도부가 함께 공동사임하고 다시 전당대회를 거쳐 소수파가 당권
파가 되거나 새로운 지도부를 구성하면 된다. 현 당권파가 잘못으로
인해 중도사퇴하면 새로운 전당대회 없이 과거의 경쟁에서 차점을
얻은 연합파가 자동으로 지도부를 구성하면 된다. 권한을 분명히 주

47. 조기숙, 2012, 앞의 글.

고 책임을 다음 전당대회에서 따질 수 있는 집단지도 체제의 거버넌스 구조가 필요하다.

셋째, 전당대회에서는 당대표만 선출하고 지도부 구성을 전적으로 당대표에게 맡기는 단일성 집단지도 체제를 택하는 것이다. 당대표에게 전권을 준다해도 승자연합이 필요하므로 자기 사람으로만 지도부를 구성하는 일은 없을 것이다. 이때 최고위원으로 지명된 사람은 당대표 사임 시 함께 책임져야 하기 때문에 당대표와 운명을 함께할 사람들로 지도부가 구성될 것이다. 당대표 경선에서 2위를 차지한 사람(현 당대표의 경쟁자)은 백의종군하다가 현 당대표가 사임하게 되면 새로운 당대표가 되어 지도부를 구성하면 된다. 이렇게 되면 선거가 패할 때마다 임시 전당대회를 할 필요도 없고 당내 소수파는 당권파를 견제하는 역할을 하게 될 것이다. 견제의 도가 지나쳐 해당 행위까지 한다면 당윤리위에 회부하거나 여론의 비판이 따를 것이므로 당내갈등이 염려할 만한 수준으로 진행되지는 않을 것이다.

2012년 총선에서 새누리당은 아직도 제왕적 총재의 정당처럼 박근혜 비대위원장 체제로 일사분란하게 움직여 왔고, 그것이 효율적으로 보이면서 유권자들에게 신뢰도 얻었다. 그러나 1인 혹은 2인의 나눠먹기 공천결과 수많은 불량의원이 탄생했다. 논문표절, 성추행 등 갖가지 문제가 나타나도 출당 외에는 새누리당이 취할 조치가 없다. 비민주적인 정당의 폐해가 그대로 드러난 것이다. 다른 정당의 개혁이 가속화되면 새누리당도 따라가지 않을 수 없을 것이다. 가장 큰 압박은 2012년 대선에서 완전개방형 국민참여 경선을 도입하자는 민주당의 주장일 것이다. 각급 선거에서 모바일 투표의 도입을 기초로 국민참여 경선에 대한 요구는 더 높아질 것이다. 최근엔 통합진보당의 비례대표 부정선거 문제가 불거지면서 위기에 빠졌다. 투명하고 민주적이지 않은 정당은 점점 더 설자리를 잃어가게 될 것이다.

정보화, 통신기술의 발달, SNS 사용자의 증가는 유권자에게 더 많은 권력을 가져다 주었다. 더 이상 보수가 과거처럼 조직 내 정당을 좌지우지하는 일은 허락되지 않을 것이다. 각 정당들은 어떤 식으로든 유권자의 변화 요구를 따라가지 않을 수 없으며, 87년 체제가 30주년이 되는 2017년 대선쯤에는 완전히 새로운 정당문화가 시작될 것이라는 예측을 남기며 이 장을 맺고자 한다.

선거제도
한국의 민주주의 공고화의 최대 걸림돌

조기숙

1. 선거는 민주주의의 꽃

정당이 민주주의의 심장이라면 의회는 민주주의의 두뇌쯤 해당된다. 두뇌가 얼마나 잘 돌아가느냐에 따라 민주주의의 질이 결정되므로 국회는 민주주의에서 가장 중요하다. 그러나 두뇌가 멈춘 식물인간도 심장만 박동하면 생명이 유지되듯 국회가 제 구실을 못해도 복수의 정당을 가진 국가는 형식상 민주주의 겉모습은 만들어낼 수 있다. 따라서 성숙한 민주주의를 위해서는 정당과 의회의 발전이 필수적이라 할 수 있다. 그 중에서도 선거는 민주주의의 꽃이라 불린다. 선거는 정당과 의회를 연결시켜 주는 매개고리이자 시민이 정치의 주인임을 정기적으로 확인시키는 행사이기에 그렇다. 의회와 정당, 정치인과 유권자가 함께 선거의 장에서 만나 한바탕 축제를 즐기는 행사가 선거이니 선거가 민주주의의 꽃이라는 표현은 매우 적절하다.

한국에서 실시된 최초의 선거는 95.5%의 투표율을 기록한 1948년 5월 10일 치러진 제헌국회의원 선거였다. 그 후 같은 해 7월 20일 제헌국회에서 국회의원의 간접선거에 의해 이승만이 대한민국 초대 대통령으로 당선되었다. 대통령 직선은 1952년 8월 5일 처음으로 실시되었다. 그 후 2007년 12월 17대 대통령 선거, 2008년 18대 국회의원 선거, 2010년 네 번째 지방자치 선거와 최초의 전국 동시 교육감 선거를 치를 때까지 우리는 지난 60여 년간 수십 차례의 선거를 경험했다.

단순히 선거가 존재한다고 해서 그 나라가 민주주의라고 말할 수는 없다. 1980년대 국민은 대통령이 지명한 선거인단에게 투표하고 그들이 전두환 단일후보를 체육관에서 대통령으로 선출했던 대통령 간선제는 민주주의와는 무관하다. 유신독재 시절에는 대통령이었던 박정희가 국회의원의 1/3을 지명하는 유정회라는 괴이한 제도를 운영하기도 했다. 형식적인 선거는 존재했으되 그 결과는 무의미했다. 꽃은 피었지만 향기도 생기도 없는 조화에 불과했던 것이다.

3·15 부정선거에 의해 이승만 정권이 무너졌지만 그 후에도 한국 선거에는 오랫동안 불법선거, 탈법선거, 표매수, 투개표 조작 등 수많은 선거비리가 존재했다. 2011년 10·26 서울시장 재보궐 선거날 박원순 후보와 선관위 홈피가 여당 관계자에 의해 공격을 받고 다운되는 사태가 발생해 2012년 1월까지도 조사 중이므로 외부 세력에 의한 선거개입 의혹이 완전히 해소되지 않았다. 그럼에도 불구하고 민주화 이후 선거의 공정성 시비는 많이 사라졌고, 선거관리도 1987년 이전에 비하면 괄목할 만한 진전을 이룬 것이 사실이다. 1997년에는 야당 김대중 후보의 대통령 선거 승리, 2004년 총선에는 소수정당

이었던 열린우리당이 최초로 과반수 의석을 확보함으로써 최초로 선거를 통한 정당 간 정권교체를 이루기도 했다. 2007년 대선에서 기득권 세력인 한나라당으로 다시 권력이 넘어가면서 헌팅톤Samuel Huntington이 민주주의 공고화의 지표로 사용하는 두 번의 정권교체를 이루기도 했다.[1] 1987년 민주화 운동에 의해 대통령 직선제를 쟁취한 이후 선거는 한국의 민주화에 결정적인 기여를 한 것이 분명하다. 하지만 오늘날 한국의 선거제도는 민주주의 공고화를 지연시키는 최대의 장애물이기도 하다.

선거는 민심을 표출하고 집약하는 가장 좋은 제도이다. 선거는 국민이 원하는 정책을 대변하는 대의민주주의의 핵심 기제이다. 그러나 선거의 진정한 의미가 현실정치에서 발현되고 있는지에 대해서는 여전히 의문이다. 곳곳에 잡초와 바윗돌이 가로막고 있어 민주주의의 꽃이 활짝 피지 못하고 있기 때문이다. 몇 차례 선거혁명을 거치면서 우리나라가 선거를 통한 민주화에 성공했다는 데에는 이견이 없지만, 선거제도가 민주주의 공고화를 저해하는 가장 큰 이유는 그 제도 곳곳에 선거의 진정한 의미를 훼손하는 법과 제도, 그리고 관행이 남아 있기 때문이다.

초기의 부정선거에서 벗어나 선거관리의 투명성이 진전된 건 사실이지만 선거과정에서의 공정성 시비(관건선거, 선관위와 경찰의 편파적 단속, 검찰의 편파적 기소, 사법부의 편파적 판결 등)는 여전히 지속되고 있다.[2] 중앙선거관리위원회는 유사한 사안에 대해 노무현 대통

1. Hahm, Chaibong, July 2008, South Korea's miraculous democracy, Journal of Democracy 19 : 3〈http://www.rand.org/pubs/reprints/2008/RAND_RP1370.pdf〉.(November 7, 2008).

령에게는 선고법 위반 경고를 통해 국회의 대통령 탄핵사태를 초래
했지만 김영삼, 이명박 대통령에 대해서는 문제가 없다는 결론을 내
렸다.[3] 선거과정의 공정성과 정의도 지켜야 할 중요한 과제이지만,
눈에 보이지 않게 민주주의 공고화를 가로막고 있는 최대 장애물은
선거법과 제도라고 할 수 있다. 이 장의 목표는 선거제도가 한국 민
주주의 발전에 어떻게 장애가 되는지 구체적으로 살펴봄으로써 향
후 개혁의 대안은 무엇인지 검토하는 것이다. 선거에서 제일 중요한
것은 게임의 규칙이라고 할 수 있다. 그 규칙에 따라 누가 선거에 출
마할지, 누가 승자가 되고 패자가 되는지, 어떤 정당이 발전하는지가
결정되기 때문이다. 게임의 규칙 중에서도 선거구제, 선거운동을 규
제하는 선거법이 한국 정치발전에 가장 큰 장애물이라고 생각하기
에 이 장은 여기에 초점을 맞추고자 한다.

　　이를 위해 다음 절에서는 선거제도와 정당제도, 그것과 민주주
의의 관련성을 살펴본다. 3절에서는 외국의 사례를 통해 선거제도의
정치적 결과, 즉 선거제도와 정당제도가 어떻게 연관되어 있는지 살
펴본다. 4절에서는 한국 선거제도와 선거법의 문제는 무엇인지, 개혁
의 대안은 있는지 다양한 선택의 가능성을 살펴본다. 마지막 절에서
는 본장의 내용을 정리하고, 이러한 개혁을 위해 시민사회에서 할 수

---

2. 오세훈 시장이 기획한 무상급식 주민투표 때 불법문자를 받은 필자는 선관위에 직접 신고
　했으나 경찰은 수사의지를 전혀 가지고 있지 않았다. 보수표가 많은 강남지역은 교회나 아
　파트의 헬스클럽을 투표소로 사용해 투표율을 높였고, 진보표가 많은 관악구는 투표를 위
　해 뙤약볕이 내려쬐는 거리에서 서너 시간씩 기다려야 했다. 반면에 김제동 씨와 조국 교수
　의 투표참여 독려행위는 선거법 위반으로 검찰의 조사를 받고 있는 실정이다. 게다가 10 ·
　26 서울시장 보궐선거는 부정선거 의혹마저 받고 있다.
3. 정태호, 「선거관리위원회의 전횡, 이대로 둘 것인가?」, 〈국민의 명령〉 주최 세미나 「"2012
　년 바꿉시다!" 이게 왜 선거법 위반인가」 발표논문. 2011년 4월 6일, 여의도 라디오 21 회
　의실.

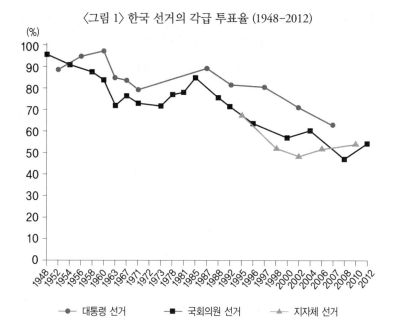

〈그림 1〉 한국 선거의 각급 투표율 (1948-2012)

—●— 대통령 선거   —■— 국회의원 선거   —▲— 지자체 선거

있는 일은 무엇인지 논의해 본다.

2. 선거제도의 요소와 특징

〈그림 1〉에서 볼 수 있듯이 해방 후 높았던 시민의 투표참여는 군사독재로 한 차례 추락했다가 민주화 열기가 뜨거웠던 1985년 총선, 1987년 대선 때 다시 상승했다. 그러나 투표율은 민주화 이후 지속적으로 하락해 2007년 대선, 2008년 총선에는 민주주의의 위기가 거론될 만큼 낮은 투표율을 기록했다. 2008년 총선투표율 46.1%는 이명박 정부에 이미 실망하기 시작했지만 민주당에서도 희망을 찾

지 못한 진보적인 유권자들이 대거 불참함으로써 민주주의의 위기
를 단적으로 보여주었다. 투표율 하락의 원인은 관권에 의한 동원선
거가 사라지고 정치불신, 정치무관심이 팽배한 것도 한 이유지만 지
역주의 정당이 국민이 원하는 대안을 제시하지 못한 것도 중요한 이
유라고 본다.[4] 2004년 탈지역주의 정당인 열린우리당이 등장하면서
투표율이 3.4% 포인트 상승한 것이나, 2010년 지방선거에서 소위 친
노후보들이 전면에 등장하면서 투표율이 2.9% 포인트 상승한 사실
로부터 이러한 추론이 가능하다.

　　대안정당이 있을 때 투표율도 높아지게 되므로 1987년 이후 지
역정당의 존재가 투표율과도 밀접한 관련을 갖고 있음을 알 수 있다.
우리와 같이 소선거구 다수제를 택하고 있는 미국(50% 내외)이나 영
국(최근 투표율 65.1%)의 투표율이 비교적 낮은 데에서 그 관련성을
알 수 있다. 소선거구 다수제 선거제도가 양당제를 가져와 양대 정당
외에 다른 대안이 없는 유권자들이 불참을 택하는 것이다.

　　최근 이명박 정부에서 민주주의 후퇴를 경험하면서 투표율이 약
간 상승했으며, 특히 젊은층의 투표 참여율이 높아지고 있는 점은 고
무적이다. 뿐만 아니라 시민의 직접적인 정치참여도 급속도로 확대
되고 있는 추세이다. 최근 SNS를 통한 소통, 시위, 항의전화 하기, 정
치후원금 기부하기, 뉴스나 사진을 전송하는 1인 기자 등 직접행동
의 범위나 횟수 또한 급격히 증가하고 있다. 그러나 아직도 대다수
국민의 참여는 대표자를 선출하는 선거를 통해 이루어지고 있다. 향
후 시민의 직접적인 정치참여가 더 중요해지기는 하겠지만 대의민

4.　강원택, 2010, 『한국선거정치의 변화와 지속』, 나남.

주주의 제도에서 바람직한 대표representation에 대한 논의는 여전히
중요하다. 절차적 민주주의에서 무엇보다 중요한 건 공정한 게임의
규칙을 확립하는 것이다. 한 국가가 민주적인가의 여부는 민주적 제
도가 존재하는지가 아니라 제도가 얼마나 민주적으로 운영되는지에
의해 평가된다. 따라서 성숙한 민주주의를 위한 선거제도의 중요성
은 아무리 강조해도 지나침이 없다.

　오늘날 한국 민주주의의 질적 발전에 장애가 되는 선거의 문제
는 크게 두 가지라고 생각된다. 하나는 표현의 자유를 지나치게 억압
하는 선거법이다. '돈은 막고 입은 푼다'는 원칙이 무색하게도 현행
선거법은 사이버 수사대를 동원해 권위주의 국가인 러시아에서도
포기한 인터넷 검열까지 하며 지나치게 선거운동을 제약하고 있다.
비현실적으로 엄격한 정치자금법 또한 후보자를 교도소 담장 위에
서 줄타기 하는 잠재적 범법자로 만들고 있다. 모든 후보자가 불법을
저지르지 않을 수 없는 구조를 만들어 놓고 선별적으로 반대자를 처
벌하는 이러한 제도는 전형적인 독재주의의 유산이라고 할 수 있다.[5]
법은 모든 사람이 상식선에서 지킬 수 있어야 한다. 그러나 과도하게
엄격한 법은 대다수가 법을 지킬 수 없도록 만들어 검사와 판사에게
재량권을 준다. 독재정권은 반대자를 탄압하는 도구로 악법과 사법
권을 활용해 왔다.

　그러나 무엇보다도 가장 큰 장애는 선거구제에 있다. 한국 민주
주의가 지연되는 가장 큰 문제가 지역주의 정당의 할거에 의한 정당

---

5. 현행 정치자금법이 노무현 정부와 열린우리당의 작품이라고 오해하는 이들이 많은데 이는
　사실이 아니다. 정치자금법은 오세훈 전 서울시장이 한나라당 초선의원 시절 대표발의해
　오세훈법이라 불리는데, 시민단체의 이상적인 엄격함이 담겨 있어 정치현실에 맞지 않는다
　는 비판을 받고 있다.

실패에 있다면 정당의 문제가 선거구제와 직결되기 때문이다. 선거구제에 관한 본격적인 논의를 위해 선거제도의 종류와 특징을 먼저 살펴보자. 선거제도는 선거구의 크기, 입후보방식, 선출방식, 투표방법이라는 크게 네 가지 요소의 조합으로 구성된다. 각 요인별로 선거구제의 종류를 먼저 살펴보고, 각 요인들의 조합에 따라 어떤 형태의 선거제도가 형성되는지, 그리고 이것은 정당제도에 어떠한 영향을 미치는지 기존의 논의를 검토해 보겠다.[6]

선거구는 크기에 따라 1구 1인을 선출하는 소선거구, 1구 2–5인 정도를 선출하는 중선거구 혹은 중대선거구, 5인 내지 7인 이상을 선출하는 대선거구로 분류된다. 대선거구의 경우 한 도나 주가 선거구의 단위가 되기도 하고 이스라엘처럼 전국이 하나의 대선거구인 경우도 있다.

선출방식은 크게 다수대표제plurality와 비례대표제PR(proportional representation)로 구분된다. 다수대표제는 단순다수제와 절대다수제로 나누어진다. 단순다수제는 여러 후보 중에서 가장 많은 득표를 한 후보자가 선정되는 방법이고, 절대다수제는 과반수를 획득한 후보가 선정되는 방법이다. 절대다수대표제를 택하면 1차 투표에서 과반수를 얻은 후보가 없을 때 두 명의 최고득점자 중에서 결선투표를 통해 최종 승자를 결정한다. 비례대표제 하에서는 유권자가 정당에 투표하고, 다양한 산출방법에 따라 표를 계산해 각 정당에게 해당 의석을 배분한다. 따라서 비례대표제는 다수대표제에 비해 사표(의석으로 전환되지 않고 버려지는 표)의 발생을 줄이고 비교적 유권자의

---

6. 이 부분의 논의는 조기숙·오유석, 1998, 「선거구제도의 개혁과 국회 : 대응성과 책임성의 조화」, 국회개원 50주년 기념 학술대회 발표논문에서 일부 발췌 인용하였음.

표를 정직하게 의석으로 전환시키는 특징이 있다.

입후보의 방법으로는 개별 입후보제와 명부식 입후보제가 있다. 우리나라의 지역구 의원은 개별 입후보제이고, 전국구 제도는 명부식 입후보제라고 할 수 있다. 명부식 입후보제 중 많이 쓰이는 방법은 구속명부식과 이완명부식이다. 구속명부식을 사용하면 유권자는 정당에 일괄적으로 투표하고 정당에서 비례대표 후보자의 순위를 결정한다. 따라서 후보자는 정당에 종속될 가능성이 높다. 반면 이완명부식을 사용하면 유권자가 정당의 후보자 개인에게 투표함으로써 정당 내의 후보자 순위결정에 영향을 미친다. 이 경우에 후보자는 정당보다는 유권자의 눈치를 더 많이 보게 될 것이다.

투표의 방법은 단기투표제, 2표제, 연기투표제가 있는데, 단기투표제는 각 유권자에게 한 개의 표를 부여한다. 2표제는 유권자가 두 개의 표를 갖고 하나는 소속 선거구의 정당 입후보자에게, 다른 하나는 정당명부에 각각 투표할 수 있게 한다. 우리나라는 국회의원 지방의회 선거에서 2표제를 실시한다. 연기투표제는 유권자가 소속 선거구에서 선출될 의원수만큼 혹은 여러 개의 표를 가진다. 우리나라는 정당 내 지도부 구성을 위한 투표에서 1인 2표 혹은 3표를 행사하는 경우가 있는데, 이를 연기투표제라고 부른다. 이 외에도 이양식 transferable 투표방법이 있는데, 이는 유권자가 좋아하는 후보나 정당의 선호순서를 명기하도록 하여 첫 번째로 선호하는 후보가 탈락될 경우 두 번째로 선호하는 후보에게 표를 이양함으로써 사표를 방지하는 방법이다. 선호투표제는 호주에서 실시되며, 2002년 민주당의 대통령 후보 경선에 사용했던 방법이다. 이를 정리하면 다음의 〈표 1〉과 같다.

〈표 1〉 선거제도의 요인과 종류

선거제도의 요인	종류
선거구	소선거구 중선거구 / 중대선거구 대선거구
선출방식	다수제(단순다수제, 상대다수제) 비례대표제
입후보방식	개별 입후보 명부식 입후보(구속명부식 / 이완명부식)
투표방법	단기투표제 2표제 연기투표제 이양식투표제(선호투표제)

위의 선거구, 선출방식, 투표방법 등은 무작위로 결합하는 것이 아니라 상호 친화력을 갖는 조합이 있다. 가령, 소선거구와 중선거구는 다수대표제와 결합하는 경향이 있고, 비례대표제는 중대선거구 혹은 대선거구제와 친화력이 있다. 지역구의원은 개별 입후보의 방식을 택하고, 비례대표제는 명부식 입후보를 한다. 즉 미국, 캐나다, 영국은 소선거구 다수제를 택하고 있고, 유럽의 많은 나라들은 대선거구 비례제를 택하고 있다.

듀베르제 이후 대부분 학자들은 선거구제가 정당제도에 영향을 미친다는 데에 동의한다.[7] 소선거구 단순다수대표제의 결합은 두 개의 커다란 정당에 표를 압축시키는 경향으로 인해 다당의 난립을 억제하고 양당제의 발전을 가져오는 경향이 있다. 이런 제도 하에서는

---

7. Duverger, Maurice, 1954, *Political Parties : Their Organization and Activity in Modern State*, New York : Wiley.

유권자가 사표를 방지하기 위해 전략투표(자신이 선호하는 정당이 소수정당일 경우 가장 싫어하는 정당의 당선을 막기 위해 두 번째 선호정당에 투표하는 행위, 가령 민노당의 지지자들이 지역구에서 한나라당 후보의 당선을 막기 위해 차선책인 민주당에 표를 주는 행위를 말한다)를 하도록 만들 뿐만 아니라, 당선 가능한 후보자들도 거대한 정당을 찾아 출마하는 경향이 있다. 그 결과 양당제가 탄생하는 것이다.

우리나라의 지역구 선거제도는 1988년 이후 영미와 같은 소선거구 다수제를 채택했다. 그럼에도 불구하고 양당제가 아니라 다당제가 형성된 이유는 캐나다의 사례에서 보듯이 지역정당의 존재 때문이다. 경북 중심의 민주정의당, 경남 중심의 민주당, 호남 중심의 평민당, 충청 중심의 김종필의 공화당이 탄생하게 된 것은 지역주의 투표의 결과이다. 2008년 총선에서 선진당의 원내진입도 지역주의 투표의 결과이다. 즉 지역정당이 탄생하면 소선거구 다수제에도 불구하고 양대정당이 아니라 다당제의 탄생이 가능한 것이다. 반면 최근 민노당이나 친박연대와 같은 소수정당의 원내진입은 1인 2표에 의한 전국구 비례대표제도 덕분에 가능했다.

단순다수대표제가 중대선거구제와 결합될 경우나 소선거구제라 하더라도 절대다수대표제나 이양식이 결합될 경우에는 다당제로 발전할 가능성이 높다. 특히 이 경우에는 거대한 하나의 정당과 여러 개의 군소야당이 난립하는 일당우위체제one party dominant system의 현상이 나타나기도 한다. 비례대표제는 아주 작은 군소정당도 생존할 수 있게 함으로써 다당제의 발전을 가져오기 때문이다. 이런 제도 하에서는 일당의 장기집권도 가능한데, 유신과 5공화국 때 다수제와 1인 2구제의 결합으로 야당을 분열시킴으로써 여당의 일당우위체제를 가능하게 만들었다. 선거제도 개혁 전의 일본의 경우도 이에 해당

된다. 최근 일본에서 야당인 민주당의 집권은 선거제도의 개혁에서 비롯되었다고 할 수 있다. 과거 자민당의 장기집권이 가능했던 이유는 중대선거구와 다수제가 결합함으로써 다당제를 가져왔고, 야당이 분열함에 따라 자민당의 일당우위가 가능했기 때문이다. 그러나 소선거구가 중심이 되는 선거제도로 개혁함에 따라 여야 양당의 세력이 비슷해지면서 민주당도 집권의 기회를 얻게 된 것이다.

이상의 논의를 정리하면 다음의 〈표 3〉과 같다. 선거구제, 선출방식, 입후보방식, 투표방식에 따라 각국의 정당은 양당제로 발전하기도 하고 다당제로 발전하기도 한다. 즉 선거제도는 결정적으로 정당제도에 영향을 미친다. 특히 일당우위의 다당제 체제는 무늬만 민주주의일 뿐, 정당의 건전한 경쟁이 실종됨으로써 민주주의를 취약하게 만든다. 스웨덴에서는 일당우위의 정당체제가 오랫동안 지속되었지만 당내 민주주의와 다른 분야의 민주주의가 고도로 발전해 큰 문제가 되지 않았다. 그러나 다른 분야의 민주주의 전통이 취약한 일본의 경우에는 자민당 시절처럼 민주주의 자체가 위협받을 수도 있다.

이상의 논의를 바탕으로 선거구제가 민주주의 이론에서 대표의 원리와 어떻게 관련되는지 살펴보자. 많은 사람들이 민주주의는 다수결이라고 말하지만, 자유민주주의의 오래된 고민은 다수결로 표현되는 다수의 지배와 여기에서 배제되는 소수의 이익을 어떻게 조화할 것인가 하는 것이었다. 즉 소수를 보호하는 장치가 없으면 다수결은 진정한 민주주의라고 말할 수 없다. 다수결의 원리를 가장 잘 살린 선거구제는 소선거구 다수대표제라고 할 수 있다. 듀베르제의 법칙에 따르면 소선거구 다수제는 양대 정당의 발전을 가져온다. 이 제도를 택하고 있는 미국, 영국, 우리나라 등에서 양당제가 정착한 이유는 바로 소선거구 제도에서 비롯된다. 양당제는 다수의 여론을 결집하는 데에는 효과적이지만 민노당, 진보신당, 국민참여당과 같은 소수정당의 원내진출에는 매우 불리하다. 따라서 양당제는 민주주의의 또 다른 원리라고 할 수 있는 소수의 이익보호에는 미흡한 편이다.

반면에 중대선거구 비례대표제는 다당제를 가져오므로 소수정당의 원내진출을 가능하게 해주고 다당제 하에서는 협의제 민주주의가 발전하는 경향이 있다. 하지만 과반수가 만들어지는 과정이 복잡하여 유권자의 의사가 왜곡될 가능성도 있다.[8] 양당제 하에서는 유권자의 직접적인 의사에 따라 다수당이 집권하기 때문에 유권자의 의사가 왜곡되지 않을 가능성이 높다. 반면 다당제 하에서는 정당끼리의 연합을 통해 집권세력이 결정되기 때문에 유권자의 의사가 왜곡될 가능성이 높다. 이 과정에서 유권자의 의사와는 거리가 먼 정당끼리의 연합이 가능할 수도 있고, 심지어는 정치인끼리의 뒷거래가 이루어지지 않는다고 말하기도 어렵다.[9] 남북분단으로 인하여 이념적 분포가 넓지 않은 우리나라에서 비례대표제를 도입할 경우에는 이념적 차이가 없는 인물 중심의 명망가 정당들이 난립할 가능성도 없지 않다. 비례대표제에 의해 탄생한 친박연대가 그 대표적인 예라고 할 수 있다. 하지만 분명한 것은 양당제와 다당제 중에서 어느 것이 민주주의의 원리에 보다 적합하다고 주장하기는 어렵다. 각 제도는 민주주의 원리인 다수의 지배와 소수의 이익보호라는 양면을 각각 대변하고 있기 때문이다.

---

8. 애로우 패러독스는 대안이 셋 이상이고 유권자가 셋 이상이면 독재자가 의사결정을 조작할 수 있음을 수학적으로 증명한 것이다. 즉 대안이 두 개일 때에는 다수의 의사가 정직하게 표출되지만 대안(정당)이 그보다 많으면 여론조작의 가능성이 더 많아짐을 의미한다.
9. 선진당과 창조한국당이 원내교섭단체를 구성하기 위한 연합은 유권자의 뜻을 왜곡하는 대표적인 사례라고 할 수 있다.

민주주의의 원리에서 한 걸음 더 나아가 대의민주주의의 원리를 살펴보자. 대의representation 또는 대표라는 용어는 대응성responsiveness, 책임성responsibility, 재신임 가능성accountability의 세 가지 내용을 포함하고 있다.[10] 재신임 가능성은 선거가 정기적으로 치러지는 국가에서는 자연스럽게 확보된다. 대응성은 국회의원이 지역구민의 의사를 얼마나 충실히 대변하느냐 하는 것이다. 지역구민의 의사가 국익에 반하고 잘못된 것이라 할지라도, 의원 자신의 판단이나 정당의 명령과는 별개로 지역구민의 의사를 철저히 존중했을 경우에 대응성이 확보됐다고 말할 수 있다. 책임성은 국회의원이 지역구민의 의사와는 무관하게 지역구민의 이익 혹은 국가의 이익을 위하여 책임 있는 결정을 내리는 것을 말한다. 대의의 두 요소인 대응성과 책임성은 합치될 수도 있지만 갈등관계에 놓이는 경우도 많다.

가령 한미 FTA 비준에서 찬성투표를 한 보수당 소속의 농촌 출신 의원 2명을 가정해 보자. 한미 FTA가 체결되면 농산물 시장의 개방은 불가피하고 농민들은 최대의 피해자가 될 것이다. 한 의원은 농민의 의사를 반영하여 한미 FTA 비준에 대해 반대표를 던졌다. 또 다른 의원은 비록 당장 농민에게는 불이익이 되겠지만 장기적으로는 농업경쟁력을 높이기 위해 불가피하다는 정당의 입장을 존중해 농민의 의사에 반해 찬성표를 던졌다. 둘 중 누가 대의의 원리에 충실한 의원인가? 이론적으로 둘 다 바람직한 의원이라고 할 수 있다. 전자는 대응성에 충실했고, 후자는 책임성에 충실한 것이다.[11] 반면 전

10. Rieselbach, Leroy N., 1986, *Congressional Reform*, Washington, D.C. : Congressional Quarterly Inc., chap. 2.
11. 물론 이러한 주장은 한미 FTA가 장기적으로는 농촌에도 도움이 된다는 비현실적일 수도

자는 책임성에 미흡했고, 후자는 대응성에 미흡했다. 진정한 의미의 대의는 위 두 요소를 모두 포함해야 하므로 선거제도는 이 양자를 모두 포괄해야 할 것이다. 그것이 가능한 일일까?

소선거구제는 대응성을 살리는 데 효과적이다. 소선거구제 하의 의원은 지역구민의 의사를 정확하게 파악하여 정책에 반영할 수 있으며, 지역구민과 밀접한 관계를 유지할 수 있기 때문이다. 반면에 대응적인 의원은 지역구 관리로 많은 시간과 비용을 소비함에 따라 소선거구제는 고비용 정치구조의 주된 원인이 되어 왔다. 또한 국가적으로 어려운 결정을 내려야 할 경우에 책임 있는 정책결정을 내리기에는 부적합할 수도 있다. 반면에 대선거구제는 지역구민에 대한 대응성을 높이는 데에는 미흡하다. 광범위한 지역구는 이질적인 지역구민을 포함하고 있어 민의를 파악하는 일이 쉽지 않다. 그러나 폭넓은 시각으로 국정에 대해 책임성을 높이는 데에는 매우 적합하다. 지역이 넓어지면 저인망식으로 지역구를 관리하는 것도 불가능하기 때문에 의원이 의정에만 전념할 수 있는 장점도 있다. 결국 바람직한 대의민주주의의 이론으로 살펴보아도 소선거구제 다수대표제와 중대선거구 비례대표제 중 어느 것이 더 바람직하다는 결론을 내리는 것은 불가능하다. 바람직한 대의제 민주주의를 위해서는 대응성과 책임성 양자가 동시에 요구된다고 할 수 있다.

결론적으로 민주주의 원리나 대의민주주의 원리 모두를 살펴보면 소선거구 다수제와 중대선거구 비례대표제는 각각의 장단점을 지니고 있다. 김대중 정부 시절 시민사회와 학계는 선거제도의 개혁

있는(?) 가정을 포함하고 있다.

방향에 대해 대체로 공감대를 이뤘다. 일본식이냐 독일식이냐에 대
해서는 논란이 있었지만 소선거구 다수제와 중대선거구 비례대표제
의 비율을 1 : 1로 개혁하자는 안에 합의한 것이다.[12] 다수제와 비례
제의 장단점을 조화시킴으로써 민주주의와 대의제의 정신을 살리자
는 데에 공감대를 이룬 것이다. 그러나 제대로 개혁은 이루지 못했고,
비례대표 의석이 56석밖에 안 되는 상황에서 1인 2표제를 도입하게
되었다. 2004년 1인 2표제가 실시되자 즉각적으로 나타난 현상은 진
보의 분열이었다. 1인 2표제의 최대 수혜자는 민노당이었다. 민노당
은 2004년 총선에서 역사상 처음으로 원내에 진출했을 뿐만 아니라
10개의 의석을 차지했다.

　　우리 수준의 경제성장과 민주화를 이룬 나라 중에서 보수 기득
권이 모든 권력을 독점하고 있는 나라는 세계적으로도 매우 드물다.
대표적으로 보수적인 나라라고 할 수 있는 미국과 일본의 경우에도
주류 언론은 대체로 진보적인 편이고, 특히 대학은 진보의 전당으로
알려져 있다. 그러나 우리는 진보를 지향하는 주류는 찾기 힘들 정도
로 정치, 행정, 사법, 언론, 검찰, 대학 모든 분야의 주류는 한결같이
보수적인 성향을 띤다. 우리는 조선 시대, 일제, 독재를 거치면서 민
주정부 10년을 제외하고는 주류가 모든 권력을 독점해 온 역사를 지

12. 박찬욱, 1996, 「국회의원 선거구제와 선거구 획정방식의 개혁방향 의회정치연구회」, 나라정
　　책연구회 심포지엄 자료집 ; 손학규, 1999, 「지역편중 해소를 위한 선거제도개혁」, 한국정당
　　정치연구소 주최 세미나 발표논문 ; 손혁재, 1988, 「정치개혁의 올바른 방향」, [정치개혁과
　　정당정치의 발전과 방향] 참여연대, 한국정당정치연구소주최 정치구조개혁 토론회 자료집 ;
　　양건, 1995, 「소선거구. 비례대표 병립가 바람직」, 『21세기 나라의 길』 통권 제36호 ; 조기
　　숙, 1998, 「새로운 선거제도 선택을 위한 시뮬레이션 결과」, 『의정연구』 제4권 제1호, 149-
　　182쪽 ; Jaung, Hoon, 1999, "Electoral Politics and Political Parties", Doh C. Shin and
　　Larry Diamond, eds. *Institutional Reform and Democratic Consolidation in Korea*,
　　Stanford : Hoover Institution Press.

니고 있다. 참여정부의 탄생과 열린우리당의 과반수 확보는 역사상 모처럼 개혁을 이룰 수 있는 절호의 기회였다. 그러나 1인 2표제 도입으로 인한 진보세력의 분열, 그리고 열린우리당의 비개혁성(소선거구제에 의한 호남의 강고한 지역기반으로 인한 호남 의원의 보수성)은 개혁 기회를 제대로 살리지 못하는 결과를 가져왔다. 선거제도가 가져온 정치적 결과는 예상 외로 컸다고 할 수 있다.

박정희 대통령의 지역차별정책으로 1971년 대선에서 심화된 지역주의 투표는 1988년 총선부터 정당의 주요 균열구조로 자리 잡기 시작했다. 한나라당, 민주당은 기본적으로 지역에 기반을 둔 정당으로서 카르텔을 형성하고 있다. 지역정당은 참신한 인재의 정치진입을 가로막는다. 양당의 다선의원은 당선이 용이한 지역구 출신이다. 경쟁이 사라진 정당에 경쟁력 있는 정치인이 있을 수 없다. 한국 민주주의의 공고화가 비슷한 시기에 민주화된 나라에 비해 지연된 이유는 지역주의 정당과 정당의 실패에서 비롯된다.[13] 특히 한나라당은 두 번의 집권실패로 절치부심하여 10년간 발전주의, 성장주의 이념으로 재연합된 반면 열린우리당의 실패로 부활하게 된 민주당은 정당 해체현상을 경험했다.[14] 지역주의 정당을 깨고 바람직한 정당정치의 발전을 가져오기 위해서는 선거제도의 개혁이 필요하다. 이에 다음 절에서는 외국은 어떤 선거제도를 운용하고 있는지, 그것이 정치발전과 어떤 관련을 맺는지 살펴본다. 그러한 다른 나라의 경험에 비추어 우리나라에서 있었던 선거제도 개혁의 노력을 살펴보고, 그것

13. 조기숙, 「시민주권의 시대는 올까?」, 이정우 외, 2009, 『노무현이 꿈꾼 나라 : 대한민국 지식인들, 노무현의 질문에 답하다』, 동녘.
14. 조기숙, 2011, 「정당 재편성 이론으로 분석한 2007년 대선」, 『한국과 국제정치』 27권 4호, 187-218쪽.

이 실패한 원인을 분석한다. 그리고 향후 실천 가능한 선거제도 개혁안을 살펴본다.

3. 외국의 선거제도와 한국의 선거제도 개혁안

제도개혁에서 우리가 관심을 가져야 할 것은 세계적인 시각global perspective 혹은 흐름trend이다. 정치제도의 발전은 각국의 고유한 사회적 문화나 역사와 불가분의 관계에 있다. 그러나 민주주의 원리가 보편적임을 감안한다면 다른 나라에서의 경험으로부터 우리는 값비싼 실험비용을 지불하지 않고도 실천 가능한 대안을 얻을 수 있다.

앞의 〈표 1〉에서 살펴본 선거의 요소에 맞춰 선진 각국의 선거제도를 살펴보면 〈표 2〉와 같다. 〈표 2〉는 앞절에서 설명했던 선거제도와 정당제도의 연관성을 한눈에 보여준다. 영국, 미국은 대표적으로 소선거구 다수제와 양당제를 가진 국가이다. 그 외의 국가들은 대체로 비례대표제와 다당제를 가지고 있다. 양당제 중심의 다당제를 가진 나라는 한국, 일본 등 2표제를 통해 다수제와 일부 비례대표제를 결합한 국가들이다. 독일의 경우는 2표제라 할지라도 비례대표를 기준으로 의석을 배분하기에 작은 정당에게 더욱 유리하여 다당제를 가져온다.

비례대표제는 정당명부에 투표하는데, 정당명부는 정당 지도부에 의해 결정되는 구속명부제(closed list)와 유권자가 개인에게 투표함으로써 사후에 명부가 결정되는 이완명부제(open list)가 있다. 유권

<표 2> 각국의 선거제도와 정당제도

국가	선거구	선출방식	입후보방법	투표방법	정당제도
미국	435개 소선거구(435석)	다수대표제(단순다수)	개별입후보	단기투표제	양당제
영국	650개 소선거구(650석)	다수대표제 (단순다수)	개별입후보	단기투표제	양당제
호주	150개 소선거구 (150석)	다수대표제(절대다수)	개별입후보	선위투표제	양당제
한국	245개 소선거구(245석) 1개 전국구(54석)	다수대표제(단순다수) 비례대표제	개별입후보 정당명부식	2표제	양당제 중심의 다당제
일본	300개 소선거구(300석) 11개 중대선거구 (6-29석, 총 180석)	다수대표제(단순다수) 비례대표제	개별입후보 정당명부식	2표제	양당제 중심의 다당제
그리스	56개 소선거구 혹은 중대선거구(288석) 1개 전국구(12석)	다수대표제(단순다수) 비례대표제	개별입후보 정당명부식	선위투표제	양당제 중심의 다당제
아일랜드	43개 중대선거구 (3-5석, 총 166석)	비례대표제 (단기이양방식)	정당명부식	선위투표제	양당제 중심의 다당제
오스트리아	9개 중대선거구 (1개 중대선거구는 43개 지역구로 나뉨, 총 183석)	비례대표제	정당명부식	선위투표제	다당제
벨기에	11개 중대선거구(150석)	비례대표제	정당명부식	선위투표제	다당제
덴마크	10개 중대선거구 (92개 지역구로 나뉨, 총 179석)	비례대표제	정당명부식	선위투표제	다당제
핀란드	14개 주로 이루어진 대선거구 (6-33석, 총 199석) Åland주의 경우에는 1개 소선거구(1석)	비례대표제 다수대표제(단순다수)	정당명부식	선위투표제	다당제
프랑스	577개 소선거구(577석)	다수대표제 (결선투표 : 1차 절대다수, 2차 단순다수)	개별입후보	결선투표제	다당제
독일	299개 소선거구(299석) 16개 중선거구(299석)	다수대표제(단순다수) 비례대표제	개별입후보 정당명부식	2표제	다당제
이탈리아	26개 중대선거구(617석), 1개 소선거구(1석), 1개 해외선거구(12석)	비례대표제 (추가의석할당) 다수대표제(단순다수)	정당명부식 개별입후보	단기투표제	다당제
룩셈부르크	4개의 대선거구(60석)	비례대표제	정당명부식	분할투표제	다당제
네덜란드	18개의 중대선거구(150석)	비례대표제	정당명부식	단기투표제	다당제

포르투갈	22개 중대선거구(230석)	비례대표제	정당명부식	단기투표제	다당제
스페인	50개 중대선거구(348석) 2개 소선거구(2석)	비례대표제(추가의석할당) 다수대표제(단순다수)	정당명부식	단기투표제	다당제
스웨덴	29개 중대선거구(310석) 1개 전국구(39석)	비례대표제	정당명부식	선위투표제	다당제
불가리아	31개 중대선거구 (31석 다수대표제, 209석 비례대표제, 총 240석)	비례대표제 다수대표제(단순다수)	정당명부식	단기투표제	다당제
키프로스	6개 중대선거구(80석)	비례대표제	정당명부식	선위투표제	다당제
체코	14개 중대선거구(200석)	비례대표제	정당명부식	선위투표제	다당제
에스토니아	12개 대선거구 (8-11석, 총 101석)	비례대표제	정당명부식	단기투표제	다당제
헝가리	176개 소선거구(176석) 20개 중대선거구(146석) 1개 전국구(64석)	다수대표제(결선투표) 비례대표제	개별입후보 정당명부식	2표제	다당제
라트비아	5개 중대선거구(100석)	비례대표제	정당명부식	선위투표제	다당제
리투아니아	71개 소선거구(71석) 1개 전국구(70석)	다수대표제(결선투표) 비례대표제(추가의석할당)	개별입후보 정당명부식	선위투표제	다당제
몰타	13개 중대선거구 (5석, 총 65석)	비례대표제 (단기이양방식)	정당명부식	선위투표제	다당제
폴란드	41개 중대선거구 (7-19석, 총 460석)	비례대표제	정당명부식	단기투표제	다당제
루마니아	315개 소선거구(315석), 기타 19석	다수대표제(절대다수) 비례대표제	개별입후보 정당명부식	단기투표제	다당제
슬로바키아 공화국	1개 전국구(150석)	비례대표제	정당명부식	단기투표제	다당제
슬로베니아	8개 대선거구 (11석, 총 88석) 2개 소선거구(2석)	비례대표제 다수대표제(단순다수)	정당명부식	선위투표제	다당제
터키	79개 중대선거구(550석)	비례대표제	정당명부식	단기투표제	다당제
노르웨이	19개 중대선거구 (3-17석, 총 169석)	비례대표제	정당명부식	단기투표제	다당제

자가 반드시 후보에게 투표함으로써 완전히 개방된 이완명부제를 사용하는 대표적인 나라는 브라질과 핀란드이며, 완전히 폐쇄적인 명부를 사용하는 대표적인 나라는 남아프리카 공화국이라고 할 수

있다. 대부분의 서유럽 국가는 이 두 모형의 중간에 속한다고 할 수
있는데, 유권자가 원하면 후보에게 투표할 수도 있고 정당에만 투표
할 수도 있게 되어 있다.[15] 명부를 만드는 방법은 각각 장단점이 있는
데, 구속명부는 소수의 정당 관료에 의해 결정되므로 유권자의 영향
력이 제한적이다. 반면 이완명부의 경우는 유권자의 영향력은 증대
되지만 인지도가 떨어지는 소수인종이나 여성의 경우에 불리하기도
하다. 우리나라처럼 여성을 비례대표 1번으로 50%를 공천해야 하는
경우, 남녀 별도의 이완명부를 작성한다면 유권자의 영향력도 높이
면서 여성을 배려할 수 있어 이상적인 명부 작성방법이 될 수 있을
것이다.

　　그동안 한국의 선거구제는 여러 차례 개정되었는데, 이는 여야
간의 세력균형을 보여주는 정치적 협상과 타협의 산물이었다. 민주
화 이전까지는 주로 힘 있는 여당이 민주적 선거로 집권을 연장하기
가 어렵다는 위기의식이 들 때마다 자신에게 유리한 제도를 도입하
는 방향으로 변경되어 왔다. 민주화 이후에는 여야의 이해관계와 힘
의 균형이 반영되어 1987년 헌법 채택 시 소선거구제와 약간의 전국
구 비례대표제를 결합시키는 현 제도의 기본 골격이 만들어졌다. 그
후 지역구 의석수에 의해 배분하던 비례대표제도가 1996년 지역구
득표율에 의해 배분되는 방식으로 변경되었다. 그러나 이 방식이 위
헌판결을 받음으로써 2004년에는 1인 2표제가 도입되었고, 비로소
전국구 비례대표 정당명부에 대한 정당투표가 가능하게 되었다.

　　민주화 이후 김영삼에서 이명박에 이르기까지 모든 대통령은

15. Ace(The Electoral Knowledge Network) http://aceproject.org/ace-en/topics/es/esd/
esd02/esd02e/esd02e03/?searchterm=open(2012. 1. 19 검색).

선거제도 개혁의 필요성을 역설해 왔다. 세부적인 차이는 있지만 모든 대통령이 내건 명분은 지역주의를 약화시키기 위해 현행 소선거구제를 손보자는 것이었다. 그러나 1987년 이후 이루어진 선거법 개정에서 비례대표제의 의석배분 방법과 관련하여 약간의 손질이 가해진 것 외에는 뚜렷한 성과를 얻지 못했다. 일단 개혁안이 국회로 들어오면 당리당략의 입장에서 논의되기도 했지만, 현행 소선거구제의 최대 수혜자라 할 수 있는 현역 의원의 입장에서는 현 제도를 바꿀 동기를 갖지 못하는 것이 가장 큰 이유라고 생각된다. 특히 소선거구 다수제는 호남과 영남을 지역기반으로 하는 의원들이 경쟁의 무풍지대에 남아 있도록 보호막 역할을 하고 있다. 양 지역의 현역의원은 선거구제 개혁에 나설 이유가 없는 것이다.

무엇보다 김대중 대통령 임기 중에는 시민사회, 학계, 선관위, 진보정당 등이 선거제도 개혁의 필요성에 대해 한 목소리를 냈다. 당시 여당 총재였던 김대중 대통령의 경우는 다른 대통령과 달리 이러한 개혁안을 추진할 만한 위치에 있었다고 생각된다. 물론 지역주의의 최대 수혜자였던 한나라당이 다수당을 점하고 있고 그들의 완고한 반대가 있었던 것은 사실이다. 그러나 금융위기로 인해 정치권에 대한 국민들의 반감이 강했고, 김대중 대통령과 민주당이 한 마음으로 여론의 지지를 얻어냈다면 한나라당을 압박하는 것도 가능했을 것이다. 당시엔 학계와 시민사회에 선거제도 개혁의 필요성과 방향에 대한 공감대가 형성되었기 때문이다. 그러나 당시 민주당은 자민련과 공동정부를 구성하고 있었고, 자민련은 계파에 따라 입장이 달랐다. 민주당의 최대 계파가 호남에서 지역주의의 수혜자라는 점도 여당이 선거제도 개혁에 미온적인 태도를 보일 수밖에 없는 이유였을 것이다.

당시 협상과정에서의 최대 오점은 민주당의 일관되지 못한 태도였다. 당시 선거구제 개혁 요구는 학자들로부터 먼저 제기되었는데, 대체로 소선거구제와 비례대표제를 결합시키는 일본식이나 독일식이 대안으로 떠올랐다. 이 안은 중앙선거관리위원회뿐만 아니라 참여연대, 경실련 등에서도 적극 찬성했고, 여당에서도 처음에는 그 안을 전격 받아들여 제안했다. 만일 민주당이 초지일관 그러한 입장을 견지했다면 당시 야당이었던 한나라당의 반대에도 불구하고 여론의 힘을 업고 선거제도 개혁에 성공했을지 모른다. 자민련 내 계파 갈등이 있었지만 김종필 총재의 경우도 소선거구제를 선호했고, 자민련은 경북지역에서도 어느 정도 득표력이 있었기 때문에 비례대표제도 그리 불리하지 않았다.

그러나 민주당은 그 후 입장을 수시로 바꿨다. 가장 큰 오류는 전문가 누구도 지지하지 않는 과거 일본의 중대선거구 다수제를 대안으로 제시한 것이다. 앞의 〈표 2〉에서 살펴보았듯이 중대선거구와 다수제를 결합한 선거제도는 타이완을 제외한 세계 어느 나라에도 존재하지 않는다. 중대선거구제가 다수제와 결합하는 경우는 서구 선진 민주국가는 물론 남유럽, 동유럽 등 신생민주주의 국가 어디에서도 찾을 수 없다. 민주당은 모든 전문가들이 반대하는 이 제도를 마치 유럽의 중대선거구와 유사한 결과를 가져오는 것처럼 선전했다. 당선자 결정방식에서 여당의 중선거구제와 유럽의 중대선거구제는 엄밀히 다른 것이다. 앞에서도 살펴보았듯이 유럽의 중대선거구는 비례대표제이고, 과거 일본의 중대선거구는 단순다수제였다. 여당 안은 인물투표를 중심으로 한다는 점에서 정당투표가 근간이 되는 유럽의 중대선거구제와는 전혀 다르다. 그럼에도 불구하고 민주당은 개혁 전의 일본식 중대선거제를 지지해 명분을 상실함으로써 선거구제 개혁은 중요한 기회를 잃고 말았다. 아래〈표 3〉에서 알 수 있듯이 과거 일본식 중대선거구제는 정당정치의 발전에 역행하며 민주주의 원리에도 부합되지 않는 제도이다.

〈표 3〉 선거구제와 민주주의 원리

선거구제	당선자 결정방식	국가	민주주의 원칙의 강조점	특징
소선거구제	다수제	미국, 영국	다수결원리	다수정부
중대선거구제	다수제	(구) 일본	무원칙	인물 중심 선거
	비례대표제	유럽	소수의 보호	정당정치 발전

소선거구제 다수제는 양당제를 가져옴으로써 다수결의 원리와 대응성을 강화하는 반면에 중대선거구 비례대표제는 소수의 보호와 책임성을 강화한다고 할 수 있다. 이에 비해 중대선거구와 다수제를 결합하는 과거 일본식 선거제도는 민주주의 원칙과 무관하며, 인물 중심 선거를 초래함으로써 정당의 발전에 오히려 해가 되는 제도라고 할 수 있다. 이 제도는 과거 일본의 사조직, 돈 먹는 선거의 주범으로 정치개혁의 대상이었다. 일본은 최근 소선거구와 비례대표를 결합하는 제도개혁을 이루었다.

선거제도 개혁에 대한 열망은 탈지역주의 정당인 열린우리당의 당원이었으며 지역주의 극복을 필생의 과업으로 생각했던 노무현 대통령에게는 더욱 극단적으로 나타났다. 임기 중반인 2005년 한나라당이 선거제도 개혁에 합의하면 대연정을 통해 권력을 통째로 내주겠다고 제안한 것이다. 지역주의를 극복하기 위한 선거제도의 필요성에 대한 절박함에서 나온 제안이었다. 그러나 선거제도 개혁안은 대연정 논란 속에 파묻혀 한 걸음도 진척되지 못했다. 박근혜 대표가 이끄는 한나라당은 그 이전보다도 선거제도 개혁에 대해 초지일관 완강한 반대입장을 취했다.

　이명박 대통령도 지역주의 해소를 위한 선거구제 개혁을 제안했다. 동진을 추진했던 민주당의 단골 메뉴였던 선거구제 개혁을 이번에는 이 대통령이 제안한 것이 이채롭다. 처음에는 무슨 정치적 복선이 있는지 몰라 주저하던 민주당은 서서히 중선거구제라면 합의할 수 있다며 화답에 나섰다. 이명박 대통령의 이런 제안은 한나라당이 시도당위원장 선출이 끝난 후에 나왔다는 점과 이원집정부제를 골자로 하는 개헌안과 맞물려 있다는 점에 주목해야 한다. 공천에 영향력을 행사할 수 있는 시도당위원장의 대다수를 박근혜계가 장악했고 이명박계는 호남 포함 두 곳만을 차지했던 것이다. 1인만 공천하는 소선거구제에서 19대 총선에 친이계가 공천을 받을 가능성이 매우 희박하기 때문에 나온 제안인 것으로 보인다. 뚜렷한 친이계 대통령 후보군이 없는 상황에서 박근혜 후보의 독주는 친이계로 하여금 끊임없이 개헌이나 선거제도의 개혁을 제안하지 않을 수 없게 만든 것이다.

　선거구제 개혁만이 친이계가 19대 총선에서 살아남을 수 있는 길이기에 중대선거구제를 주장한 것이다. 특히 이명박 대통령의 2인자라고 할 수 있는 이재오 의원이 선거구제와 이원집정부제 개헌에 필사적이었던 이유는 대통령이 될 가능성이 없는 사람이 내각제 개헌을 통해 권력을 연장하고자 하는 욕심에서이다. 여론의 냉담한 반응으로 인해 개헌과 선거구제 개혁은 물 건너 가고 말았지만 민주당은 한나라당의 정치적 꼼수에 맞장구를 친 결과를 낳았다. 정치는 명분이다. 명분이 없는 개혁안은 김대중 대통령의 선거구제 개혁 노력이 실패한 데에서 보았듯이 여론의 지지를 받을 가능성이 희박하다.

따라서 중대선거구제 개혁안이 여론의 지지를 받을 가능성은 전무하다고 생각된다.

이 절에서는 향후 우리가 택할 수 있는 선거제도 개혁의 대안을 살펴보고 각 대안의 장단점을 비교해 보겠다. 첫 번째 대안은 이명박 대통령의 측근이나 민주당 원로들이 선호하는 ① 중대선거구제와 다수제의 결합이다. 또 다른 대안은 그동안 시민사회에서 논의되었던 소선거구제와 비례대표제를 결합한 ② 일본식 혹은 ③ 독일식 제도이다. 이 밖에도 유럽 각국이 채택하고 있는 ④ 전면적 비례대표제도 하나의 대안이라고 할 수 있다.

첫 번째 대안은 유신정권 때 1구 2인을 선출하는 선거제도로서 세계적인 추세로 보나 민주주의와 대의의 원칙에서 보더라도 시대착오적인 제도이다. 이명박 대통령 측에서 이 제도를 선호하는 이유는 19대 총선에서 박근혜계로부터 공천을 받기 어려울 것이라는 계산에서 비롯된 것이다. 선거제도 개혁이 어려워지자 친이계인 나경원 의원과 한나라당의 수도권 개혁성향 의원들이 국민참여 경선이라는 제도를 들고 나오게 된 것도 공천탈락에 대한 두려움이 근본원인이다. 만일 박근혜 의원의 지휘로 19대 총선을 치르게 된다면 박 의원은 그동안 자신의 씽크탱크를 운영해 온 신인 전문가들에게 공천을 줌으로써 대거 물갈이를 하려 할 것이다. (실제로 한나라당의 현역의원 물갈이 비율은 46.6%였다.) 그러나 비교적 인지도가 높은 현직의원의 경우에는 국민참여 경선이 그들이 살아남을 수 있는 유일한 길이므로 이 방법을 선호할 것이다. 이 점에서 친이계 현직의원과 수도권 개혁의원 사이에 이해관계가 일치했던 것이다.

결론적으로 첫 번째 대안은 순수한 정치발전 차원에서 나온 것이 아니라 친이계의 권력연장 계산에서 나온 꼼수라고 할 수 있다.

정치적 목표가 순수하지 못하다 하더라도 이들이 제안하는 선거제도가 정치발전에 기여하면 받아들이는 게 옳다. 하지만 그 정치적 결과 또한 그렇지 않다는 점을 이미 위에서 밝혔다. 민주당은 중대선거구제가 되면 영남에서 현재 2등 했던 민주당이 제도개혁 후에도 2등을 할 것이라는 낙관적인 기대를 하고 있다. 하지만 실제로 그럴 가능성은 별로 없다. 현재는 한나라당이 한 지역구에서 한 명만 출마하기 때문에 민주당이 2등을 하지만, 중대선거구제가 되면 한나라당에서 2명 이상 출마할 것이므로 민주당은 3등 이하를 차지하게 될 것이다. 만일 4–5명을 뽑는다 해도 조직과 지역기반이 있는 한나라당 후보가 대부분 독식할 것이므로 정당보다는 후보의 조직이 더 중요하게 될 것이다. 물론 첫 선거에서는 과거제도의 관성이 남아 있어 한두 명의 민주당 후보가 동반당선되기도 할 것이다. 하지만 이러한 선거제도는 한나라당의 분당을 가져와 장기적으로 민주당이 2등으로 동반당선될 가능성은 높지 않다.

개혁의 대안을 선택할 때에는 개혁으로 얻을 수 있는 득과 실을 따져보아야 한다. 지역정당 구도를 얼마나 완화시킬지에 대한 득은 확실히 보이지 않는 데 비해 후보의 사조직이 정당정치를 능가하는 정치퇴행이 가져올 실은 확실하다. 따라서 과거 일본에서 실패한 중대선거구제를 우리의 개혁안으로 받아들이는 것은 곤란하다. 앞에서 말했듯이 현재의 결과에 비추어 미래를 예측하는 건 아마추어적 발상이다. 다른 나라의 예에서 살펴보았듯이 선거제도가 변경되면 유권자의 투표행위와 후보자의 전략도 변하게 되어 있다. 지금의 조건으로부터 미래를 유추하는 건 오류이다. 미래 예측을 위해 필요한 것이 선거제도가 초래할 정당제도의 형태를 이론화한 뒤베르제의 법칙과 같은 이론이다. 아무리 지역주의 극복이 중요한 문제라 해도 민주주의 원칙을 훼손하면서까지 추진해야 할 만큼 시급한 문제라고 보기는 어렵다. 따라서 민주주의 원칙 하에서 선거제도의 개혁을 추진하는 것이 옳다고 보기에 첫 번째 안은 폐기되는 것이 바람직하다.

두 번째와 세 번째 대안은 일본식과 독일식으로의 개혁이라고 할 수 있다. 두 제도는 소선거구 다수제와 비례대표제를 양립시키지만 〈표 4〉에 정리된 것과 같이 의석배분 방법에서 양 제도에는 커다란 차이가 있다. 일본식은 소선거구 다수제가 기본이라면 독일식은 비례대표 정당명부제를 기본으로 하고 있다. 독일식은 일본식보다 소수정당에 유리하고, 다수당을 가져오는 경향이 있으며, 일본식은 양당 중심의 다당제를 가져오게 될 것이다.

일본식은 독일식을 모형으로 하였지만 여러 가지 점에서 차이를 보이는데, 가장 중요한 차이는 지역구와 비례대표제가 별도로 운영되는 병립식이라는 점이다. 따라서 정당득표와는 별도로 지역구 의석이 배정되고 이에 덧붙여 정당득표에 따른 비례대표 의석이 배정되기 때문에 지역주의가 심한 지역구에서 유리한 정당이 비례대표제에서 불이익을 받지 않는다. 지역구와 정당투표가 별개로 작동되기 때문에 의석배분이 복잡하지 않고, 현재 우리의 제도와 크게 다르지 않아 친화력이 높을 것으로 예상된다. 따라서 현행 두 정당에게는 헌법개정 없이 가장 수용하기에 용이한 대안이라고 생각된다. 그러나 지역구에서는 여전히 기존 양대 정당의 영향력이 강할 것이므로 군소정당들이 이 제도의 도입에 강하게 반발할 것으로 예상된다.

반면 독일식은 유권자의 의사를 정확히 의석으로 전환시키는 정직한 제도이므로 다당제를 가져오게 될 것이다. 독일식 선거제도를 도입하게 되면 군소정당에 유리하고 정당의 정체성이 뚜렷해지면서 정당의 발전에 기여할 여지는 매우 높아질 것이다. 그러나 우리처럼 지역주의가 심한 지역에서는 매우 많은 양(많게는 50석 이상)의 초과의석을 발생시키며[16] 위헌논란이 벌어질 가능성이 있다. 현행 의석수가 299석인 이유는 200석 이상이라고 규정한 헌법에 기인하는데, 300석 이상을 위헌이라고 주장하는 일부 학자들 때문이다. 하지만 이미 19대 총선에서 의원정수가 300인이 되었고, 인구 대비 우리의 국회의원 의석수는 세계에서 여덟 번째로 작은 편에 속한다. 따라서 초과의석에 대한 합의만 받아들여진다면 독일식을 수용하지 못할 이유가 없다고 본다.

독일식 제도가 도입될 경우 몇 가지 예기치 못한 문제가 발생할 수 있다.

첫째, 지역구 선거에서 여러 개의 정당으로 표가 분산됨으로써 과반수에 못 미치는 표로 당선자가 결정되는 사례가 대거 발생할 수 있다. 이는 대표의 위기를 가져올 수도 있다.

둘째는 지역구에서 표의 분산으로 특정 진영에 불리할 수 있다. 거대한 수구 기득권 세력과 맞서야 하는 진보진영의 경우에는 진보의 분열로 지역구 선거에서 어려움을 겪게 될 것이다. 따라서 독일식 제도를 도입할 경우에는 지역구 선거에서 반드시 결선투표제를 도입하거나 정당법 개정을 통해 유사 정당 간 예선을 통해 사전 후보 단일화가 가능하도록 길을 터야 할 것이다.

---

16. 독일식으로 지역구와 비례대표제를 병립시키는 경우에는 초과의석이 발생한다. 독일의 경우는 정당의 전국 득표율에 따라 비례대표제로 의석을 각 권역별로 배정한 다음 정당이 각 지역의 지역구에서 획득한 의석수를 빼고 남은 의석만큼을 정당명부에 의해 선출한다. 가령, 어떤 정당이 어느 한 주 내에 있는 선거구에서 직선으로 획득한 의석의 총수가 해당 주의 정당투표율에 의해 분할되어지는 의석(비례대표의석)의 수를 초과하는 경우에 초과의석이 발생한다. 초과의석은 각 정당에 소속되며, 이 초과의석만큼 우리나라 국회의원 총수도 늘어나게 된다.

셋째, 결선투표제, 비례대표제 도입은 필연적으로 심한 다당제를 가져오고, 이 제도와 대통령제라는 권력구조와의 조화를 고려하지 않을 수 없다. 다당제는 정당연합을 가능케 하는 내각제와 결합될 때 민주주의 공고화가 성공한다는 기존 연구결과에 비추어 볼 때 다당제와 대통령제의 결합이 가져오게 될 정치불안을 걱정하지 않을 수 없다. 무엇보다 다당제 하에서 대통령 결선투표가 없을 때 유권자 30%의 지지를 받는 대통령의 탄생이 벌어진다면 대표의 위기가 큰 문제로 대두될 것이다. 이러한 문제를 해결하기 위해서는 헌법을 개정하여 대통령 선거에 결선투표제를 도입해야 한다. 이 문제는 다른 장에서 다루겠지만, 개헌은 국민적 합의를 위한 혼란을 고려한다면 얻는 것에 비해 잃는 것이 더 많은 정치적 게임일 수 있다. 이 문제도 정당법 개정을 통해 유사 정당 간의 사전 후보 단일화가 이루어진다면 개헌문제가 거론되지 않고도 비교적 쉽게 문제를 해결할 수 있다.

넷째, 최근 독일에서는 선거법 개정에 대한 논의가 활발한데, '정당득표와 의석전환의 역전'이 나타나는 '부정적 득표 비중'이라는 모순을 해결하기 위해서이다. 2008년 독일 연방법원은 이에 대해 위헌결정을 내리고 선거법 개정을 명령한 바 있다.[17] 이 제도를 보정하는 가운데 몇 석의 추가의석이 또 발생할 것으로 예상된다. 결국 독일식 제도는 계산의 복잡함, 초과의석 발생, '부정적 득표 비중'의 모순 등으로 인해 국민의 공감대를 이루는 것이 쉽지는 않을 전망이다.

끝으로 선거제도 개혁의 대안으로 고려해 볼 수 있는 제도는 유럽 대부분의 국가에서 사용하고 있는 대선거구 비례대표제라고 할

---

17. 김종갑, 2011, 「정당득표와 의석점유의 모순 : 독일 연방선거법 개정 논의를 중심으로」, 국회입법조사처.

〈표 4〉 독일과 일본의 선거제도 비교[18]

	독일식	일본식
중심 제도	정당명부 비례대표제(병용식)	소선거구제(병립식)
비례대표 의석비율	비례제(50%) 지역구(50%)	비례제(40%) 지역구(60%)
당선자 선출방법	전국합산, 권역명부	권역합산, 권역명부
의원수	변동(초과의석 발생)	고정

수 있다. 여러 개의 정당이 난립하는 문제가 있기는 하지만 비례성이 가장 높은 제도이다. 정당의 정책 및 이념이 발달되기에 가장 좋은 혁신적인 대안이기도 하다. 그러나 이 제도의 도입은 역사적으로 우리 국민에게 익숙한 소선거구 다수제를 폐지하는 것을 의미한다. 또한 대표의 원리에서 대응성이 간과됨으로써 유권자와 국회의원의 거리가 멀어지는 단점이 있다. 지역적 기반을 갖는 현역의원들의 강한 반발이 예상되며, 특히 정당 지도부의 힘을 강화시켜 줌으로써 유권자와 거리가 먼 정당이 탄생할 수도 있다. 물론 전면 정당명부 비례대표제를 실시하더라도 이완명부제를 도입한다면 여전히 유권자가 정당을 통제할 수 있게 된다. 지역구 제도는 정책에 집중해야 할 의원이 지역구 관리에 힘을 쏟게 한다는 점에서 매우 낭비가 많고 비합리적이다. 정치의 질을 한 단계 높이기 위해서는 전면적인 대선거구의 도입도 신중하게 고려해 볼 만하다.

모든 대안을 평가했을 때 초과의석에 대한 국민적 합의가 있다

18. 조기숙, 1998, "앞의 글", 174쪽.

면 독일식 제도나 전면적 비례대표제의 도입이 가장 바람직하다고 본다. 그러나 그러한 합의가 불가능하다면 일본식이 현실적으로 도입 가능한 대안이라고 생각한다. 우리의 현 제도에서는 비례대표 의원수를 늘리는 정도의 개혁으로 제 정당의 합의가 가능하다고 본다. 그러나 어떤 경우에도 국회의원 선거 소선거구 지역구에서는 물론이고 대통령 선거에서 결선투표제가 도입되지 않는 한 수많은 정당의 난립은 대통령중심제와 조화를 이루기 어려워 정정불안을 초래할 수 있을 것이다. 따라서 개헌이 불가능하다면 정당법이라도 개정해 서로 다른 정당 간의 예비경선을 허용할 필요가 있다. 독일식이나 일본식 제도의 또 다른 장점은 지역주의가 심한 지역에서도 비례대표제로 반드시 그 권역의 득표율만큼 의석을 만들어낼 수 있다는 점이다. 지역정당이 한국 정치의 고질적 병폐를 초래했다는 점에서 이를 극복하는 선거제도의 도입은 매우 절실하기 때문이다.

19대 총선 전 한나라당과 민주당이 석패율제를 도입하기로 합의한 결과 논란을 불러일으켜 여론의 주목을 받은 바 있기에 석패율제에 대해서도 잠시 살펴보겠다. 만일 일본식 선거제도가 도입될 경우에 지역구 패배자를 비례대표에서 구제할 수 있는 석패율제의 도입은 취지에 맞지 않는다. 이중출마가 독일 제도에 도입된 건 기본적으로 비례대표가 우선이기 때문에 의미가 있다. 그러나 지역구와 비례대표가 별개로 운영되는 일본식 제도에서 석패율제를 도입하게 되면 지역구에서 낙마한 반개혁적인 다선의원을 구제하는 방법으로 악용될 가능성이 있고, 일본에서도 이에 대한 비판 여론이 높다.

물론 석패율제를 제한적으로 운영하기 위한 합의가 있고 그 합의를 지킨다면 일본식 제도에서도 석패율제를 통해 긍정적 결과를 가져올 가능성은 존재한다. 가령, 특정 정당이 지역적으로 열세인 지역에서만 이중출마를 허용한다든지 하는 것이다. 하지만 실제의 운용에 들어가면 정당이 석패율제를 합리적으로 운용하리라 국민들이 신뢰할 수 있느냐 하는 것은 여전히 논란의 불씨를 남긴다. 가령, 김부겸 의원이 대구 출마를 하면서 비례명부에 이중등록이 허용되면 지역구에서 패배해도 정당명부에서 살아남을 가능성이 있다. 수도권에서 당선이 어려워진 한나라당 모 의원이 비례명부에 이중등록을 해도 살아남을 가능성이 있다. 그러나 다선의원 중 누가 구태이고 누가 석패율로 구제되어야 하는지를 정당에서 판단하는 건 쉽지 않다. 결국엔 제도가 악용될 가능성이 얼마든지 존재하는 것이다.

물론 유권자를 믿고 제도를 도입해야 한다는 주장도 충분히 설득력이 있다. 가령, 지역구에서 패배할 구태 의원이라면 석패율에 의해 살아남을 가능성도 별로 없다는 주장도 일리가 있는 것이다. 그런 의원을 비례대표 명부에 게재한다면 유권자의 심판을 받아 정당득표율이 그만큼 줄어들 것이기 때문이다.

결론적으로 석패율 그 자체는 나쁜 제도가 아니다. 잘만 활용되면 현재보다는 나은 개혁적 효과를 가져올 가능성이 얼마든지 있다. 현재 비례대표제에서도 각 정당은 열세지역 후보에게 의석을 1~4석 정도 배분해 오고 있다. 그 배분이 정당의 보스에 의해 정해지는 게 아니라 지역구 유권자의 투표에 따라 순위가 결정되는 석패율제는 합리적인 측면도 있다. 군소정당이라 하더라도 석패율로 인해 무조건 피해를 보는 것은 아니다. 가령 이정희, 유시민, 심상정, 노회찬이 지역구에서 출마했다 모두 패배한다면 이들에게 이중등록을 허용한 다음 최소 2인을 득표율에 따라 비례대표 의원으로 구제할 가능성이 있다. 이중등록을 허용하면 지역구에서 최선을 다하지 않을 것이란 주장도 있는데, 비례대표 당선이 자동으로 보장되는 것이 아니라 석패율에 따라 구제되는 것이므로 지역구에서도 사력을 다할 이유는 얼마든지 존재한다.

신진보다는 다선의원에게 유리한 이유는 그들의 인지도가 높아 지역구에서 선전할 가능성이 있기 때문이다. 만일 그런 이유로 석패율을 부정적으로 생각하는 정당은 정당명부에 이중등록을 허용하지 않으면 그만이다. 다른 정당의 도입을 막을 이유까지는 없다고 본다. 그러나 제도의 취지를 살리기에는 현재 비례대표 의석이 너무 적고, 정당 지도부의 운영을 믿지 못하는 국민의 불신을 극복하는 것이 과제이다. 따라서 소수정당은 석패율제를 무조건 반대하기보다는 이 기회에 독일식 선거제도의 도입(혹은 비례대표 의석수 증가)을 조건으로 석패율제 찬성을 역제안하는 게 바람직할 것으로 생각된다.

4. 선거운동 과도하게 규제하는 공직선거법 개혁

선거를 통해 민주주의의 꽃을 피우기 위해서는 저비용 선거를 추구하되 국민의 자발적 참여와 표현의 자유는 최대한 확대할 필요가 있다. 이를 위해서는 각종 선거운동을 제약하는 현재의 공직선거법은 폐지 혹은 개정되어야 한다. 선거관리위원회의 편파적이고 불공정한 관리가 가능한 것도 과도한 규제와 애매한 조항을 가진 공직선거법에 근본원인이 있다.

정태호[19]는 공직선거법이 정치적 표현의 자유를 억압하고 편파적이고 차별적인 제한을 가져와 끊임없이 위헌 시비를 가져오는 가장 큰 이유는 일본의 유산 때문이라고 한다. 우리의 선거법은 일본관 주도의 권위주의적 규제 위주 선거법을 모델로 하여 제정되었다. 공직선거법의 과도한 규제는 규제와 관련된 선관위의 권한을 키워 줄 뿐만 아니라 공직선거법의 '선거운동', '선거에 영향을 미치게 하기 위한 행위'와 같은 모호한 표현은 선관위에 폭넓은 재량권을 부여함으로써 선관위의 정치적 비중을 제고시키는 부작용을 초래했다는 것이다.

선관위의 정파성이 강하게 드러나게 된 배경에는 크게 두 가지 이유가 있다.[20] 하나는 공직선거법의 모호한 규정에 의한 선거운동 규제라고 할 수 있다. 공직선거법의 공식선거운동 기간의 설정과 '사전선거운동' 금지조항이 바로 그것이다. 사전선거운동을 금지하는 본래의 목적은 금권, 과열선거를 방지함으로써 선거로 인한 사회경제적 손실을 방지하고 선거의 공정성을 보장한다는 취지이다. 그러나 공직선거법 제58조 제1항의 단서조항은 "선거에 관한 단순한 의견개진 및 의사표시", "입후보와 선거운동을 위한 준비행위" 또는 "통상적인 정당활동과 정당의 후보자 추천에 관한 단순한 지지·반대의 의견개진 및 의사표시"는 선거운동에서 제외함으로써 사전선거운동의 범위를 모호하게 만들었다. 결국 무엇이 금지행위인지를 행위당사자가 합리적으로 판단하기 어렵고 선관위의 사후적 조치에 의해서만 결정되는 것이다. 그 결과 야권단일정당운동을 추진했던 〈국민의 명령〉이나 환경단체의 4대강사업반대운동, 복지단체의 무상급식운동이 선관위의 제재를 받는 어처구니없는 일이 벌어지기도 했다.

---

19. 정태호, 2011, 앞의 글, 9쪽.
20. 정태호, 2011, 앞의 글, 10-17쪽의 내용을 정리함.

'사전선거운동'은 물론 '선거에 영향을 미치기 위한 행위'마저도 선거일 180일 전부터는 금지되고 선거운동 기간에도 선거에 영향을 미치는 의사표현에 대한 광범위한 규제가 일어난다. 특히 사전선거운동을 금지하고 그 위반행위를 처벌하는 나라는 일본을 제외하고는 선진국에서 그 유례를 찾기가 어렵다.[21] 다른 나라에서 선거운동 기간이 있는 경우에도 사전선거운동을 금지하기보다는 선거비용 제한을 위한 것이다. 이러한 법규는 정치적 표현의 자유를 과도하게 규제할 뿐만 아니라, 입은 풀고 돈은 묶는다는 공직선거법의 입법취지마저도 훼손하는 것이다. 과도한 규제는 규제기관의 자의적이고 임의적인 법행사, 나아가서는 편파시비, 정파적 판단을 가져올 수밖에 없다.

선관위의 정파성이 드러나게 된 또 하나의 이유는 사법적 통제가 미치지 않는 선관위의 선거운동 관련 행정지도에 있다.[22] 선관위의 선거관리는 입법, 집행, 사법과 구분되는 독립적인 업무를 수행하는 것이 아니라 집행의 하나인 협의의 행정을 수행하고 있다고 해석된다. 행정지도는 상대방에 대해 강제력을 갖는 공권력성 내지 처분성이 없으므로 상대에게 정보를 제공하는 비권력적 사실행위의 일종으로 간주된다. 따라서 선관위의 행정지도는 항고소송이나 헌법소원의 대상이 될 수 없다. 즉 선관위로부터 부당한 경고를 받은 피선거권자나 선거권자는 이를 다툴 만한 정당한 절차를 갖지 못한다는 것이다. "각급 선거관리위원회의 의결을 거쳐 행하는 사항"에는 행정절차법도 적용되지 않는다고 한다. 따라서 선관위가 그 조치를 취

21. 참여정부 정무비서관실, 현행공직선거법 문제점 검토(2007. 12. 6).
22. 정태호, 2011, 앞의 글, 14-18쪽.

하기 전에 이해관계인들에게 청문의 기회를 줄 필요도 없는 것이다.
결과적으로 선관위의 행정지도는 애매한 위상으로 인해 사전검열보
다도 강력하게 표현의 자유를 억압하는 기능을 수행하고 있는 것이
다. 최근 판례에 약간의 변화가 있는 것은 사실이지만 현재까지 선관
위의 선거운동 관련 행정지도 자체를 다툴 수 있는 권리구제 수단은
원칙적으로 존재하지 않는다는 게 전문가의 의견이다.

선관위의 정파성은 인터넷, SNS 등 뉴미디어를 통한 선거운동
단속에서 더욱 두드러진다. 네티즌 자체가 정파성이 있고 권위에 대
해 도전하는 진보적 정치지향을 갖기 때문이기도 하다. 외국의 경우
뉴미디어의 등장은 자발적인 도덕적 의무를 강조하는 미디어의 책
무성이 강조되는 데 반하여 우리나라는 타율적인 법적 규제가 확대
되어 왔다. 특히 민주주의 제도화 수준이 낮은 나라에서는 인터넷 규
제정책이 대체로 선거환경에 집약되는 경향을 갖는다.[23]

우리나라 인터넷 인구는 3,600만 명에 육박하고 있지만 17대 대
선을 기점으로 온라인 공간은 심각하게 위축되었다는 평가를 받는
다. 가장 큰 이유는 인터넷 언론보도 심의, 인터넷 실명제, 네티즌 포
스팅 규제조항들이 신설된 2004년 공직선거법 개정으로 강한 인터
넷 규제환경이 등장한 데 있다. 2005년 선거법 개정, 2007년 중앙선
거관리위원회의 선거동영상 UCC 운용기준과 2010년 트위터 선거
규제기준은 주로 젊은층의 선거참여를 크게 제약했다는 평가를 받
고 있다.[24] 이렇게 강화된 인터넷 규제 결과 16대 대통령 선거에 비해

23. 정연정, 「사이버상의 표현의 자유와 공직선거법의 제 문제」, 〈국민의 명령〉 주최 세미나
「2012년 바꿉시다! 이게 왜 선거법 위반인가」 발표논문. 2011년 4월 6일, 여의도 라디오 21
회의실.

17대 대선과정에서 적발된 선거법 위반행위 사범은 157% 증가했다.[25] 2010년 2월 지방선거를 앞둔 상황에서 중앙선관위는 트위터가 이메일의 성격을 가진다는 전제 하에 할 수 있는 선거운동 사례와 할 수 없는 선거운동 사례를 공표한 바 있다.[26] 최근까지도 선관위의 자의적 유권해석, 규제 위주의 법집행으로 유권자의 선거참여를 억압하고 국민의 참정권 및 표현권을 제약하고 있는 것이다. 이로 인한 법적 갈등 또한 끊이지 않았다.

그러던 중 2011년 12월 29일 헌법재판소는 "재판관 6대 2의 의견으로 트위터, UCC, 이메일 등 인터넷 매체를 선거일 180일 전부터 특정 후보나 정당 지지·추천 등을 금지하는 공직선거법 제93조 제1항에 의해 규제된다고 해석하는 것은 헌법에 위반된다"[27]고 한정 위헌판결을 내린 바 있다. 이는 참여연대, 진보 네트워크 센터 6개 시민사회단체와 네티즌 192명이 지난 2007년 공직선거법 제93조 제1항에 대한 헌법소원을 제기한 데 이어 정동영 민주통합당 최고위원 등 144명의 국민 청구인단이 "트위터에 대한 규제는 국민의 기본권인 의사표현의 자유를 박탈하는 것"이라며 헌법재판소를 찾은 결과 얻은 성과이다.

그러나 선관위는 위헌판결이 난 공직선거법 제93조 제1항은 '선거에 영향을 미치기 위한 행위'를 규제하는 조항일 뿐이라며 "공직선거법 제254조는 정보통신망을 이용한 사전선거운동을 금지하

---

25. 정연정, 2011, 앞의 글, 4쪽.
26. 정연정, 2011, 앞의 글, 6-7쪽. 〈표 3 참조〉
27. 홍세희, 2012, 「총선-대선의 해]헌재 위헌결정 났지만 … SNS 통한 선거운동 '뜨거운 감자'로」〈뉴시스〉 http://news.naver.com/main/read.nhn?mode=LSD&mid=sec&sid1=102&oid=003&aid=0004272139(2012. 2. 2. 검색).

고 있다"면서 "선거운동 기간이 아닌데도 트위터 등을 통해 특정 후
보자를 위한 선거운동을 벌일 경우 여전히 단속될 수 있다"[28]고 주장
했다. '선거에 영향을 미치기 위한 행위'와 '사전선거운동'을 가릴
기준이 명확하지 않은 상황에서 선관위는 규제를 통해 자신의 존재
감과 권력을 추구할 것이 분명해 보인다. 이처럼 유권자의 자유로운
정치참여와 표현의 자유를 부당하고 과도하게 규제하는 공직선거법
은 반드시 개정되어야 할 것이다.

5. 결론

우리는 선거혁명을 통해 민주화를 이뤄냈다. 선거는 정당 간 권
력교체를 통해 민주주의 공고화에도 기여했다. 민주주의의 꽃이며
민주화의 가장 큰 공을 올린 선거는 그러나 한국 민주주의의 최대 장
애물이 되고 있다. 지역주의 정당을 온존시키는 소선거구 다수제라
는 선거구제도와 시민의 자발적 참여와 표현의 자유를 억압하는 불
합리한 공직선거법, 그리고 이를 임의적이고 자의적·편파적으로 해
석하는 중앙선관위의 견제받지 않는 권력에 그 원인이 있다고 할 수
있다.
　정치를 발전시키기 위해 많은 이들이 개헌이 필요하다고 말하

---

28. 황철환(2011.12.29) "선관위 'SNS 사전 선거운동 단속, 위헌 아니다'"〈연합뉴스〉http://news.
naver.com/main/read.nhn?mode=LSD&mid=sec&sid1=100&oid=001&aid=000544390
8(2012. 2. 2. 검색).

지만 실제로 정치의 질을 향상시키는 것은 크고 작은 법과 제도, 무엇보다도 관행의 개혁에 있다. 그러한 개혁을 위해 입법권자인 국회의원, 시·구의원을 잘 뽑는 것이 무엇보다도 중요하지만 관행의 개혁을 위해서는 시민이 주권의식을 갖고 잘못된 관행에 대해 저항하는 것이 필요하다. 법적인 테두리에서 잘못된 공직선거법에 대한 위헌소송에서 시작해서 법개정, 선관위의 편파적·정파적 법해석에 대한 항의, 시민불복종운동에 이르기까지, 더 나아가서는 새로운 미디어에서의 표현의 자유를 위해 싸우는 일이 무엇보다도 한국 민주주의를 공고화하는 데 중요한 과제가 될 것이다.

이명박 정부 하에서는 과거 완전히 사라진 것으로 생각했던 선거부정에 대한 문제가 끊임없이 제기되고 있다. 10·26 서울시장 재보궐 선거에서 있었던 디도스 공격으로 포장된 데이터 연동 단절 사건, 4·11 총선에서 있었던 강남을 투표함 훼손사태 등은 민주국가에선 상상도 할 수 없는 일이다. 과거 철제투표함을 종이투표함으로 바꾸고 봉인이나 자물쇠가 허술한 투표함의 다수 발견은 피 흘려 지켜온 이 땅의 민주주의를 물거품으로 만드는 처사이다. 선관위에 대한 엄중한 항의, 조사, 징계 등이 순리대로 이루어져야 할 것이다. 선관위에 대한 부정선거 의혹 혹은 부실관리에 대한 증거와 증언은 시민이나 대안언론에 의해 제기되었다. 기득권 언론 누구도 이 문제를 주목하지도 보도하지도 않았다. 결국 "민주주의의 최후의 보루는 깨어 있는 시민의 조직된 힘"이라는 노무현 대통령의 외침은 여전히 유효하다.

PART 2
법치주의

정부형태[1]
최근의 개헌논의를 중심으로

김종철

1. 정부형태 개편론의 의의

정부형태form of government는 국가공동체의 최고의사를 확정하는 주권자sovereign authority가 누구인지를 밝히고 주권자의 위임에 따라 다양한 현안에 관하여 구체적인 결정을 내리고 집행하는 개별 국가권력을 배치하는 구조를 의미한다. 따라서 정부형태에 대한 논의는 국민의 직접적 대표기관인 입법권과 행정권뿐만 아니라 사법권을 비롯한 독립적 권력까지 포함하여 그 전체적인 구도를 살필 필

1. 이 글은 필자가 2011. 12. 29. 한국미래발전연구원 '민주주의와 리더십 연구회'에서 발표한 내용을 보완한 것이며, 『연세공공거버넌스와 법』 제3권 제1호(2012.3)에 일부 수정된 형태로 게재된 바 있음을 밝힌다.

요가 있다. 그러나 사법권을 비롯한 기타 독립적 권력의 경우 주권자
와 직접적인 책임관계를 형성하는 경우가 드물 뿐만 아니라, 정치적
중립성을 표방하게 되는 경우가 일반적이기 때문에 정부형태에 대
한 논의는 자연스럽게 정치·행정의 중추적 기능을 수행하는 입법권
과 행정권 사이의 관계를 중심으로 이루어진다.

1987년 헌법체제 수립 이후 20여 년을 넘기면서 활발하게 제기
되는 정부형태 개편론도 예외가 아니다. 2009년 8월 국회의장자문
헌법연구위원회가 국회의장에게 보고한 헌법개정안도 1987년 헌법
체제 전반에 대한 진단을 통해 새로운 헌정질서의 수립을 위한 다양
한 대안을 제안하였으나 세간의 관심은 대통령과 의회의 관계에 관
한 정부형태에 집중되었다.[2]

1987년 헌법체제는 2008년 다섯 번째 평화적 정부교체를 달성
함으로써 우리 사회의 민주화가 자타가 공인하는 안정기에 접어들
었음을 보여주었다. 이러한 성공에도 불구하고 일각에서는 대통령
중심 정부형태의 비효율성, 특히 대통령 5년 단임제에 대한 비판이
끊임없이 제기되고 있다. 더욱이 1987년 헌법체제가 3김과 신군부의
정치적 협상에 의해 졸속으로 권력구조를 결정함으로써 한 단계 높
은 민주주의를 구현하기 위해 필수적인 권력구조를 합리적으로 제
도화하는 데 역부족이라는 비판이 있다.

이런 주장의 당부는 별론으로 하더라도 민주국가에서 정부형태
의 향배는 민주주의의 발전에 핵심적인 전제가 된다는 점을 부정할

---

2. 이 보고서의 전제와 대안에 대한 비판적 검토로는 김종철, 2010, 「헌법개정론의 원인진단
과 개정방안의 실효성에 대한 소고-헌법연구자문위원회의 보고서를 중심으로-」, 『법과사
회』 제38호, 125-157쪽 참조.

수 없다. 그러므로 한국 사회의 민주주의와 법치에 대한 이해를 향상 시키고자 하는 이 책의 목적을 고려하면 정부형태의 변동과정과 미 래적 지향에 대한 논의는 필수적이다.

이 장은 근래 제기되는 정부형태 개편론이 한국 사회의 민주화 과정에서 차지하는 의의를 헌정사상 정부형태 변동과정, 정부형태의 지향가치, 연계된 제도와의 상관관계, 비교법적 시사점 등을 기준으 로 검토하는 것을 목적으로 한다.

2. 정부형태 개편론의 배경

1) 1987년 이전의 정부형태와 변동과정

현행 헌법은 3·1 운동으로 건립된 대한민국임시정부에 그 정통 성을 환원하고 있다. 따라서 정부형태 변동과정의 기점은 그 시점, 즉 광복 이전 임시정부기까지 소급해야 할 필요성이 있다. 그러나 임시 정부는 말 그대로 비상적 독립운동의 일환으로서 정통성을 확인하 기 위한 헌정적 가치를 가지기는 하지만, 민주주의의 원칙에 따라 정 상적 정치공동체가 실질적으로 운영된 경험으로 이해하기에는 한계 가 있다. 무엇보다도 국민의 직접적 정치참여에 의한 운용의 여지가 없었기 때문이다. 그러므로 현재의 시점에서 미래를 지향하는 정부 형태의 변동과정을 회귀적으로 검토하는 시점을 1948년 정부수립 이후로 한정하는 것에 별 무리가 없을 것이다.

1948년 제헌헌법 제정 이후 현재까지 모두 9차례의 헌법개정이

〈표 1〉 역대 헌법상 정부형태 비교

헌법구분	정부형태	(원칙적) 대통령 선출방법	국무회의 (국무원) 법적 성격	제·개정 정치적 계기
제헌헌법 (1948.7.7. 제정)	대통령제	국회간선	의결기관	• 미군정과 이승만의 개인적 영향력
제1차 개정헌법 (1952.7.7. 일부개정 및 시행)	대통령제	국민직선	의결기관	• 정부 직선제안과 야당 내각제안 교차 협상 결과
제2차 개정헌법 (1954.11.29. 일부개정 및 시행)	대통령제	국민직선	의결기관	• 초대 대통령 3선 개헌 시도
제3차 개정헌법 (1960.6.15. 일부개정 및 시행)	의원내각제	양원합동회의 간선	행정권 귀속기관	• 제1공화국 대통령제 운용 반성
제4차 개정헌법 (1960.11.29. 일부개정 및 시행)	의원내각제	양원합동회의 간선	행정권 귀속기관	• 정부형태 변경 없이 부칙조항 개정
제5차 개정헌법 (1962.12.26. 전부개정/ 1963.12.17 시행)	대통령제	국민직선	심의기관	• 제2공화국 내각제 운용 정국혼란 명분과 박정희 5·16 군사 쿠데타
제6차 개정헌법 (1969.10.21. 일부개정 및 시행)	대통령제	국민직선	심의기관	• 3선 개헌
제7차 개정헌법 (1972.12.27. 전부개정 및 시행)	대통령제	통일주체국민회의 간선	심의기관	• 박정희 대통령 장기집권 시도
제8차 개정헌법 (1980.10.27. 전부개정 및 시행)	대통령제	대통령선거인단 간선	심의기관	• 전두환 신군부 5·17 군사 쿠데타
제9차 개정헌법 (1987.10.29. 전부개정/ 1988.2.25. 시행)	대통령제	국민직선	심의기관	• 6·10 민주항쟁에 따른 대통령 직선제 도입 등 민주화

있었다. 그런데 제4차 개정헌법은 정부형태의 개편 없이 반민주행위

자에 대한 소급처벌을 위한 헌법적 근거를 마련하기 위한 개정이었다. 역대 헌법 하에서의 정부형태에 대한 기본 골격을 비교하면 다음의 〈표 1〉과 같다.

1987년 체제 이전까지 역대 헌법 하의 정부형태상의 특징을 정리하면 다음과 같다. 첫째, 소위 '제2공화국'으로 불리는 '제3차 개정헌법' 하의 짧은 경험을 제외하고는 대통령제 정부형태가 지속되었다. 다만 제헌헌법 이후 1952년 '발췌개헌'으로 불리는 '제1차 개정헌법'이 통과될 때까지 약 4년간 대통령은 국회에서 간선으로 선출되었고 헌법상 국무원이 국정 최고 의결기관으로 자리하고 있어 엄격한 의미의 대통령제와는 차이가 있는 혼합형의 성격을 가졌다는 점은 특기할 만하다.[3] 그러나 제도상으로는 국무원이 의결기관이었으나 현실정치에서는 대통령의 독주를 제대로 견제하지 못하였기 때문에 실질적으로 대통령제로 운영된 것으로 보더라도 큰 무리는 없다.

둘째, 대통령제 정부형태에서도 상당 기간 직선제가 아닌 간선제가 채택되었다. 1987년 헌법체제 이전까지 의원내각제 기간을 제외하고 대통령 직선 기간보다는 간선 기간이 조금 더 길었다고 할 수 있다. 따라서 이 기간 동안 정부형태의 민주적 정당성은 상당히 취약한 것이었다. 다만 1987년 이후 근 20여 년이 넘게 대통령 직선제가 정착됨으로써 정부형태의 핵심으로 자리 잡은 것이 민주화의 이정표가 되고 있다.

셋째, 헌법사상 대부분의 정부형태의 변경은 주권자인 국민의

---

3. 제헌헌법의 정부형태 결정과정에서 혼합형이 탄생하게 된 비화에 대한 개괄적 소개로는 이영록, 2006, 『우리 헌법의 탄생 : 헌법으로 본 대한민국 건국사』, 서해문집, 142~148쪽 참조.

민주적 의사에 의해 주도되었다기보다는 사실상 권력을 장악한 정치세력의 필요에 의해 억압적으로 강요된 측면이 강하다. '제1차 개정헌법'은 이승만과 한민당이 정치적으로 분열함에 따라 국회간선으로 정권유지가 어려워진 이승만 계열의 강압적 헌법파동의 결과였다. '제3차 개정헌법'에 의한 의원내각제의 도입도 4·19 민주혁명의 결과 민주당이 정치권력을 장악하게 되면서 1948년 제헌헌법 제정 이후 오랜 숙원이던 정부형태의 변경을 관철한 셈이다. 그러나 얼마 지나지 않아 5·16 군사 쿠데타에 의해 헌정이 중단되고, 그 결과 등장한 1962년 '제5차 개정헌법'은 쿠데타 세력의 합법적 지배로의 전환을 위한 수단이었다. '제7차 개정헌법'은 '10월 유신維新'이라는 친위 쿠데타를 통해 입헌민주정을 1인 지배체제로 전환하기 위한 것이었으며, '제8차 개정헌법'은 박정희 사후 5·17 군사 쿠데타로 정권을 장악한 전두환 세력이 '체육관 선거'로 대통령을 선출하는 체제를 채택한 것이었다. 따라서 1987년 이전의 정부형태 변동은 민주주의의 실현과는 거리가 먼 정치권력의 정당화나 효율화에 그 중점이 있었다고 할 수 있다.

넷째, 1987년 이전의 대통령제 정부형태의 운용도 대개 '신新대통령제'로 불리는 권위주의적 통치형태가 지배적이었다. 이승만 대통령이 지배했던 소위 '제1공화국'은 헌법기관들이 헌법상의 지위를 제대로 실현하지 못하고 대통령 개인과 그 추종세력의 카리스마적 지배가 횡행하던 시기였다. 의결기관인 국무원을 무력화했을 뿐만 아니라, 경찰 등 다양한 권력기관과 사회단체를 이용하여 국회와 같은 국가기관의 정상적 작동을 어렵게 하다 결국 부정선거의 여파로 이승만 대통령이 하야하고 망명함으로써 독재정권이 종식되었다. 군정으로 사실상 권력을 장악한 후 명목적 민주주의 시대를 거쳐 급기야 친위 쿠데타로 장기 독재체제를 구축했던 박정희 시대 또한 한국 근현대사에 권위주의적 지배의 그림자를 덧씌우는 데 결정적인 역할을 했다. 특히 입헌민주제를 부정하는 사실상의 총통제總統制를 추구했던 유신 시대에 국민 대표기관인 국회는 그 구성이나 운영에 관한 독립성을 극도로 제약[4]받았고, 삼권을 통합하는 통일주체국민회의라는 헌법상의 주권행사 기관을 발판으로 그 의장인 대통령의 1인 지배가 일상화되었다. 또 1980년 쿠데타로 집권한 전두환의 지배기 역시 권력분립의 원칙을 무색케 하는 우월적 지위를 대통령에게 부여하여 유신체제 연장으로서의 성격을 가졌다.

2) 1987년 체제의 정부형태와 그 탄생배경

1985년 제12대 총선을 계기로 본격화되기 시작한 민주화 운동은 1987년 대통령 직선 쟁취를 위한 개헌운동으로 그 정점을 이루었다. 급기야 6·29 선언으로 대통령 직선 및 5년 단임을 골자로 하는 헌법개정이 이루어졌다. 이 헌법개정으로 채택된 대통령제는 이전의 대통령제와 사뭇 대비되는 것이었다. 대통령의 우월적 지위를 보여주던 국회해산권, 비상조치권 등을 폐지하고 독점적이던 헌법기관 구성권을 권력분립의 원칙에 맞게 조정하는 한편, 국정감사제도를 부활하고 헌법기관 구성 동의권을 확대하는 등 국민 대표기관으로

---

4. 국회의원 재적총수의 3분의 1을 통일주체국민회의가 선출하도록 헌법에 명문화하고 통일주체국민회의를 집권자를 중심으로 한 특정 정파가 장악함으로써 사실상 국회의 민주적 정당성은 구조적 한계를 가지고 있었고, 국회 회기일수가 제한되는 등 운영상의 한계도 구조화되어 있었다.

서의 국회의 권능을 확대했다.

　이러한 1987년 헌법의 정부형태가 탄생한 것은 그 이전의 헌법 체제가 보여준 권위주의 체제의 문제점을 극복하는 한편, 당시의 주도적 정치세력이었던 '1노盧 3김金'[5]의 이해관계를 반영하는 것이기도 했다. 대통령 직선제와 국회권능의 확대는 민주화의 결과 필연적인 변화였고, 대통령 5년 단임제는 장기독재의 폐해를 극복하고자 하는 국민적 열망과 더불어 권력순환을 염두에 둔 '1노 3김'의 타협책이기도 했다.

3) 1987년 체제의 정부형태 개편론의 배경

　1987년 체제의 수립 이후 모두 5번의 대선과 6번의 총선이 평화적으로 이루어졌고, 2012년 또 다른 총선에 이어 대선이 예정되어 있다. 따라서 현행 체제는 한국 헌정사상 가장 안정된 체제라고 할 수 있다. 그러나 한편으로는 시간에 쫓겨 대통령 직선제와 5년 단임제를 골자로 한 국민의 핵심적 열망만 반영하다 보니 여러 가지 문제점도 노정하게 되어 헌정의 합리성 수준을 제고하기 위한 개편의 필요성이 지속적으로 지적되어 왔다.[6] 주로 정부형태의 불안정성과 비효율성에 대한 문제 제기가 많았으며, 민주적 정당성이나 정부형태의 체

---

5. 전두환 대통령의 후계자로 선출된 민주정의당의 노태우, 야권의 유력한 대통령 후보군을 이루었던 김대중, 김영삼, 김종필을 이르는 표현이다.
6. 이들 논의에 대한 개괄적이면서도 비판적인 검토는 김종철, 2007, 「대통령 4년 중임제 '원포인트' 개헌론에 대한 비판적 검토」, 『헌법학연구』 제13권 제1호, 61-106쪽 참조.

계정합성을 더욱 강화하기 위한 논의도 제기되었다.

그러나 민주화의 완성을 표방하는 이러한 정부형태 개편론이
어느 정도 타당성을 가지고 있는지는 엄밀한 검증이 필요하다. 정부
형태는 헌정을 구성하는 다양한 요소 가운데 하나에 불과할 뿐만 아
니라, 헌정은 단순히 제도만으로 구성되는 것이 아님은 자명한 것이
기 때문이다. 헌정을 구성하는 다양한 제도적 요소, 이들을 헌법의 기
본 이념과 원리 하에 조화적으로 결합시키는 기술, 제도를 넘어 헌정
의 운용에 중요한 역할을 하게 되는 정치지도자들의 리더십이나 국
민들의 정치의식 등 종합적인 정치문화에 대한 고찰을 통해 정부형
태의 최적성을 확보할 수 있는 길이 무엇인가를 고민할 필요가 있다.

3. 정부형태의 지향가치와 고려사항

정부형태 개편론을 검토하기 위해서는 우선적으로 정부형태 지
향가치와 그 개편의 효과를 검증할 수 있는 변수들을 이해해야 한다.
정부형태가 민주주의 발전의 핵심 요소라고 하더라도 국민이 공감
할 수 있는 지향가치와 조화를 이룰 때라야 개편론이 현실화될 수 있
을 것이다. 또한 정부형태의 두 축인 입법권과 행정권의 상호관계에
대한 검토는 그 권력의 형성과 운용에 영향을 미치는 정당제도나 선
거제도, 그 권력의 운용범위를 결정하는 지방자치제 및 의회제도와
같은 제도적 변수를 염두에 두어야 한다. 한편 이 모든 제도적 요소들
이 작동하는 것은 그 사회의 특수한 정치, 사회, 문화라는 환경을 배
경으로 하므로 이들 문화적 변수도 더불어 고려되지 않을 때 정부형

태 개편론은 탁상공론에 머물 수밖에 없다.

1) 지향가치

정부형태는 민주공화국에서 국가권력을 어떻게 배분할 것인지에 대한 결정을 의미한다. 민주공화국은 정치공동체의 최종적 의사를 주권자인 국민에게 환원하는 국가이다. 따라서 민주공화국에서 정부형태가 지향하는 최고의 가치는 국민이 주권을 실질적으로 실현할 수 있도록 하는 것이다.

인류사회의 민주화 과정은 정치공동체의 구성원인 국민의 정치적 참여를 확대하는 과정이었다. 그러나 국민 전체가 정치과정에 항상 참여하는 것은 경제나 사회활동을 통해 행복을 추구할 기회를 희생해야 하는 만큼 현실성이 없을 뿐만 아니라 효율적이지도 않다. 따라서 국민대표를 통한 대의민주주의가 일반적인 민주주의 형태가 되었다. 하지만 대의민주주의는 국민의 대표를 선출하는 선거제도가 국민의 의사를 제대로 반영하지 못하거나 대표들이 국민들의 의사를 합리적으로 수렴하지 못하는 경우 국민주권주의를 빈껍데기로 전락시킬 수 있다. 따라서 현대 국가에서는 대의민주제를 기본적인 권력질서로 하더라도 국민의 직접적인 정책결정을 장려하는 국민투표와 같은 제도를 부분적으로 도입하는 한편, 국민의 정치적 표현의 자유를 최대한 보장하기 위한 정치 시스템이 필요하다는 데 공감대가 형성되었다. 결국 우리 사회의 정부형태 개편도 국민 대표기관의 민주적 구성을 위한 제도의 보완, 중요 사안에 대한 국민 참여기회의 확대를 위해 고민해야 할 것이다.

다음으로 현대 민주국가에서 정부형태가 지향해야 할 가치는 권력의 분산과 효율성의 조화이다. 권력의 분산은 권력집중에 의한 권력의 오남용을 위한 것이다. 그러나 권력의 분산은 한편으로는 국가 작용의 효율성을 저하시키는 원인이 되기도 한다. 따라서 양자를 적절히 조화시키는 것이 요청된다. 정부형태의 다양한 대안들은 이러한 권력의 분산과 효율성에 대한 균형점을 어떻게 확보할 것인가에 따른 제 나름의 고민과 결단을 담고 있다. 의원내각제의 경우 제도 자체의 일반적 속성은 입법기능과 집행기능의 융합을 통해 효율성이 강화될 수 있는 가능성과 함께 의사결정의 집단적 성격에 의해 정책결정이 오히려 더디고 일관되지 못할 수 있는 위험성을 동시에 가진다. 대통령제의 경우에도 제도 자체의 일반적 속성은 독립적인 국민대표성을 가지는 행정권의 책임성 있는 국정수행의 가능성을 가지지만 입법권과의 관계가 원활하지 못할 경우 정국 긴장으로 국정을 오히려 표류시킬 수도 있는 위험성이 있다.

정부형태의 운용과 관련하여 권력의 분산이 채용하는 방식은 단순한 권력의 분립을 넘어 '견제와 균형의 원리'checks and balances를 효과적으로 시행하는 여러 장치들, 예를 들어 각 권력기관의 구성에 차등적인 임기제를 도입하거나 주요 기관의 구성이나 권한행사에 동의권을 서로 공유하는 방식이 있다. 반면 효율화는 정책결정 과정의 간소화, 결정과 집행의 신속화, 장기적이고 일관된 정책의 수립과 집행의 보장을 요구한다. 그러나 권력분산과 효율화는 반드시 배타적인 가치를 추구하는 것이 아니다. 예를 들어 권력의 분산을 통해 정책결정 과정에 복수의 기관이 관여하고 검증의 과정이 생략될 때 결과적으로 불필요한 국정과제의 선택 및 무분별한 추진이 허용되어 재정의 낭비 등 또 다른 형태의 비효율이 초래될 수 있는 위험성

이 있기 때문이다.[7]

2) 정부형태 운용의 변수 1 : 주변 제도

입법권과 행정권의 관계는 입법권과 행정권의 구성에 관여하는 여러 정치제도들에 의해 영향을 받는다. 정당제도와 선거제도가 대표적이다.

우선 정당제도가 정부형태의 운용에 영향을 줄 수 있다. 정치문화적으로 다당제적 전통이 강한 경우 의회의 안정다수가 확보되기 어렵기 때문에 의원내각제를 채택하는 경우 정국의 안정성을 확보하기 어려울 수 있다. 반면 양당제적 전통이 강한 경우 의회의 안정다수가 용이하게 확보되어 의원내각제가 안정적이면서도 효율적으로 기능할 수 있는 가능성이 높아진다. 그러나 후자의 경우 의회와 정부 사이에 과도한 권력융합에 의해 선거독재electoral dictatorship의 폐단이 노정될 수 있는 위험성도 있다. 대통령제를 채택하는 경우에도 다른 변수가 고정적이라면 다당제적 정치문화에서 대통령의 소속 정파가 의회 내 안정다수를 획득하기가 상대적으로 어려운 경우가 되므로 대통령제의 구조적 문제점인 분점정부divided government 혹은 여대야소與大野小의 폐해가 극대화될 가능성이 높다. 반면 양당제 하에서 대통령의 정파가 의회 다수파를 구성하게 될 때 독재화할 가능성이 높아져서 내각제의 경우와 비슷한 결과를 낳을 가능성이 높다.

---

7. 국민적 반대운동에도 불구하고 압도적 여대야소 체제에 힘입어 이명박 정부가 밀어붙인 소위 '4대강 개발사업'이 대표적인 경우라고 할 수 있다.

결론적으로 정부형태를 논의할 때 정당제도에 따라 정부형태의 차이는 매우 상대화된다는 점을 고려할 필요가 있다.[8]

한편 선거제도는 정부형태 운용의 핵심적인 변수이다. 국회의원 선거제도가 비례대표제인지 다수대표제인지, 다수대표제에서도 상대다수대표제인지 절대다수대표제인지에 따라 의회의 구성과 그 안정성에 영향을 준다. 비례대표제 선거제도의 경우 일정한 외적 통제 장치가 없다면 의회 내 안정다수의 구축은 용이하지 않게 되고, 정부형태와 무관하게 정국의 불안정을 초래할 가능성이 높다. 상대다수대표제의 경우 선거제도 자체가 '조작된 다수'manufactured majority[9]를 형성하는 경향을 보임에 따라 거대정당들의 원내 안정다수 확보 가능성이 높아지므로 내각제나 대통령제 공히 선거독재의 위험성이 상존한다. 반면 이때 의회가 여소야대인 경우 대통령은 식물화될 가능성이 있다. 결국 선거제도에 따라서도 정부형태의 차이는 상대화된다는 점을 알 수 있다.[10]

입법권을 가지는 의회의 구성형태나 권력의 수직적 분배구조로서의 지방자치제 혹은 연방제의 채택 여부도 정부형태에 영향을 주는 제도들이다. 의회제도를 양원제로 할 것인지 단원제로 할 것인지

---

8. 또한 양당제와 다당제의 차이 외에 정당의 이념적 정체성, 지역적 기반과 당내 기율 등도 정부형태의 운용에 영향을 줄 수 있다. 이념정당적 성향이 강하고 당의 기율이 엄격한 경우 정당 간 정책연합이나 소속 의원의 정치적 선택의 가능성, 예를 들어 교차투표의 가능성이 낮게 될 것이 예상되고, 정부형태의 차이와 무관하게 정국의 경색이 빈번하게 초래될 가능성이 높다.

9. 상대다수대표제가 거대정당 소속 후보자들의 득표율에 비하여 정당 의석배분율이 높게 산출된다는 점을 지적하는 것.

10. 선거제도와 관련하여 대통령제의 경우 대통령 선거제도도 정부형태상의 차이점을 상대화하는 데 기여할 수 있다. 국회를 통한 간선제이거나 선거인단을 통한 선거제도라면 대통령의 민주적 정당성의 약화로 명실상부한 대통령제로의 운용이 쉽지 않을 수 있다.

는 입법권과 행정권의 관계를 설정하는 데 중요한 역할을 한다. 양원제의 경우 의회권력의 분산으로 어떤 정부형태를 취하건 신중한 국정운영을 유도할 개연성이 높다. 그만큼 독재의 가능성은 줄어들지만 국가 작용의 효율성은 일정 부분 떨어질 수 있다. 단원제의 경우 독재의 가능성과 여소야대에 의한 국정 비효율의 가능성이 병존하지만 효율적인 국정운영의 가능성(그 반대급부로서의 독재의 가능성)이 양원제의 경우보다 높다고 할 수 있다.[11]

지방자치제도의 활성화나 국가형태가 연방제인지의 여부도 정부형태에 영향을 미친다. 중앙집권적인 국가형태 하에서는 정부형태가 상대적으로 중요한 의미를 가질 수 있지만, 지방분권이 제대로 이루어져 있다면 중앙정부의 정부형태의 의미는 축소될 수 있다. 예를 들어 지방분권으로 주민 복리생활에 대한 자치가 충분히 이루어진다면 중앙정부의 경우 권력분산보다는 효율성을 강조하는 정부형태를 채택하더라도 국민생활 전반에 미치는 영향은 줄어들 수 있다. 그러나 지방분권이 미약한 중앙집권적 체제에서 효율성을 강조하는 정부형태는 국민생활 전반의 불균형을 심화하고 정치적 갈등을 증폭시킬 위험성이 매우 크다.

지방분권을 국가형태적 차원에서 헌법화한 연방제의 경우도 비슷한 경향을 보일 것이다. 연방국가인 미국의 대통령제 경험은 단일국가인 우리의 정부형태를 논할 때 연방제가 미치는 영향을 감안하여 조정될 필요가 있다. 연방제의 경우 원론적인 지방자치와는 달리 독립성을 가지는 정치공동체를 전제로 하므로 중앙정부의 정부형태

---

11. 양원제 개원론에 대한 비판적 검토로는 신우철, 2010, 「양원제 개헌론 재고」, 강원택 편, 『헌법개정의 정치』, 인간사랑, 제8장 참조.

와 보다 복잡한 관계를 형성하게 된다. 특히 인구규모나 경제력 등에서 차이가 나는 지분국member states의 이해관계를 합리적으로 조정하기 위해 중앙정부는 효율성보다는 권력분산을 매개로 합의정치를 추구할 필요성이 존재한다.

3) 정부형태 운용의 변수 2 : 헌법원리

자유민주국가에서 입법권과 행정권의 관계는 궁극적으로는 권력분립을 통한 독재의 방지와 공화적共和的 국가운영이라는 두 가지 목표를 어떻게 실현하는가의 문제이다. 따라서 자유민주체제에서 국가권력의 기능적 분화, 즉 입법과 집행의 분화는 전제된 것이다. 정부형태의 유형들 사이에 차이가 있는 것은 공화적 국가운영을 위해 이 두 권력 간의 관계를 어떻게 결합시킬 것인가라는 '상대적'인 문제이다.

달리 표현하자면, 대의민주주의 체제에서 국가권력의 공화적 실현을 위해 정부형태의 핵심을 의회 중심으로 인식하는 것이 필요하다. 정부형태 간의 상이에도 불구하고 '의회주의'parliamentarism는 필수적 헌정요소라는 말이다. 국가 의사의 기본적 실현은 민주적 법치주의에 따라 국민 대표기관인 의회의 입법에 의해 확정되기 때문이다. 집행은 결국 이처럼 입법화한 국가 의사를 국민에게 구체적으로 적용하는 것이다. 그렇다면 집행의 독자성을 확보하기 위한 대통령제의 의미는 의회와 구별되는 국민적 대표성에 근거하여 법률안 거부권을 통해 입법권을 부분적으로 견제하거나 행정입법권을 통해 입법의 직접적 실현범위를 조정하는 데 일차적인 의미가 있다고 하지 않을 수 없다. 따라서 정부형태를 논할 때 대통령의 독자적 대표성의 의미를 민주적 법치주의의 기본 전제인 의회주의와 분리시키거나 의회주의를 압도하는 상황을 전제로 하는 것은 매우 위험하다. 대통령제라고 하여 대통령을 우월적 지위에 두고 대통령 중심으로 국정 시스템을 인식하고 실행하는 것은 권위주의 체제의 잘못된 유산이다. 특히 현실적으로 경찰이나 검찰, 국세청, 국가정보원 등 공권력 집행기관을 통해 정치과정을 통제함으로써 의회주의를 왜소화시키는 것이 이러한 유산을 고착화시키는 데 중요한 역할을 하고 있다.

결론적으로 정부형태의 개편은 자유민주체제가 상정하는 민주주의, 법치주의, 의회주의, 권력분립, 견제와 균형과 같은 헌법원리를 배경으로 하여 논해져야 하고, 그 구체적 요청은 국정의 한 축에 항상 국민 대표기관으로서의 의회가 존재해야 한다는 것이다. 의원내각제의 경우 의회 자체가 일원적 국민 대표기관이 되는 것이고 대통령제의 경우 이원적 국민대표제가 시행된다는 점이 다를 뿐이지, 대통령이 우월적 국민대표성을 확보하는 것으로 이해하는 것은 경계해야 한다.

4) 정부형태 운용의 변수 3 : 배경문화

정부형태가 여러 민주적 제도들, 헌법원리와 상호작용하면서 기능하게 된다는 것 외에도 정부형태의 개편 논의는 우리 사회가 오랜 기간에 걸쳐 형성해 온 정치문화로부터 완전히 자유로울 수 없다. 물론 정치문화는 고정된 것이 아니라 끊임없이 변하는 것이고, 경우에 따라서는 이념적 지향에 맞춰 문화 자체를 개선해야 할 필요가 있는 것이 사실이다. 그러나 정부형태도 결국 헌정의 운용 현실과 동떨어진 이념형ideal type에 불과한 것이 아니므로 현실의 문화적 조건과 상호작용할 수밖에 없다는 것은 의문의 여지가 없다. 세계 각국의 정부형태를 이념형에 따라 분류할 수는 있지만, 같은 유형의 정부형태에서도 그 운용의 실태는 실로 다양하여 사실상 전혀 다른 정부형태로 볼 수밖에 없는 경우도 많다. 영국의 내각제와 독일의 내각제를 어떻게 같은 선상에 놓고 평가할 수 있을 것이며, 미국의 대통령제와 남미의 대통령제 간의 비교도 마찬가지일 것이다. 따라서 정부형태 개편론은 정치문화적 특성을 충분히 고려하는 차원에서 논의될 때 현실적실성을 갖출 수 있게 될 것이다. 그렇다면 정부형태 개편론에서 고려해야 할 우리 사회의 정치문화적 특성은 무엇인가?

첫째, 정치공동체의 통합적 상징인 국가원수를 국민이 직접 선택하고자 하는 의지가 매우 강하다. 왕정이 너무도 허무하게 한국 근현대사에서 소멸된 것이 이러한 문화의 역사적 증거가 된다. 이러한 정치문화의 부정적 측면은 봉건왕조의 '나랏님'에 견주어질 수 있는 권위주의적 대통령관이 국민과 정치인 사이에 광범위하게 유포된 것이다. 그러나 이러한 전근대적 사고방식에도 불구하고 사회통합의 정치적 기능과 국가권력의 민주적 집행의 과제를 일정 부분 담당할 1인기관적 국민대표를 선출하고자 하는 국민의 열망은 국민주권주의의 실질화라는 정부형태의 지향점과 일맥상통하는 점이 있다.

둘째, 정당제도나 선거제도 등 정치체제의 안정성이 아직 취약하다. 정당이나 정치세력은 이념이나 정책을 중심으로 기능하기보다는 인물 중심으로 기능하는 사당적 성격이 강하다. 1987년 체제 성립 이후의 지속적인 민주화 과정에서도 인물 중심의 사당적 성격은 완전히 탈각되지 못했다. 김영삼, 김대중, 노무현, 이명박의 정치적 성공

234 한국 민주주의 어디까지 왔나

과 좌절에 따라 정당의 운명이나 운영이 근본적인 영향을 받았다. 특히 3김 이후의 노무현과 이명박의 정치적 성공은 정당을 중심으로 하는 책임정치보다는 특정인의 정치적 캐릭터에 의해 좌우되는 양상을 보이고 있다. 집권당의 차기 대선 유력 후보인 박근혜의 경우도 정당조직보다는 개인적 카리스마에 의존하는 유형이라는 점에서 예외가 아니다. 2011년 서울시장 보궐선거를 전후하여 한국 정가를 강타하고 있는 소위 '안철수 효과'는 한국 정당정치의 허약성을 극명하게 보여주고 있다.

이처럼 인물 중심의 정당운영이나 정치세력화를 고착화시키는데 상대다수대표제에 기초한 국회의원 선거제도가 크게 기여했다. 정당가입률이나 충성도가 약한 상황에서 소선거구제를 통해 선거구당 1인을 선출하는 방식은 정당투표적 경향이 비례대표제의 경우보다 약화된 형태로 표출되고 인물투표적 성향이 상대적으로 크게 나타날 수 있는 여건을 마련한다.

셋째, 절차적 민주주의를 보장하기 위한 법치주의가 제대로 정착되지 못하고 있는 점도 정치문화적 한계를 구성한다. 과도하게 규제일변도인 선거법, 정당법, 정치자금법은 물론 집시법 등 정치적 표현의 자유를 억압하는 많은 법제가 정치과정의 형사사법화를 조장하고 있다. 금권선거나 관권선거가 많이 시정되기는 하였으나 규제 중심적 선거법에 의해 선거는 합법과 불법의 경계선에서 이루어진다. 정당활동을 포함한 정치활동도 비현실적인 규제들에 의해 법집행기관의 자의적 개입의 가능성이 매우 높다.[12] 이런 현실은 경찰과

---

12. 숱한 사례가 있지만 가장 근래의 사례로는 2011. 12. 22. 대법원 확정판결에 의해 공직선거법상 허위사실 유포죄로 수감된 정봉주 전 민주당 의원의 경우가 대표적이다. 정 의원이

검찰을 통한 정치적 억압이 여전히 가능한 이유가 된다. 또한 교사, 공무원을 비롯하여 신분상의 이유로 정치적 활동이 과도하게 규제되는 것은 물론이고, 일반 시민의 경우에도 선거운동이나 정치활동이 일상적으로 통제되고 있다. 법을 어기지 아니하면 정치적 목적을 달성하기가 쉽지 않고 법을 준수하지 않을 때 자의적인 공권력의 집행이 가능한 현실인 것이다. 이런 억압적 정치상황의 일상화는 정당의 발전을 가로막을 뿐만 아니라 선거제도의 민주적 정당성에도 흠결이 된다.

법치주의의 취약은 정치과정에서 협상과 토의에 의한 결정보다는 대결과 배제에 의한 결정이 지배하게 하는 원인이 되기도 한다. 법 행정권을 확보하지 못하면 정치적 생존이 위협받는 상황에서 양보와 타협에 바탕한 정치를 요구하는 것은 현실성이 약하다. 이처럼 정당활동을 비롯한 정치활동과 선거가 자유로운 선택과 합의의 과정이 되지 못하고 정치외적 목적과 수단에 의해 왜곡되는 정치문화에서 정치과정의 자율성을 기대하는 것은 불가능하다.

이처럼 법치주의의 취약과 정치의 자율성의 약화라는 악순환 역시 권위주의 시대의 유산으로 하루빨리 청산해야 할 과제이다. 1987년 체제 이후 지속적인 민주화 과정에서도 정치의 자율성을 회복하고 적정한 법적 규제 하의 공정한 정치활동이 이루어지는 문화, 즉

___

허위사실 유포혐의를 받은 'BBK' 의혹사건에 대해서는 당시 이명박 후보의 당내 경쟁자였던 박근혜 의원도 의혹을 제기한 바 있지만 형사처벌을 받지 않았다. 사안이 다르지만 한나라당 소속 진수희 의원 등이 민주당에 제기한 의혹에 대한 형사처벌은 단순 명예훼손 사건으로 약식처리되거나 벌금형이 선고되었지만 정봉주 의원의 경우에는 공직선거법상 허위사실 유포죄로 처리되어 실형이 선고되었다는 점에서 자의적 공권력 행사의 의혹이 제기되어 있다(2011. 12. 28. 한겨레 프리즘, 「정봉주 수감은 불의다」 참조).

절차적 민주주의에 기초한 정치문화를 굳건하게 구축하지 못한 현재의 상황에 대한 냉철한 인식이 정부형태 개편론에서도 충분히 고려되어야 한다.

넷째, 정부형태 운용의 숨은 요소로 관료와 이익집단의 역할이 있다. 박정희 집권 이후의 권위주의 시대는 산업화로 포장된 '개발독재'로 특징될 수 있다. 이 시기 국가운영의 주력은 관료라고 해도 과언이 아니다. 정경유착과 병행하는 개발독재의 불균형성장정책이 지배하는 시대에 관료의 조직적 이익과 개인적 이익을 고착화하는 행정체계와 사회체계가 뿌리내렸다. 재벌로 상징되는 이익집단은 정치권과 연계하는 한편으로 구체적인 국가정책의 집행에 관여하는 관료와 개별적으로 혹은 조직적으로 관계망을 구축하고 있다. 민주화 이후에도 관료와 이익집단의 연계관계는 완전히 청산되지 않는다. 입법권과 행정권의 관계를 정부형태라고 할 때 정치세력을 중심으로 하는 시각에 의하면 관료의 역할은 막후로 숨겨지게 된다. 그러나 관료를 중심으로 한 권력체계를 그려보면 정치과정은 관료의 연계망을 중심으로 한 권력적 공생체제와 서로 연계되어 있다. 물론 그 정점에 대통령이나 정치적 유력자 혹은 정당을 중심으로 하는 상부구조가 존재하겠지만 관료적 연계망과 결합하지 않고서는 그 자생성을 확보할 수 없다. 관료의 연계망은 한국 사회의 연줄문화, 즉 학연, 지연, 혈연의 사회적 힘에 의해 더욱 강화되는 성격을 가진다. 관료와 정치권력 간의 관계가 정부형태의 정상적 운영을 왜곡하는 문화적 특성을 구성한다는 점을 정부형태 개편을 논의하는 과정에서 고려할 필요가 있다.

다섯째, 과도한 지역주의로 인하여 정부형태의 형성과 운영에 비합리성이 끊임없이 재생산되는 구조가 있다. 지역주의는 선거에서 합리적 선택을 방해하고 국가권력의 집행과정에서도 불필요한 지역적 고려가 우선하게 되는 악순환을 초래하고 있다.

4. 현행 정부형태에 대한 대안 모색과 그 한계

1) 현행 정부형태의 특징과 문제점

현행 정부형태의 특징은 대통령제를 중심으로 내각제적 요소가 부분적으로 혼재된 것이다. 한마디로 대통령제적 외피를 가지지만 현실적으로는 내각제적 운용을 가능하게 하는 여러 가지 제도적 문화적 계기들이 존재한다.

우선 정부형태로서 대통령제적 특성을 뚜렷하게 가진다. ① 국가원수이자 행정부의 수반은 국민의 직접선거에 의해 선출되어 국민대표성을 국회와 공유하는 국민대표성의 이원화가 정부형태의 골격을 이루고 있고, ② 대통령의 확정된 임기가 보장되며, ③ 대통령이 국회에 대하여 정치적 책임을 지는 의회의 불신임제가 존재하지 아니하고 오로지 국회의 탄핵소추와 헌법재판소의 탄핵결정에 의해서만 강제퇴출이 가능하며, ④ 국회의 입법에 대하여 대통령의 법률안 거부권을 통한 통제가 가능하고, ⑤ 국회에 대한 대통령의 해산권이 인정되지 아니한다.

그러나 미국형 대통령제와 달리 다음과 같은 의원내각제적 요소도 존재한다. ① 국회의 동의를 얻어 임명되는 행정부의 제2인자로 국무총리를 두고 행정각부를 통할하는 한편 국회에 대하여 정치적

책임을 부담하여 해임건의의 대상이 되도록 하며, ② 국정 최고심의
기관으로 국무회의를 두고 국무위원의 임명에는 국무총리가 제청권
을 행사하며, ③ 국회의원과 국무위원의 겸직을 금지하지 않고 있고,
④ 정부도 법률안을 제출할 수 있도록 하며, ⑤ 국무총리, 국무위원
및 정부위원들이 국회에 출석하여 발언할 수 있는 권한과 의무를 동
시에 부담하도록 한다. 헌법관행상으로도 대통령의 소속 정당과 정
부는 공식적인 협의기구를 두어 정책을 조율하는 당정협의를 일상
화하는 것도 의원내각제적 요소라고 할 수 있다.

이 밖에도 헌정사적 특수성에 따라 장기집권을 예방한다는 명
목으로 대통령의 임기를 5년 단임으로 못박고 있는 것도 미국형 대
통령제와 다른 특징이라고 할 수 있다.

이러한 정부형태 자체의 특징 외에도 정부형태의 운영과 관련
한 다양한 제도적 문화적 요소를 정리하면 다음과 같다. 첫째, 정당제
는 준삼당제적 성향을 보여왔다고 할 수 있다. 다음의 〈표 2〉에서 보
듯 1987년 이후 다당제적 성격이 강화되기는 하였으나 여전히 제1당
과 제2당이 거대정당으로 정치과정의 기득권세력으로 자리하는 한
편 제3당이 중요한 정치현안에서 간헐적이나마 지배적 결정권을 가
질 수 있는 구도이다. 이러한 준양당제적 정당체계는 소선거구제를
중심으로 하고 비례대표제적 정당투표를 부분적으로 가미한 선거제
도에 의해 구축된 측면이 있다. 이런 구조 하에서 제1당이 여든 야든
원내 안정다수를 획득하는 것이 쉽지 않은 특색이 있다. 이런 특색은
대통령제 하에서 여소야대의 가능성이 더 높은 환경이다. 반면 현행
정당체계와 선거제도 하에서는 의원내각제 하에서도 안정적 정국운
영이 만만하지 않을 수 있다는 추정도 가능하다.

둘째, 의회제도는 단원제가 일반적이었다. 대통령제 하의 여소

〈표 2〉 역대 헌법상 정부형태에 영향을 미친 제도적 요인의 현황

	정부형태	의회제도	지방자치*	국회의원 선거제도	원내 정당 의석분포**
제헌헌법	대통령제	단원제	미실시	소선거구제(1구1인제) 단순다수대표제 무소속출마 허용	제헌국회(200) 무소속 85 대한독립촉성 국민회 55 한국민주당 29 제2대 국회(210) 무소속 126 대한국민당 24 민주국민당 24
제1차 개정헌법	대통령제	양원제 (단원제로 운용)	실시	상동	제3대 국회(203) 자유당 114 무소속 67 민주국민당 15
제2차 개정헌법	대통령제	양원제 (단원제로 운용)	실시	상동	제4대 국회(233) 자유당 126 민주당 79 무소속 27
제3차 개정헌법	의원내각제	양원제	실시	민의원 : 소선거구제 (1구1인제) 단순다수대표제 참의원 : 대선구제 (1구2-8인제) 제한연기투표제 무소속출마 허용	제5대 국회 민의원(233) 민주당 175 무소속 49 사회대중당 4 참의원(58) 민주당 31 무소속 20 자유당 4
제4차 개정헌법	의원내각제	양원제	실시	상동	
제5차 개정헌법	대통령제	단원제	미실시	소선거구제(1구1인제) 단순다수대표제 (지역구) 비례대표제(전국구) 무소속출마 금지	제6대 국회(175) 민주공화당 110 민정당 41 민주당 13 제7대 국회(175) 민주공화당 129 신민당 28 대중당 1

제6차 개정헌법	대통령제	단원제	미실시	소선거구제(1구1인제) 단순다수대표제(지역구) 비례대표제(전국구) 무소속출마 금지	제8대 국회(204) 민주공화당 113 신민당 89 기타정당 2
제7차 개정헌법	대통령제	단원제	미실시	직접선거 : 중선거구제(1구2인제) 단순다수대표제(지역구) 비례대표제(전국구) 간접선거 : 대통령이 일괄 추천한 후보를 통일주체국민 회의에서 선출(1/3) 무소속출마 허용	제9대 국회(146)*** 민주공화당 73 신민당 52 무소속 19 ------------ 제10대 국회(154)*** 민주공화당 68 신민당 61 무소속 22
제8차 개정헌법	대통령제	단원제	미실시	중선거구제(1구2인제) 단순다수대표제(지역구) 비례대표제(전국구) 무소속출마 허용	제11대 국회(276) 민주정의당 151 민주한국당 81 한국민당 25 ------------ 제12대 국회(276) 민주정의당 148 신한민주당 67 민주한국당 35
제9차 개정헌법	대통령제	단원제	실시	중선거구제(1구2인제) 단순다수대표제(지역구) 비례대표제(전국구) 무소속출마 허용	제13대 국회(299)**** 민주정의당 125(33.96) 평화민주당 70(19.26) 통일민주당 59(23.83) ------------ 제14대 국회(299) 민주자유당 149(38.5) 민주당 97(29.2) 통일국민당 31(17.4) ------------ 제15대 국회(299) 신한국당 139(34.52) 새정치국민회의 79(25.30) 자유민주연합 50(16.17) ------------ 제16대 국회(273) 한나라당 133(38.96) 민주당 115(35.87) 자유민주연합 17(9.84)

				제17대 국회(299) 　열린우리당 　　152(41.99/38.3) 　한나라당 　　121(37.90/35.8) 　민주노동당 　　10(4.31/13.0) 제18대 국회(299) 　한나라당 　　153(43.45/37.48) 　통합민주당 　　81(28.92/25.17) 　자유선진당 18 　　(5.72/6.84) 　무소속 25

*　역대헌법은 모두 지방자치제도를 헌법상 보장하고 있었음.

**　( )의 수는 의원정수, 밑줄 그은 부분은 여당(또는 집권자 지지계열). 출처는 중앙선거관리위원회, 1973/1980, 『대한민국선거사』(1, 2, 3집) 및 『제11대 국회의원선거상황』, 『국회의원선거총람』(12대-18대) 참조.

***　( )의 수는 지역구에서 직선, 그 밖에 제9대에서 73명, 제10대에서 77명은 대통령이 일괄 추천한 후보를 통일주체국민회의에서 간선.

****　13대-18대의 경우 정당별 당선인수 옆 ( )의 수는 정당별 전국득표율. 17대-18대의 경우 비례대표 선출에서 정당투표가 도입되었으므로 지역구 전국득표율 외에 정당투표에서 정당득표율을 병기함.

야대 국회가 빈번한 상황에서 단원제는 정국의 경색을 초래하는 위험성이 큰 것으로 판단된다. 현행 정부형태를 개편할 필요성을 제기하는 입장에서 가장 주목하는 특징이라고 할 수 있다. 그러나 또 대안을 모색한다면 비례대표제 선거제도를 도입하여 정당의 이념적 스펙트럼이 다양화되면서 여소야대라고 하더라도 여당이 연합을 통해 국정 안정화의 기회를 가질 수 있도록 하거나 양원제를 통해 정국 대립을 완화하는 장치를 고려해 볼 수도 있다.

　셋째, 지방자치제가 실질적으로 기능하기 시작한 것은 채 20년도 되지 않으며, 그나마 재정자립도나 분권의 정도가 매우 낮은 단계

여서 매우 강한 중앙집권적 체계를 가진다. 이러한 체제 하에서 대통령과 여대야소가 결합하면 매우 강한 독재적 경향을 보여줄 수 있다. 선거에서 여소야대의 상황이 초래되더라도 인위적 정계개편을 통해 여대야소를 구성한 경우가 자주 있었고, 그 결과 현행 정부형태에서 권위주의 체제 하의 제왕적 대통령제의 이미지가 여전히 남아 있는 것도 중앙집권화 정도가 매우 높은 것에 일정 부분 기인한다.

한편 현행 정부형태에 대한 비판론자들의 논지는 크게 다음 두 가지로 요약된다.

첫째, 대통령 5년 단임제에 따른 정치체제의 비효율성과 불안정성에 대한 비판이 있다. 정부형태 개편론들은 5년 단임제가 ① 여소야대에 따른 분점정부의 일상화, ② 책임정치의 부재, ③ 선거의 빈발로 인한 낭비와 국정의 불안정성의 심화, ④ 정당정치의 약화, ⑤ 장기적 국가전략 과제와 미래 과제의 일관적 수행의 한계, ⑥ 헌법구조의 중대변경을 예고하는 개헌운동, 대통령 중간평가, 탄핵 등 헌법사태의 반복과 같은 치명적인 문제점을 낳았다고 주장한다.[13]

1987년 체제에서 분점정부가 일상화됨으로써 대통령과 국회 다수파의 불일치로 인한 국정 비효율에 대한 우려가 많은 것이 사실이다. 특히 대통령의 임기가 5년인 반면 국회의원의 임기가 4년이어서 대통령 임기 중 반드시 한 번의 총선이 있게 되자 국정심판론으로 분점정부가 고착화되는 경향이 있다. 이 외에도 민주화의 결과 관권선거와 불공정한 선거제도의 문제점이 개선되고 준다당제적 정치체제가 일반화된 것도 분점정부의 고착화에 기여했다. 또한 단임제가 책

13. 박상철, 2007, 「개헌의 필요성과 전망」, 전남사회연구회·대통령자문정책기획위원회 주최 2007년 정책토론회 "개헌 공개대토론회" 자료집, 16–17쪽.

임정치를 불가능하게 하고 현재권력과 미래권력간의 공존기간이 장기화되면서 무한정치투쟁의 위험을 안고 있다는 지적이 제기되었다.

둘째, 여전히 취약한 정부형태의 민주성을 강화할 필요성이 제기된다. 예를 들어 ① 대통령 결선투표제의 결여에 따른 부작용, ② 국무총리제의 민주적 정당성의 부족과 정부형태상의 체계적 정당성의 미흡,[14] ③ 비례대표제의 입법위임에 따른 비민주적 선거제도의 고착화 등에 대한 문제 제기가 있다.

결선투표제의 결여를 비판하는 견해는 상대다수대표제에 따른 대선에 의해 소수파 대통령의 선출이 일상화[15]되는 문제점을 지적한다. 민주적 정당성이 취약한 대통령의 당선은 사이비 정당성을 창출하기 위한 대중영합주의populism로 정국이 운영될 수 있는 위험성이 높다[16]는 것이다.

국무총리의 민주적 정당성이나 체계정합성의 문제는 국민의 직접적인 신임에 기초하지 아니하는 행정권의 제2인자를 두는 체제에 대한 불만이다. 국무총리제가 대통령의 독재화 가능성을 견제함으로써 행정권력 분권효과를 추구하고 대통령을 대신한 행정권의 답책성accountability을 강화하는 원래의 목적과는 달리 이른바 '방탄총리' 防彈總理 혹은 '대독총리' 代讀總理로 기능하는 점을 지적[17]하는 것이다.

국회의원 선거에서 비례대표제의 도입을 헌법에 의하여 명확하

14. 정태호, 2007, "대통령 임기제 개헌의 필요성과 정당성", 『헌법학연구』 제13권 제1호, 16-18쪽.
15. 실제로 1987년 헌법체제에서 대통령 당선자는 모두 과반수에 미달하는 득표율을 가지고 있다. 노태우 대통령은 36.6%, 김영삼 대통령은 42.0%, 김대중 대통령은 40.3%, 노무현 대통령은 48.9%의 득표율로 당선되었다.
16. 정종섭, 1999, 「한국헌법상 대통령제의 과제」, 『헌법학연구』 제5권 제1호, 22-24쪽.
17. 박찬욱, 2004, 「대통령제의 정상적 작동을 위한 개헌론」, 『한국 정부형태의 이해』, 나남출판, 191-192쪽.

게 강제할 필요성은 지역주의 고착형 현행 국회의원 선거제도의 문제점을 인식한 결과 제기되어 온 것이다. 현행 헌법 하에서도 비례대표제의 도입이 강제된다는 해석론이 있다.[18] 또한 현재에도 비례대표제가 부분적으로 도입되었다는 인식이 널리 유포되어 있다. 그러나 선거제도는 전체적으로 그 본질이 파악되어야 한다는 점에서 보면 현재의 선거제도는 변형된 상대다수대표제이므로 엄밀한 의미에서 비례대표제를 도입한 것이라고 보기 힘들다.[19] 여하튼 의회민주주의를 더욱 강화하기 위한 선거제도의 선진화는 지속적인 정치 민주화의 과제일 수밖에 없다.

2) 헌법연구자문위원회의 정부형태에 대한 대안

헌법연구자문위원회는 정부형태와 관련하여 다음의 표들에서와 같이 현행 대통령제의 문제점과 그에 대한 대안으로서의 여러 정부형태의 장단점을 비교분석한 다음, 현행 대통령 5년 단임제에서 대통령과 국무총리가 권력을 분점하는 이원정부제 또는 4년 중임 정·부통령제로의 개헌을 제안했다.

---

18. 김형성, 2001, 「민주적 선거제도」, 『헌법학연구』 제7권 제3호, 23쪽 ; 음선필, 1997, 「비례대표선거제의 유형과 헌법적 기능에 관한 연구」, 서울대학교 박사학위논문, 177쪽.

19. 김종철, 2002, 「전국구 비례대표제의 투표방식과 의석배분 방법의 위헌결정에 대한 비판적 고찰-헌재 2001. 7. 19. 선고, 2000헌마91·112·134(병합)」, 『헌법실무연구』 제3집, 321-366쪽, 특히 337-346쪽.

〈표 3〉이원정부제안과 대통령제안 비교

구분	이원정부제	4년 중임 정·부통령제
의회제도	• 양원제	• 양원제
법률안제출권	• 국무총리가 보유	• 현행 정부의 법률안제출권 폐지
국회해산권	• 대통령이 보유 • 국무총리는 국회의 신임요구안 부결시 국회(하원) 해산제청권 보유	• 불필요한 제도
대통령 선출·임기	• 국민직선 5년 단임제	• 국민직선 4년 중임제
국무회의	• 대통령의 권한에 속하는 사항에 대한 심의기관으로서 대통령이 주재	• 불필요한 제도
국무총리	• 행정부 수반으로서 국회(하원)에서 선출된 자를 대통령이 임명	• 불필요한 제도
국회의원·장관 겸직허용 여부	• 의원의 각료겸직 허용 헌법에 명시	• 의원의 장관직 겸직금지를 헌법에 명시
해임건의/ 내각불신임	• 국무총리가 국회(하원)에 요청한 신임투표에 대해 국무총리불신임시 내각 연대책임	• 현행 국무위원(장관) 해임건의제도 폐지

* 출처 : 헌법연구자문위원회 결과보고서 재구성

〈표 4〉이원정부제안과 대통령제안의 장·단점

구분	장점	단점
이원정부제	• 행정부와 입법부 간의 일정 부분 권력 공유로 인한 책임정치의 구현 • 대통령과 국무총리(수상)가 권한을 분점하여 행사하므로 행정권 내에서의 견제와 균형이 가능 • 행정부와 의회 간의 매개역할을 통한 정당정치의 발전	• 내각과 의회에 대한 대통령의 견제권이 약하여 국무총리(수상) 및 그 소속 정당이 독재화 가능 • 대통령과 국무총리(수상)가 소속 정당을 달리할 경우 대통령과 내각간의 불화와 정치적 갈등으로 정국 불안정 • 대통령의 위기를 빙자한 비상권한 남용의 우려
대통령제	• 대통령의 임기동안 국가 정책의 지속성과 행정의 안정성 확보 • 입법부와 행정부 간의 견제·균형으로 권력남용방지 • 대통령의 정치적 책임 추궁이 곤란하다는 단임제의 문제점 해결	• 국가원수와 행정부 수반을 겸하는 강력한 권한으로 인한 대통령의 독재화 우려 • 대통령과 의회가 대립하여 입법이나 예산을 의결하지 않을 경우 행정부의 기능 정지와 불안 초래 • 현직 대통령의 선거운동으로 인한 국정 운영 소홀 및 혼란 가능

* 출처 : 헌법연구자문위원회 결과보고서

3) 대안으로서의 4년 중임제에 대한 검토

대안으로 제시되는 4년 중임제의 타당성은 현행 정부형태의 문제점을 상당 부분 해소할 수 있을 것인지에 달려 있다. 만일 현행 제도의 문제점을 근본적으로 개선하지 못한다면 '제5차 개정헌법'(소위 제3공화국 헌법)이 가졌던 대통령 4년 중임제에 대한 막연한 향수이거나 미국형 대통령제에 대한 동경일 수도 있고, 책임정치론의 도그마에 따라 단임은 무책임제라는 형식논리에 얽매인 것일 수도 있다.

4년 중임제는 대통령제를 근간으로 하고 있다는 점에서 현행 제도와 근본적으로 동일하며, 그 적절성은 5년 단임제의 문제점으로 지적되어 온 것들을 치유할 수 있느냐에 따라 판단될 수 있다. 이하에서 차례로 관련논점을 비판적으로 검토해 보자.

첫째, 여소야대 내지 분점정부는 대통령제의 구조적 문제점이며 대통령 임기제나 선거주기의 일치와는 필연적 관계가 없다. 오히려 정책 중심의 여야관계 정립, 합의적 정치문화를 통해 개선될 사항이다.

둘째, 4년 중임제도 책임정치를 제대로 보장하지 않는다. 책임정치는 개인에 대한 책임 못지않게 정당을 통해 이루어지는 것이므로 정당의 안정성이 더 관건이다. 인물에 대한 선거가 있어야만 책임정치가 담보되는 것은 아니다. 오히려 단임제는 무책임제라기보다는 무한책임제이기도 하다. 잘하든 못하든 그 공과는 소속 정당이나 정치세력에게 남기고 인물은 무조건 책임을 담당하고 퇴임하는 것이다. 한편 4년 중임제에서 두 번째 임기의 대통령의 책임정치도 역시 단임제의 운명에 처하게 되므로 일관적·논리적 근거가 되기가 힘들다. 결국 책임정치는 대선은 물론 의회선거를 통해 합리적으로 달성하게 하는 방안이 오히려 설득력이 있다. 그러자면 정당에 대한 심판체제를 중심으로 하는 선거제도를 도입하는 것이 오히려 급선무라고 할 수 있다.

셋째, 4년 중임제는 국력의 소모가 큰 대선주기의 단축으로 낭비성이 오히려 더욱 커질 수 있는 제도이다. 5년 단임제의 문제점으로 지적되는 각종 선거 빈발 문제는 선거의 헌정적 의미에 대한 국민의 의식 수준 향상을 통해 선거의 긍정적 의미가 올바로 자리매김하게 될 때 해소될 수 있는 것이다. 예를 들어 현재 1당 독재체제가 태반인 상태를 초래한 2006년 지방선거의 결과에서 보듯 지방선거는 지방선거 고유의 의미, 즉 지방자치체에 대한 책임정치의 구현이 목적[20]임을 명확히 하는 개혁조치와 의식개혁을 통해 실현할 필요가 있다.

넷째, 단임제가 정당정치를 약화시키는 것이 아니라, 정당의 전근대성과 정치인의 사명감 부족 내지 과도한 현실지향성이 정당정치 약화의 원인이다. 현재의 정치문화에서 4년 중임제도 2차 임기시의 레임덕 현상lame duck syndrome을 피할 수 없고, 오히려 선거주기의 단축에 의한 피해만 더 늘어날 수 있다.

다섯째, 현재의 정치문화에서 4년 중임제는 오히려 장기적 국가전략 과제와 미래 과제의 일관적 수행을 더욱 어렵게 할 수 있다. 첫 임기는 재선을 위한 선거 전초전으로 흐를 것이 분명하다. 레임덕의

---

20. 이 점에서 대통령과 국회의원의 임기를 일치시키는 대신 지방선거를 중간평가적 선거로 운용하자는 인식(양건, 2006, 「개량적 개헌을 생각한다」, 『월간 Next』, 51쪽에는 동의하기 어렵다.

문제는 인사권, 재정행정권, 정보에 대한 우선적 접근권 등을 토대로 정치적 리더십의 발휘를 통해 해소되어야 하며, 바로 이러한 정치적 리더십이 대통령제 성패의 관건[21]이지 임기는 절대적 요소일 수 없다.

여섯째, 개헌운동이나 탄핵과 같은 중요한 헌법적 사태의 반복 문제 또한 5년 단임제의 문제가 아닌 헌법과 정치과정에 대한 이해와 의식화가 부족하여 정치공학적으로 헌법문제를 오용하는 데서 오는 정치문화적 문제라고 보아야 한다.[22]

마지막으로 일반적 4년 중임제안을 넘어서 국회의원과 대통령의 선거주기를 일치시킨 대통령 4년 중임제를 제안하는 것[23]은 사실

---

21. 한편 대통령의 정치적 리더십의 중요성을 강조하는 견해에 대하여 오히려 정당규율이 약한 미국과는 달리 정당규율이 강하고 대립적 정치문화가 일반화된 우리의 정당체제에서는 정치적 리더십을 발휘하기 위한 제도적 장애가 있다는 견해가 있다(양건, 앞의 글, pp. 49-50). 그러나 그러한 견해가 대안으로 제시하고 있는 것이 내각제가 아니라 대통령 중임제라는 것이 아이러니하다(양건, 앞의 글, 50-52쪽). 왜냐하면 대립적 정치문화, 강한 정당규율이라는 정당제도 및 정치문화적 요소는 중임제이든 단임제이든 대통령제 정부형태에 공통된 제도적 장애이기 때문이다. 제3의 요소인 대통령과 국회의원의 동시선거를 통해 여소야대 혹은 분점정부라는 대통령제의 문제점을 극복할 수 있다는 막연한 기대가 이런 아이러니한 주장을 가능하게 한다. 그러나 동시선거의 마술이 그런 기대를 어느 정도 충족시켜줄지에 대한 실증적 증거는 없다. 결국 정치문화와 정당제도, 그리고 이들에 영향을 미치는 선거제도를 바꾸지 않고는 대통령제가 제대로 기능하지 못한다는 결론에 이를 수밖에 없다.

22. 비슷한 시각에서 미국식 '승복민주의'가 유럽식의 '합의민주의'보다 우리의 정치문화에 익숙하다는 이유로 4년 중임제를 지지하는 견해가 있다(박상철, 2007, 「개헌의 필요성과 전망」, 전남사회연구회·대통령자문정책기획위원회 주최 2007년 정책토론회 "개헌 공개대토론회" 자료집, 17-18쪽. 그러나 미국식 승복민주의가 4년 중임제와 필연적인 관계인지 불분명하다. 오히려 상대적 비교 개념으로서의 승복민주의와 합의민주의의 구별은 정부형태보다는 정당제나 정치문화와의 상관관계가 더욱 큰 것으로 보인다. 예를 들어 양당제냐 다당제냐, 정당규율이 강하냐 약하냐, 합리적 토론문화가 발달하였느냐, 신념이나 이념에 따르기보다는 구체적인 현안의 미시적인 장단점과 현실적실성을 중시하는 실용적 정책결정 과정이 지배적이냐에 따라 승복형과 합의형의 구별이 가능하다.

23. 함성득, 2009, 「한국 대통령제의 발전과 권력구조 개편 : '4년 중임 정부통령제' 도입에 관한 소고」, 『서울대학교 법학』 제50권 제3호, 203-234쪽 ; 강원택, 2005, 『한국의 정치개혁

상 대통령제의 본질을 벗어난 변형된 내각제라고 할 수 있으므로 경계
할 필요가 있다. 대통령제와 내각제의 본질적 차이는 입법권자인 의
회와 행정권을 통합하느냐의 여부에 달린 것이므로 의회의 다수 정파
에게 행정권의 수반인 대통령을 맡기는 것을 추구하는 정부형태는
더 이상 대통령제의 본질을 유지하고 있는 것이라고 할 수 없다.[24][25]
무엇보다도 대통령을 가장 일상적으로 통제할 수 있는 권력은 대통
령과 동급의 민주적 정당성을 확보한 의회권력인데, 바로 그 의회권
력을 대통령 소속 정파에게 맡기는 것을 추구하는 정부형태가 됨으
로써 "집권자로부터의 헌법 파괴"에 취약했던[26] 우리 헌정사에 있어
서의 고유한 경험을 너무 쉽게 무시하는 위험성을 내포하고 있다.[27]

과 민주주의」, 인간사랑, 370-374쪽.

24. 김종철, 2007, 「대통령 4년 연임제 '원 포인트' 개헌론에 대한 비판적 검토」, 「헌법학연구」 제13권 제1호, 90쪽 ; M.Shugart & J. Carey, 1992, *Presidents and Assemblies-Constitutional Design and Electoral Dynamics*, Cambridge Univ. Press, pp. 132-136.

25. 자문위 보고서는 양원제를 도입함으로써 이를 완충하려고 하나 양원제가 이런 왜곡된 정부형태를 보완하기 위한 목적으로는 그 본래의 의의를 발휘하기 어렵다. 하원의 다수파와 대통령이 일치된 견해를 보일 때 상원이 제대로 된 완충적 작용을 하는 것은 쉽지 않기 때문이다. 상원과 하원의 의견 불일치의 경우 결국 하원의 우위를 인정하게 될 것이기 때문이다. 이 점은 헌법연구자문위원회, 앞의 책, 228쪽. 자문위 보고서도 전제하고 있듯이 대통령제에서 양원제의 의의는 하원의 다수파와 대통령이 갈등하는 경우 조정적 역할을 하는 것에 더 가치를 둔다고 할 것이다. 헌법연구자문위원회, 앞의 책, 227쪽.

26. 송석윤, 2010, 「4·19혁명이 헌정사에 남긴 영향과 우리의 과제-의회민주주의의 정착을 위하여-」 국회사무처·국회입법조사처·한국헌법학회, 「4·19 혁명정신과 헌법개정」, 4·19혁명 50주년기념 공동학술대회 자료집, 36쪽 ; 김종철, 2006, 「1987년 헌법의 개정론에 대한 비판적 고찰」, 「정책연구」 제148호, 89쪽 ; 임지봉, 2006, 「누구를 위한, 어떤 개헌이어야 하는가」, 「인물과 사상」 통권 제101호, 41쪽.

27. 2007. 12. 19. 치러진 제17대 대선과 거의 동시선거적 상황에서 2008. 4. 9. 치러진 제18대 국회의원 선거는 여대야소로 정계를 재편하였는데, 그 이후 이명박 정부의 독선적 국정운영이 초래한 민주주의 역행효과가 정부형태 개편 논의에서 우리 국민들이 독재에 대한 경계심을 풀지 못하게 하는 주요한 단초가 된다.

4) 대안으로서의 분권형 대통령제에 대한 검토

정부형태와 관련하여 헌법연구자문위원회는 분권형 대통령제로 명명된 이원정부제안을 중점적으로 제안했다. 대통령제의 문제점을 근본적으로 해소하기 위하여 의회 중심의 권력구조를 형성하고자 하지만 대통령 직선을 원하는 국민의 경향을 고려하여 직선 대통령에게 매우 제한된 국가원수형 지위를 부여하는 안이다. 이 안은 크게 두 가지 문제점을 안고 있다.

첫째, 국민을 직접 대표하는 대통령에게 명목상 혹은 아주 제한된 권력만을 부여하는 것을 국민이 수긍할 것인가라는 현실적 문제가 있다.

둘째, 5년 단임제 대통령제의 근본적인 문제로 지적되는 국정비효율을 효과적으로 예방할 수 있는 대안인가에 대한 구조적인 회의론을 극복하기가 쉽지 않다는 점이다.[28][29] 프랑스와 같은 이원정부제 국가에서 보듯 대통령과 국무총리의 소속 정파가 다르거나 갈등하는 경우 현행 체제보다 더한 국정혼란과 비효율이 발생할 수 있다.[30] 오히려 현재보다 국회의 다수파의 지도자가 헌법상 제도적으로

---

28. 문광삼, 2009, 「이원정부제에 대한 비판과 순수대통령제 개헌의 제안-헌법연구자문위원회 결과보고서에 나타난 권력구조에 대한 비판적 검토와 대통령제-」, 「공법연구」 제38집 제2호.
29. 이원정부제의 옹호론자 역시 그 전제조건이 필요함을 분명히 함으로써 이원정부제안의 도입이 정치문화적으로 쉽지 않은 과제임을 부정하지 않고 있다. 조병윤, 2009, 「책임정치를 실현하는 정부형태로서의 분권형 이원정부제와 국민주권의 실질화-국회 헌법연구자문위원회 보고서의 이원정부제 안과 관련하여-」, 「공법연구」 제38집 제2호 참조.
30. 한편으로는 일인독재의 방지라는 단임제의 장점도 단임제의 단점으로 지적되는 국정비효율 논점과 더불어 논의될 필요가 있다. 자문위 보고서의 정부형태 관련 대안은 둘 다 모두 국정비효율 논점 못지않게 단임제에 비하여 일인독재의 방지에 취약할 수 있는 대안이라

집행권의 핵심을 장악할 수 있는 지위에 있게 되는 반면, 국가원수로서 국민의 직접적인 신임을 받은 대통령이 집행권에서 사실상 배제됨으로써 양자 간의 갈등이 증폭될 수 있는 위험성마저 안고 있다.[31]

결론적으로 분권형 대통령제의 경우 의회와 대통령의 대응성을 강화함으로써 국정의 효율성과 안정성을 추구하는 이상형일 수 있지만, 이를 구현하기 위한 적절한 정치문화와 정치제도의 개혁이 수반되지 않는다면 국정 비효율을 제거하기는커녕 더욱 심화시킬 수 있는 방안이라는 근본적 한계를 가진다.

5) 대안으로서의 내각제에 대한 검토

현행 제도의 문제점을 가장 직접적으로 해소할 수 있는 대안은 내각제일 수 있다. 의회와 대통령 간에 국민의 대표성을 양분하는 체제에 현행 정부형태의 근본적 문제가 잉태되어 있다면 대통령에게 '국민 전체의 통합자'로서의 명목적·의전적 지위만을 부여하고 국민대표성을 독점하는 의회를 중심으로 행정권과 입법권을 통합하는 것이 유력할 대안일 수 있다. 무능하고 불안정한 정부형태로 내각제를 낙인찍는 역사적 계기였던 소위 '제2공화국'의 쓰라린 경험을 불식시킬 만큼 대통령제의 폐해가 심각한 수준이라는 데 동의한다면 그 효과가 불확실한 대통령 4년 중임제나 분권형 대통령제 대신 내

는 점을 충분히 고려하지 못하고 있는 한계가 있다.

31. 김종철, 2010, 「헌법개정론의 원인진단과 개정방안의 실효성에 대한 소고─헌법연구자문위원회의 보고서를 중심으로─」, 『법과사회』 제38호(2010. 6), 145쪽.

각제를 검토하지 않을 수 없다. 사실 총선과 대선의 주기일치 내지 근
접화나 분권형 대통령제는 내심 내각제의 실질을 추구하는 정부형태
임은 앞서 설명한 바와 같다. 그러나 이처럼 현행 정부형태의 문제점
을 극복하는 정통의 대안이 내각제임에도 불구하고 이런 제도를 공
공연히 추구하지 못하는 이유는 무엇인가? 무엇보다 정부형태에 대
한 결정권을 보유한 국민의 정서적 거부감을 부정하지 못할 것이다.

　그러나 한국 정치문화와 헌정사에서 하나의 기정사실이 된 대
통령 직선제에 대한 경로의존성path dependency 외에도 내각제를 진
지하게 검토할 수 없게 하는 또 다른 제도적이고 문화적인 요인이 있
다. 첫째, 정부형태가 본래의 목적을 구현하는 데 바탕을 이루는 정당
제도와 선거제도의 구조적 결함이다. 현행 대통령 단임제의 문제 또
한 국민적 기반이 약한 정당제도, 정당성이 취약한 선거제도에 기인
한 것인데, 같은 토양 속에서 대통령제보다 더욱 안정적인 정당제도
를 필요조건으로 하는 내각제가 효과적으로 운용될 수 있을 것인지
에 대한 의구심을 쉽게 떨쳐버릴 수 없는 것이다. 영국이나 독일과 같
이 나름의 내각제가 성공적으로 유지되는 나라들은 모두 국민적 기
반이 강한 정당제도를 가진 역사적 배경이 있다.

　둘째, 내각제란 '국회의원의, 국회의원에 의한, 국회의원을 위한
정부형태'로 풀어낼 수 있는데, 우리의 경우 국회의원에 대한 국민의
신뢰가 높지 않은 것이 문제이다. 이들 문제는 사실 닭과 달걀의 문제
와 같이 무엇이 원인이고 결과인지를 쉽게 따지기 힘든 사안이지만
현실적인 비유를 들기만 해도 내각제에 대한 국민의 반감은 직관적
으로 증명될 수 있다. 총선과 대선이 같은 해에 치러지는 2012년의
정치지형을 예로 들어보자. 집권당이 실정과 선거부정의 스캔들 속
에 비상대책위원회 체제로 근본적인 변화를 추진하였고, 야권이 통

합 혹은 선거단일화에 골몰하고 있는 상황에서, 소위 '안철수 효과'
가 정치권의 유동성을 강화하여 국민의 기성 정당에 대한 반감이 증
대되고 있다. 이런 상황에서 국민이 직선하는 대통령은 명목적 지위
에 머물고 새누리당이나 민주당의 대표가 행정권의 수반이 되는 체
제를 과연 국민이 용납할 수 있을 것인가. 국민이 메시아적 정치지도
자, 참신한 정치지도자를 갈망하게 되는 것이 현행 단임 대통령제의
폐해로 지적되어 왔지만, 오히려 역설적으로 이러한 갈망속에 내재
한 정당과 의회 중심의 정치 시스템에 대한 국민의 불신을 읽을 필요
가 있다. 사회적 요구를 효과적으로 정치화해내지 못하는 의회나 정
당 중심의 제도권 정치 시스템에 대한 근본적 변화 욕구를 해소시켜
줄 수 있는 정부형태가 대통령제일 수 있는 것이다.

　　정치제도와 정치문화가 정부형태에 보여주는 영향력을 가장 여
실히 보여주는 대안이 바로 내각제이다. 주권자인 국민의 정서적 거
부감을 극복하지 못하는 제도적 대안은 현실성을 가지지 못한다. 정
치는 '논리'가 아니라 '감정'의 문제임을 설파하는 비제도권 언론인
의 통찰력[32]이 요청되는 현안이 바로 내각제 혹은 그 변종으로의 정
부형태 교체론이라고 할 수 있다.

32. 김어준, 2011, 『닥치고 정치』, 푸른숲.

5. 결론 : 정부형태 개편을 위한 개헌은 필요한가?

현행 정부형태 개편론의 기본 전제는 5년 단임 대통령제가 정부형태의 유동화와 비효율성의 주범이라는 것이다. 그러나 헌정은 제도와 정치문화의 유기적 관계에 의해 그 성패가 좌우되는 것임을 아무리 강조해도 부족함이 없다. 또한 헌정제도는 헌법적 제도와 법률적 제도의 결합이며, 대통령제 및 내각제와 같은 헌법상의 정부형태는 법률적 차원에서 구체화될 수 있는 정당제도 및 선거제도와 종합적으로 고찰할 때 그 성패의 의미를 파악할 수 있다. 결국 헌정의 문제점에 대한 분석과 대응책의 마련은 헌법 차원의 제도, 법률적 제도, 정치문화라는 세 가지 차원에서 이루어져야 한다. 그런데 근래의 개헌론은 1987년 헌정의 문제를 고스란히 헌법 차원의 제도 문제로 인식하고 그 개선이 현대화의 필요충분조건이고 가장 시급한 과제로 인식하고 있다.[33]

그러나 필자는 현행 헌정의 불안정성과 비효율은 정치문화의 '지체' 현상과 헌법 차원의 문제가 아닌 법률적 제도의 불완전성에 오히려 그 근본적인 원인이 있다고 본다. 예를 들어 권위주의 체제의 잔재로서 합의정치의 문화에 익숙하지 않은 정치권의 정치력의 부재, 이러한 정치문화를 구조화시키는 상대다수대표제에 바탕한 국회의원 선거제도, 정치적 자율성이 약한 정당조직, 스스로 정치세력화

---

33. 예를 들어 박상철, 앞의 발제문, 17-18쪽.

하고 있는 주요 언론의 여론 동원체제, 과도한 정치화와 탈정치화가 공존하는 정치문화가 문제인 것이지 5년 단임제의 문제라거나 대통령이나 국회의 권한배분의 재조정이 근본문제가 아니다.

더욱이 현실적 대안으로 제시되는 대통령 4년 중임제나 분권형 대통령제는 이러한 비효율적 정치의 근본원인을 제대로 해소할 수 없다. 이들 대안의 숨겨진 본질인 내각제는 민주주의를 전국적 국민 대표에 대한 직접적 선출과 동일시하는 독특한 한국적 정치문화를 수용하지 못하는 한계를 가진다. 다만 이러한 한국적 정치문화는 영구히 고착된 것이 아니며, 향후의 정치발전 과정에서 충분히 변화될 수 있음을 간과해서는 안 될 것이다. 나아가 내각제로의 정부형태 변경과 그 성공적 운용이 정치문화나 관련된 정치제도의 변화를 촉진할 수도 있을 것이다. 결국 정부형태를 어떻게, 어떤 방식으로 변화시킬 것인지는 오로지 국민의 선택에 달려 있다.

민주화 이후의 '검찰개혁'에 대한 반추와 검찰개혁 방안에 대한 평가

정태호

1. 난제로서의 검찰개혁

검찰의 핵심 과제는 범법자를 수사·기소하여 국가의 형벌권을 실현함으로써 법질서를 수호하는 것이다. 검찰은 이를 위해 강제력을 사용하기 때문에 그 과제수행 과정에서 개인의 인권을 침해하기 쉽다. 검찰이 정치적 사건에서 검찰권을 편파적으로 사용하면 정치세력들 사이의 자유롭고 공정한 정치적 경쟁과정을 왜곡하여 민주주의를 위협할 수도 있으며, 경제사범을 정의롭게 처리하지 않을 경우에는 시장참여자들 사이의 공정한 경쟁을 해치고 종국에는 경제정의의 실현을 저해하는 결과까지도 초래할 수 있다.

이러한 이유 때문에 검찰을 개혁하여 검찰권이 합법적으로 그리고 공정하게 행사되도록 보장해야 한다는 주장이 1987년 민주화 이후 간단없이 제기되어 왔다. 그러나 검찰개혁은 아직도 미완의 과제로 남아 있다. 오히려 검찰은 집권세력의 정치도구로 악용되어 오면서도 자신의 세력을 키워 정치권력조차 통제하기 어려운 공룡이 되어버렸다.

지난 2010년 4월 20일 문화방송 PD수첩을 통해서 검사들에 대한 건설업자의 성상납 스캔들이 전파를 탄 뒤 우리 사회의 해묵은 과제인 검찰개혁이 새삼스럽게 정치권의 의제로 등장했다. 지방선거를 앞둔 한나라당(현 새누리당)도 여론에 밀려 검찰개혁의 필요성을 소리 높여 외쳤다. 김준규 검찰총장의 '우리만큼 깨끗한 집단이 어디 있느냐?'는 일갈이 많은 국민들에게는 코미디처럼 들려왔지만, 검찰개혁을 요구하는 한나라당 소속 정치인들의 목소리는 지방선거가 끝나자 약속이나 한듯 잦아들고 말았다. 이명박 정부와 여당의 검찰개혁 논의는 선거용이었던 것이다. 대선과정에서 크고 작은 부패 스캔들로 검찰 내지 특검으로부터 면죄부를 받은 뒤에 출범했던 이명박 정부에 대하여 검찰의 조직적 반발을 살 수밖에 없는 검찰개혁을 기대하는 것은 애당초 연목구어와 다름없었던 것이다.

2010년 2월에 여야 합의로 국회에 설치된 사법제도개혁특별위원회도 사법제도 전반에 대한 개혁을 목표로 출범하여 2011년 3월 대검찰청 중앙수사부 폐지, 특별수사청 설치, 대법관 증원 등 주목할 만한 개혁안을 제시했었다. 그러나 여당은 법원개혁에 초점을 맞춘 반면에 야당은 검찰개혁에 중점을 두었기에 검찰에 대한 본질적 개혁을 기대하기 위한 시도였다. 더구나 검찰, 대법원을 비롯한 이해집단의 집요한 반대 로비가 전개되는 와중에 이명박 정부가 중앙수사부 폐지에 반대하는 검찰의 손을 들어줌으로써 결국 2011년 6월 파국을 맞고 말았다.

이명박 정부와는 대조적으로 강한 정치적 도덕성을 정치적 기반으로 했던 노무현 정부는 진정성을 갖고 검찰개혁에 임했다. 후술하는 것처럼 검찰의 조직적인 저항에도 불구하고 검찰로부터 실제로 일부 양보를 얻어내기도 했다. 그러나 적어도 현 시점에서 돌이켜보면 노무현 정부의 검찰개혁 시도는 핵심적 문제를 해결하지 못함으로써 부분적으로 얻어낸 개혁의 성과마저 그 빛을 잃는 등 결국 실패하고 말았다는 평가를 듣고 있다. 검찰이 과거의 검찰로 돌아가는 데 오랜 시간이 걸리지 않았기 때문이다.

노무현 전 대통령과 그 주변을 향해서는 뉴스거리를 찾아 아귀처럼 달려드는 언론을 적절히 활용해 가며 집요한 흠집내기식 · 먼지털이식 수사를 하던 검찰이 이명박 대통령 본인은 물론 그의 측근 인사나 친인척(이명박 대통령 후보 후원회장 천신일, 대통령 사돈 기업인 효성, 이상득 의원, 최시중 전 방송통신위원회 위원장 및 그 측근 등)을 비롯한 여당 인사에 대해서는 넘치는 (정황)증거에도 불구하고 무르기 이를 데 없는 수사나 기소로 일관하고 있다. 한명숙 전 노무현 정부총리, 정연주 전 KBS 사장, 광우병 보도 피디수첩 제작팀, 김상곤 경기도 교육감, 촛불시위 참여자들, 조중동에 광고를 게재한 회사 제품 불매운동 주도자들 등 죽은 권력이나 현 정부에 비판적인 인사들에 대한 무리한 기소에 이은 잇단 무죄판결로 검찰은 법을 왜곡하고 민주주의를 억압하는 권위주의적 정권의 하수인[1]이라는 치욕에 더하여

---

1. 서양사에서도 전체주의 국가나 독재국가에서 검찰은 정치적 억압과 권력층의 불법적 거래의 수단으로 활용되어 왔다. 이에 대해서는 European Commission for Democracy through Law(Venice Commission), Report on European Standards as Regards the Independance of the Judicial System : Part II-The Prosecution Service, Adopted by the Venice Commission at its 85th plenary session(Venice, 17-18 December 2010), 5쪽.

무능한 조직이기도 하다는 평판까지 듣게 되고 말았다.

검찰개혁과 관련해서는 이미 다양한 방안들이 제시되었다. 본고는 필자 나름의 검찰개혁안을 더하는 것을 목표로 삼지 않는다. 본고의 과제는 노무현 정부의 검찰개혁 시도가 미완으로 끝난 뒤 검찰의 반동으로 검찰이 다시 정치검찰로 복귀한 근본원인을 분석하고, 검찰개혁이 성공하기 위한 조건을 따져보면서 다양한 개혁안들 중 최선이 무엇인지를 평가해 보는 것이다.

다음 절에서는 먼저 검찰이 사실상 무소불위에 가까운 권한을 보유하게 된 구조적 원인들을 살펴본 뒤, 3절에서는 1987년 민주화 이후 추진되었던 검찰개혁안들, 특히 노무현 정부의 검찰개혁 조치들을 개관하고, 4절에서는 노무현 정부가 정치적 희생을 감수해 가면서 추진했던 검찰개혁 시도가 좌절하게 된 원인을 검토한 뒤, 검찰개혁안을 마련할 때 고려해야 할 우리의 정치적 현실과 검찰의 성향을 분석함으로써 최선의 검찰개혁안을 합리적으로 선별해낼 수 있는 평가기준을 확보하고, 끝으로 이에 의거하여 기존의 다양한 개혁 방안 중 최선의 대안을 선정해 보기로 한다.

2. 검찰의 법적 기능과 그 초과권력의 원천

1) 검사와 검찰의 개념

검사는 검찰의 권한(검찰권)을 행사하는 국가기관이다(검찰청법 제4조). 즉 검사는 수사절차에서 공판절차를 거쳐 재판 집행절차에 이르는 형사절차 전반에서 검찰권을 행사한다. 검사의 사무를 총괄하는 기관을 검찰청이라고 하고, 검찰청에는 대검찰청·고등검찰청·지방검찰청의 3종이 대법원·고등법원·지방법원에 대응하여 설치되어 있다(검찰청법 제2, 3조).

검사는 법관과 동일한 임명자격을 가지고 있다. 즉 검사는 사법시험에 합격하여 사법연수원 과정을 마친 사람이나 변호사 자격이 있는 사람 중에서 법무부장관의 제청으로 대통령이 한다(검찰청법 제29조, 제34조 제1항). 검찰총장은 15년 이상 판사, 검사 또는 변호사 등의 직위에 재직했던 사람 중에서(검찰청법 제27조) 역시 법무부장관의 제청으로 대통령이 임명하되 국회의 청문회를 거쳐야 한다(검찰청법 제34조).

검찰권의 공정한 행사를 보장하기 위한 수단의 하나로 검사에게 법관에 준하는 신분을 보장하고 있다. 즉 검사는 탄핵이나 금고 이상의 형을 선고받은 경우를 제외하고는 파면되지 아니하며, 징계처분이나 적격심사에 의하지 아니하고는 해임·면직·정직·감봉·견책 또는 퇴직의 처분을 받지 아니한다(검찰청법 제37조).

2) 검찰작용의 본질 : 행정작용

'검찰'은 범죄수사, 공소제기 및 그 유지, 범죄수사에 관한 사법경찰관리 지휘·감독, 재판집행의 지휘와 감독 등과 같은 국가의 특수한 행정작용을 의미한다. 검찰은 검찰작용을 담당하는 국가기관을 총칭하기도 한다.

검찰작용의 본질에 대한 오해로 인한 불필요한 논란을 피하려면 사법권의 개념을 명확히 정의해 둘 필요가 있다. 사법권이란 "법적 분쟁을 해결하거나 위법행위에 대한 국가의 형벌권을 실행하기 위하여 특별한 절차를 거쳐서 유권적인, 따라서 구속력 있는 결정을 내림으로써 법질서를 유지하는 데 이바지하는 작용을 하는 권한"이다. 그리고 이 권한은 헌법에 명시된 헌법재판권 이외에는 법관으로 구성되는 법원에 독점적으로 부여되고 있다(헌법 제101조).

　흔히 검찰작용은 그것이 형사법의 실현에 기여한다는 이유로 사법작용의 일종 또는 "준準"사법작용으로 규정되곤 한다. 그렇지만 검찰작용은 사법작용이 아닌 행정작용의 일종일 뿐이다. 흔히 검찰도 사법권을 행사하는 기관들 중의 하나로 오해하는 경향이 있고, 검찰도 이에 편승하여 법원과 같은 수준의 독립을 요구하기도 한다. 검사도 법관과 같은 시험을 거쳐 같은 사법연수원에서 연수과정을 거친다는 사실도 그러한 오해를 조장한다. 그러나 그러한 주장은 사법권을 법원에 귀속시키고 있는 우리 헌법 제101조를 정면으로 무시하는 위헌적인 주장에 지나지 않는다.

　사법작용은 소의 제기를 기다려 법과 사실 인식의 공정성 및 정확성을 제고하는 특별한 절차 안에서 수행되는 본질상 수동성을 띤다. 검찰작용은 고소·고발에 의해 시작될 수도 있다는 점에서 수동성이 없는 것은 아니지만, 범죄를 능동적으로 인지하고 수사한 뒤 공소를 제기할 수도 있다는 점에서 능동적 측면을 강하게 가지고 있는 작용이다. 사법작용은 헌법에 의하여 독립성이 확보된 기관에 의해 수행되는 구속력 있는(즉 유권적인) 판단작용인 데 비하여 검찰작용은 위계적 구조(검사동일체 원칙[2] ; 검찰청법 제7조 제1항) 속에서 수행되고 범죄사실에 대한 판단에도 최종적인 법적 구속력이 없다.

　또한 검찰은 형사재판에서 법원처럼 중립적인 입장에서 활동하는 것이 아니라 형사소송의 일방 당사자로서 활동한다. 검사가 공익의 대표자로서 피고인의 정당한 이익까지도 보호해야 할 의무를 진다는 이른바 '검사의 객관의무'도, 그것이 우리 형사재판의 현실에서 제대로 구현되고 있는지 의문이거니와, 설사 그것이 이행된다고 하더라도 검찰작용의 본질을 바꾸지는 못한다. 검사가 아닌 일반 공무원도 직무수행과 관련하여 법령준수의무, 공정의무(국가공무원법 제56, 59조 등 참조)를 진다는 점에서는 객관의무를 부담하는 검사와 정도의 차이는 있을지 모르지만 본질적으로 다르지 않기 때문이다.[3]

검찰의 정치적 독립도 검찰이 법의 실현에 봉사하는 기관이라는 자신의 소명에 따라 법에 철저히 구속될 때 반사적으로 확보되는 것이다. 즉 검찰의 독립은 행정의 합법률성의 원칙(법률의 수권에 의하여 법률에 따라 행정작용을 하여야 한다는 헌법 및 행정법의 원칙, 이는 민주주의의 관점에서 보면 검찰작용의 내용적인 민주적 정당성의 확보수단이다)의 이면일 뿐이다. 이에 비하여 법관은 다른 국가기관들은 물론 법원 내의 행정조직상 우위에 있는 자나 상급법원의 지시를 받지 않고 오로지 법에 따라 재판을 할 수 있도록 제도적으로 보장되어 있다(무엇보다도 헌법 제103조 참조). 따라서 사법권의 독립과 검찰의 독립은 그 본질이 다른 것이다.

요컨대, 검찰이 수행하는 작용은 사법작용이 아닌 '전문적 과제

---

2. 현행 검찰청법에는 검사동일체의 원칙이 삭제되고 구체적 사건의 담당검사에게 상급자에 대한 이의제기권을 부여하고 있으나 검사동일체 원칙의 본질이 달라지는 것은 아니다.

3. 동지 : 김인회, 「현시기 검찰개혁의 과제 : 완성된 제도적 독립성, 남은 것은 공익성 신화와 민주적 견제 시스템」 참조. 유럽인권법원 전원합의체도 Medvedyev v. France 사건에서 프랑스 형사사법체계에서 사법권의 일종으로 파악되어 온 검사의 지위에 의문을 제기했다 (2010. 3. 29. App. No. 3394/03).

를 지시를 받아 또는 자기 책임 하에 위계적인 감독체계 속에서 직접
적으로 수행하는 협의의 행정작용의 일종'이다. 그리고 이 때문에 세
계의 많은 나라들이 검찰을 집행권력의 통제 아래 두고 있는 것이다.

3) 검찰의 초과권력의 원천

우리의 검찰제도는 프랑스에서 유래하여 독일과 일본을 거쳐
들어온 국가 소추주의에 토대를 두고 있다. 국가 소추주의는 형사소
추를 피해자나 공중公衆이 아닌 국가가 담당하는 제도를 말한다. 우리
형사소송법은 검사에게 소추권을 맡기고 법원에게는 재판권을 맡김
으로써 국가형벌권을 실현하는 과정에서도 권력분립의 이념을 구현
하는 한편, 형사소송의 기본 구조로 '규문주의'가 아닌 '탄핵주의'를
택함으로써 피고인이 무고하게 처벌되는 사태를 막고자 했다. '규문
주의'는 법원과 검찰이 피고인보다 현저하게 우월적인 지위에서 고
문을 포함한 강제수단을 사용하여 사건을 조사하고, 경우에 따라 법
원이 수사·소추·재판을 모두 담당하는 등 소추기관과 재판기관의
구분이 분명하지 않은 형사소송의 구조이다. 이에 비해 '탄핵주의'
는 검사의 공소제기가 있어야 비로소 법원에 형사사건에 대한 심판
권이 발생하고 피고인에게 소송주체로서의 지위와 방어권을 보장하
는 한편, 공소 사실에 관한 주장책임과 입증책임을 국가가 부담하는
것을 형사소송의 구조를 말한다.

그렇지만 우리나라의 수사구조는 일제의 식민통치 수단으로 악
용되면서 왜곡된 채 현재에 이르고 있다. 일제는 식민지 조선의 치안
을 유지하기 위하여 주민들의 인권보호를 위해 엄격히 법에 구속되

는 검찰이 아니라, 강제수사 방법을 신속하고 쉽게 사용할 수 있는 강력하고 효율적인 검찰을 필요로 했다.[4] 즉 소수의 검사에 의한 검찰사무 처리, 검사 중심의 수사 일원화, 기소편의주의(기소 여부를 검사의 재량에 맡기는 제도)의 적극적 활용, 증거능력 있는 피의자 등의 신문조서 확보를 위한 인신구속 등 강제수사의 원칙화, 강요에 의한 자백 확보, 자백을 기초로 작성된 피의자·증인 신문조서에 대한 증거능력 인정 등 피의자 내지 피고인의 인권을 위협하는 우리의 형사소송 구조의 문제점들이 모두 일제 시대에 잉태되어 고질로 굳어지게 된다. 해방 후의 형사소송 구조의 개혁 시도들은 이 시기의 유산을 극복하기 위한 노력들이라 해도 과언이 아니다.

　이렇게 왜곡된 수사구조의 정점에 있는 검찰의 권력은 검찰은 물론 사법까지도 정치의 수단으로 활용하곤 했던 정치권력과 결탁하면서 공룡화되었다. 그 배경에는 다음과 같은 복합적 요인들이 작용하고 있다. ① 오직 검찰만이 공소를 제기할 수 있도록 되어 있는 기소독점주의와 범죄혐의자에 대한 공소제기 여부를 검사의 재량에 맡겨놓는 기소편의주의, 형사재판에서 범죄입증에 필요한 증거의 제시 여부에 대한 검사의 결정권, 검사의 기소재량 오남용에 대한 미흡한 통제장치의 결합, ② 수사권, 영장청구권, 기소권, 수사경찰에 대한 지휘권의 검찰 집중, ③ 법원의 과중한 재판업무와 검찰조서에 대한 증거능력 부여가 맞물리면서 가속화된 공판절차의 형식화 내지 조서재판화, ⑤ 검찰에 대한 인사·지휘·감독권을 갖는 법무부의 핵심 조직들이 검사들로 채워짐으로써 검찰을 감독·통제하지 못하는 법

4.　이에 대하여 상세한 것은 문준영, 2010, 『법원과 검찰의 탄생』, 역사와비평사, 549쪽 이하, 특히 564쪽 이하 참조.

무부와 검찰의 유착구조 내지 검찰에 의한 법무부 장악 등이 복합적으로 작용하고 있다. ⑥ 위와 같은 요인들에 검찰권 행사가 일반인이 이해하기 어려운 전문적인 문제이기 때문에 공중의 효과적인 감시가 미치기 어려운 데다가, 수사 관련 정보를 원하는 언론이 검찰과 부분적으로 유착함으로써 언론이 검찰에 대한 감시기능을 제대로 수행하지 못한다는 사정까지 추가된다.[5]

〈표 1〉 각국 검사의 수사권과 기소권 및 검사 수사상의 지위 비교[6]

		한국	프랑스	영국	미국	독일	일본
수사권		O	△	X	O	O	O
수사지휘권		O	△	X	X	O	△
수사종결권		O	△	X	X	O	△
자체수사인력		O	X	X	O	X	O
검찰과 경찰의 조서의 증거능력차이		O	X	–	X	X	X
수사권의 중앙집권 여부		O	O	O	X	X	O
기	기소권 유무	O	O	O	O	O	O
소	기소독점주의	O	X	X	X	O	O
권	기소독점주의	O	O	O	O	X	O
공소유지권		O	O	O	O	O	O

* 중앙집권 여부는 검찰조직이 집권화된 국가조직인지 분권화된 자치조직인지를 기준으로 함
* 프랑스의 경우 중죄와 복잡한 경죄사건의 수사 및 수사종결은 강제수사권을 보유한 수사판사의 권한
* 독일에서는 일정한 범죄에 한해 범죄 피해자에게 소추권 인정
* 일본 검찰은 기소재량권을 가지고 있기는 하지만 검찰심사회가 불기소처분에 관한 검사의 재량권을 통제할 수 있도록 되어 있다.

---

5. 이에 대해서는 김두식, 2009, 『불멸의 신성가족─대한민국 사법 패밀리가 사는 법─』, 창작과비평사, 284쪽 이하 참조.
6. 김희수 · 서보학 · 오창수 · 하태훈 공저, 2011, 『검찰공화국, 대한민국』, 삼인, 146쪽 참조.

앞의 표는 우리나라 검찰권이 세계적으로 유례가 없을 정도로 견제를 받지 않고 있음을 보여준다. 그럼에도 민주화 이후 역대 집권 세력들은 대부분 입으로는 검찰의 정상화를 거론하면서도 검찰권을 정치의 수단으로 활용하기 위하여 검찰에 대한 실효성 있는 통제장 치 마련에 소극적이었다. 오히려 모든 검사에 대한 대통령의 인사권, 검찰권 행사에 대한 "법무부장관의 지휘권", 사건을 담당하는 검사 를 임의로 교체할 수 있는 수단으로 활용되는 "검사동일체의 원칙",7 "하급검사의 수사·기소에 대한 상급검사의 지시권"을 유기적으로 활용하여 검찰을 장악하고 이를 효율적 정치도구로 사용해 왔다. 집 권세력들은 검사에 대한 빈번한 인사이동을 통해 자신의 힘을 주기 적으로 과시함으로써 검사들의 인사권자에 대한 충성심을 이끌어냈 다. 검찰은 검찰대로 집권세력의 이익에 복무하는 대신 검찰조직의 이익은 철저히 챙기면서 그 권력을 확대해 왔다.

그에 따라 검찰권은 소극적·적극적인 형태로 오·남용되어 왔 다. 한편으로는 검찰에 대한 인사권을 가진 집권세력이나 검찰구성 원, 검찰과 이익이나 이념을 공유하는 자들, 특히 재벌에 대한 과소수 사·기소의 폐해로 나타난다. 검찰이 보호하려는 이들에 대해서는 명 백한 증거가 있어도 수사나 기소를 하지 않거나, 수사를 하더라도 부 실하게 수사하거나 기소를 하더라도 법정형이 낮은 범죄로 기소하 고 유죄 입증에 필요한 증거를 적극적으로 제시하지 않는다. 다른 한

---

7. 검사동일체 원칙은 통일적인 검찰작용을 보장하기 위하여 전국의 검사를 검찰총장을 정점 으로 하는 위계체계를 이루면서 마치 하나의 기관처럼 활동하게 하도록 하는 검찰의 조직 원리를 말한다. 그런데 우리나라에서는 이 원칙은 본래의 취지와는 달리 상명하복을 통한 행동통일의 원리나 사건담당 검사의 임의적 교체수단으로 오용되어 왔다.

편으로는 집권세력에 비판적인 야당 정치인, 시민운동 관계자, 검찰이 부정적으로 보는 이념이나 이익을 주장하는 자들에 대해서는 과잉 수사·기소도 불사한다. 이들을 처벌하기로 작정한 경우에는 없는 죄를 만들어내기도 하고, 가벼운 죄를 무거운 죄로 부풀리기도 하며, 철저하게 털어서 무슨 명목으로든 범법자로 만든다. 가끔 법원에 의해 무죄판결이 내려지더라도 일단 기소만으로도 언론보도의 파급력을 활용하여 얼마든지 그들에게 도덕적·정치적으로 큰 상처를 입히곤 한다.

3. 민주화 이후의 검찰개혁(노무현 정부의 검찰개혁)

이처럼 흉기로 악용되어 왔고 또 그렇게 악용될 수 있는 검찰의 위험성을 완화하기 위한 검찰개혁은 우리 헌법이 대통령, 국회, 법원 및 헌법재판소에 권한을 비교적 균형 있게 분배하고 있음에도[8] 대통령이 제왕이 되는 원인들 중의 하나를 제거하기 위한 것이다. 따라서 검찰개혁은 검찰의 정상화를 넘어서 온전한 민주화, 대통령 권한의 정상화 내지 합헌적 권력질서의 회복을 의미하는 것이다. 그렇기 때문에 검찰개혁은 김영삼 정부 이래 정치권의 관심사가 되었다. 학계, 시민사회, 정치권은 그동안 다음의 표에서 보는 것처럼 다양한 검찰

---

8. 우리 헌법상 대통령의 권한은 비교헌법적으로 볼 때 균형형에 가깝다. 이에 대한 정량적 분석으로는 신우철, 2011, 「대통령의 헌법상의 권한은 과연 강력한가? 그 정량적 비교측정 및 이를 통한 국무총리의 권한강도추정」, 『헌법학연구』 제17권 제1호(2011. 3), 291쪽 이하 참조.

〈표 2〉 민주화 이후의 주요 검찰개혁 시도

구분	주요 개혁안	개혁안의 관철 여부 및 평가
김영삼 정부	부정방지위원회를 통한 독자조사에 의한 검찰견제(1993)	검찰 등의 반대로 무산
	현직 검사 청와대 파견근무 금지(1996)	사직 후 청와대 근무 뒤 검찰에 복귀함으로써 금지규정 우회
	검찰총장 퇴임 후 2년간 공직취임 금지 (1996)	헌법재판소의 위헌결정으로 폐지
김대중 정부	특별검사제 채택(1999)	현재까지 총 8차례 실시되었으나 그 성과는 미미
	부패방지법을 통한 검찰 견제 시도 (2001)	부패방지위원회(현 국민권익위원회 산하의 부패방지국)의 조사권한이 미약해서 검찰 견제 사실상 무의미
노무현 정부	강금실, 천정배 등 비검사 출신 법무부 장관임용을 통한 검찰 인사개혁(2003)	검찰 반발로 집권 후반기에는 다시 검찰출신 임명
	고위공직자비리수사처를 통한 검찰견제 시도(2004)	검찰 등의 반대로 무산
	사법제도개혁추진위원회를 통한 형사재판을 비롯한 사법제도의 전면적 개혁 시도(2005)	형사소송법 일부 개정, 공판중심주의 확대, 로스쿨 도입을 통한 법조인 양성 시스템 개혁, 형사재판에서 배심원제의 시범적 도입
	검찰과 경찰의 수사권 조정을 통한 검찰권 축소 시도(2005)	검찰의 반대와 경찰의 과욕, 정치권의 소극적 태도로 무산
이명박 정부	고위공직자비리수사처 등 논의 부활 (2010)	검찰의 부패에 대한 여론 악화로 논의가 시작되었으나 이명박 정부의 개혁의지 결여로 동력 상실
	검찰시민위원회를 통한 검찰의 기소재량권 통제(2011)	그 구성이나 사건회부 여부가 검찰의 재량 사항이고, 그 결정에도 법적 구속력이 없어 검찰에 대한 실질적 통제장치라 볼 수 없음
	국회 사법제도개혁특별위원회의 중앙수사부 폐지, 특별수사청 신설안 (2011)	한나라당, 이명박 정부 반대

개혁안들을 제시했다. 민주화 이후의 역대 정부들도 그와 같은 여망에 부응하고자 나름 여러 가지 개혁 시도를 한 바 있으나 어떤 정부도 본질적인 성취를 이루지 못했다.

　노무현 정부 역시 김영삼 정부나 김대중 정부와는 비교가 안 될 정도의 비상한 관심과 노력으로 검찰을 정상화하려고 하였다. 이하에서는 노무현 정부의 검찰개혁 시도를 좀 더 구체적으로 정리해 본다.[9]

1) 검찰의 정치도구화 포기와 검찰에 대한 정치적 중립성 보장 강화

"국민이 대통령입니다"라는 캐치프레이즈를 내건 참여정부는 대한민국의 민주주의와 시장경제의 성숙을 가로막고 있는 '제왕적 대통령'이라는 1인 통치체제를 뒷받침해 왔던 권위주의적 통치수단들을 혁파하고자 했다. 그 일환으로 국가가 아닌 대통령 1인 내지 정권을 위해 봉사해 왔던 국가정보원, 검찰, 경찰, 국세청과 같은 주요 국가권력기관들이 헌법과 법률에 의해 부과된 본연의 기능에만 전념하도록 하는 작업에 착수했다.

노무현 대통령은 검찰의 정치적 중립성을 확고히 보장해 주겠다는 분명한 의사를 표현하는 한편, 그와 같은 의지를 담아 검찰의 청와대 보고 라인을 끊어버렸다. 검찰의 정치도구화 포기는 검찰의 대선자금 수사를 가능하게 했을 뿐만 아니라, 참여정부 집권기간 내내 야당 인사들보다 여권 인사들이 검찰의 혹독한 수사·기소의 대상이 되는 와중에서도 유지되었다.

참여정부는 검찰을 정치에 이용할 때 얻을 수 있는 다양한 이점을 자발적으로 포기함으로써 정치의 본질을 모르는 '아마추어' 정권

---

9. 이에 대하여 상세한 것은 참여정부 정책보고서, 2008, 「권력기관 제자리 찾기-권력기관을 국민의 품으로-」, 99쪽 이하 참조.

이라는 조롱을 듣기까지 했다. 또한 참여정부는 검찰의 정치적 중립성[10] 강화를 위해 그 밖에도 다음과 같은 개혁조치를 취했다. 검찰이 정권의 도구로 전락하는 주된 원인은 검사들이 정치권력에 충성해야 입신할 수 있다는 사실 때문이라는 인식 하에 정치권의 부당한 영향을 차단하여 검찰 인사를 합리화하기 위해 부심하면서 다수의 개선책을 마련하고 실천했다. 여기서는 그 중 중요한 의미가 있는 것만을 열거하기로 한다.

첫째, 정무직인 법무부장관의 검사인사제청권을 합리화하기 위하여 법무부 산하에 있는 검찰 인사위원회의 지위를 격상하는 한편, 외부 인사의 참여를 확대하였다. 즉 검찰 인사위원회를 자문기구에서 심의기구로, 그리고 이 위원회의 설치근거를 대통령령에서 검찰청법(제35조)으로 격상하는 한편, 7인의 위원 중 외부 인사의 수를 2인에서 3인으로 늘렸다.

둘째, 법무부장관이 검사의 임명 및 보직을 대통령에 제청할 때 검찰총장의 의견을 듣도록 하는 한편, 검찰총장에 대하여 국회의 인사청문을 거치도록 하였다(검찰청법 제34조). 이 제도들에는 지나치게 편향적인 검찰총장을 인선에서 배제하고 또 검찰 인사에서 부당한 정치적 영향을 억제해 보려는 의도가 담겨 있다.

셋째, 검찰권의 공정하고 통일적인 행사를 확보하기 위한 제도로 출발하였으나 검찰간부, 궁극적으로는 정치권이 정치적 사건 수사에서 수사검사에게 부당한 압력을 가하는 수단으로 악용되었던

---

10. 여기서 검찰의 '정치적 중립성'은 주로 제도권내의 정치세력에 대한 중립성으로 이해한다. 이와 같은 이해가 부분적으로 검찰권의 계급적 행사의 억제와도 겹칠 수도 있으나 중립성 확보를 위해 마련된 대책들의 내용에 비추어 보면 계급적 중립성을 확보하기 위한 대책은 없기 때문이다.

〈표 3〉 주요 국가의 검찰총장 및 고위검사 임명방법

구분		직위	임명권자	임명절차
미국	주 (캘리포니아)	주	검찰총장	주(州)민직선	
			주 보조검사	주검찰총장	
		카운티	검사장	주민직선	
			카운티 보조검사	카운티검사장	
	연방	법무부장관 겸 검찰총장, 법무차관, 공판담당차관보, 법무차관보, 94개 연방검찰청연방검사	연방대통령	상원의 동의
		연방보조검사	법무부장관	
독일		주 검사	주법무장관	주법무부 간부검사회의의 추천
		주 고등검사, 검사장, 검찰총장	주의 수상	
		연방검사, 연방검찰총장	연방대통령	연방법무부장관의 제청, 상원의 동의
일본		검사총장, 차장검사, 검사장	내각	국왕의 인정
		검사, 부검사	내무대신	
프랑스		검사	대통령	법무부장관의 제청으로 사법평의회 (CSM)[11]의 의견을 들은 후
		고등검사장, 검찰총장	대통령	사법평의회의 의견을 청취하지 않음
스페인		검찰총장	국왕	법무장관의 제청으로 사법평의회[12]의 동의
영국		검찰총장	수상	
한국		검찰총장	대통령	법무부장관의 제청, 국회의 청문회 (국회에 동의권은 없음)
		검사장, 검사	대통령	법무부장관의 제청. 검사의 보직에는 검찰총장의 의견 들어 법무부장관이 제청

---

11. 1993년에 개정된 헌법에 의하면 최고사법평의회는 총대통령, 법무부장관, 국참사원원장, 대통령과 상원의장 및 하원의장이 각기 임명하는 3인의 외부 전문가, 사법부 내의 여러 계층의 대표로 동료들에 의해 선출되는 6인의 사법관 등 총 12명으로 구성된다. 6인의 사법관은 판사에 관한 조치를 다룰 때는 5인의 판사와 1인의 검사로 구성되고, 검사에 영향을 미치는 사안을 다룰 때는 5인의 검사와 1인의 판사로 구성된다. 이에 대해서는 카를로 과르니에리, 2008, "수평적 책임성의 도구로서의 법원—라틴 유럽의 사례—", 『민주주의와 법의

'검사동일체 원칙'을 수정하였다(검찰청법 제7조). 즉 상급자의 부당한 지시에 대한 이의제기권을 보장하고, '수사·공소심의위원회'의 활성화를 통해 의견을 조정하고 그 회의내용을 서면으로 기록하여 일정기간 보존하도록 함으로써 사건 처리의 공정성과 투명성을 제고하고자 하였다.

넷째, 검사들이 승진욕구 때문에 정치검사로 전락할 수 있는 가능성을 줄이기 위하여 고등검사장과 검사장의 직급을 폐지하고 단일호봉제를 도입함으로써 승진경쟁에 대한 부담을 덜고 '평생검사'로 일할 수 있는 제도적 기반을 닦았다.

2) 검찰권의 민주적 통제 강화

검찰은 이승만 정부에서는 현직 검사가 경찰에 의해 빨갱이로 몰려 살해되는 등 경찰로부터 수모를 당하기도 했으며, 군사정권에서는 정보기관의 그늘 아래서 정권의 안위를 충실하게 지키는 도구로 복무했다. 검찰이 견제받지 않는 권력이 된 것은 민주화의 진전으로 정보기관의 세력이 약화되면서부터였다. 정치의 도구로 타락한 검찰이 휘두르는 통제받지 않는 권력은 언제든 흉기로 악용될 수 있다.

지배』, 후마니타스, 369쪽 이하, 특히 377-378쪽 참조.

12. 사법평의회(Consejo General del Poder Judicial)는 대법원장이 의장이 되고 왕령에 따라 임명하는 5년 임기의 20명의 위원으로 구성되는 사법부의 최고회의 행정기구이다. 위원 중 8명은 상·하원에서 각 4명씩 15년 이상의 전문 법조경력을 가진 변호사, 법학자 가운데 명망 있는 자를 5분의 3 이상의 다수결 방식으로 선출하고, 12명은 마찬가지로 상·하원에서 각 6명씩 5분의 3의 다수결 방식으로 모든 직급의 판사 가운데서 선출한다.

참여정부는 이러한 인식 하에 검찰이 가진 권력을 합리적으로 통제하려고 했다.

첫째, 검사 출신이 아닌 인사로 법무부장관을 연이어 임명함으로써 검찰의 법무부 장악력을 약화시키고 검찰을 지휘·감독하는 법무부 기능을 회복시키고자 했다. 전통적으로 법무부장관을 비롯한 법무부의 주요 보직들은 현직 검사 또는 검사 출신 인사들에게 돌아갔다. 정부 조직법상 검찰청은 법무부장관 소속의 외청으로 설치되어 있고(정부 조직법 제27조 제2항), 법무부장관은 검찰사무의 최고감독자로서 일반적으로 검찰권 행사를 지휘·감독하고, 구체적 사건에 대해서는 검찰총장을 통해서 지휘·감독하도록 되어 있음에도(검찰청법 제8조) 법무부장관직이 전통적으로 검사 출신 인사들로 채워졌을 뿐만 아니라, 법무부의 주요 보직도 현직 검사나 검사 출신 인사로 채워짐으로써 검찰에 대한 감독기능 및 민주적 통제기능을 수행하기는 커녕 오히려 검찰의 식민지로 전락했다. 다른 한편 정무직인 법무부장관의 검찰에 대한 인사권을 통해 검찰이 정치도구로 타락하는 현상도 심화되었다. 노무현 대통령은 판사 출신 강금실, 변호사 출신 천정배를 법무부장관에 임명함으로써 검찰권의 축소와 민주적 통제의 강화 등 검찰개혁 과제들을 추진했다. 그러나 검찰의 강력한 반발 속에 강금실 장관 후임으로 검사 출신인 김승규 변호사를 법무부장관으로 임명한 데 이어 참여정부 말기에는 다시 검사 출신인 김성호, 정성진을 법무부장관의 자리에 앉히고 말았다.

둘째, 검사 등에 대한 감찰활동의 투명성과 공정성을 강화하기 위하여 민간인으로만 구성되는 감찰위원회를 대검찰청에 설치하고, 법무부에도 고위검찰간부에 대한 사정활동 및 대검찰청 감찰부 등 검찰의 감찰담당 부서에 대한 지휘·감독을 강화하기 위하여 감찰관실을 신설하는 한편, 법무부장관 자문기구로 외부 인사 중심으로 구성되는 법무부감찰위원회도 새로 도입하였다.

셋째, 검사징계 시스템을 강화했다. 즉 검사징계의 종류에 기존의 면직, 정직, 감봉, 견책에 해임을 새로 추가하고(검사징계법 제3조 제1항), 종전 내부 인사로만 구성되던 검사징계위원회 위원 6인 중 절반인 3인을 외부 인사로 위촉하도록(검사징계법 제5조) 검사징계법을 개정하였다. 또 검찰권 행사의 신뢰성 제고를 위해 비위 의혹이 있는 검사는 징계 확정 전이라도 즉시 직무를 정지시켜 수사업무에서 배제하도록 하였다(검사징계법 제8조 제2, 3항).

넷째, 전국 5개의 고등검찰청에 설치된 '항고심사회'에 일반인을 위원으로 참여시켜 고소사건 처리에 대한 민간인 통제를 통해 공정성 및 신뢰성을 제고하고자 하였다.

3) 검찰 수사과정에서의 인권침해 예방대책의 강화

참여정부는 불필요한 구속수사를 줄이고 구속수사 여부를 둘러싼 사회적·정치적 갈등을 줄이기 위하여 '구속수사 기준에 관한 지침'을 마련하는 한편, 체포·구속을 필요최소한으로 국한시키고, 수사과정에서 변호인의 참여를 보장하며, 범죄 피해자, 소년·장애인 등 약자 보호 등의 내용을 담는 방향으로 '인권보호수사준칙'을 개정하였다.

형사소송법 개정을 통한 공판중심주의의 강화도 피고인의 인권보호 강화를 위한 대책으로 높이 평가되어야 한다. 공판중심주의는 재판부가 법정에서 검찰과 피고인 측의 진술을 생생하게 들으며 유죄 여부를 판단하는 재판방식이다. 법정공방이 사라진 채 사실상 조서로 피고인의 혐의를 확인하는 종래의 조서재판 내지 서류재판의 방식으로 이뤄졌던 형사재판이 밀실수사 과정에서 고문이나 자백의 강요 등 많은 인권침해의 요인이 되었기 때문에 공판중심주의의 강화는, 여전히 검찰조서의 증거능력이 인정되고 있어서 불완전하기는 하지만 피고인의 인권보호에 기여함은 물론 공판유지검사의 확충 등 검찰조직에 적지 않은 변화를 몰고올 것으로 전망되고 있다. 최근 한명숙 전총리의 무죄판결도 공판중심주의 강화라는 참여정부의 인권보호를 위한 노력의 결실이라고 볼 수 있다.

끝으로 형사소송법 개정을 통해 검찰의 불기소처분에 대한 재정신청을 모든 고소사건으로 확대함으로써 기소독점권을 가지고 있는 검찰의 기소재량권에 대한 통제를 강화하고자 하였다. 그러나 공소유지 변호사를 법원에서 지정하는 것이 아니라, 공소유지를 위한 검사를 검찰청에서 지정하도록 함으로써 한계를 드러내고 말았다.

4) 검찰 보유권한의 축소·분산 시도

검찰개혁의 가장 중요한 과제는 상술한 바와 같이 검찰이 독점하고 있는 비대한 검찰권한을 분산·축소하는 것이었다. 참여정부는 이 과제를 야심차게 밀고 나갔으나 결실을 보지 못했다.

(1) 공직부패수사처 설치 추진

참여정부는 고위공직자의 부패 방지를 위하여 고위공직자의 부패나 범죄만을 수사하는 고위공직자비리조사처를 신설하려고 했다. 이 조직은 검사의 부정과 부패, 권한남용에 대해서도 수사할 권한이 있었기 때문에 검찰권에 대한 견제역할도 할 수 있었지만, 이러한 측면에 대한 노무현 대통령의 인식[13]은 참여정부 인사들 사이에 그다지 확산되지 않았다.[14]

2004년 11월 국회에 제출된 '공직부패수사처의 설치에 관한 법률안'은 고위공직자(차관급 이상의 공무원, 국회의원, 지방자치단체의 장, 법관 및 검사, 장관급將官級 장교 등으로 하고, 감사원 및 국세청 등 사정기관의 국장급 이상의 공무원)의 직무 관련 범죄에 대하여 국가청렴위원회 산하에 공직자비리수사처를 신설하도록 되어 있었다. 특히 정치적 독립을 위하여 처장은 국가청렴위원회의 의결을 거쳐 위원장의 제청으로 대통령 임명하도록 하고 임기는 3년으로 하되 중임할 수 없도록 하였다. 공직자비리수사처가 작성한 조서는 검사작성의 조서와 동일한 증거능력을 갖도록 했다. 그러나 이 기관에 수사권은 부여했지만 기소권은 인정하지 않아 수사 실시 후 검찰에 송치하도록 하였고, 만일 검사가 공소제기하지 않으면 청렴위원회의 의결을 거쳐 재정신청을 할 수 있도록 하였다.[15]

그러나 국회의원을 수사대상에 포함시킨 이 법안의 국회통과에 당시 여당의원들도 소극적이었다. 결국 당시 여당은 수적 우세 속에

13. 김인회, 2011, "참여정부 검찰 및 경찰개혁 평가", 노무현재단/한국미래발전연구원(편), 『진보와 권력』, 437쪽 이하 소수, 488쪽 문희상 초대 대통령비서실장 및 이병완 대통령비서실장의 증언 참조.
14. 김인회, 앞의 글, 487쪽의 문재인 당시 대통령비서실장의 증언 참조.
15. 대통령자문정책기획위원회, 2008, 『반부패 투명사회의 구현−반부패 개혁도 이제는 시스템으로』, 105−111쪽.

278 한국 민주주의 어디까지 왔나

서도 공직부패수사처를 검찰권에 대한 견제수단임을 인식하고 반대
의사를 분명히 한 검찰 편에 선 한나라당의 반대 속에 이 법안을 국
회에서 통과시키지 못하고 말았다.

(2) 검경수사권 조정 시도

참여정부는 검경수사권 조정을 통해 검찰에 과도하게 집중된
권력을 합리적 수준으로 축소하고자 했다. 2005년 12월 '검경수사권
조정기획단'을 통해 만들어진 검경수사권 조정을 위한 형사소송법
개정 최종안에 의하면 검사와 사법경찰 관리가 모두 범죄혐의가 있
다고 판단될 때에는 수사에 착수할 수 있도록 하는 한편, 검사와 경찰
관이 수사에 있어서 서로 협력하도록 규정해 검찰의 일방적인 경찰
지휘권에 제동을 걸었고, 내란과 외환죄 등 대통령령이 규정하는 주
요 범죄에 대해서만 검찰의 경찰에 대한 수사 지휘권을 인정하는 등
검경수사권 조정에서 상당 부분 경찰의 손을 들어주는 안이었다.

그러나 검경수사권 조정안에 관한 검경 사이의 합의를 이끌어
내는 데 실패하였음은 물론 참여정부 인사들 사이에서도 의견의 합
치를 보지 못했다. 검경의 수사권 조정을 통하여 국민의 인권을 보다
실효성 있게 보장하겠다는 원래의 목표는 실종되고 검찰과 경찰의
밥그릇 싸움만이 남았으며, 국회의원들도 검찰의 전방위 로비 속에
몸을 사리고 움추러들었기 때문이다.

4. 노무현 정부 검찰개혁의 성과와 좌절의 원인

2009년 봄 노무현 전 대통령은 검찰이 주도하는 부당한 여론재판을 받으면서 검찰개혁을 완수하지 못한 자신을 다음과 같이 자책했다. 즉 "검경수사권 조정과 공직자부패수사처 설치를 밀어붙이지 못한 것이 정말 후회스러웠다. 제도개혁을 하지 않고 검찰의 정치적 중립을 보장하려 한 것은 미련한 짓이었다. 퇴임 뒤 나에 대한 검찰의 모욕과 박해는 그런 미련한 짓을 한 대가라고 생각한다."[16]

그렇다면 노무현 정부가 비교적 강한 도덕성을 토대로 진정성을 가지고 추진한 검찰개혁 노력이 좌절된 원인은 무엇인가? 그 원인을 살펴보기에 앞서서 그 개혁의 성과에 대한 평가를 하는 것이 공정할 것이다.

1) 성과

노무현 정부의 검찰개혁 시도의 가장 큰 가치는 집권시기에는 검찰독립을 위한 자기 희생과 인내를 통해, 그리고 정권 상실 후에는 노 대통령과 그 측근들에 대한 검찰의 부당한 반동적 공세를 감내하면서 검찰개혁이 정치의 정상화 내지 민주주의의 성숙, 법치주의의

---

16. 노무현재단 엮음, 유시민 정리, 2010, 『운명이다』, 돌베개, 275쪽.

정착을 위해서 절실한 과제라는 것을 뚜렷하게 보여주었다는 것이다. 노무현 정부의 자기 희생으로 검찰이 일시적으로나마 누렸던 정치적 독립의 경험도 국민과 일부 검사들의 기억에 남아 진정한 검찰, 국민의 신뢰를 받는 검찰을 만들기 위한 밑거름이 될 것이다.

또한 많은 개혁조치들이 법제화되어 검찰권의 오남용을 다소 억제하거나 검찰 인사를 어느 정도 합리화할 수 있는 틀이 되고 있다. 특히 공판중심주의 강화 및 집중심리제를 통해 과거 수사기관에 의한 피의자와 피고인의 인권침해의 근본원인이었던 조서재판의 폐해가 어느 정도 감소하는 등 검찰과 관련이 있는 개혁들 중 일부는 한명숙 총리 사건에서 보듯 인권보장에 적잖이 기여하고 있다. 그러나 이러한 개혁조치들조차 검찰에 대한 본질적인 개혁이 좌절됨으로써 그 의미가 반감되고 말았다.

관철되지 못한 핵심적인 검찰개혁안들도 단순한 추상적인 개혁 방향의 제시를 넘어서 충분한 정도의 구체성을 확보했다. 그리하여 최근의 개혁논의에서도 당시의 공직부패수사처 법안이나 검경수사권 조정안들은 그 출발점이 되는 등 훌륭한 지적·경험적 자산으로 활용되고 있다.

2) 좌절의 원인들

(1) 위로부터의 계몽적 개혁 시도의 한계

노무현 정부에 있어서 검찰개혁의 두드러진 특징은 계몽적 사고를 가진 대통령이 정치권력의 정점에서 할 수 있는 자기 희생적 개혁을 실천하면서 검찰개혁의 시동을 걸었다는 것이다. 즉 당시의 개혁은 검찰이 그 정치적 독립성·중립성 확보의 중요성과 필요성을 자각하고 정치세력과의 투쟁 속에 주도했던 자발적 개혁이 아니라, 대통령이 부각시킨 '검찰 제자리 찾아주기'라는 시대적 명분 하에 검찰조직에 부과된 수동적 개혁이었다. 그렇기 때문에 검찰은 자신들을 향한 개혁의 칼날에 집요하게 저항했다.

　검사들은 검찰개혁을 진두 지휘할 인물로 선택된 강금실 장관의 법무부장관 임명에 대하여 강력히 반발했다. 강 장관은 최초의 여성 법무부장관이었다. 그녀는 검사 출신도 아니었고, 그녀의 사법연수원 동기들은 당시 검찰 과장급에 불과했다. 이처럼 파격적인 인사에 대한 검사들의 저항은 급기야 TV로 생중계된 대통령과 평검사들의 토론회라는 진풍경을 낳았다. 이 토론을 통해서 논리도 빈곤하면서도 목소리만 큰 검사들의 초라한 모습이 드러났다. 최고의 파워엘리트 집단이라고 자부해 왔던 검찰은 대중 앞에 톡톡히 망신을 당했다. 그러나 이러한 일련의 사태는 자존심과 권력의지로 똘똘 뭉친 검찰이 자신을 욕보인(?) 노무현 대통령과 그 지지세력에 대하여 칼을 가는 계기가 되기도 했다.

　노무현 정부 시절 검찰은 대선자금 수사나 부패의혹 사건과 관련하여 야당보다는 대통령과 그 주변 사람들, 그리고 여당 인사를 더 집요하고 철저하게 수사했다. 표면적으로는 검찰이 정치세력으로부터 상당 부분 독립한 것처럼 보였다. 그러나 검찰은 정치권력으로부터 독립하려 한 것이 아니라, 정권에 대한 차별적 압박수사를 통해 자신을 개혁대상으로 본 정권을 상대로 보복하고 저항한 것이었다. 이명박 정권에서 검찰이 아무런 저항 없이 정권의 도구로 충실하게 복무하고 있다는 사실을 통해 당시 검찰의 속내를 알 수 있다.

그런데 문제는 검찰이 이처럼 개혁의 수술대에 올랐으면서도 그 개혁과제 이행과 관련하여 상당한 정도의 자율성을 부여받았다는 것이다. 노 대통령이 이처럼 검찰을 개혁의 동반자로 인정할 수밖에 없었던 배경에는 대선자금 수사로 검찰에 대한 국민의 신뢰가 상당한 정도 상승하면서 정권이 주도하는 검찰개혁은 정치적으로 오해를 살 수 있었다는 사정과, 그에 따라 검찰개혁의 필요성에 대한 국민의 인식이 약화되면서 참여정부의 검찰개혁은 그 동력을 급속히 상실할 수밖에 없었다는 상황적 요인이 있었다.[17]

그때나 지금이나 검사들은 최고의 파워엘리트 집단의 구성원이라는 자부심으로 가득 차 있다. 검찰의 대다수 구성원들은 노무현 정부의 검찰개혁 방향이 검찰 및 자신들의 위상을 저하시키는 것으로 받아들였다. 심지어는 검찰의 정치적 독립을 위한 조치로 대통령이 청와대 검찰 보고 라인을 단절한 것이나 법무부장관에 두 차례에 걸쳐 비검사 출신들을 앉힌 것조차도 자신들의 권위와 전통을 부정하는 것으로 받아들였다.

따라서 집권세력의 희생이 필요했던 개혁, 즉 검찰에 대한 정치적 중립성 보장의 측면에서는 괄목할 만할 정도의 진척이 있었지만 검찰구성원들의 결단이 필요한 부분, 즉 비대해진 검찰권의 축소는 검찰의 적극적·소극적 저항에 직면하면서 지지부진했다. 노무현 정부의 자기 희생으로 얻어진 부분적인 성취는 검찰을 정치의 수단으로 보는 정권의 재등장과 더불어 물거품이 될 운명을 지닌 것이었다.

요컨대, 노무현 정부의 검찰개혁은 검찰개혁 추진을 어렵게 만

17. 이에 대하여 상세한 것은 김인회, 참여정부 검찰 및 경찰개혁 평가, 노무현재단/한국미래발전연구원(편), 2011, 『진보와 권력』, 437쪽 이하 소수, 443쪽, 528쪽 이하 참조.

드는 정치적·사회적 세력관계 및 검사들의 의식이 바뀌지 않는 가운 데 대선자금 수사로 검찰의 위상이 제고되는 역사적 제약 속에서 계 몽적 대통령이 자기 희생을 통해서 추동하는 개혁방법의 한계를 노 정했고, 검찰을 정치의 수단으로 이용하려는 대통령의 재등장으로 좌초하고 말았다.

(2) 검찰개혁의 구체적 청사진 부재 및 엄격한 당정분리로 인한 개혁동력 약화

노무현 정부는 집권 초부터 대통령 공약사항이었던 공직부패수 사처, 검경수사권 조정 등 검찰개혁 관련 공약 이행작업에 착수했다. 그러나 검찰권의 합리적 축소와 검찰에 대한 견제를 위해 필요했던 공직부패수사처 설치문제나 검경수사권 조장과 관련해서는 법률안 을 마련하는 데 너무 많은 시간을 허비했다. 다양한 내용의 검찰개혁 과제를 총괄하면서 정교한 로드맵에 의거하여 개혁과제들 사이의 우선순위를 정하고 개혁의 일정을 조정하는 총괄기구도 없었다.[18]

공직부패수사처 설치법안이 국회에 제출된 것은 집권 후 1년 8 개월이 지난 2004년 11월이었다. 이때는 신행정수도 건설에 관한 특 별조치법이 헌법재판소에 의해 위헌 선언되는 등 수구세력의 총공 세로 개혁의 동력이 이미 많이 약화되고 있던 시기였다. 2005년 3월 송광수 당시 검찰총장은 퇴임을 앞두고 공공연하게 공직자부패수사 처의 설치에 반대하는 등 노 대통령에 의해 임명된 인사조차 노골적

---

18. 김인회, 앞의 글, 442쪽, 503쪽 이하도 참여정부의 검찰개혁과 관련하여 아쉬웠던 점으로 이 점을 지적하고 있다.

으로 검찰개혁에 대한 반감을 드러내기까지 했다.[19]

검경수사권 조정과 관련해서도 검찰과 경찰의 갈등이 위험스러
운 양상으로 증폭되자 2005년 6월 당시의 집권여당이었던 열린우리
당은 '검경수사권 조정기획단'을 구성하기로 하고,[20] 노무현 대통령
은 검경수사권에 관한 공개적인 논쟁의 중지를 법무부와 행정자치
부에 명한 뒤에[21] 2005년 12월 5일에서야 '검경수사권 조정기획단'
을 통해 경찰 측의 주장을 상당 부분 수용한 검경수사권 조정을 위한
형사소송법 개정 최종안을 마련하여 발표했다. 그러나 검찰개혁을
진두지휘해야 할 열린우리당 소속으로 국회의원직을 겸하고 있던 천
정배 당시 법무부장관은 검찰 측에 서서 검찰에게 수사지휘권을 인
정해야 한다고 주장함으로써 자당 안에 반기를 들고 만다.[22]

노 대통령이 고수하던 당정분리원칙도 검찰을 자신의 적으로 돌
릴 수 있는 검찰개혁에 주저하던 열린우리당 소속 의원들을 신속하
고 일사불란하게 개혁전선으로 내몰지 못한 원인이었다. 그리하여 노
대통령은 정권 말기인 2007년 10월 19일 경찰의 날 기념식상에서도
"경찰수사의 독자성 인정과 검찰의 사법적 통제를 절충하는 방향에

19. 이에 대해서는 「송광수 검찰총장, "공직자부패 수사처" 반대」라는 제하의 노컷뉴스 2005년
3월 29일자 기사 http://media.daum.net/society/others/view.html?cateid=1067&newsid=
20050329015534975&p=nocut 참조.
20. 「與, 수사권 조정 기획단 가동하기로」라는 제하의 2005. 06. 21일자의 노컷 뉴스 http://media.
daum.net/politics/others/view.html?cateid=1020&newsid=20050621093605544&p=no
cut.
21. 盧 대통령, "검경수사권 공개 논쟁 중단" 지시라는 제하의 노컷 뉴스의 2005년 7월 5일의
뉴스http://media.daum.net/politics/others/view.html?cateid=1020&newsid=20050
705032851355&p=nocut 참조.
22. 이에 대해서 자세한 것은 「천 법무, 與 수사권 조정안에 강력 반발 … "경찰수사 잘못되면
누가 책임지나"」라는 제하의 국민일보 2005년 12월 6일자의 http://media.daum.net/politics/
others/view.html?cateid=1020&newsid=20051206115009598&p=kukminilbo 참조.

서 현명한 합의가 이뤄질 수 있기를 기대한다"고 말함으로써[23] 이해
관계가 완전히 대립하고 있는 두 권력기관들의 자발적 타협을 통한
사안의 마무리라는 무망한 기대 속에서 시간을 보낼 수밖에 없는 처
지로 몰리고 말았다.

(3) 개혁전선 확장에 따른 검찰과 기득권 세력의 결속 및 저항

노무현 정부의 검찰개혁 청사진은 상술한 바와 같이 국부적인
것이 아니라 포괄적인 것, 즉 검찰의 환골탈태였다. 특히 경찰과의 수
사권 조정, 공직부패수사처, 국민의 기본권 보장을 강화하기 위한 형
사소송법 개정 시도 등 당시 추진되었던 검찰에 대한 개혁안들이 일
거에 관철될 경우, 검찰은 최고의 권력 엘리트 집단에서 여러 범상한
권력기관들 중의 하나로 추락하게 될지도 모른다는 위기감이 검찰
구성원들을 개혁에 저항하도록 결속시켰다.

검찰은 자신에 대한 개혁을 저지하기 위하여 야당인 한나라당의
지원을 필요로 했다. 권토중래를 꾀하던 한나라당도 노무현 정부의
도덕성 실추 및 세력기반을 약화시키기 위하여 정치적 중립성의 외
투를 입은 검찰의 참여정부에 대한 공세가 필요했다. 한나라당은 노
무현 정부에 대하여 악의적인 언론과 합세, 풍설을 증폭시켜 노무현
정부 인사들에 대한 검찰의 수사를 이끌어내는 한편, 검찰의 수사가
별무성과로 끝나면 다시 특검법을 발의하여 관철시키는 방식으로[24]

---

23. 이에 대해서는 「盧 대통령 "검경수사권 조정,합의가 바람직"」이라는 제하의 머니투데이
2007년 10월 19일의 관련기사 http://www.mt.co.kr/view/mtview.php?type=1&no=2007
101910253840399 참조.

노무현 정부를 흔들어댔다. 다른 한편 한나라당은 공직부패수사처 법안에 대해서는 상설특검법안을 내세워 반대하였고,[25] 검경수사권 조정에 대해서는 두 국가기관의 자율적 조정을 통해 수사권 조정이 이루어져야 한다면서 당 차원의 구체적인 방안을 제시하지 않는 등, 두 기관의 갈등을 중재하려는 노력이나 대안을 적극적으로 제시하지 않았다.[26] 검찰은 이에 화답이라도 하듯이 한나라당 소속 인사들에게는 무딘 칼날을 참여정부 인사들, 특히 대통령 측근 인사들에게는 예봉을 들이대곤 했다. 이로 인해 국민의 눈에는 검찰이 집권세력으로부터 독립한 것처럼 비추어졌다.

더구나 노무현 정부는 검찰만이 아니라 모든 권력기관들, 나아가 언론, 사학, 친일청산, 역사청산 등으로 개혁전선을 광범위하게 확장했을 뿐만 아니라 균형발전정책, 종부세법을 시행함으로써 기득권세력의 경제적 기반을 직접 건드림으로써 기득권층의 강력한 반발을 샀다. 그렇지만 노무현 정부는 물론 범개혁 진영도 개혁의욕만 넘쳤지 점점 커져만 가는 개혁에 대한 불만을 이겨내고 다양한 개혁안들을 동시에 관철시킬 수 있을 만큼의 공고한 지원세력을 확보하고

---

24. 「노무현 대통령의 측근 최도술·이광재·양길승 관련 권력형 비리의혹 사건 등의 진상규명을 위한 특별검사의 임명 등에 관한 법률」(제정 2003.12.6 법률 제6990호)과 「한국철도공사 등의 사할린 유전개발사업 참여 관련 의혹사건 진상규명을 위한 특별검사의 임명 등에 관한 법률」(제정 2005.7.21 법률 제7603호)에 의한 대통령 측근들에 대한 수사는 대부분 무혐의로 끝나고 말았으나, 그 과정에서 참여정부가 받은 정치적 타격은 적지 않았다.
25. 이에 대해서는 「여당 "공직부패수사처 대신 상설특검기구"」라는 제하의 한겨레신문 기사 http://media.daum.net/politics/assembly/view.html?cateid=1018&newsid=20051125194 206788&p=hani 참조.
26. 「한나라 검경수사권 조정 신중한 입장」이라는 제하의 2005년 12월 6일의 CBS 노컷 뉴스, http://media.daum.net/politics/others/view.html?cateid=1020&newsid=20051206111619 261&p=nocut 참조.

있지 못했다. 노무현 정부의 자기 희생 속에 진행된 권력기관 정상화 작업은 오히려 노무현 정부를 허약하고 무능한 것처럼 보이게 만들면서 언론을 비롯한 반대세력의 발호를 부추긴 반면, 강력한 개혁을 원했던 지지세력의 이탈을 유발하는 부작용까지 빚고 말았다.

결국 노 대통령에 대한 탄핵소추 의결의 후폭풍에 힘입어 확보한 열린우리당의 국회 과반의석도 검찰개혁에 저항하는 검사들의 파당적 기소권 행사와 노무현 정부에 비판적인 언론의 선동적 공세 속에서 실시된 보궐선거에서의 연이은 참패로 속절없이 무너짐으로써 검찰개혁의 동력은 완전히 소진되고 말았다.[27]

5. 검찰개혁의 환경과 검찰개혁 방안에 대한 평가

위에서는 노무현 정부의 정치력이나 개혁 준비상황 및 검찰을 비롯한 개혁 저항세력의 움직임에 초점을 맞추어 당시 추진된 검찰개혁의 실패원인을 분석해 보았다. 여기서는 검찰 정상화 작업을 할 때 고려해야 할 현실적 여건들과 그 여건들이 검찰개혁 방향에 대해서 의미하는 것은 무엇인가? 이 물음에 답하는 것은 현재 백가쟁명하고 있는 다양한 검찰개혁안을 평가하는 실용적인 기준을 모색하는

---

27. 17대 총선거에서 열린우리당이 152석, 한나라당이 121석, 민주노동당 10석, 민주당 9석, 자민련 4석, 기타 3석을 확보하였으나 열린우리당 의원들 6인이 의원직상실형을 잇달아 선고받아 2005년 3월 과반의석이 붕괴되고, 그 후에도 계속 의석을 상실하여 2007년 2월 23명이 민주당과의 통합 등을 이유로 집단탈당하여 한나라당에 제1당의 지위를 내주기 직전 133석까지 감소한다.

작업이라고 본다.

1) 검찰개혁을 둘러싼 환경과 그 의미

(1) 한국 사회의 세력불균형과 주류의 저열한 법치인식

위에서 노무현 정부가 검찰개혁을 비롯한 각종 개혁과제를 동시에 추진하면서 정치적 경쟁세력인 한나라당은 물론 개혁대상인 검찰, 사학재단, 언론 등의 총공세를 받으면서 사면초가 상태에 빠지고 말았다는 지적을 한 바 있다. 모든 사람의 자유를 보장하기 위하여 불가결한 합리적 개혁조차도 가로막아 온 주류의 세력은 이처럼 매우 강고하다. 또 노무현 정부의 검찰개혁 시도가 좌절할 수밖에 없었던 배경이나 우리 사회의 민주주의의 기반이 아직까지 공고하지 못한 근본 이유도 바로 여기에 있다.

우리 수준의 국민소득과 정치적 민주화를 이룬 나라 중에서 보수성향의 기득권 세력이 정치권력을 비롯한 모든 권력을 독점하고 있는 나라는 세계적으로도 매우 드문 것으로 알려져 있다.[28] 보수성향이 높은 나라인 미국과 일본의 경우조차도 주류 언론은 대체로 진보적인 편이고, 특히 학계는 진보의 전당으로 알려져 있다. 그러나 우리나라는 정치, 행정, 법원 및 헌법재판소, 학계 등 모든 분야의 주류는 정도의 차이는 있겠지만 보수성향을 띤다. 민주화 이후에도 주류

---

28. 이 책에 수록된 조기숙, 「선거제도 : 한국의 민주주의의 공고화의 최대걸림돌」 참조.

는 김대중과 노무현 정부 10년을 제외하고는 집행권력을 놓치지 않았으며, 이 10년 동안에도 상당 기간 국회를 주도했다. 자유를 최고의 가치로 여길 법한 언론계도 예외가 아니다. 주요 언론매체들이 검찰개혁을 주도할 능력도 의지도 없는 보수성향의 정권에 의해서 장악되어 있거나 그러한 정권과 정치적 이해관계를 공유하고 있다. 보수가 압도하는 언론환경이 지속되는 한 검찰개혁을 표방하는 정권이 다시 들어서더라도 언론계가 검찰개혁 작업에 큰 힘을 실어줄 가능성은 그다지 높다.

상황을 더욱 악화시키고 있는 것은 우리 사회의 주류가 광복 후의 이념적 갈등과 혼란 그리고 한국전쟁을 배경으로 형성된 반공주의, 국가안보지상주의에 매몰되어 모든 사람들이 공동체 안에서 자유롭게 살기 위한 제도적 틀의 필요성에 대한 그들의 인식 수준 내지 폭이 매우 좁다는 것이다.[29] 그들은 대통령의 초과권력의 포기를 통한 권력기관의 정상화 시도, 권력기관과 정치세력 사이의 건전한 긴장관계의 형성 시도가 모든 사람에게 정치적 자유를 보장하기 위하여 당연히 요청되는 것임에도 '바보짓', '아마추어리즘'으로 평가하곤 한다. 또한 그들은 임기가 보장된 감사원장을 정치공세를 통해 물러나도록 하거나 법원장 시절에 법관들의 독립성을 위협하는 이메일을 보냈던 신영철 대법관을 정치적 필요 때문에 엄호함으로써 대법관직을 지키게 했다. 그들은 법을 정치의 수단으로만 보고 법이 정치에 한계를 설정하기도 한다는 것을 애써 외면하며, 법치주의를 법

---

29. 유시민, 2011, 『국가란 무엇인가』, 돌베개, 38쪽 이하는 한국 보수세력의 국가관을 혼란과 무질서에 대한 공포감을 기반으로 국가를 절대시하고 개인을 국가의 부품으로 이해하는 홉스적 국가주의 국가론으로 규정하고 있다.

이 지배하는 것이 아니라 법을 수단으로 하는 지배로rule by law, not rule of law 보곤 한다. 그들에게 검찰은 법질서를 지키는 첨병이 아니라, 자신들의 정치적 이해관계를 보호하고 관철하는 데 동원할 수 있는 도구에 불과한 것이다.

그 밖에 우리 사회의 주류가 국제적으로 비교해 볼 때도 부패의 정도가 상당히 높다는 사실도 검찰개혁을 어렵게 만드는 요인이라고 할 수 있다. 국제투명성기구TI(Transparency International)가 2011년 12월 1일에 발표한 2011년 부패인식지수CPI(Corruption Perceptions Index, 공무원과 정치인이 얼마나 부패해 있는지에 대한 정도를 국제 비교하고 국가별로 순위를 정한 것)를 보면 우리나라는 10점 만점에 5.4점으로 2010년 39위에서 43위로 하락했고, OECD 34개국 중에서는 27위 (2010년 22위)에 불과하다. 이처럼 도덕성이 낮은 우리 사회의 주류가 자신들의 비리정보를 손에 쥐고 있는 검찰에 의해 가해질 보복수사의 위험을 무릅쓰고 검찰개혁을 밀고 나갈 주체세력이 되기는 어렵다고 평가하는 것이 합리적일 것이다.[30]

이에 비하여 영국 사회는 수사권 및 기소권의 독점이 개인의 인권을 위협할 수 있다는 사실이 드러나자 지체 없이 수사구조 변화를 이끌어내는 사회적 역량을 보여주었다. 영국의 경찰은 과거에는 수사권, 기소권, 기소유지권을 모두 보유하고 있었다. 1975년 10월 영국 길퍼드 선술집에서 발생했던 IRA의 테러와 관련하여 영국의 경찰

---

30. 2011년 국회사법제도개혁특별위원회가 중앙수사부 폐지에 합의하는 것처럼 보이자 검찰은 국회의원들의 후원금 수사명목으로 계좌추적을 하는 등의 방식으로 관련 정치인들로 하여금 검찰개혁에서 발을 빼도록 압박한 것으로 보도되었다. 가령 서울경제신문 인터넷판의 "이주영 위원장 후원회 청목회 관련 계좌 추적"이라는 기사 http://economy.hankooki.com/lpage/society/201106/e2011062017202093780.htm 참조.

은 이른바 길퍼드 4인방Guildford Four을 IRA 소속 폭탄 테러범으로
몰아 살인죄로 기소하여 장기징역형을 받게 하는 데 성공했다.

그러나 교도소에 복역중이던 이들이 후에 경찰의 고문 등에 의
한 증거조작으로 억울하게 옥살이를 하게 되었다는 사실이 밝혀진
후 영국의 여론은 비등했다. 그들은 법원에서 무죄판결을 받고 15년
만에 석방되었다. 영국 사회는 이 사건을 불행한 사법실패의 사례로
마무리한 것이 아니라, 인권침해의 소지가 높은 영국의 수사구조를
바꾸는 계기로 삼았다. 그리하여 영국의 경찰은 기소권을 1985년 신
설된 검찰청CPS(Crown Prosecution Service, 국립기소청으로도 번역되고
있음)에게 넘겨줄 수밖에 없게 되었다.[31] 그러나 우리나라의 경우 과
거사진상규명위원회를 통해 다수의 간첩사건이나 공안사건이 조작
된 것으로 밝혀졌음에도 검찰이 잘못된 기소에 대해 반성했다는 소
식도 없을 뿐만 아니라, 그 조사결과를 검찰권에 대한 근본적인 수술
을 위한 계기로 활용하지도 못하고 있는 실정이다.

(2) 검찰의 보수편향

검찰은 우리 사회 보수세력의 첨병역할을 해왔다. 검찰은 검찰
청법에 명시된 정치적 중립 의무에도 불구하고(제4조 제2항) 그간 중
요한 정치적·경제적 사건 처리에서 극심한 보수편향을 드러내곤 했
다. 정치적 사건에 대한 수사에서 검찰의 편향성을 입증하는 예들은

31. 영국의 검찰제도에 대해서는 김한수, 2003, 「형사사법법 제정에 따른 최근 영국 검찰제도
의 변화」, 해외연수검사논문, 대검찰청 2004 ; 선우영, 1990, 「영국의 검찰제도」, 200쪽 이
하 ; 표성수, 2004, 『영미 형사사법의 구조』, 비봉출판사 참조.

모두에서 이미 언급한 바 있다. 이는 검찰에서 소신을 지키다 옷을 벗은 검사들의 입을 통해서도 확인되고 있다.[32]

노무현 정부 당시 국가보안법 위반혐의를 받아 구속수사하라는 보수진영의 주장이 비등해지고 있던 동국대 강정구 교수를 불구속 수사하라는 천정배 법무부장관의 단 한차례의 공개적 지휘권 행사에 대한 항의표시로 옷을 벗었던 김종빈 전 검찰총장의 예는 검찰의 극단적인 이념적 편향성을 잘 보여주는 사건이다. 2006년 한겨레신문에 "현직 검사가 말하는 수사 제대로 받는 법"이라는 글을 통해 개인이 수사기관의 부당한 인권침해로부터 자신의 인권을 잘 보호할 수 있도록 정보를 제공하는 글을 연재하다가 검찰총장의 경고를 받고 연재를 중단한 뒤 결국 사직할 수밖에 없었던 금태섭 전 검사의 예, 미국산 쇠고기의 광우병 감염 위험성을 탐사보도한 PD 수첩 담당 PD를 기소하라는 조직 내외의 압력에 법리적으로 명예훼손죄가 성립되지 않는다는 소신을 굽히지 않고 결국 사표를 던진 임수빈 전 검사의 예 등은 모두 인권보호를 위한 지극히 당연한 소신도 지켜낼 수 없는 검찰조직의 후진성을 보여주는 상징적 사건들이다.

검찰의 이와 같은 극심한 보수편향의 배경에는 여러 가지 요인들이 작용하고 있다. 먼저 검찰이 일제 시대 이래 오랫동안 독재 내지 권위주의 정권의 도구로 오용되어 오면서 주류의 이념과 이익을 위해 복무해야 한다는 조직문화가 깊게 뿌리를 내렸다고 볼 수 있다. 검찰은 그에 따라 독재정권 내지 권위주의 정권이 지향했던 반공 이데

32. 「검찰, 이의제기 불가능한 조직」이라는 제하의 《뉴스토마토》 2012년 2월 23일(목) 오후 03 : 20 게재 기사 http://kr.news.yahoo.com/service/news/shellview.htm?articleid=20120223152012453j6&linkid=4&newssetid=1352.

올로기와 재벌중심적 경제성장 전략에 맞추어 그 권한을 행사해 왔다. 검찰의 충원방식도 검찰구성원들의 보수성향을 촉진하는 원인으로 작용한다. 검사는 소수의 사법시험 합격자들 가운데서 선발되고, 검사의 총수도 그들이 처리하는 사건의 수에 비하면 매우 적다.[33] 그와 같은 충원방식을 통해서 한국 사회의 위계구조상 최상층 엘리트의 지위에 오르게 되는 검사들은 가치관과 이념적 정향의 면에서도 우리 사회의 최상층 집단들과 높은 동질성을 느끼게 된다.[34]

오랫동안 보수적 정치세력에 의해 자행되어 온 편향적 검찰총장 인사[35]와 그렇게 임명되는 검찰총장을 정점으로 하는 검사동일체의 조직원리, 검찰조직을 인적으로 쇄신하기는 충분하지 못했던 정권의 수평적 교체 회수 등의 요인들이 동시에 더해지면서 검사들의 이념적 지향의 획일화는 더욱 더 가속화되었다.

요컨대, 1987년 이래의 절차적 민주화의 진전도 검찰의 조직문화를 근본적으로 변화시키지 못했다. 그러한 조직에서 승진을 위하

---

33. 서울 중앙지검이 국회 법제사법위원회에 제출한 2011년도 국정감사 업무현황 보고에 따르면, 2011년도 상반기 '검사 1인당 1일 사건 처리 인원'이 6.35명이다. 검사 1명이 하루에 기소나 불기소처분을 하는 인원이 평균적으로 6.35명인 것이다. 이 수치는 2009년 8.97명, 2010년 7.05명에 비하면 많이 감소한 편이라고 한다. 이에 대해서는 법률신문, 2011.09.28의 「검사들 사건 처리 점차 감소추세」라는 제하의 기사 http://m.lawtimes.co.kr/LawNews/newsContents.aspx?serial=59458 참조.
34. 최장집, 「법의 지배와 민주주의」 한국어판 서문, 아담 쉐보르스키·호세 마리아 마라발 외 지음, 안규남·송호창 외 옮김, 2008, 『민주주의와 법의 지배』, 후마니타스, 25쪽 이하 및 36쪽 이하는 법원이 보수성을 띠는 원인을 분석하면서 마찬가지로 이 두 가지 요인을 들고 있다.
35. 출신지역과 정치성향이 항상 상관관계가 있는 것은 아니다. 그렇지만 특정 지역이 검찰조직의 상위직을 독과점하였다면, 이는 검찰조직의 정치성향과 의미 있는 편중이 해방 이후 호남 출신으로 처음 검찰총장이 된 사람은 1997년 김태정 제28대 검찰총장이었다(그는 부산 출신이지만 광주고를 졸업했다)는 사실은 역대 독재 내지 권위주의정권이 검찰조직을 장악하기 위하여 어떠한 인사를 했는지를 시사해 주고 있다.

여 경쟁하는 검사들이 스스로 조직 내외의 압력을 이겨내고 검찰의 정치적 독립을 쟁취하고 정치적 중립을 견지해낼 수 있는 가능성은 극히 낮을 수밖에 없다. 정치권력에 의하여 출세지향의 정치검사가 중용되는 우리의 풍토에서는 전적으로 "법의 실현"에만 봉사하는 강직한 검사가 조직을 혁신할 수 있는 검찰 고위직에 오르는 것을 기대하기도 어렵다.[36] 만의 하나 그러한 영웅이 출현하더라도 그것이 검찰의 초과권력 해소라는 근본문제들의 해결을 보장하는 것도 아니다. 검찰권의 합리적 축소 제안은 검찰 내의 영웅에 의한 제안이라 하더라도 초과권력의 단물에 젖어 있는 검찰구성원들의 강력한 반발을 살 가능성이 매우 높기 때문이다.

(3) 검찰개혁 방향에 대한 시사점

우리 사회 주류의 강고함과 저열한 법치인식, 검찰의 보수편향은 검찰개혁안을 마련하는 작업에 중요한 지침을 제공한다고 본다. 무엇보다도 우리 사회에서 강고한 세력을 구축하고 있는 주류가 집권할 가능성이 높은 만큼 검찰을 정치적 도구로 생각하는 주류가 검찰은 물론 그 견제기관을 동시에 장악할 경우에도 개혁취지를 살릴 수 있는 방향으로 검찰개혁안을 마련해야 한다. 다시 말해 중앙정치권력의 검찰에 대한 영향력을 최대한 줄이는 방향의 개혁안이 마련되어야 한다는 것이다. 그래야 검찰이 법의 충실한 종으로서의 역할을 수행할 때 실현되는 검찰의 정치적 중립성·독립성도 확보할 수

---

36. 최장집, 위의 글, 39쪽의 말을 빌려 표현하면, 정치권력의 통제를 받지 않는 영웅을 기대하는 사회에서 "법의 지배란 일상적인 것이 아니라 차라리 예외적인 것"이라 할 수 있다.

있게 된다. 검찰을 정치도구화하려는 세력이 집권하면 도로아미타불이 될 소지가 큰 내용의 검찰개혁은 노무현 정부의 그것처럼 개혁주체의 노력과 희생을 배신할 가능성이 매우 높다.

나아가 수평적 정권교체의 경험에도 불구하고 공고하게 유지되어 온 검찰의 보수편향, 조직이기주의 등 검찰조직의 문화를 혁신할 수 있는 방향으로 개혁안이 마련되어야 한다는 것이다. 법에 의해 검찰에게 부과된 사명을 망각한 채 국민들의 정의감과 담을 쌓고 자신들의 이념과 이익의 실현에 골몰하고 있는 검찰구성원들이 사회의 다원적 흐름과 국민들의 요구에 균형 있게 반응할 수 있도록, 즉 검찰구성원들이 직접 국민의 눈치를 살피도록 강제하는 방향으로 개혁안이 마련되어야 한다.

2) 주요 검찰개혁 방안들에 대한 평가

여기서는 지면의 제약 때문에 정치권력의 검찰에 대한 정치적 영향력의 축소 및 이를 통한 검찰의 정치적 중립화·독립화, 검찰권에 대한 축소·견제를 직접적인 목적으로 하고 있는 주요 개혁안들에 대해서만 평가를 하기로 한다. 개인의 인권보호를 직접적 목적으로 하는 개혁안들은 검찰에 대한 축소·견제 또는 정치적 중립화를 위한 개혁 시도의 성패와는 별개로 반드시 관철되어야 한다. 그렇기 때문에 그러한 개혁안들에 대해서는 여기서 별도로 평가하지 않는다.

(1) 최선의 개혁안 : 지방검찰청장 주민직선제

상술한 검찰개혁과 관련한 현실적 여건들에 비추어 볼 때 현재 각계에서 제시되고 있는 다양한 검찰개혁 방안들 중 최선은 18개 광역자치단체별로 지방검찰청장을 주민직선으로 선출하는 안을 구체화하는 것이라고 본다.[37] 이 방안은 그 내용상 사건발생 지역을 불문하고 정치적으로 중요한 사건들을 독점하면서 정권의 주문에 충실히 응해온 대검찰청 중앙수사부의 폐지를 내포할 수밖에 없다.

현재 대강의 방향만이 제시되고 있는 지방검찰청장 주민직선제 방안은 중앙정부 산하의 검찰과 지방검찰의 관할권 문제, 지방검찰청장 후보자의 자격, 지방검찰청 소속 검사들의 충원방식, 인사교류 방안 등 여러 문제들을 좀 더 구체화할 필요가 있다. 지방검찰청장의 임기도 지방검찰의 주된 견제대상을 중앙정치권력으로 보느냐, 아니면 지방정치권력으로 보느냐에 따라 달리 정할 수 있다고 본다. 가령 중앙정치권력을 주된 감시대상으로 볼 경우 지방검찰청장의 임기는 대통령의 임기 5년에 맞추되 대통령의 임기 2.5년에 그 임기가 시작될 수 있도록 선거시기를 설계할 필요가 있다고 본다. 그렇게 해야 정치권력에 대한 견제효과, 따라서 정치권력의 부패방지에도 효과적이고, 대통령 선거의 분위기에 휩쓸려 지방검찰청장을 선택하는 사태를 어느 정도 방지할 수 있을 것이다.

---

37. 동지 : 김진욱, 「검찰은 왜 권력앞에 약하고 국민에겐 군림하는가-검사동일체논리의 허구와 세계 각국의 검찰제도 비교-」, http://www.socialdesign.kr/news/articleView.html?idxno=6597 참조.

어쨌든 주민직선제가 기존의 검찰개혁안들 중에서 최선인 이유
는 다음과 같다.

먼저, 주민직선제는 검찰의 인적 구성과 관련한 민주적 정당성
은 물론 검찰의 민주적 책임성 및 반응성까지도 제고하는 첩경이다.
세계적으로 그 유례를 찾아볼 수 없을 정도로 검찰의 권한이 비대해
져 있는 만큼 검찰의 인적 구성과 관련된 민주적 정당성이 강화되어
야 합당하다. 이를 위해서는 검찰의 실권, 즉 수사 및 기소를 지휘하
는 검찰의 수뇌부가 국민의 대표기관이 아닌 국민에 의해 직접적으
로 구성되는 것이 바람직하다. 지방검찰청장의 주민직선은 그와 같
은 요청을 충족시킬 수 있는 최적의 방안이다. 주민직선제는 또한 조
직이익을 공익보다 앞세우는 경향이 있는 검찰이기주의에 제동을
걸고 인권존중을 비롯한 유권자의 요구에 적극적으로 반응하도록
촉진할 것이다. 정당가입이 금지되어 있음에도 불구하고 보수와 진
보 후보 사이의 경쟁구도가 형성되고 있는 시도 교육감 선거처럼 지
방검찰청장 주민직선제도 검찰의 정치적·경제적 보수편향을 희석
시켜 갈 것이다. 검찰의 조직이기주의나 인권침해적 수사를 방임하
거나, 재벌에 대한 봐주기 수사·기소를 방임 내지 조장하거나 정치
적 사건의 처리에서 정치적 편향성을 보인 지방검찰청장은 다수 유
권자로부터 외면당할 가능성이 높기 때문이다.

둘째, 주민직선제는 대통령 및 그에 의해 임명되는 법무부장관
및 검찰총장을 중심으로 1극화되어 있는 현재의 검찰 인사 시스템을
18개로 분화(지방검찰의 감찰기능을 중앙정부 산하의 대검찰청으로 하여
금 수행하게 할 경우 19개로 분화)함으로써 중앙정치권력으로부터 지
방의 검찰조직, 따라서 지방검찰청에 속한 검사들을 상당한 정도로
독립시킬 수 있을 것이다. 그 독립성의 정도는 지방검찰청의 소속 검

사에 대한 지방검찰청장의 인사권의 크기에 따라 달라질 것이나, 주민직선제의 취지에 합당하게 지방검찰청장에게 소속 검사들에 대한 인사권이 부여된다면 지방검찰청은 매우 강한 독립성을 확보함으로써 전 검찰조직이 비민주적·권위주의적 성향의 중앙정권에 의해 장악될 경우 민주주의는 물론 시장에서의 공정한 경쟁까지도 위협하는 검찰의 병리현상을 상당 부분 치유할 수 있을 것이다.

셋째, 지방검찰청장 주민직선제는 검찰의 식민지로 전락해 버린 법무부를 검찰로부터 분리시키고 검찰을 감독하는 기능을 제대로 수행할 수 있도록 할 것이다.

넷째, 주민직선제에서도 지방검찰이 그 권한을 남용하거나 지방정치권력과 유착하면서 정치적 편향성을 드러내고 또 부패할 수 있음은 물론이다. 그렇지만 검찰권의 지역적 분산, 주민에 의한 정치적 책임 추궁의 가능성, 잠재적인 지방검찰청장 후보자들에 의한 상호 비판과 감시, 선거를 의식하는 지방검찰구성원들 상호간의 내적 경쟁과 견제 가능성, 중앙의 정치권력에 의해 조직되는 법무부나 중앙검찰에 의한 견제 가능성 등을 감안하면 지방검찰의 부패나 권한 남용, 정치적 편향의 위험성은 현 검찰의 그것에 비하면 현저히 적을 것이다. 그렇기 때문에 주민직선제는 검찰의 권한을 축소하는 방향의 개혁이 좌초할 경우에도 검찰을 상당한 정도로 정상화하는 효과를 발휘할 수 있을 것으로 전망된다.

끝으로 주민직선제는 수사권과 기소권 분리 등 검찰권 축소방안들에 비하여 검찰구성원들의 자존감을 직접적으로 건드리는 것이 아니어서 검찰의 저항을 상대적으로 적게 받을 것으로 추정되고, 따라서 그만큼 관철 가능성도 높다. 일단 주민직선제를 통해 검찰을 지역적으로 분할하는 데 성공한다면 검찰을 정상화하는 데 필요한 다른 개혁과제들은 검찰의 저항에도 불과하고 비교적 쉽게 성취할 수 있다고 본다. 검찰의 힘이 상당히 약화되기 때문이다. 보수적 기득권 세력도 주민직선제를 통해 검찰이 자신들에게도 두려운 존재가 되면 검찰의 초과권력을 제거하기 위한 작업에 협조하게 될 것이다.

한편 지방검찰청장 주민직선제의 단점, 즉 지방검찰청장 선거에 적지 않은 비용이 들고, 또 유능한 검사보다는 대중성 있는 검사들이 선출될 가능성이 높다는 주민직선제의 대표적인 취약점을 이유로 이에 반대하는 주장들도 있을 수 있다. 그러나 우리의 경제규모가 그 정도의 비용을 감당할 수 있을 정도로 커졌고 또 주민직선제가 선거 비용을 능가하고도 남음이 있는 검찰 정상화라는 공동체적 가치(개인의 인권에 대한 부당한 침해의 방지, 민주주의의 공고화, 시장에서의 공정 경쟁 등)를 실현시켜 줄 있는 지름길임을 감안하면 그러한 반론이 그다지 설득력이 있다고 보기는 어렵다.

(2) 여타 검찰개혁안에 대한 평가

검찰권한의 축소, 분산, 견제 또는 기타의 방식으로 검찰의 정치적 독립성·중립성 강화를 지향하고 있는 다른 개혁 방안들은 검찰의 강력한 반대에 직면할 가능성이 높고, 검찰의 정치적 독립성·중립성도 확실히 보장하지 못하는 취약점을 가지고 있다. 가령 노무현 정부의 고위공직자부패수사처 설치안은 검찰권을 축소하고 견제할 수 있는 의미 있는 방안이다. 그러나 이 안은 검찰의 강력한 반대를 받고 있고 또 검찰은 물론 이를 견제해야 할 고위공직자비리수사처를 정치권력으로부터 독립시키는 것이 쉽지 않다는 한계를 드러내고 있다. 집권세력이 이 두 조직의 인사권을 매개로 두 조직을 장악하고 이

〈표 4〉 주요 검찰개혁 방안

주요 목표	개혁 방안	효과	비고
검찰 독립성· 중립성 확보	지방검찰청장 주민직선제	• 중앙정치세력의 검찰장악 기도의 근본적 봉쇄 • 검찰에 대한 효과적인 민주적 통제	• 고비용 • 인기영합 위험
	대검 중수부 폐지	법무장관→검찰총장→중수부장을 통한 검찰의 정치도구화 위험 완화	검찰변화 보증책 아님
	법무장관의 개별사건 지휘권폐지	정치권력의 검찰에 대한 영향력 행사 가능성 축소	근본적 대책 아님
	법무부의 탈검찰화	• 법무부의 검찰 감독기능 회복 • 다양하고 전문적인 법무행정 발전	필요하나 근본적 대책 아님
	검사동일체 원칙 및 상급 검사의 지휘·감독권 철폐	수사 및 기소와 관련한 검사의 단독관청성 확보를 통한 검사의 독립성 확보	통일적인 기소 기준 마련 필요
	검찰총장후보추천위원회 설치	검찰총장에 대한 대통령의 인사권을 통한 검찰장악 위험의 완화	추천위원의 공정성 확보 곤란
	검찰 인사위원회의 독립성 강화	공정한 인사를 통한 정치검사출현 억제	공정성·전문성 독립성 확보 곤란

검찰권의
축소·견제
	고위공직자비리수사처
	설치
		• 고위공무원 수사의 공정·실효성
		  제고
		• 검·판사 수사시 이해충돌 해소
		• 집권층 수사시 검찰의 정치적
		  부담해소
			검찰견제는 가능.
			고공비 및 검찰의
			독립성·중립성
			확보가 문제

	상설특별검사제	국회가 수사의뢰한 사건을 수사하는 상설화된 특검	• 정치적으로 수사여부 결정 • 관할범위협소
	특별수사청	검·판사의 독직, 권한남용 방지	관할범위 협소
	검찰/경찰 수사권 조정	수사권과 기소권의 분리를 통한 검찰권 완화 및 인권침해 예방	
	재정신청제도의 확대· 개선	재정신청범위 확대 및 개선, 특히 검사가 아닌 법원이 지명하는 변호사가 공소유지를 맡아야 기소권 오남용 실질적 견제 가능	
	기소법정주의	중요범죄에 대한 자동기소로 편파적· 자의적 기소재량권 행사의 위험 완화	
	기소배심제나 일본식 검찰시민위원회	기소독점주의 및 기소편의주의 오남용 억제 및 기소권에 대한 민주적 통제	

검찰권에 대한 인권보호	검사작성조서의 증거능력 배제	– 자백을 위한 인권침해적 수사 예방 – 공판중심주의의 현실화로 　형사재판을 판사가 주도할 수 　있도록 함	판사 증원, 법정 증설 요
	기소후 증인에 대한 강제수사의 억제	– 재판의 공정성 제고 – 인권침해방지	
	피의사실공표금지 실효성 확보	여론재판에 의한 인권침해 예방	언론자유와의 조 화점 모색이 난제

를 정치적으로 악용할 수 있는 가능성은 상존하기 때문이다.

수사권과 기소권의 분리안 내지 검찰과 경찰 사이의 수사권 조정안도 검찰권을 축소하고 인권을 좀 더 강하게 보호할 수 있는 방안임에는 의문의 여지가 없다. 따라서 이러한 방향의 개혁을 관철시킬 필요가 있다. 그러나 이 방안들은 검찰의 강력한 저항을 받고 있다. 또한 이 방향의 개혁이 관철된다고 하더라도 현재처럼 중앙집권적인 인사구조를 그대로 유지하는 한 집권세력이 인사권을 무기로 두 조직을 모두 장악하여 정치적으로 악용할 가능성에 대한 대비책이 충분하지 않으며, 편벽하고 반인권적인 검찰조직의 문화도 신속하게 혁신해 내기 어렵기는 한계를 극복하지 못하고 있다.

검찰의 정치적 독립과 중립화의 방안으로 검찰총장의 국민직선제도 유력한 방안으로 제시된 바 있다. 그러나 국민에 의해 선출된 검찰총장 개인의 정치성향에 의하여 검찰조직 전체의 색채가 좌우될 수 있고, 그가 중앙정치세력과 야합하여 검찰권 행사를 정치적으로 편향되게 지휘할 경우 마땅한 대책이 없다는 점에서 지방검찰청장 주민직선제만큼 높은 점수를 받기는 어렵다고 본다.

대검찰청 중앙수사부 폐지를 비롯한 다른 대안들은 나름대로 가치가 없는 것은 아니지만 검찰의 근본적 문제점을 치유하기에는 미흡한 개혁안들이기 때문에 특별한 평가를 생략하기로 한다.

3) 검찰개혁의 정치

우리 사회의 세력 균형추는 전술한 것처럼 보수적인 기득권 세력에게로 심하게 기울어져 있다. 그런데 우리 사회의 주류인 보수세력의 민주주의나 법치주의의 가치들에 대한 인식 수준은 매우 낮다. 그렇므로 우리 사회의 주류는 자신들의 이익을 지키기 위하여 검찰개혁이 필요하다고 절감할 때에야 검찰개혁에 적극성을 보일 것이다. 그들이 검찰을 자신의 우군으로 생각하거나 적어도 자신의 이익을 위하여 제어하고 활용하는 것이 가능한 도구로 생각하는 한, 검찰에 대한 본질적 개혁에 적극성을 보일 가능성은 낮다. 그들은 내심으로는 공명정대하여 다루기 까다롭고, 그에 따라 자신들에게 위협을 가할 수 있는 독립성 강한 검찰보다는 자신들의 이익을 알아서 지켜주고 정치적 압력에 쉽게 굴복하는 정치검찰이 더 좋다고 생각할 것이다. 우리 사회의 주류는 아직까지는 정치적·경제적으로 보수편향성을 보여왔던 검찰을 자신들과 같은 편으로 생각할 것이다. 그렇기 때문에 현 단계에서는 검찰에 대한 본질적 개혁과 관련하여 주류의 협조를 기대하기 어렵다.

반면에 검찰을 비롯한 우리 사회의 주류가 자신들의 기득권을 건드리는 개혁안이 추진되는 것을 좌시하지 않을 것이라는 것은 명약관화한 일이다. 개혁은 기득권을 잃는다고 생각하는 자들의 신속하고도 강한 결속과 저항을 불러오는 반면 그 성과는 더디게 나타나서 개혁추진세력의 지지기반을 쉽사리 확장시켜 주지는 않는 법이다. 또한 검찰의 정상화를 통한 법의 엄정한 실현은 지극히 당연한 정의의 요청이기 때문에 그 자체만으로는 국민들에게 지속적 감동을 줌으로써 국민의 강한 정치적 지지를 이끌어내기 어렵다.[38] 더욱이 검찰과 같은 권력기관들의 정상화 시도는 개혁주체의 개혁추진 동력의 약화를 초래하기도 한다. 자유민주주의 질서 하에서의 개혁은 합헌적 법절차에 따라 진행될 수밖에 없다. 따라서 개혁을 위하여 동원할 수 있는 수단도 제한되어 있고 또 시간도 많이 걸린다. 그렇기 때문에 더욱 더 개혁의 키포인트와 우선순위를 잘 선정해 개혁에 저항하는 기득권 세력들을 분리하여 상대하는 지혜가 필요하다.

검찰개혁도 마찬가지이다. 검찰에 대한 전면적 개혁 시도는 검찰구성원들을 필요 이상으로 긴장하게 만들어 구성원 전체를 개혁 자체에 반대하는 세력으로 만들 위험성이 높다. 그러므로 검찰의 부조리한 면들을 일거에 제거하겠다는 욕심보다는 검찰의 정상화를 위하여 가장 효과적인 핵심 과제 하나를 선정하고 그 실현방안을 치밀하게 구체화하여 신속하게 관철하는 데 역량을 집중하는 지혜가 필요하다. 본질적 개혁을 성취하기만 하면 시간의 흐름 속에서 나머지 문제를 해결하는 것은 쉬운 법이기 때문이다. 검찰개혁을 지지하는 사람들도 개혁의 성과와 관련하여 인내의 미덕을 보여주어야 함은 물론이다.

---

38. N. Machiavelli 저, M. Harvey and T. Nathan 역, 1966, *Discourses on Livy*, p. 16 : "자신이 당연히 받을 만하다고 생각하는 명예나 유용한 것을 받은 사람은 그런 보상을 베푸는 사람들에 대한 그 어떤 의무도 인정하지 않으려 할 것이다"(여기서는 스티븐 홈즈, 「법의 지배의 계보」, 아담 쉐보르스키·호세 마리아 마라발 외 지음, 안규남·송호창 외 옮김, 2008, 『민주주의와 법의 지배』, 휴머니타스, 84쪽에서 인용). 선우영.

법원개혁의 현주소와 과제

참여정부의 사법부 개혁성과와
향후의 과제를 중심으로

서보학

1. 참여정부 하에서 추진된 사법부 개혁과제

1990년대 들어 우리 사회의 경제발전이 일정한 수준에 이르고 정치적 민주화가 함께 진전되면서 그때까지 무풍지대로 남아 있었던 사법영역에 대한 국민들의 개혁요구가 거세졌다. 이에 '문민정부'와 '국민의 정부' 하에서 여러 차례 사법개혁이 논의되고 추진된 바 있었다. 1993년의 사법제도발전위원회, 1995년의 세계화추진위원회, 1999년의 사법개혁추진위원회 등이 그것이다. 이러한 논의들을 통해 대국민 법률 서비스의 향상, 법조인 양성 시스템의 개선과 법조인 수의 증원, 법조의 합리화·전문화·현대화, 법조계의 비리 근절, 법률 서비스 시장 개방에 대한 대응책 마련 등의 많은 안건들이 논의되고 건의안들도 마련되었으나 대부분 구체적인 제도개선으로는 연결

되지 못한 채 단절되고 말았다.[1]

'참여정부' 들어 사법개혁은 정권 차원의 관심사를 등에 업고 매우 체계적으로 추진되었다. 그 구체적인 계기는 2003년에 발생한 소위 제4차 사법파동이라고도 불리우는 대법관 제청·임명을 둘러싼 법원 내 소장판사들의 반발사태였다.[2] 이 사건을 계기로 대법원 구성의 다양성과 법원 내 인사 시스템의 개혁을 주장하는 법원 내·외의 목소리가 전면적인 사법개혁의 요구로 확대되자 2003년 8월 참여정부의 대통령과 대법원장은 사법개혁의 공동추진에 합의하였고, 2003년 10월 대법원 산하에 법조계, 법학계 및 행정부, 언론계, 경제계, 노동계, 시민단체, 여성계 등 각계각층을 대표하는 인사들로 구성된 사법개혁위원회가 설치되어 활동에 들어갔다. 동위원회는 1년여의 논의 끝에 2004년 말 사법개혁을 위한 다양한 의제를 담은 건의문을 채택하였다. 동시에 기존의 사법개혁 노력들이 추진기구의 결여로 인해 구체적인 결실을 맺지 못했다는 점을 지적하면서 사법개혁위원회의 건의내용을 구체적·체계적으로 추진해 나갈 추진기구의 설치 필요성을 함께 건의했다.

이에 2005년 1월 대통령 산하에 사법제도개혁추진위원회가 설치되어 사법개혁 작업이 본궤도에 오르게 되었다(동위원회는 2006년 12월 31일까지 존속한 한시적 기구였다). 사법제도개혁추진위원회는 국

1. 과거 정부 하에서의 사법개혁에 대한 논의와 성과에 대한 간단한 소개는 2006, 「사법선진화를 위한 개혁」, 『사법제도개혁추진위원회 백서(상)』, 26쪽 이하 참조.
2. 당시 최종영 대법원장이 법원 내 기수·서열에 따른 대법관 임명제청 관행을 고수하자 소장판사 160명이 인사 시스템의 개혁을 요구하는 건의서를 작성해 제출하였다. 이에 당시 대법원장은 소장판사들의 비토 대상이었던 광주고등법원장 김용담 씨에 대한 제청을 강행하는 대신 법관 인사제도 개혁을 약속한 바 있다.

무총리와 국무총리급의 민간인을 공동위원장으로 하고, 관계 부처의
장관들과 민간위원 등 총 20명으로 구성되었으며, 위원회에 상정할
안건을 사전에 검토·조정할 차관급의 실무위원회 및 위원회의 사무
처리와 조사·연구업무를 담당할 기획추진단을 별도로 두고 있었다.

사법제도개혁추진위원회의 활동과 관련한 특징으로는 ① 사법
개혁 추진이 범정부 차원의 협조 하에 이루어졌다는 점, ② 사법개혁
의 기본 방향 설정과 구체적 추진이 밀접히 연계되었다는 점, ③ 사
법개혁 추진과정에서 사회의 다양한 의견이 민주적인 과정을 통하
여 수렴되었다는 점, ④ 사법개혁을 위한 전문적인 실무인력을 충실
하게 확보했다는 점, ⑤ 사법체계를 전반적으로 재정립하기 위한 의
제가 설정되었다는 점 등을 들 수 있다.[3]

사법제도개혁추진위원회가 사법개혁위원회의 건의내용을 받
아들여 2년간 논의·추진했던 다양한 개혁과제·연구과제 중에서 법
원개혁과 관련한 핵심 의제들로는 다음과 같은 것을 들 수 있다.

- 대법원의 기능과 구성
  - 고등법원 상고부 설치(다수의견), 대법관 증원(소수의견)
  - 대법관 구성의 다양화
- 국민의 사법참여(배심원제도의 도입)
- 법조 일원화와 법관 임용방식의 개선

---

3. 2006, 「사법선진화를 위한 개혁」, 『사법제도개혁추진위원회 백서(상)』, 28-29쪽 참조. 물론
   이에 대해서 당시 사법개혁 과정에서 상대적으로 수세에 몰렸던 검찰은 사법제도개혁추진
   원회 내 의사결정이 청와대와 법원 주도로 이루어져 민주적이지 못했고, 또한 충분한 논의
   와 의견수렴 과정 없이 졸속으로 의사결정이 내려졌다는 비판을 제기했다.

- 공판중심주의적 법정심리 절차의 확립
  - 형사사건 처리절차의 다양화(통상처리 절차·신속처리절차 이원화)
- 양형제도의 개선

2. 사법부 개혁의 구체적 성과

이하에서는 법원개혁과 관련된 핵심 의제들의 구체적인 추진성과를 소개한다.

1) 대법원의 기능과 구성

앞서도 언급했듯이 참여정부에서 사법개혁이 촉발된 계기는 종래의 연공서열식에 따른 대법관의 제청·임명에 대한 소장판사들의 반발과 여기에 시민사회의 비판이 가세한 데에 있었다. 따라서 사법개혁위원회뿐만 아니라 사법제도개혁추진위원회에서도 '대법원의 기능과 구성'은 법원개혁과 관련된 핵심 의제일 수밖에 없었다.

(1) 대법원의 기능

우선 '대법원의 기능'과 관련해서는 최고법원인 대법원을 정책법원으로 자리매김할 것인지, 아니면 권리구제형 법원으로 자리매김할 것인지의 문제를 놓고 치열한 논의가 전개되었다. 법률심인 대법원을 정책법원으로 자리매김할 경우 대법원은 미국의 연방대법원과 같이 정책판단 기능에 충실할 수 있도록 상고사건을 대폭 줄이는 방향으로 제도가 설계되어야 한다. 상고사건을 줄이는 방안으로는 고등법원이 상고사건의 상당 부분을 맡도록 하는 방안('고등법원 상고부'의 설치) 및 하급심을 강화하는 조건으로 상고를 대폭 제한하는 방안 등이 고려될 수 있다. 반면 대법원의 권리구제 기능을 강조할 경우 상고사건에 대한 충실한 심리가 이루어질 수 있도록 대법관수를 증원하거나 대법원에 전문 재판부를 설치하는 방안 등이 고려될 수 있다. 이 중에서 사법개혁위원회의 다수의견은 대법원의 상고사건에 대한 심판부담을 줄이고 정책판단 기능을 강화하기 위하여 고등법원 상고부의 설치를 건의하였고, 소수의견은 권리구제 기능을 강화하기 위한 목적으로 대법관 증원을 건의한 바 있었다.[4]

논의과정에서 대법원 스스로는 대법관의 수를 증원하는 방안에 대해서 매우 비판적이었고, 대안으로 '고등법원 상고부'를 설치하는 방안을 선호했다. 대법관의 수가 320명(연방통상법원 129명, 연방행정법원 56명, 연방재정법원 60명, 연방노동법원 35명, 연방사회법원 40명[5])에

---

4. 당시 사법개혁위원회의 논의과정에서 헌법재판소는 최고정책판단법원의 기능을 헌법재판소가 맡고 대법원은 대법관수를 증원하여 최고권리구제법원의 기능을 맡는 역할분담을 원했다. 그러나 아래의 논의에서 보는 바와 같이 대법원은 정책법원으로서의 기능 포기와 대법관수의 증원이 대법원의 권위하락과 직결된다고 판단하여 거부감이 심했다. 또한 남성종중원과 동등한 여성종중원의 권리를 인정한 대법원 판결, 2년 이상 된 하청 근로자를 원청회사가 정규직으로 고용해야 한다는 최근 대법원의 판결에서 볼 수 있는 바와 같이 개인의 권리구제와 관련된 대법원의 판결이(여성 및 근로자의 지위향상과 관련된) 중요한 정책판단 기능을 하고 있는 것이 현실이기 때문에 대법원에게서 정책판단 기능을 완전히 포기하도록 요구하는 것은 불가능하다. 당시의 다수의견은 이러한 점들을 고려한 것으로 판단된다.
5. 이상 독일 연방대법원의 기능 및 구성에 대해 자세히 소개한 글로는 대한변협신문 2010.

달하는 독일 연방대법원과 같이 대법관의 수를 대폭 증원하는 것이 아닌 한,[6] 일정한 정도 소수의 대법관을 증원하여도(예컨대 현재의 14명을 20-23명으로 증원) 상고사건에 대한 대법관들의 심판부담이 크게 줄어들지 않는다는 것[7]과, 대법관의 증원이 결과적으로 최고법원으로서의 대법원의 위상을 떨어뜨릴 수 있다는 판단 때문이었다(헌법재판소의 재판관이 9명임을 고려하면 20명이 넘어가는 대법관의 수는 대법원의 위상추락과 직결될 수 있다는 판단이 강하게 작용했다).

결국 논란 끝에 사법제도개혁추진위원회는 전국 고등법원 소재지(서울, 대전, 대구, 부산, 광주)에 각 고등법원 상고부[8]를 설치하여 기존 대법원에 상고되던 사건의 상당수를 처리하도록 함으로써 대법원의 상고사건 처리에 대한 부담을 줄여주는 한편, 대법원의 정책판단 기능을 강화하는 내용의 개혁안(법원 조직법개정안 등)을 마련했다. 또한 고등법원 상고부가 설치될 경우 '사법의 지방분권화'도 함께 이루어질 수 있다는 기대감도 커졌다. 해당 지방자치단체에서도 지역발전의 동인이 될 수 있다는 기대감 때문에 고등법원 상고부의 설치를 적극 환영했다. 그러나 고등법원 상고부를 설치하는 방안은 관련 법률안들이 지난 17대 국회를 통과하지 못함으로써 결국 실패

---

9. 13. 7면의 황도수 교수의 글 「독일과 우리나라 대법원 비교 고찰」 참조.

6. 참고로 기타 외국의 대법관 수를 소개하면 프랑스는 115명, 스페인 70명, 미국 9명, 영국 12명, 일본 15명 등이다.

7. 현재 우리나라 대법관의 사건부담은 연간 1인당 2,700건 가량 된다. 이는 주당 100건, 주말을 빼고 하루에 20건씩 처리해야 하는 건수이다. 그냥 사건부담이 과중하다는 말로는 실감이 되지 않는 엄청난 부담량이라 할 것이다. 이에 대한변협은 우리나라 대법관의 수를 50명으로 증원할 필요성이 있다는 주장을 한 바 있다.

8. 고등법원 상고부 설치방안은 경력이 많은 고법 부장판사 3인으로 고법 상고부를 구성한 뒤 경미한 사건에 대한 상고사건을 처리하도록 하고, 대법원은 예외적인 특별상고사건이나 비중 있는 사건에 대한 상고사건만을 처리하는 방안이었다.

로 끝나고 말았다. 그 원인으로는 '고등법원 상고부' 소속 판사들이 각 지역구 국회의원들의 선거사건을 담당하게 됨으로써 그들의 감독자 내지 경쟁자가 될 수 있다는 견제심리가 발동하여 지역구 국회의원들이 법안통과에 소극적이었던 점, 대법원의 대법관들이 명목과는 달리 상고사건이 흩어짐으로 인해 퇴임 후 수임건수 및 수입이 줄어들 것이라는 염려 때문에 실제로는 고등법원 상고부 설치에 소극적 내지 부정적인 자세를 취했다는 점 등을 들 수 있다.

(2) 대법원의 구성

'대법원 구성의 다양화'와 관련해서는—2003년 제4차 사법파동 때 대법원이 약속한 바와 같이—대법원이 사법개혁위원회의 건의를 수용하여 '대법관제청자문위원회' 내규를 개정하였다. 그 내용은 대법관제청자문위원회의 구성에 법조인 아닌 사람이 3인 포함되도록 하고, 그 중 1인은 반드시 여성이어야 한다는 것과 대법원장은 특별한 사정이 없는 한 대법관 제청대상자를 선정하기 전에 자문위원회를 소집하여 대법관 적격 여부에 대한 자문을 구하도록 한 것이었다. 이에 따라 대법원의 구성과 관련해서는 사법제도개혁추진위원회에서는 별도의 논의가 이루어지지 않았다.

과거 대법관의 구성과 관련해서는 법원 내 연공서열에 따른 엘리트 법관들이 대법관을 독점함으로써 변화된 우리 사회의 다양한 이해관계와 가치관을 판결에 반영하지 못하고, 또한 대법관을 출세의 종착지로 생각하는 많은 법관들을 기존의 질서에 순치시키는 부작용을 낳고 있다는 비판이 제기 되었다. 참여정부에서는 이러한 비판을 받아들여 과감하게 기수나 특정 대학 및 남성 독점의 카르텔을

파괴한 대법관 임명이나 여성 대법관의 임명 등이 있었다.[9] 그러나
대법관제청자문위원회가 대법원장이나 청와대의 대법관 제청에 실
질적으로 견제역할을 할 수 있는 정도의 위상이 확립되지 않는 상황
에서 2008년 보수정권이 다시 집권함에 따라 대법관의 제청·임명은
다시 연공서열을 중시하는 예전의 모습으로 회귀하고 말았다.

　　결론적으로 참여정부 하에서 사법개혁 추진의 촉발점이 되었던
'대법원의 기능 및 구성'과 관련하여서는 논의만 무성했을 뿐, 사실상
아무런 개혁이 이루어지지 않은 채 향후의 과제로 미뤄지고 말았다.

2) 국민의 사법참여

　　사법제도개혁추진위원회는 사법의 민주적 정당성 강화, 사법에
대한 국민의 신뢰 제고, 재판에 있어 다양한 가치관과 상식의 반영
등을 위해서는 국민이 재판에 관여할 수 있어야 한다는 시민사회의
요구를 받아들여 국민이 형사재판에 관여할 수 있는 구체적인 제도
를 마련하고 시행에 들어갔다. 즉 동위원회가 마련한 '국민의 형사재
판 참여에 관한 법률'이 2007년 4월 국회를 통과함으로써 우리나라
에서도 직업 법조인들의 전유공간이었던 형사법정에 국민들이 심판
자로서 함께 참여하게 되었고, 이로써 우리나라 사법체계도 한 걸음
더 선진 모델에 다가서게 되었다.

---

9. 예컨대 참여정부 시절에는 김영란, 전수안 등이 사법사상 처음으로 여성 대법관으로 임명
되었고, 박시환, 김지형 전 대법관 등도 이념 및 학벌 등에서 소수를 배려한 대법관 인사로
평가받았다.

현재 영미법계 국가와 대륙법계 국가, 라틴권 국가들을 통틀어 법정에서 직업 법조인들만에 의해 재판이 이루어지는 국가는 오히려 소수에 불과하다. 외국에서 시민들의 재판참여는 주로 배심제 또는 참심제의 형태로 이루어지고 있는데, 미국, 영국, 호주, 뉴질랜드, 캐나다, 아일랜드 등 영미법계 국가와 스페인 및 남미권 국가는 주로 배심제를, 그리고 프랑스, 독일, 이탈리아, 노르웨이 등 유럽대륙의 많은 나라들은 주로 참심제를 채택하고 있다. 여기서 배심제는 시민들로 구성된 배심원단이 사실인정의 판단, 즉 유·무죄에 대한 판단만을 하는 제도이고, 참심제는 시민들이 직업법관과 함께 재판부를 구성하여 사실인정에 대한 판단뿐만 아니라 양형판단을 함께 하는 제도를 의미한다. 이와 같은 국민의 형사재판참여제도는 재판에 있어서 국민주권을 실현하고 공판중심주의적 형사재판 관행을 정착시키는 데 크게 기여하고 있다는 점에서 참여정부에서 이루어진 사법개혁 중 가장 의미 있고 획기적인 개혁성과로 평가할 수 있다.

다만 우리나라는 국민의 형사재판 참여가 헌법에 명시된 '법관에 의한 재판을 받을 권리'를 침해한다는 우려가 완전히 해소되지 않은 점을 고려하여 배심원들의 평결에 권고적 효력만을 부여하고 있고, 현실적인 재판부담과 법정의 수를 고려하여 형사재판 중에서도 일부의 사건(형사 중죄사건)에서만 배심재판을 허용하고 있는 한계를 가지고 있다. 현재 대법원에는 미래의 본격적인 국민참여재판제도의 실시에 대비하여 제도의 기본 모델과 운영에 필요한 사항을 연구하는 사법참여기획단이 구성되어 활동 중에 있다.

3) 법조 일원화와 법관 임용방식의 개선

　　종래 사법부의 인사 시스템은 전적으로 '경력법관제'에 의존하고 있었다. 경력법관제는 유능한 판사들을 공정하게 임용할 수 있다는 장점에도 불구하고 법관의 연소·경험 부족, 법관의 중도사직과 전관예우 시비, 법관의 계급제·승진제로 인한 법원의 관료화 경향, 하급심의 약화 등의 문제점들을 드러내어 변화가 필요하다는 많은 지적이 있어 왔다. 이에 우리나라도 법조 일원화를 시행할 때가 되었다는 인식이 확산되어 마침내 사법개혁위원회도 법조 일원화의 단계적 시행방안을 건의하기에 이르렀다. 이에 대법원은 이미 2006년부터 매년 경력 법조인들을 20여 명씩 뽑아오고 있다. 그리고 지난해 국회사법개혁특별위원회가 마련되어 국회에서 통과된 안에 따라 2013년부터는 단계적으로 본격적인 법조 일원화가 시행될 예정인데, 이 법조 일원화 안에 따르면 2017년까지는 3년 이상의 경력자 중에서 법관을 선발하고, 순차로 경력을 올려 2022년부터는 10년 이상의 경력자 중에서만 판사로 임용될 예정이다. 법조 일원화는 사회경험이 풍부한 법관이 재판을 진행하게 되므로 보편적인 사회가치가 판결에 반영되면서 재판에 대한 국민의 신뢰가 제고될 수 있다는 점, 승진의 개념이 없어지므로 법원의 관료화를 방지할 수 있고 사법권의 독립과 민주화를 더욱 공고히 할 수 있다는 점, 변호사 등을 하면서 체득한 인권의식을 바탕으로 보다 기본권 보장에 충실한 판단을 할 수 있다는 장점 등을 가지고 있다.

　　다만 법조 일원화가 성공하기 위해서는 변호사의 경험을 바탕으로 법관을 지망하는 양질의 변호사가 대량으로 확보되어 있어야 하는데, 아직 법조인의 수가 충분치 않은 우리 현실에서는 법조 일원화를 전면실시하기에는 시기상조라는 지적도 있는 것이 사실이다.

4) 공판중심주의적 법정심리 절차의 확립

공판중심주의는 '법원이 피고사건의 실체에 대한 유·무죄의 심증형성을 공판심리에 의하여야 한다는 원칙'으로 설명되고 있다. 그 구체적인 내용은 공개재판주의, 구두변론주의, 직접주의 등을 의미하며, 무엇보다도 헌법 제27조 제1항이 명시하고 있는 '공정한 재판을 받을 권리'에 법적 근거를 두고 있다.[10] 헌법재판소는 공정한 재판을 받을 권리의 내용에는 공개된 법정의 법관 면전에서 모든 증거자료가 조사·진술되고, 이에 대하여 피고인이 공격·방어할 수 있는 기회가 보장되는 재판이 포함되어 있다고 결정한 바 있다.[11]

그러나 종래 우리나라의 형사재판에서는 형사소송법에 구체화되어 있는 원칙, 그 중에서도 특히 공판절차의 기본 원칙인 '구두변론주의'와 '직접주의 원칙'이 제대로 지켜지지 않았다. 그 결과 법정을 방청하는 국민, 경우에 따라서는 피고인 본인조차 형사법정에서 행해지는 절차의 의미나 재판의 내용을 파악할 수 없거나 이해할 수 없는 경우가 비일비재했고, 자신의 형사재판에서 제대로 된 주장이나 의견을 진술하지도 못한 채 재판이 종결되고 있다는 비판을 받아

10. 신양균, 2003, 바람직한 형사재판의 방향, 「대법원·한국형사법학회 공개토론회 결과보고서」, 13쪽.
11. 헌법재판소 1996. 12. 26. 94헌바1 결정.

왔다.[12] 또한 법정에서 검사와 피고인, 변호인이 실체적 진실을 놓고 치열한 공방을 벌이고, 판사는 증인의 진술태도와 진술내용 등 눈앞에서 생생하게 펼쳐지는 원본증거를 통해 신중하게 증거의 신빙성 여부를 판단하며, 유·무죄의 심증형성과 올바른 양형판단을 위해 치열하게 고민하는 모습을 찾아보기가 어려웠던 것이 사실이다. 오히려 대부분의 사건에서 구두변론이 상당 부분 생략된 채 증거의 제출이나 증거조사가 요식적으로 이루어지고, 실제로 피고인의 유·무죄 여부와 양형에 관한 판단이 형사법정이 아닌 법관의 집무실에서 이루어지는 '조서재판'調書裁判이 관행화되어 있었다. 그 과정에서 피고인은 위압적인 분위기 속에서 소송의 주체가 아닌 단순한 절차와 심리의 객체로 취급받았고, 이것이 오랫동안 형사재판에 대한 불신의 한 원인이 되었음을 부인할 수 없었다.

이러한 조서재판을 가능하게 한 주된 요인으로는 서류증거의 증거능력을 광범위하게 인정하고 있는 현행 형사소송법 규정과 전문증거의 증거능력 판단에 있어서 관대한 태도를 보였던 법원의 재판관행, 이러한 관행에 직·간접적으로 의존하여 자백 중심의 수사활동에 주력해 왔던 검찰의 실무관행, 변호인의 불충분한 변호활동, 나아가 피고인을 형사재판의 객체로 인식하고 있는 과거 규문주의적 재판의 잔재가 여전히 우리 형사소송법에 남아 있는 점 등을 들 수 있을 것이다.

이러한 문제에 대하여 우리 형사사법이 50년 전 해방과 한국전쟁 직후의 열악한 상황에서 제정된 형사소송법의 테두리 내에서 지

---

12. 국민일보 2003. 3. 25일자 노동일 논설위원.

나치게 '효율과 신속'만을 강조한 결과 '공정하고 엄밀한 절차를 통한 실체적 진실 발견'의 이념을 소홀히 하고 있다는 지적이 있어 왔고, 이러한 과거에 대한 책임은 비단 법원이나 검찰 등 우리 형사사법을 운영하는 기관만의 문제가 아니라, 형사법학계를 포함한 광범위한 법조 모두의 책임이라는 인식이 점차 공유되어 왔다.

이에 사법개혁위원회는 피의자와 피고인의 인권을 보장하고 국제적 기준에 부합하는 형사절차를 구현하기 위하여 증거개시제도의 도입, 공판 준비절차의 도입, 집중증거조사제도의 도입, 증거에 관한 규정의 재검토, 피고인의 방어권 강화 등을 내용으로 하는 공판중심주의 확립방안을 의결·건의하였다. 그리고 사법제도개혁추진위원회는 사법개혁위원회의 건의내용을 받아들여 증거개시제도의 도입, 공판 준비절차의 도입, 증거조사 절차 등의 개선, 수사과정의 투명성과 적법절차의 보장, 증거능력 규정의 개선, 피고인의 방어권 강화 등을 내용으로 하는 형사소송법 개정안을 마련하였고, 이러한 내용을 담은 형사소송법 개정안이 2007년 4월 국회를 통과하여 현재 시행되고 있다.

1954년 제정형사소송법의 탄생 이후 수차례 형사소송법의 개정이 있었고 때로 권위주의적 정부의 영향으로 개악된 경우들도 있었으나, 사법제도개혁추진위원회가 마련한 형사소송법의 개정은—비록 일부 증거능력 규정의 개정에 있어서 미진한 점이 있기는 하나—전체적으로 평가할 때 피고인의 방어권 및 공판중심주의적 법정심리 절차를 강화하여 우리 헌법재판소가 강조한 시민들의 '공정한 재판을 받을 권리'를 획기적으로 강화한 매우 역사적이고 의미 있는 법 개정으로 평가할 수 있다.

다만 법원이 중요한 사건의 재판에 있어서 공판중심주의적 법정심리 절차에 집중할 수 있도록 하기 위하여(즉 '선택과 집중'을 위하여) 마련한 형사처리 절차의 다양화 방안(형사처리 절차를 일반 사건을 다루는 통상처리 절차와 경미사건을 다루는 신속처리 절차로 이원화하는 방안)이 국회 논의과정에서 경미사건에 대한 재판의 졸속을 초래할 수 있다는 우려로 입법화되지 못한 것은 아쉬움으로 남는다.

5) 양형제도의 개선

우리나라의 형사절차에서는 사실심리 절차와 양형심리 절차가 분리되어 있지 않고, 또한 양형이 통일적인 기준에 의하지 않고 개별 판사의 전적인 재량에 맡겨져 있어서 피고인에게는 매우 중요한 문제임에도 불구하고 양형이 부실하게 이루어지고 있으며, 그 결과 법원별·판사별로 양형편차가 심해서 예측 가능성이 없다는 비판을 받아 왔다.

이에 사법개혁위원회는 양형자료조사관제도의 도입, 양형 데이터베이스 시스템의 구축, 참고적 양형기준제의 도입과 양형위원회의 설치 등을 건의하였고, 뒤를 이은 사법제도개혁추진위원회는 법원에 양형자료조사관제도의 도입, 대법원 양형위원회의 설치 및 권고적 양형기준 마련 등을 내용으로 하는 개혁방안(법원 조직법 및 보호관찰 등에관한법률 개정안)을 마련하였다. 이 중 국회에서는 대법원에 양형위원회를 설치하고 권고적 양형기준을 마련하는 내용의 법원 조직법 개정안이 통과되었다.

양형기준의 효력과 관련해서는 법무부·검찰을 중심으로 미국과 같이 양형기준을 구속력 있는 것으로 하자는 주장도 강하게 제기되었으나, 자칫 중형주의가 초래될 위험성이 있다는 우려와 재판에 있어서는 개별 사례에 내재된 특수성을 고려한 판결이 필요하다는 원칙론에 따라 권고적 효력을 갖는 양형기준을 마련하는 것으로 결론이 내려졌다.

2007년 4월 대륙법계 국가에서는 최초로 대법원 양형위원회가 설치되어 활동을 시작했다. 지난 5년간 제1기 및 제2기 양형위원회는 총 15개 범죄(살인, 뇌물, 성범죄, 강도, 횡령·배임, 위증, 무고, 약취·유인, 사기, 절도, 공문서, 사문서, 공무집행 방해, 식품·보건, 마약범죄)에 대한 양형기준을 마련하였고, 현재의 제3기 양형위원회는 교통범죄, 폭력(상해, 폭행, 협박)범죄, 공갈범죄, 방화범죄, 선거범죄, 조세범죄, 금융·경제범죄, 지식재산권 범죄에 대한 양형기준을 마련 중에 있다. 양형자료조사관제도의 도입을 놓고는 판결 전 조사업무를 담당하고 있는 기존의 보호관찰 조직을 조사기관으로 활용하자는 검찰의 주장과 양형조사의 독립성을 위해서는 새로운 조직을 법원에 신설해야 한다는 법원의 주장이 팽팽히 맞서다가, 현재는 법원이 2009년 7월부터 자체적으로 법원직원을 양형조사관으로 임명하여 법원 내 독자적인 양형 자료조사 시스템을 가동하고 있다.[13]

그동안 전적으로 법관의 재량영역에 맡겨져 있었던 양형에서 비록 권고적이기는 하지만—사실상 양형기준 이탈 시 그 이유를 적시하도록 되어 있어서 반구속력을 갖는—통일적이고 사회의 일반적인 가치관이 반영된 양형기준들이 마련되고 있고, 이를 구체적으

---

13. 한편 대법원은 지난 2010년 5월 "형의 양정에 관한 절차는 범죄사실을 인정하는 단계와 다르게 취급해야 하기 때문에 필요하다고 인정되는 경우 등에는 직권으로 양형조건에 관한 형법51조 사항을 수집·조사할 수 있다"(대판 2010.5.12, 2010도750)고 판결하여 법원 소속 양형조사관의 활동을 합법적인 것으로 선언하였다.

로 연구·추진하는 기구인 양형위원회가 대법원에 설치되어 활동하고 있는 현실은 분명 과거와 비교하여 매우 진일보된 것으로 평가할 수 있겠다. 전적인 재량영역에 머물러 있던 양형에 어느 정도의 투명성과 예측 가능성이 확보된 것이다.[14]

3. 향후 개혁을 위한 교훈

역대정부 중 참여정부는 가장 효율적이고 성공적으로 사법개혁을 추진한 정부로 평가할 수 있겠다. 그 이유는 이전 정부들이 대부분 사법개혁의 의제들을 검토하고 개혁방향과 건의안을 제출하는 선에서 작업을 마친 반면에 참여정부는 각계각층이 참여한 대법원 사법개혁위원회를 통해 사법개혁의 방향과 중요한 의제를 설정했고, 이에서 한 걸음 더 나아가 사법제도개혁추진위원회라는 추진기구를 만들어 2년 동안 입법화 작업을 통해 구체적인 제도개혁의 성과를 이끌어냈기 때문이다. 앞서 언급한 바와 같이 국무총리와 국무총리급 민간위원이 공동위원장으로 동위원회를 이끌면서 행정 각부의 장·차관, 청와대 비서관, 법원·검찰·변호사단체를 대표하는 법조

---

14. 법률전문가 집단의 다수도 양형기준제의 시행이 양형실무에 긍정적인 효과를 가져올 것으로 예측하고 있는 것으로 나타났다. 즉 양형의 일관성 및 적정성, 예측 가능성, 형량편차, 법원에 대한 신뢰 등 모든 면에서 양형기준이 긍정적인 영향을 미칠 것으로 생각하며, 그 가운데서 특히 양형기준의 시행으로 재판부별 양형편차가 줄어들 것으로 생각한다는 의견이 전체의 75.6%로 대단히 높게 나타났다. 탁희성, 2010, 「성범죄 양형실태 분석, 형사정책과 사법제도에 관한 연구(Ⅳ)-양형기준제 시행에 따른 양형합리화정책 성과분석 및 평가-」, 형사정책연구원, 479쪽.

인들, 학계·언론계·경제계·시민단체 등을 대표하는 인사들이 함께 참여하여 구체적인 제도를 설계·입안하는 데 기여했고, 특히 동위원회에서 결의된 내용들이 법안형태로 성안되어 정부안으로 국회에 제출되면서 제도화의 성공 가능성을 높였기 때문이다. 또한 사법제도개혁추진위원회의 활동을 보조하기 위하여 각계각층의 전문가들이 참여한 추진기획단이 설립되어 연구와 토론, 공청회 개최, 각 관계기관·단체의 이해 및 의견조정을 통해 사전합의된 법안 마련에 전력을 기울인 것이 사법제도개혁추진위원회 활동의 효율성과 개혁작업의 성공 가능성을 현저히 높여주었다.

다만 사법제도개혁추진위원회를 통한 사법개혁의 추진과정에서 결정적인 문제점도 드러났는데, 그것은 바로 논의과정에서 국회가 소외되어 있었다는 점이었다. 사법제도개혁추진위원회의 활동이 청와대, 정부, 사법부의 주도로 이루어지다 보니 정작 관련 법안을 통과시켜야 하는 국회에 대한 설명과 사전협조가 현저히 미흡했다. 그러다 보니 정부안으로 제출된 사법개혁 관련 법안들이 국회(특히 당시 야당이었던 한나라당)의 비협조로 심의와 의결이 늦어지는 현상이 발생했고(예컨대 법조인 양성의 근본적인 틀을 바꾸는 법학전문대학원 설치법안은 폐기 5분 전에 가까스로 본회의에서 의결되기도 하였다), 세부적인 항목에 들어가면 사법제도개혁추진위원회 단계에서 충분히 논의되고 합의되었던 사항들이 국회 논의과정에서 갑자기 변경·삭제되거나 또는 법안 자체가 통째로 입법화에 실패하는 사례들도 다수 발생했다.[15] 사법개혁의 완성은 결국 입법의 완성으로 가능하다는 점을

---

15. 사법개혁추진위원회의 논의과정에서 상대적으로 손해를 보았다고 생각한 검찰이 합의를 깨고 국회 논의과정에서—특히 형사소송법의 개정과 관련하여—뒤집기를 시도한 흔적들이

고려할 때 국회를 도외시한 청와대, 정부, 사법부 주도의 사법개혁은 그 한계를 가질 수밖에 없다는 점을 알게 해준 것이다.

따라서 차후에는 당연히 국회의 참여와 사전협조가 보장되는 방식으로 사법개혁이 진행되어야 할 것으로 생각한다. 예컨대 국회에 사법개혁 관련 위원회를 설치하고 여기에 정당, 정부, 사법부, 각 관련 기관 및 단체, 그리고 학계 및 시민사회 대표들이 참여하는 방식을 생각해 볼 수 있겠다. 그리고 여기에 사법제도개혁추진위원회의 추진기획단과 같은 실무지원 체계를 갖추면 업무추진의 효율성과 성공 가능성을 높일 수 있으리라 생각한다.[16] 물론 국회가 사법개혁을 주도적으로 추진하다 보면 지난 2011년 당시 여당이었던 한나라당이 법원 길들이기 차원에서의 사법개혁(엄밀히 말하자면 법원개혁)을 추진했던 전례와 같이 국회 다수당이 당리당략 차원에서 사법개혁을 추진할 가능성을 완전히 배제할 수는 없다. 그러나 우리 사회의 많은 개혁 어젠다들 중에서 사법개혁의 의제들이 가장 정치색이 덜하다는 점을 고려하고, 또한 추진주체에 정당 이외에 행정부, 시민단체, 학계 대표 등이 함께 참여한다면 정쟁의 폐해를 최소화하면서 실효성 있게 사법개혁을 추진할 수 있을 것으로 판단한다.

다른 한편 사법부와 검찰, 변호사 단체가 참여한 사법개혁 작업에 대해서는 개혁의 대상인 법조인들이 개혁작업에 참여하게 되면 제대로 된 개혁안이 만들어지기 어렵다는 점에서 부당하다는 비판

곳곳에서 발견되었다.

16. 참여정부 당시 사법개혁비서관으로 사법제도개혁추진위원회 추진기획단장을 맡았던 김선수 변호사도 사법개혁 과제를 추진하기 위하여 국회에 '형사절차 선진화 특별위원회'를 설치하고 그 산하에 사법제도개혁추진위원회의 기획추진단 같은 실무지원단을 만들 것을 제안하고 있다. 2008, 『사법개혁 리포트』, 박영사, 567쪽 참조.

도 있는 것이 사실이다. 이러한 비판에 설득력이 있는 것도 사실이기는 하나 그럼에도 현실적으로 우리 사회에서 사법부, 검찰이라는 사법권력의 두 축과 재판실무의 또 다른 한 축인 변호사들을 논의과정에서 배제시킨 채 사법개혁 작업을 진행한다는 것은 사실상 불가능한 일이라고 생각된다. 더구나 재판·수사·변호 실무를 담당하고 있는 현장 법조인들의 의견을 듣지 않는 가운데 마련된 각종 개혁안·개정안들이 본래의 의도와는 다른 파급효과를 가져와 실무현장에서 오히려 혼란과 어려움을 가중시킬 가능성도 배제할 수 없다.

따라서 사법제도개혁추진위원회의 모델처럼 사법부, 검찰, 변협 등 관련 당사자들이 함께 참여하는 논의의 장을 만들되 여기에 국회 대표, 청와대, 정부의 관계부처, 학계·언론계·경제계·시민사회 대표 등이 주도적으로 참여하여 논의를 이끌고 개혁방안을 만들어내는 방식으로 개혁작업이 추진되어야 할 것으로 생각한다. 다만 사법제도개혁추진위원회에서 실무지원을 맡았던 기획추진단에는 법원, 검찰, 변협, 학계를 대표하는 전문가들이 모여 구체적인 개혁안들을 만들었는데, 이 조직에서는 인력구성 면에서 법조인들의 비중이 매우 컸을 뿐만 아니라, 의견조정 과정에서도 법원과 검찰의 의사가 결정적으로 중요할 뿐 다른 직역의 의견은 중요하게 취급되지 않았다는 점이 아쉬움으로 남는다. 따라서 향후 있을지 모르는 사법개혁 작업에서는 실무지원 체계를 만드는 단계에서부터 법조인과 비법조인, 법원·검찰 대 다른 직역의 비중이 비슷하게 구성되도록 신경을 쓸 필요가 있다는 생각이다.

4. 향후 개혁과제

1) 대법원의 기능

지난 참여정부에서 고등법원 상고부를 설치하는 한편 하급심을 강화함으로써 상고사건을 대폭 줄여 대법원을 명실상부한 정책판단 법원으로 자리매김하려던 시도는 실패로 끝났다. 앞서 언급한 바와 같이 대법원이 대법관 수의 증원에는 반대하면서도 상고사건을 줄이기 위한 방안 중 하나인 고등법원 상고부 설치를 명목상으로는 찬성하고 실질적으로 반대하는 모순적인 태도를 보였고,[17] 결정적으로는 지역구 국회의원들이 고등법원 상고부 설치에 부정적인 입장을 취했기 때문이다. 대법원이 권리구제 기능에 충실하기 위해서는 대법관의 수를 획기적으로 증원하거나 대법관 아닌 판사들을 대법원에 소속시켜 대법관과 고등법원 부장급 판사들로 함께 재판부를 구성하는 방안 등이 고려될 수 있다. 그러나 대법관의 재판부담을 실질적으로 줄여주기 위해서는 대법관 수의 대거 증원이 필요한데 이것이 현실적으로 쉽지 않다는 점, 대법관 아닌 판사들과 함께 재판부를 구성할 경우 재판부의 수를 늘리는 데는 도움이 되겠지만 과연 국민들이 이러한 재판부에 의한 판결을 대법원의 판결로 수용할지 여부

---

[17] 앞서 설명한 바와 같이 대법관들은 대법관 수의 증원을 회피하기 위하여 명목상으로는 고등법원 상고부의 설치를 찬성하면서도 실제로는 퇴임후 변호사 활동을 고려하여 상고사건이 지방으로 흩어지는 것을 원치 않는 분위기가 강했다.

에 대한 불확실성 등의 문제가 여전히 남는다(사실상 대법관 1인에 의한 단독재판으로 받아들여질 가능성이 크다). 또한 현재와 같이 항소, 상고를 무제약적으로 허용하는 것은 국민들의 재판받을 권리를 최대한 보장한다는 장점은 있지만 소송 당사자와 국가에게 막대한 액수의 불필요한 소송비용을 발생시킨다는 문제점도 있다.

이러한 여러 가지 점들을 고려해 볼 때 최선의 방책은 하급심을 강화하여 남상소를 억제하고 고등법원 상고부를 설치하여 대부분의 사건들이 하급심과 고등법원 상고부 단계에서 종결되도록 하는 한편 사안이 중대하거나 정책적으로 중요한 쟁점이 내포된 사건, 그리고 법률적으로 통일된 해석이 필요한 사건들만 대법원의 심판을 받도록 함으로써 법률심인 대법원이 정책판단 법원으로서 기능하도록 하는 것이라고 생각한다. 이러한 방안이 법률분쟁의 해결에 드는 시간과 비용을 줄여 국민들의 편익을 증진시키는 효과도 가져올 것이다. 또한 현재의 체제 하에서는 대법원장이 제왕적 권력을 쥐고 있다는 비판도 제기되고 있는 만큼 고등법원 상고부를 설치하여 사법행정권과 인사권의 일부를 지방으로 이양한다면 사법권력의 지방분권화 및 민주화를 촉진하는 계기도 될 수 있을 것이다.

하급심을 강화함으로써 무조건적으로 상소하는 관행에 제동을 걸고 또한 고등법원에 의한 상고심 판단이 사실상의 최종심으로서 국민들에게 수용되기 위해서는, 경력법관들을 하급심에 배치하고 비슷한 경력과 경험을 가진 판사들로 합의부를 구성하여 실질적인 합의제가 운영될 수 있도록 하는 법원 내 인사 시스템의 개혁이 동시에 진행되어야 할 것이다.

326 한국 민주주의 어디까지 왔나

2) 대법원의 구성

앞서 언급한 바와 같이 참여정부에서 제4차 사법파동이 일어나고 사법부 개혁요구가 직접적으로 촉발된 계기는 대법관의 제청·임명과 관련된 사건이었다. 평판사들의 반발을 계기로 대법원은 대법관제청자문위원회 내규를 개정하여 대법관 후보의 제청·임명과정에 외부의 의견이 반영될 수 있는 길을 열어놓기는 하였으나, 과연 대법관제청자문위원회가 단순히 대법원장에 대한 자문역할 내지 추인역할을 넘어 자신들의 의사를 실질적으로 반영·관철하는 역할을 하고 있는지에 대해서는 매우 회의적이다. 또한 참여정부 하에서는 사법부의 독립성, 자율성과 다양성 등을 강조한 통치권자의 철학 때문에 사법부 내의 전통적인 서열 및 기수, 남성 및 특정 학교 위주의 카르텔을 파괴한 대법관 인사가 있기도 했으나 현재의 보수정권이 들어서면서 대법관 인사는 완전히 서열·연공을 중시하는 예전의 모습으로 되돌아가고 말았다. 심지어 법원 내 판사들의 재판독립을 침해한 대법관, 실정법을 어긴 대법관들도 연이어 임명됨으로써 사법부의 독립성이 흔들리고 우리나라 법치주의에 대한 국민들의 불신을 가중시켰다는 비판이 제기되고 있다.

현재와 같이 대법원이 법원 내에서 오랜 경력을 쌓은 남성 법관, 특정 학교 위주의 엘리트 법관들로만 채워질 경우 우리 사회에 존재하는 다양한 가치관과 이해관계를 대법원 판결에 담아낼 수 없음은 자명한 일이다. 그래서는 우리 사회에서 발생하는 복잡다단한 분쟁의 최종적인 해결을 대법원에 맡길 수 없다. 따라서 대법관은 지역, 학교, 성, 나이, 가치관, 경력, 경험 등에 있어서 최대한 우리 사회의 다양성을 대표할 수 인물들로 구성되어야 한다.

그러기 위해서는 대법관 인사에 대법원장이나 청와대의 입장뿐만 아니라 시민사회의 의견이 강하게 반영될 수 있도록 대법관제청자문위원회의 구성을 다양화하고 그 위상을 실질화하여야 한다. 또한 대법관의 구성에 있어서도 직업법관 출신의 대법관 수를 줄이는 대신 변호사, 검사, 학계, 기타 국가공무원 등이 임용될 수 있는 수를 늘려야 한다.[18] 또한 사법부의 구성에 국민주권이 실현될 수 있도록 하기 위해서는 대법원장에 대한 선거제 및 지방법원장에 대한 선거제의 도입도 이제 신중하게 검토할 때가 되었다고 생각한다.

3) 국민참여재판의 정착

사법개혁과 관련된 참여정부 최대의 치적은 국민참여재판제도를 도입한 것이라 생각한다. 과거 직업 법조인들이 독점하고 있던 법정에 주권자인 국민들이 심판자로서 함께 참여함으로써 우리나라에서도 국민주권주의가 법정에 실현되기 시작했기 때문이다. 그리고 국민참여재판은 공판중심주의적 형사재판을 정착시키는 데도 크게 기여할 것이다.

그런데 현재의 국민참여재판제도는 잠정적인 성격을 가지고 있

---

18. 일본에서는 최고법원의 대법관에 외무성 출신 공무원이 1명씩 반드시 임용된다. 우리나라도 법원조직법을 개정하여 비단 변호사 자격을 가진 사람들뿐만 아니라 법률 관련 분야나 공직, 기타 전문분야에서 오랜 기간 경험과 능력을 쌓은 사람들이 대법관으로 임명될 수 있도록 자격을 개방하는 것이 필요하다.

328 한국 민주주의 어디까지 왔나

다. '법관에 의한 재판'을 받을 권리를 침해할 수 있다는 위헌의 우려 때문에 배심원들의 평결에 권고적인 효력만이 부여되어 있고 대상 사건도 형사사건 중의 중한 사건에 한정되어 있기 때문이다. 그러나 통계를 보면 국민참여재판의 접수건수가 2008년 233건, 2009년 336건, 2010년 437건 등으로 해마다 늘고 있어 이제 우리나라에도 국민참여재판제도가 점차 자리를 잡아가고 있음을 알 수 있다. 또한 국회도 이러한 상황에 발맞추어 올해 1월 "국민의 형사재판 참여에 관한 법률"을 개정, 2012년 7월부터 기존의 일부 중죄사건을 넘어 모든 형사합의부 사건이 참여재판의 대상사건이 되도록 확대함에 따라 형사재판에서 국민참여제도는 더욱 확대 시행될 것으로 예상된다.

한편 대법원은 이른 시일 내에 국민사법참여위원회를 만들어 그동안의 국민참여재판 시행성과를 평가한 뒤 그 결과를 토대로 최종적인 국민참여재판의 형태를 결정키로 했다고 한다. 즉 국민참여재판을 계속 시행한다면 영미식의 배심제와 대륙법계의 참심제 또는 일본과 같은 절충형 형태 중 어떤 방식을 취할 것인지를 결정한다는 것이다. 현 또는 차기 정부에 위임되어 있는 가장 중요한 사법개혁의 과제라 하지 않을 수 없다. 지난 2008-2010년까지 3년간 시행된 결과를 분석해 보면 배심원으로 소집된 시민들의 참여율이 매우 높고, 배심원들의 평의결과와 재판부의 심판결과 사이에 일치도도 매우 높게 나타나고 있다. 또한 피고인의 항소율이나 항소심의 파기율도 일반 사건에 비해 낮게 나타나 배심원들이 참여하는 국민참여재판의 경우 일반재판보다 더 신중하게 재판이 이뤄지고 있다는 분석도 나오고 있다.[19] 이는 일반적인 상식과 가치관을 가진 다수 시민들의 판단이 직업법관의 판단에 못지않다는 점이 증명되고 있는 것이다.

물론 배심재판은 시간과 비용, 노력이 많이 들기 때문에 일선 판사들과 검사들 사이에서는 아직 시기상조라는 견해나 정과 인맥을 중시하는 우리 사회의 정서에 맞지 않는다는 부정적인 시각이 강하게 남아 있는 것이 사실이다. 그러나 대부분의 선진 외국에서 배심제 또는 참심제 형태로 국민이 재판에 참여하는 제도를 시행하고 있는 이유는 법정에서 이루어지는 모든 활동들이 결코 주권자인 국민들과 유리되어서는 안 된다는 철학이 확고하고, 또한 다수 국민들의 일반적인 상식이 반영된 판결이 소수 전문 법조인들의 독단적인 판단보다 우월하다는 믿음이 보편적으로 확산되어 있기 때문이다.

이제 우리나라도 형사사법절차(나아가서는 재판절차 전체)를 선진화하기 위해서는 국민들이 절차와 판결에 함께 참여하는 시스템의 구축을 당연한 것으로 받아들여야 한다. 가능하다면 헌법개정을 통해 국민의 재판참여에 대한 근거를 헌법에 명시함으로써 위헌의 시비가 생길 수 있는 여지를 제거하고 '국민의 재판참여' 및 '같은 동료들인 시민들에 의한 재판'을 받을 권리를 기본권 차원으로 끌어올리는 것이 필요하다는 생각이다. 미국은 국민들이 배심재판을 받을 권리를 헌법상의 기본권으로 보장하고 있음을 알아야 한다.

한편 참여재판의 형태와 관련하여 배심제를 도입할 것인지 또는 참심제를 선택할 것인지의 문제가 남는데, 각 제도가 갖는 각각의 장단점이 있기 때문에 가급적 우리의 재판제도와 소송 실정에 맞는

---

19. 배심원의 결정인 평결과 재판부의 판결이 일치한 비율은 91.0%였다. 국민참여 재판 항소심 파기율은 24.1%로 같은 기간 각급 고등법원의 원심 파기율인 40.6%보다 낮았고, 양형 변경률도 19.2%로 일반 항소심의 양형 변경률 32.3%를 밑돌았다. 일반 형사재판보다 국민참여재판 결과가 항소심에서 뒤집히거나 양형이 바뀔 가능성이 낮다는 의미다. 국민일보 2011. 08. 24일자 기사.

제도를 찾기 위한 면밀한 검토와 논의가 필요하다. 그러나 현재 시행되고 있는 참여재판의 모델이 배심제에 가깝고 국민들도 무리 없이 이를 배심제로 받아들이고 있는 만큼 향후 배심원들의 평의결과에 구속적 효력을 부여하는 완전한 배심제의 채택이 바람직한 것으로 판단된다. 또한 경미한 형사사건에까지 배심재판을 확대할 것인지 여부, 나아가 민사사건에도 배심재판을 도입할 것인지의 여부는 향후 사법개혁의 과제로 남아 있다.

4) 인사 시스템의 개혁

법원개혁의 단골 메뉴는 법원 내 승진제도를 폐지하자는 것이다. 법원 조직법상 판사는 대법관과 판사만이 존재한다. 그러나 사실상 판사는 배석판사, 단독판사, 지방법원 부장판사, 고등법원 부장판사, 대법관 등의 계급으로 존재하고 있고, 특히 차관급인 고등법원 부장판사로의 임명은 향후 법원장과 대법관으로 가기 위한 고위직 판사의 입문으로서 모든 평판사들의 희망이라 할 수 있다.[20] 이러한 승진제도에 대해서는 법원 내 관료화를 촉진하고 출세를 지향하는 판사들을 기존의 질서에 순치시키는 부작용을 낳고 있다는 비판이 제기되고 있다. 또한 고등법원 부장판사 승진에서 탈락한 많은 유능한 중견 법조인들이 사실상의 낙오자로서 반강제적으로 법원을 떠나 변호사 개업을 하게 만드는 요인이 되고 있다는 지적도 있다. 때문에

---

20. 사법연수원 한 기수에 통상 10-15명 정도가 차관급인 고등법원 부장판사로 승진하게 되며, 승진한 사람에게는 관용차와 운전사가 배당되어 고위직 판사로서의 대우를 받게 된다.

법원 인사 시스템 개혁의 가장 중요한 과제는 고등법원 부장판사라
는 승진제도를 폐지하는 것이 될 것이다. 그러나 이러한 내용의 인사
개혁은 참여정부에서의 사법개혁에서도 전혀 논의된 바 없었다.

한편 인사권과 관련하여 대법원장이 모든 권한을 손에 쥐고 제
왕적 지위를 누리고 있다는 비판도 매우 강하다. 따라서 대법원장의
인사권한을 대법관회의, 지방법원장 등에게 분산시킬 필요성도 있
다. 한번 판사로 임용되면 승진에 대한 압박을 받거나 윗사람들에 대
한 눈치를 보지 않고 소신껏 명예롭게 그리고 일생 동안 재판업무에
종사하도록 시스템을 개혁하는 것이 시급해 보인다. 고등법원 부장
판사 승진제도를 없애고 지방법원과 고등법원의 인사를 독립적으로
시행하는 것도 좋은 대안이 될 수 있을 것이다.

다행히 대법원은 그간의 많은 지적과 비판을 받아들여 2011년부
터는 '고법판사와 지법판사의 이원화 방안'을 시행하고 있다. 그 핵
심 내용은 지방부장급 판사들에게서 고등법원판사 지원을 받아 향후
대등한 경력의 고법판사들만으로 재판부를 구성하게 하고 2015년쯤
부터는 고등법원 부장판사라는 승진제도를 없애는 데 있다.[21] 이 같
은 법관 인사 이원화 방안은 승진 개념으로 운영된다는 등의 잡음이
끊이지 않고 있는 고등부장승진제도의 문제점을 개선하고 경륜 있
는 중견 법관들의 중도 사퇴를 막아 하급심이 강화되는 효과를 가져
오게 될 것으로 기대된다. 이러한 새로운 인사제도의 성공적 도입의
열쇠는 많은 중견 법관들의 고등법원판사 지원에 달려 있는 만큼 과
중한 업무에 대한 적절한 지원체계 및 처우 개선방안 등이 함께 마련

---

21. '법관인사이원화' 방안의 구체적인 내용은 법률신문 2010. 9. 7일자 기사 참조.

되어 성공적인 제도 정착이 이루어지기를 기대한다. 나아가 대법원은 올해 2월부터 법원장이 2년 임기를 마치고 다시 재판업무를 맡아 정년까지 법관으로 근무하는 '평생법관제'를 도입하여 시행하고 있다.[22] 이러한 일련의 제도 시행으로 오랜 개혁과제인 '평생법관제'가 정착된다면 전관예우의 시비도 대부분 사라질 것으로 예상되어 법원판결 및 사법부의 정책에 대한 시민들의 신뢰가 상당 부분 회복될 것으로 기대한다.

5) 법조 일원화의 지속적 추진

법원의 판결이 단순한 법리적 판단이어서는 곤란하다. 거기에는 인생의 경험과 철학, 인간과 삶에 대한 이해가 바탕이 되어 있어야 한다. 또한 법원 밖과 법대 아래에서 재판의 모습을 지켜본 경험, 변호인의 입장에서 피의자와 피고인을 위해 일했던 경험 등이 밑바탕이 되어야 한다. 그러기 위해서는 전면적인 법조 일원화가 시행될 필요가 있다. 법조 일원화는 변호사, 법학자, 기타 영역에서 전문가·공직자 등으로서 최소한 5-10년의 경력을 가진 법조인들을 판사로 임용하는 방식을 의미한다. 대법원도 지난 2005년부터 종래의 순수

---

22. 새로운 제도는 평생법관제를 정착시키기 위하여 법원장 임기를 2년으로 정하되 2회 보임한다는 원칙에 따라 1차 보직 법원장 2년 근무→재판부 복귀 후 일정기간 근무→2차 보직 법원장 2년 근무→재판부 복귀 근무를 기본 인사형태로 정하고 있다. 또 법원장을 원하지 않는 경우 법원장에 보임하지 않고 재판부에서 계속 근무하게 하는 법원장 지원제도 함께 시행하고 있다. 나아가 고법부장판사 중 법원장 보임을 원치 않으면 재판부에서 계속 근무가 가능하며, 현직 법원장 중에서도 재판부 복귀를 희망하는 경우 재판부로 복귀해 근무할 수 있도록 하고 있다.

한 경력법관제를 완화하여 현재까지 매년 20여 명의 판사를 경력 법조인 중에서 선발해 오고 있다. 그러나 지난 5년간 판사로 임용된 경력자들의 면면을 살펴보면 상당수는 이미 법관이나 검사로 근무하다가 퇴직 후 변호사 활동을 하던 사람들이거나 검사에서 직접 판사로 임명된 사람들이고, 처음부터 변호사로 활동하던 사람들의 비중은 오히려 낮은 것으로 나타나고 있다. 종래 판·검사로 일하다가 퇴직 후 변호사로 일하던 사람을 다시 법관으로 임용하는 것은 또 다른 사법불신을 불러올 수 있고, 법조 일원화의 본래 취지에도 맞지 않는다고 판단된다.[23]

물론 법조 일원화가 제대로 시행되기 위해서는 변호사로서 풍부한 경험을 쌓고 직무능력과 높은 도덕성을 갖춘 변호사들의 풀이 매우 넓어야 한다. 때문에 아직 선진국들에 비해 변호사의 숫자가 많지 않은 우리나라에서는 법조 일원화를 전면실시하는 것이 시기상조라는 지적도 나오고 있다. 이런 지적이 타당하다는 점을 고려하더라도 법조 일원화는 놓칠 수 없는 중요한 법원개혁의 과제라는 점을 잊어서는 안 된다. 현재 매년 1,000명씩의 사법연수원 졸업자가 배출되고 있고, 또한 올해 2012년부터는 매년 1,500명의 법학전문대학원 출신 변호사들이 배출되고 있기 때문에 해가 갈수록 변호사의 풀은 채워질 것으로 판단한다. 법조 일원화는 전면적인 실시 때까지 중단 없이 지속적으로 추진되어야 할 과제이다.

---

23. 같은 지적은 김선수, 앞의 책, 566쪽 참조.

6) 사법부 내 재판독립의 확보

2009년 2월 대법관으로 임명된 신영철 대법관은 서울중앙지방법원장 시절 촛불집회 관련 재판을 임의배당(몰아주기 배당)하고 형사담당 판사들에게 이메일을 보내 재판진행을 서두르라고 독촉하여 결과적으로 헌법상 보장되어 있는 '법관의 재판독립'을 침해했다는 비판을 받았다. 이 때문에 신영철 대법관은 2009년 대법원 윤리위원회에 회부된 최초의 대법관이 되었고 야당으로부터는 탄핵소추안이 발의되기도 했다. 또한 그로 인해 제5차 사법파동인 평판사들의 격렬한 반발과 용퇴촉구가 있기도 했다.

신영철 대법관 사건은 재판독립에 대한 침해가 비단 법원 외부에서 뿐만 아니라 법원 내부에서도 일어 날 수 있다는 사실을 확인시켜 준 사건이었다. 현재 승진제도가 엄연히 존재하고 있고 법원장들이 소속 판사들에 대한 근무평정권을 가지고 있기 때문에, 대법관 제청을 바라는 법원장들이 청와대와 집권여당의 환심을 사기 위해 자신들의 권한을 이용하여 판사들의 재판에 영향력을 행사하는 작태가 현실적으로 벌어지고 있다는 것을 생생히 보여준 것이다. 또한 최근 판사 연임심사에서 탈락한 서기호 판사건은 법원 내 합리적이고 투명한 연임 심사기준이 존재하지 않을 뿐만 아니라, 법원 지휘부에 의한 의도적인 '표적배제'가 가능할 수 있다는 심각한 문제점을 노정시켰다. 판사부적격자를 골라내기 위한 연임심사제도가 필요한 제도라는 점에는 공감하지만 이 제도가 소위 소신판결을 내리는 판사나 정치적 의사표현에 적극적인 판사들을 솎아내는 장치로 악용되어서는 곤란하다.

  법관의 재판독립을 보장하는 것이 민주 법치국가에서 가장 중요한 핵심 가치 중 하나임을 생각한다면 향후 비슷한 사태가 재발되는 것을 막는 것이 무엇보다 중요한 법원 개혁과제 중 하나라 하지 않을 수 없다. 공정하고 투명한 재판배당 시스템의 확립, 판사들에 대한 근무평정권 행사의 공정성 확보, 기타 재판진행과 관련해 개별 판사들에 대한 상급자의 영향력 행사를 차단할 수 있는 시스템 등이 마련되어야 할 것이다.[24]

  과거 우리의 헌정사·사법사에서 법원은 국가권력의 남용을 통제하고 국가권력의 횡포로부터 국민들의 권익을 지켜주는 인권의 보루로서의 역할을 제대로 수행하지 못하였다. 공정한 재판을 바라는 시민들의 여망을 저버린 채 오히려 부당하게 행사된 국가권력에 사후 정당성을 부여하는 방조자 역할에 충실했다. 과거 법원의 판결내용이 검찰의 기소내용과 크게 다르지 않아 '자판기 판결', '정찰제 판결'이라는 비아냥을 들은 것도 그 때문이었다. 권위주의적 군사독재 시절에 소위 '소신 판사'들에 대한 정권 차원의 직접적인 위해와 불이익이 가해지던 상황에서 대다수 판사들이 침묵으로 불법행위의 방조자 역할을 하던 것은 재판의 독립이 보장되지 않았기 때문이었다.

  그러나 이제 사회가 민주화되면서 판사들에 대한 직접적인 위해는 상상할 수 없다. 물론 법원 내 소장판사들의 판결에 불만을 품은 보수정당의 사법부 개혁에 대한 압박과 이를 통한 영향력 행사의 시도는 여전하지만 이는 충분히 저항하고 지켜낼 수 있는 수준이라

---

24. 황도수 교수도 앞의 글(주 4)에서 독일의 경우 사무분담 및 사건배당이 사법권 독립의 핵심요소로 받아들여지고 있다고 하면서 독일 법원조직법은 재판부의 구성뿐만 아니라 각 재판부의 사무분담을 사법행정으로부터 분리하여 법관의 자치과제로 하고 법관독립의 보호 아래 놓고 있다고 한다.

할 것이다. 다만 승진제도 및 연임제도와 평정권을 통한 내부적 통제와 간섭의 위험성은 여전히 살아 있고, 신영철 대법원 사건 및 서기호 판사 건 등에서 그 구체적인 실체를 확인하게 된 것이다. 사법부가 권력의 남용과 불의한 행사를 통제하고 국민의 인권을 지키는 본래의 모습으로 거듭나기 위해서는 차제에 법원 내 재판의 독립성을 확보하기 위한 확고한 제도적 장치가 마련되어야 할 것이다.

헌법재판의 역할과 과제

김하열

1. 머리말

헌법재판소는 2009년 10월 이른바 미디어법의 국회통과 과정에서 벌어진 입법절차상의 하자에 대하여 헌법과 법률에 위배됨을 인정하였고, 그로 인해 국회의원들의 법률안 심의표결권이 침해되었음을 인정하면서도 그러한 행위가 무효가 아니라고 함으로써 결과적으로 미디어법이 유효하게 탄생하는 데 일조하고 말았다. 이 하나의 판결에서 헌법재판소의 양면성을 엿볼 수 있다. 국민의 인권과 자유를 위해 어떤 역할을 하는 듯하다가도 국민의 열망과 기대에 부응하지 못하는 모습 또한 그만큼 자주 보여주는 양면성 말이다.

오늘날 한국의 민주주의와 법치주의에서 헌법, 헌법재판, 헌법재판소는 뺄 수 없는 존재가 되었다. 국민 일상생활의 한 구석을 이

제 헌법재판이 차지하고 있다. 최근의 것만 보더라도 사형, 존엄사, 남자만의 병역의무 부담, 간통죄, 종합부동산세, 교통사고처리특례법[1] 등의 사건에서 헌법재판소가 내린 결론은 우리 일상생활을 획기적으로 변화시키기도 하고, 획기적 변화의 기대에도 불구하고 꼼짝없이 고착시키기도 한다. 이제 민원과 분쟁의 해결수단으로 '헌법재판소', '헌법소원'이란 단어가 약방의 감초처럼 일상생활의 대화에 등장하고 있다. 헌법재판소의 판결에 때로 환희하고 고무되다가[2] 때로 실망하고 좌절하지만 어느 경우든 공통적인 물음이 제기된다. '아니 헌법재판소가 언제부터, 왜 이렇게 우리 사회의 중요한 문제들을 결정하게 되었지?' 이런 물음은 소박하지만 중요하고 답하기 어려운 질문이다.

이는 다시 '헌법'의 정당성에 대한 보다 근본적인 질문으로 이어진다. 헌법재판은 헌법을 실현하는, 헌법을 심사기준으로 하는 재판이기 때문이다. 국민의 대표기관인 국회가 합의하여 만든 법률일지라도 국민이 직선한 대통령의 행위라도 '헌법' 위반으로 선언되면 효력을 상실한다. 국민의 지지가 아무리 높은 법률이나 정책이라도 헌법과 충돌하지 않는 범위에서 성립되고 추진될 수 있다. '헌법'이 현실의 민주적 의지보다 우위에 있음을 인정하는 것이 오늘날 우리가 살고 있는 입헌주의(헌정주의) 혹은 입헌민주국가 정치체제이다. 그러나 국민주권과 민주주의를 자명한 정치원리로 받아들이는 오늘의 우리들은 주권자인 내가 실제 동의한 바도 없는 헌법이라는 이름

---

1. 이 판결로 자동차종합보험에 가입하였더라도 피해자에게 중상해(重傷害)를 발생시킨 운전자는 더 이상 형사책임이 면제되지 않게 되었다.
2. 최근 몇년간의 여론조사에서 헌법재판소는 국가기관 중 영향력과 대국민 신뢰도가 가장 높은 것으로 나타났다.

으로 나의 행위를 규제하고, 내가 포함된 공동체의 가치와 이익을 신탁처럼 선언하는 듯한 헌법재판이란 것에 때로 어리둥절하지 않을 수 없다. 2004년 여름 거리와 광장에서 촛불을 들고서 '탄핵무효'라는 글귀를 흔들었던 학생과 시민들은 본능적으로, 그러나 정확하게 이러한 물음과 거기에 담긴 정치적·법적 의미를 국민의 대표자라는 권력자들에게, 그리고 그들을 선출한 국민 스스로에게 묻고 있었을 지도 모른다.

한편 최근 정치권의 개헌논의 일각에서는 법원과 헌법재판소 간의 사법권한의 배분문제도 거론되고 있다. 역사적 소임을 다하였으니 헌법재판소의 기능을 대법원에 통합시켜야 한다는 극단적인 주장도 있는 반면, 법치주의의 발전을 위해서는 헌법재판소의 기능과 권한을 더욱 보완·확대해야 한다는 주장도 제기되어 공감을 얻은 바 있다.

깨어 있는 주권자로서 민주주의와 법치주의의 실현을 추구하며 자유, 평등, 정의라는 정치적 이상을 꿈꾼다면 작금 우리나라의 '헌법재판 현상'에 눈감을 수 없다. 헌법재판이 무엇이고 우리나라 헌법재판소가 그간 어떤 역할을 담당해 왔는지, 민주주의 실현에 헌법재판이 어떤 구조적 관계를 맺고 있는지를 이해하는 것은 입법권력과 행정권력에 대한 이해 못지않게 민주주의 이해와 비판을 위해 필요하다.

넓은 의미의 헌법재판작용은 헌법재판소가 독점하는 것이 아니라 법원도 일부 담당하고 있다. 법원이 헌법재판소에 위헌제청을 한다든지, 명령·규칙에 대한 위헌심사를 한다든지 하는 것도 성질상 헌법재판작용에 속한다. 그러나 헌법은 헌법재판 전문 사법기관으로서 일반법원과는 조직을 달리하는 헌법재판소를 따로 두고 있다. 법

률의 위헌 여부 결정, 국가기관 간의 권한쟁의 분쟁, 국민의 기본권
침해를 구제하는 헌법소원, 대통령에 대한 탄핵 등 주요 헌법재판 기
능을 헌법재판소가 담당하고 있으므로 이 글에서는 헌법재판소가
행하는 헌법재판을 중심으로 논의를 전개한다.

2. 헌법재판이란 무엇인가?

1) 한국 헌법재판소의 출범

한국 헌법재판소는 1988년 9월 19일 출범했다. 조규광 헌법재
판소장을 위시하여 9명의 재판관이 임명됨에 따라 대한민국 역사상
처음으로 헌법재판소라는 기관이 탄생한 것이다. 그러나 헌법재판소
이전에도 헌법재판을 담당하는 기관, 즉 헌법재판기관은 있었다. 제
헌헌법은 헌법위원회를 두어 위헌법률심판[3]을 담당케 하였고, 1962
년 헌법은 위헌법률심판과 정당해산심판을 대법원에서 관장케 하였
으며, 유신헌법과 1980년 헌법은 다시 헌법위원회 제도로 복귀하였
다. 제헌헌법 당시의 헌법위원회는 2건의 위헌결정을 포함하여 6건
의 위헌법률심판사건을 처리하면서 나름대로 헌법재판기관의 역할
을 수행했지만, 그 이후 1988년까지의 오랜 기간 동안 한국 헌정사에
서 헌법재판의 역사는 중단되고 말았다. 대법원은 한 차례의 위헌관

---

3. 대표적인 헌법재판사항으로서 법원의 재판에서 적용되는 법률이나 법률조항의 위헌 여부
    가 문제될 때 이를 결정하는 것을 말한다.

결을 하였으나[4] 이는 권위주의 정치권력에 의하여 사법파동이라는 역사적 오욕으로 이어졌고, 유신헌법 이래의 헌법위원회는 단 1건의 사건도 접수하거나 처리하지 못하는 휴면기관으로 전락했던 것이다.

1987년 민주화에 대한 국민의 열망으로 탄생한 현행헌법은 1960년 헌법에서 사산되었던[5] 헌법재판소를 설치하기로 하였다. 개헌과정에서 헌법재판권의 소재와 형태가 주된 정치적 쟁점이 되지는 않았지만, 기본적 인권과 자유를 지키는 제도로서 독일처럼 헌법소원이 필요하고 이를 담당하는 기관으로 대법원도, 헌법위원회도 아닌 헌법재판소가 적합하다는 데에 정치적 합의가 이루어져 헌법재판소가 탄생했다.[6]

이와 같이 우리 헌법재판의 역사는 민주주의의 역사와 밀접한 관련을 맺고 있다. 민주주의가 질식되었던 시대에 헌법과 헌법재판은 명목적 존재에 그쳤고, 정치적 자유와 민주주의가 적어도 제도적으로나마 제 모습을 갖추기 시작하자 헌법재판 또한 제 기능을 다하면서 활성화되었다.

---

4. 군인, 경찰 등에 대하여 국가배상청구권을 부인하였던 국가배상법 조항에 대한 위헌판결 (대법원 1971.6.22. 선고 70다1010 판결)
5. 1960년 헌법은 현행 헌법재판소와 유사한 헌법재판소를 설치하기로 하였으나 군사 쿠데타로 인해 헌법재판소는 설치되지 못하였다.
6. 한국 헌법재판의 역사와 헌법재판소 창설에 관하여 자세한 것은 헌법재판소가 창립 20주년을 맞이하여 발간한 『헌법재판소 20년사』 참조.

2) 헌법재판의 개념, 유형, 기원

헌법은 한 나라의 최고법으로서 모든 국가권력을 구속하는 법이다. 헌법은 국가권력을 구성하고 정당화시켜 주면서 아울러 국가권력에 한계를 그어 국민의 자유와 권리를 보장하는 법이다. 헌법재판은 이러한 헌법을 실현하고 수호하는 재판이다. 국가권력 등에 의하여 헌법적 가치가 침해되었을 때, 이를 헌법의 이름으로 바로잡아 헌법의 기본 질서를 유지하는 작용이다. 그러므로 헌법재판은 권력통제를 통한 헌법보호와 국민의 기본권 보장을 그 사명으로 한다. 이러한 제도적 의미를 지닌 헌법재판은 오늘날 민주적 법치국가에서 불가결의 제도적 요소로 자리 잡고 있다.

그럼에도 불구하고 '헌법재판'이란 그 의미와 내용을 분명하게 포착하기 어려운 개념이기도 하다. 이 개념 아래 서로 다른 기원과 기능을 가진 여러 재판작용들이 혼재되어 있다. 또 각 나라마다 헌법재판 사항을 무엇으로 할 것인지, 헌법재판을 누가 담당할 것인지에 관하여 다양한 입법례를 보이고 있다. 그렇지만 대체적으로 헌법재판이란 '헌법문제를 직접 대상으로 하는 재판'으로 정의해 볼 수 있고, 보편적 헌법재판 사항으로는 규범통제(위헌법률심판), 헌법소원, 권한쟁의, 연방쟁송, 탄핵, 정당해산, 선거소송 등을 들 수 있다. 우리나라 헌법은 이 중 위헌법률심판, 헌법소원심판, 권한쟁의심판, 탄핵심판, 정당해산심판의 5가지 사항을 헌법재판소의 권한으로 규정하고 있다(헌법 제111조).

대표적 헌법재판 사항인 위헌법률심판을 어느 기관이 담당하는지에 따라 헌법재판의 유형은 분산형과 집중형으로 구분할 수 있다.

분산형은 재판을 담당하는 해당법원이 그 재판에 적용되는 법률의
위헌 여부가 문제될 때 이를 스스로 심사하여 결정할 수 있도록 하는
유형이다. 이때 위헌판단의 통일성은 심급원리에 따라 최고법원에
의하여 확보된다. 반면 집중형은 적용법률의 위헌 여부를 법원이 스
스로 판단할 수 없고, 헌법재판소(헌법위원회일 수도 있지만 대체로 헌
법재판소)라는 독립기관에 제청提請하게 하여 여기서 결정하도록 하
는 유형이다. 미국, 일본, 캐나다, 호주, 인도, 스웨덴 등에서 분산형을
취하고 있고 우리나라, 독일, 프랑스, 오스트리아, 스페인, 이탈리아,
폴란드, 러시아, 인도네시아, 칠레 등에서 집중형을 취하고 있다. 현
재의 세계적 분포를 보면 대체적으로 두 유형이 절반 정도씩 차지하
고 있다.

　헌법재판의 기원은 두 가지로 정리해 볼 수 있다. 그 하나는 1803
년 미국 연방대법원이 내린 Marbury v. Madison이라는 판결이고, 또
다른 하나는 1951년에 활동을 개시한 독일의 연방헌법재판소이다.
Marbury 판결은 헌법에 명문의 근거규정이 없음에도 불구하고 헌법
의 해석을 통하여 법률은 헌법에 위반할 수 없고, 헌법위반 여부에
대한 심사권은 사법권을 가진 법원의 권한에 속한다고 천명함으로
써 헌법재판의 역사적 문을 열었다. 이것이 분산형 헌법재판 유형의
효시이다. 한편 나치권력의 헌법유린과 인권박해를 겪은 후 독일은
자유민주적 헌법질서를 수호하고, 국민의 인권을 보호할 수 있는 제
도적 헌법보호 장치의 필요성을 절감하여 독일 기본법을 제정하면
서 헌법재판소를 설립하고 여기에 위헌법률심판, 헌법소원 등의 헌
법재판 권한을 집중시켰다. 이러한 집중형 헌법재판 모델은 이탈리
아(1956), 스페인(1979), 우리나라(1988) 등 유럽, 아시아, 남미, 아프리
카로 확산되었고, 특히 1990년대에 자유민주주의 체제로 전환한 동

구의 많은 국가들은 거의 예외 없이 헌법재판소 제도를 채택했다.

오늘날 헌법재판은 전 세계에서 널리 행해지고 있는 보편적 현상이다. 전통적으로 의회입법 우위의 정치체제를 고수하던 영국도 최근 사법개혁을 통하여 의회입법이 유럽인권협약에 위배되는지를 법원으로 하여금 심사할 수 있도록 하였고, 사법에 의한 위헌심사제도와 가깝지 않던 프랑스도 헌법개정을 통하여 우리나라의 위헌법률심판에 해당하는 제도를 도입함으로써 헌법재판의 폭을 확대하였다. 헌법재판의 이러한 보편화는 법치주의의 지평이 '헌법적' 법치주의로 확산되는 것이라 할 수 있고, 법치의 목표와 내용이 자유, 평등, 인간의 존엄과 같은 헌법적 가치로 심화·수렴되고 있는 것이라 볼 수 있다.

3. 헌법재판소 20년 : 역할과 평가

1) 헌법의 규범력 복원

1948년 헌법의 제정으로 우리나라는 역사상 처음으로 근대적 의미의 입헌국가가 되었다. 입헌국가에서 헌법은 정치권력을 적극적으로 구성하고 정당성을 부여할 뿐만 아니라 정치권력을 통제하고, 국민의 자유와 권리를 보호하여야 한다. 그러나 헌법제정 이후 우리 헌법은 이러한 역할을 할 수 없게 되었다. 정치권력은 헌법을 무시했고, 정치적 필요성, 특히 집권자의 집권연장 욕망을 충족하기 위한 잦은 헌법개정이 이어졌다. 권력분립과 견제와 균형, 국민의 자유와 권리의 보장은 법전法典에만 존재할 뿐이었다. 권위주의적 독재가 횡행하고 국가권력의 남용으로 인한 인권침탈이 자행되었지만 헌법은 무력했다. 헌법은 명목적·장식적 존재로 전락했고, 정치와 일상생활에서 잊혀지고 말았다.

1988년 9월에 설립된 헌법재판소는 1989년 1월 최초의 위헌판결을 선고하였다. 국가를 상대로 가집행假執行 선고를 할 수 없도록 하였던 '소송촉진등에 관한 특례법' 조항에 대하여 평등원칙 위반을 이유로 위헌판결을 하였다. 최초의 위헌판결이 국가 우위의 사고방식과 국가편의적 제도와 관행에 경종을 울리는 것이었다는 점은 시사하는 바 크다. 헌법재판소는 이어 필요적 보호감호제도에 대한 위헌판결, 토지거래제 합헌판결, 국가보안법상의 반국가단체 찬양·고무죄에 대한 한정합헌 판결, 고액의 국회의원 선거 기탁금 위헌판결 등을 연이어 내놓았다. 과거 대법원, 헌법위원회에서 헌법재판을 담당할 때의 역사적 경험에 비추어 신설 헌법재판소가 그 역할을 다할 수 있을지에 대한 염려스러운 전망과는 달리, 헌법재판소는 창립 초기부터 적극적으로 헌법재판 기능을 수행하였고, 이에 따라 헌법의 규범력이 급속히 되살아나기 시작했다.

창립 이래 2011년 5월 31일까지 헌법재판소는 19,209건의 사건을 처리했는데, 그 중에서 각종 법령에 대하여 단순위헌이나 헌법불합치 등 위헌결정이 내려진 사건만 해도 635건에 이르고, 이와 별도로 헌법소원 사건에서 기본권 침해를 인정한 사건도 345건에 이른다. 이제 헌법재판 없이는 한국의 법치주의와 헌정생활을 운위할 수 없을 정도로 헌법은 각종 입법활동이나 공권력의 행사에 있어서 실질적인 기준으로 기능하는 국가 최고규범으로 자리 잡았고, 국민 가까이에서 일상생활을 함께하는 생활규범으로 뿌리내렸다.

2) 기본권 보장

헌법은 기본권 규범이다. 그러므로 헌법재판소의 궁극적 역할
은 역시 기본권 보장에 있다. 기본권 보장을 위한 헌법재판으로는 헌
법소원이 대표적이지만 위헌법률심판 또한 기본권을 침해하는 위헌
적인 법률을 제거함으로써 기본권 보장에 기여하는 제도이다.

헌법재판소가 헌법재판을 통하여 기본권 보장을 한다고 하지만
그 의미와 효력, 그에 대한 평가는 단선적이어선 곤란하다. 헌법재판
소가 위헌판결을 하였다고 하여 언제나 모든 점에서 기본권 신장의
작용만 갖는 것이 아니다. 위헌판결을 통해 보호된 기본권과 상충하
는 다른 기본권이나 공익(여기에도 기본권적 이익이 포함되어 있다)은
그만큼 희생되거나 양보될 수 있기 때문이다. 예를 들어 언론의 자유
를 강하게 보호하면 보도의 대상이 된 개인의 명예, 프라이버시는 양
보를 감내해야 하고, 부동산 재산권을 강하게 보호하면 비소유자의
주거권, 인접 주민의 환경권이 약화될 수 있다. 그리하여 같은 위헌판
결을 놓고도 기본권 신장이라고 환영하는 쪽이 있는 반면, 기본권 훼
손이라고 보아 비판하는 쪽이 있을 수 있는 것이다. 이런 점을 전제
로 그간 헌법재판소가 실현해 온 기본권 보장의 의미와 한계는 몇 가
지 분야와 관점에서 다음과 같이 정리해 볼 수 있다.

(1) 소유권 보장과 사회적 기본권 보장 간의 불균형

헌법은 재산권을 보장하면서도 그 내용과 한계를 법률로 정하
도록 하고 재산권에 사회적 제약을 부과하고 있다(헌법 제23조). 재산

권은 한편으로는 고전적 자유권의 전형으로서 개인의 인격발현의 기초가 된다는 점에서 강한 보장이 필요하지만 다른 한편으로 소유 관계가 지닌 사회성, 공공성으로 인하여 법적 개입과 규제의 여지가 큰 기본권이기도 하다. 부동산소유권이 특히 그러하다. 헌법재판소 는 토지거래허가제, 토지공개념 3법(토지초과이득세법, 택지소유상한 법, 개발이익환수법), 종합부동산세 등 부동산소유권을 둘러싼 사회적 이슈들을 다루어 왔는데, 대체로 소유권 보호에 보다 우위를 둔 것으 로 평가할 수 있다. 토지초과이득세법, 택지소유상한법을 위헌이라 고 판결함으로써 토지공개념의 법제를 무너뜨리고 종합부동산세제 를 절름발이로 만든 것이 대표적인 예이다.

기업과 노동자 간의 법률관계는 재산권, 기업의 자유와 같은 사 용자 측의 경제기본권과 노동자에게 보장되는 노동3권(단결권, 단체 교섭권, 단체행동권)에 의해 조정되는데, 헌법재판소는 노동3권의 보 장범위를 비교적 좁게 해석함으로써 기업 우위의 노사관계 형성에 일조했다. 노동조합이나 노동자들이 많은 헌법재판을 청구했음에도 불구하고 위헌판결을 한 예가 거의 없으며, 제3자 개입 금지, 노동쟁 의 직권중재, 공무원 노동조합의 금지 등 노동기본권을 옥죄는 제도 들에 관하여 관대히 합헌판결을 해왔다.

헌법은 교육, 장애인, 사회보장, 환경 등의 분야에서 광범위하게 사회적 기본권을 보장하고 있으나 현재까지 헌법재판을 통하여 이 것이 직접적으로 실현된 바는 없다. 헌법재판소는 사회적 기본권 실 현의 주체를 입법자로 설정하고 그에 대한 헌법재판 통제의 수준을 극도로 낮춤으로써(이른바 '최소보호의 원칙'[7]) 이 분야에서 한 건의 위헌판결도 하지 않았다. 이로써 헌법에 규정된 사회적 기본권들은 이론적으로만 구체적 기본권으로 설명될 뿐, 실제로는 입법적 뒷받침 없이는 실현될 수 없는 추상적 프로그램에 그치고 있다.

우리 헌법은 재산권, 직업선택의 자유와 같은 고전적 자유권을 보호할 뿐만 아니라 사회적 기본권을 보장하고 사회적 경제질서를 채택함으로써 자유와 평등, 사회적 연대 간에 조화적 해석과 운용을 가능케 하는 체계와 내용을 가지고 있다. 그러나 헌법재판소는 자유주의적 의미의 자유 보호에 우위를 두는 보수적 헌법해석의 태도를 견지하고 있고, 실질적 평등, 사회적 정의와 연대의 헌법정신을 실현하는 데는 미흡했다고 평가할 수 있다.

(2) 불합리한 전통과 인습의 혁신

우리 사회 각 영역에는 차별적이거나 권위주의적인, 그리고 인권에 둔감한 불합리한 제도나 규제들이 때로는 전통, 국익이라는 이름으로, 때로는 도덕이나 윤리라는 명분으로 온존하여 왔다. 헌법재판이 활성화됨에 따라 이러한 제도나 규제들의 합헌성에 대한 의문이 많은 경우에 주류적 문화에서 배제되거나 소외된 사회적 소수자들을 중심으로 제기되어 왔다. 사회적 소수자들의 기본권 보호를 또하나의 사명으로 하는 헌법재판소로서는 이러한 문제들에 대해 대답해야 했는데, 여기서도 절반의 성공만을 거두었다고 평가할 수 있다.

동성동본 금혼, 호주제에 대하여 헌법불합치 결정을 함으로써 남성 우월의 불합리한 가족제도를 개선하게 하였고, 수십 년 간 여성

---

7. 국가가 문제된 사회적 기본권 보장에 관한 입법을 전혀 하지 않았거나 그 내용이 현저히 불합리하여 헌법상 용인될 수 있는 재량의 범위를 명백히 일탈할 때에 한하여 위헌이 된다는 것이다.

응시자의 공무담임 기회를 크게 제약했던 제대군인 가산점제도를 위헌이라 하여 폐지시켰다. 개인의 성적 자기결정권에 대한 국가의 후견적 개입이라 하여 혼인빙자간음죄에 대해 위헌판결을 하였다. 반면 간통죄에 대해서는 수차례 합헌판결을 반복하였고,[8] 자녀로 하여금 아버지의 성姓을 따르도록 한 것에 대하여 합헌이라고 하였다. 그리고 기본권 보장자로서 헌법재판소의 발걸음은 군대의 문 앞에서 멈춰섰다. 양심적 병역거부 사건에서는 대체복무제의 도입을 촉구하는 데에 그쳤고, 권장도서로 지정되어 공공도서관에 비치되는 도서들을 '불온서적'이라고 지정하여 군인들로 하여금 이를 소지·취득하지 못하도록 한 것도 군의 정신전력 보전상 필요하다고 보았는데, 이로 말미암아 가장 근본적인 정신적 기본권인 '책 읽을 자유' 조차 국방이라는 성역에서는 보장받을 수 없게 되었다.

(3) 형사절차와 행형제도의 개선

유죄가 확정되어 형 집행 중인 수형자는 물론 형사 피의자나 피고인들도 인권의 사각지대에서 여러 가지 제도적·절차적 인권침해에 노출되어 왔다. 헌법재판소는 창립 초기부터 꾸준히 형사절차 분야의 인권옹호에 관심을 기울여 왔다.

헌법재판소는 미결 수용자가 변호인을 접견하는 데 교도관을 참여시켜 감시하는 행위, 미결 수용자와 변호인 사이의 서신을 검열하는 행위, 미결 수용자가 수사 또는 재판을 받을 때에도 재소자용

---

8. 가장 최근의 사건에서는 재판관 9인 중 위헌 의견인 재판관이 5인으로 다수였으나 위헌결정에 필요한 정족수인 재판관 6인의 찬성에 미치지 못하여 합헌으로 판결되었다.

의류를 입게 한 것, 차폐시설이 극도로 불충분하여 신체부위가 노출
되는 경찰서 유치장 내 화장실을 사용하도록 한 것, 경찰서 유치장에
수용하는 과정에서 모욕감과 수치심을 안겨주는 지나친 정밀 신체
수색 행위, 불구속 피의자를 신문訊問하는 검사가 변호인이 신문에 참
여하여 피의자를 조력하지 못하도록 한 것, 징벌집행 중인 수형자에
게 운동을 금지시킨 행형법시행령 조항, 수형자에 대한 징벌인 금치
기간 중 집필을 전면 금지한 행형법시행령 조항 등에 대하여 위헌판
결을 함으로써 제도 개선을 이룬바 있다.

3) 민주주의와 헌법재판

헌법재판은 민주주의와 불가분의 관계에 있다. 헌법재판의 정당
성에 대하여 민주주의의 관계가 문제가 제기될 뿐만 아니라(이에 관
하여는 후술), 민주주의를 실현하는 데 헌법재판이 중요한 역할을 차
지한다는 점에서도 그러하다. 헌법은 민주주의를 실현하는 규범이라
해도 과언이 아니다. 헌법은 민주주의 이념을 선언하고 민주적 정치
과정의 근본을 구축하고 있으며, 선거, 정당, 언론 등 민주주의 제도
와 요소들에 관하여 규율하고 있다. 헌법재판은 이런 헌법규정들을
해석·적용함으로써 민주주의 정치과정과 결과에 직·간접적으로 개
입하게 된다.

헌법재판소가 우리나라 민주주의 발전에 얼마나 기여했는지는
일률적으로 평가하기 어렵다. 먼저, 헌법재판소가 존재하고 정상적
으로 활동한다는 점 자체로써 민주주의 발전에 긍정적으로 기여하
는 면이 있다. 민주주의는 권력분립과 권력통제, 특히 정치권력의 통

제를 필요로 하는데 헌법재판은 권력분립의 헌법체계를 실현함으로
써 정치권력을 종합적으로 통제하는 제도이기 때문이다. 또한 민주
주의는 선거, 정당과 같은 제도나 시스템에 그치는 것이 아니라 자유
와 평등을 지향하는 이념원리도 포함하고 있는데, 헌법재판을 통해
상시적으로 자유와 평등의 문제가 제기, 공론화되고 법적 평가가 내
려진다는 점은 그 자체만으로도 민주주의 정신과 가치의 확산에 긍
정적 역할을 하는 것이라 할 수 있다.

그러나 헌법재판소의 구체적 재판활동은 그 향배와 내용에 따
라 민주주의 발전을 앞당기기도 후퇴시키기도 한다. 지난 20여 년 간
의 헌법재판은 이런 관점에서 볼 때 단선적으로 발전해 온 것이 아니
다. 시기에 따라, 재판부에 따라, 정치상황에 따라, 그리고 쟁점에 따
라 일률적으로 정리하기 어려운 다양한 역할들을 담당해 왔다.

헌법재판소는 선거 및 정당제도에 관한 판결을 통해 민주주의
발전에 긍정적 기여를 하기도 하였다. 대표적으로 1인 1표제 하에서
정치적 지지를 왜곡하던 비례대표제를 개선케 함으로써 소수정당이
원내에 진출할 수 있게 한 판결을 들 수 있다. 이는 기득의 보수양당
독점의 정당체제에 중요한 변화를 가져온 것으로서 정당민주주의
발전에 의미 있는 계기를 제공한 것이다. 그 밖에 고액의 공직선거
기탁금을 낮추도록 하여 소수자의 정치적 참여기회를 증진하려 하
였고, 선거구 인구비례의 불균형을 점진적으로 해소케 하였으며, 원
천봉쇄되었던 재외국민의 참정권의 문을 열었다.

반면 민주주의 발전에 장애를 일으키는 법률의 유효성을 인정
함으로 말미암아 민주주의 원리에 부합하지 않는 낙후된 제도를 고
착시키는 결과를 초래하기도 했다. 정당의 시·도당의 수, 직전 선거
에서의 득표율과 같은 요건을 과중하게 설정하고 이를 유지하지 못

할 경우 정당등록을 취소토록 함으로써 군소, 신생 정당의 존립과 활
동을 어렵게 한 정당법 조항을 합헌이라고 판단한 것이 대표적 사례
이다.

　　정치적 표현의 자유는 그 자체로 민주주의의 구성적 요소일 뿐
만 아니라, 대의기관이나 제도언론에 의하여 정치적 의제가 합리적
으로 설정되거나 토의되지 않는 우리 현실에서는 국민주권을 실질
화하고 제도권력에서 소외된 많은 국민들의 정치적 참여를 보증하
는 유일한 수단이다. 헌법재판소는 언론에 대한 검열금지원칙을 비
교적 엄격히 관철하고 있고, 야간 옥외집회를 원칙적으로 금지한 데
대하여 위헌이라 판단함으로써 소수자의 정치적 권리인 집회의 자
유를 확장하였다. 반면에 국가보안법상의 찬양·고무죄 등에 대하여
중도반단적인 한정합헌 판결을 함으로써 국가보안법 개폐논란을 종
식시키지 못하였고, 집회신고제, 집회의 장소적 제한 등 현행 '집회
및 시위에 관한 법률'이 지닌 헌법적 문제들을 명쾌히 해명하지 않은
채 합헌적으로 봉합하는 데 그쳤다. 또한 공무원과 교원을 정치적 표
현행위(선거운동, 노동운동)의 주체에서 원칙적으로 배제시키는 법률
에 대하여 합헌이라는 태도를 견지하고 있다. 무엇보다도 선거운동
의 자유를 과도히 규제하고 있는 현행 공직선거법의 문제조항들에
대해 잇달아 합헌판결을 함으로써 선거의 자유와 기회균등이 중대
하게 훼손되는 결과를 초래하고 있다. 선거 관련 이용자 제작 콘텐츠
U.C.C.의 배포 금지에 대해 합헌이라고 한 판결과 인터넷 게시판 실
명제를 합헌이라고 한 판결이 대표적 사례이다. 최근 중앙선거관리
위원회가 공직선거법을 경직적으로 해석하여 선거쟁점에 대한 국민
의 정당한 토론과 비판마저도 차단하고 있는 것의 단초도 여기에 있
을지 모른다.

헌법재판소는 민주주의 정치과정에 대하여 직접 통제를 하기도
하였다. 정치과정이 헌법과 국회법에 정해진 민주주의 원리를 일탈
할 때 그 위헌성을 확인함으로써 정치과정의 합헌성과 합리성을 제
고하려 하였다. 한국 정치의 고질이라 할 수 있는 이른바 날치기 입
법에 대하여 권한쟁의심판의 가능성을 열고 입법절차의 헌법적 한
계를 설정한 것이 그것이다. 다만, 입법절차의 통제 필요성과 국회의
자율성 존중과의 관계에서 적정선을 유지했는지에 관하여는 비판의
소지가 적지 않다.[9]

4) 정책결정 및 갈등해결 : 정치의 사법화, 사법의 정치화

국가보안법, 토지공개념, 5·18 특별법, 사형제, 간통, 과외금지,
군가산점, 탄핵, 신행정수도, 양심적 병역거부, 안마사, 호주제, 이라
크 파병, 수입 쇠고기, 종합부동산세, 미디어법 날치기, 배아연구(그
리고 낙태, 통일문제) ….

헌법재판소를 거쳐간(그리고 앞으로 거쳐갈) 주요 정치적·사회
적 이슈의 예들이다. 2006년 9월 윤영철 헌법재판소장은 퇴임사에서
"이해와 이념의 갈등이 합리적인 정치과정을 통해 원만히 해결되지
못하고, 헌법재판의 형태로 헌법재판소에 맡겨지는 사례가 많게 되
었습니다", "그간 몇몇 정치적 쟁점을 둘러싼 우리 헌법재판소 결정

---

9. 앞에서 본 미디어법 결정만 하여도 입법절차의 위헌성, 그로 인한 권한침해를 인정하면서
   도 가결선포 행위의 무효확인 청구를 기각함으로 말미암아 위헌적 법률의 시행을 저지하
   지 못하였고, 정치적·법적 혼란을 초래하였으며, 후속 분쟁을 유발하였다.

과 관련하여 찬반 양론이 분분하였고, 일부 극단적 형태의 불만 표출
이 있었습니다. 그렇지만 그 결정의 법적 효력 자체가 부정된 바 없
었고, 나아가 그 결정을 토대로 다시 사회적 안정을 찾아가는 우리
사회의 주류적 흐름을 바라보면서 … "라고 말하였다. 과연 우리 사
회의 주요 정치적·사회적·경제적 현안들의 많은 부분이 헌법재판
을 거쳐갔고 헌법재판을 통해 해결되었다. 이런 현상을 어떻게 바라
보아야 할까? 헌법재판의 제 자리는 어디이며, 실제로 헌법재판은 제
역할을 다하였는가?

　법치국가에서 정책집행과 행정은 법에 따라 이루어지고 사법은
그러한 행정이 적법한지 사후에 심사를 함으로써 간접적으로 정책
결정에 관여한다. 또한 법치국가에서 분쟁은 그것이 개인적 차원이
든 사회적·국가적 차원이든 법적 분쟁의 형태를 띠게 되고, 따라서
재판이라는 사법작용을 통해 해결된다. 따라서 정책결정과 분쟁해결
은 법원이든 헌법재판소든 사법의 본질적 기능에 속한다. 그런데 헌
법재판은 나아가 대의적 정책결정의 집약이라 할 법률의 내용을 심
사하여 그 효력 여부를 결정하고(위헌법률심판, 헌법소원), 그 밖에도
국가의 주요 권력작용, 특히 일반법원의 재판사항에 속하기 어려운
국가작용에 대하여 그 정당성 여부를 판단한다(헌법소원, 권한쟁의, 탄
핵). 그리하여 국가와 사회의 정치적·정책적 이슈들의 중요한 부분
들에 대해 헌법소송이 청구되고 헌법재판을 통해 그 문제들이 결정
되거나 해결되는 경우가 많다. 이 가운데에는 정치적 공방전이 헌법
재판의 틀을 빌려 전개되는 것도 있고(탄핵, 신행정수도, 미디어법), 첨
예한 사회적 대립이 헌법재판에서 재연되는 경우도 있다(간통, 군가
산점, 안마사). 이러한 경우 헌법재판은 슬기로운 조정과 해결책을 내
놓는 국가의 현자가 되거나, 법의 이름 하에 재판관을 매개로 이루어

지는 정치적 투쟁 내지 정치행위가 되거나, 중립적이고 초연하게 헌
법가치를 구현하는 고고한 재판작용 중의 하나가 될 것이다.

국가와 사회의 주요 정책결정들이 사법, 특히 헌법재판을 통해
이루어지고 있다고 보고 이러한 현상을 정치의 사법화 혹은 사법국
가화라고 경계하면서 그 원인과 문제점을 진단하는 논의들이 전개
되고 있다.[10] 이러한 현상의 원인은 대체로 민주주의 작동기제의 장
애로, 따라서 그 해법 또한 대체로 민주주의 정치과정의 정상화로 귀
결시켜도 좋을 것이다. 그런데 입헌주의 국가에서 주요 정책결정들
은 헌법문제를 야기하고, 법률이건 다른 형식의 국가작용이건 위헌
심사judicial review를 받게 되는 것은 특별한 상황이 아니다. 우리나라
에서 헌법이 제대로 그 규범력을 발휘하고 다른 국가작용이 헌법의
통제를 받게 된 상황은 이제 겨우 20여 년에 불과하다. 그리고 우리
나라의 헌법재판권이 다른 국가권력에 비하여 우월적 지위에 있는
것은 결코 아니다. 헌법재판소의 구성이나 재판관할권, 그리고 실제
헌법재판의 운용 또한 그러하다. 그러므로 정치의 사법화를 논할 때
에는 세심한 관찰과 어법이 필요하다.

먼저, 정치의 사법화라는 개념 하에 정치에 대한 사법의 정당한
관여와 견제를 무력화하거나 정치의 탈헌법적 자율성을 의도해서는
안 된다. 헌법은 정치규범이다. 헌법은 정치에 의해 규정되지만 역으
로 정치를 그 과정과 결과 면에서 규제하기도 한다. 헌법은 정치의

10. 예를 들어 박은정, 2010, 「정치의 사법화와 민주주의」, 서울대학교 법학 Vol. 51, No. 1 ; 함재
학, 2010, 「헌법재판의 정치성에 대하여」, 『헌법학연구』 Vol. 16, No. 3 ; 김종철, 「정치의 사
법화의 의의와 한계」, 『공법연구』 Vol. 33, No. 3 ; 박명림, 2005, 「헌법, 헌법주의, 그리고
한국 민주주의 : 2004년 노무현 대통령 탄핵사태를 중심으로」, 『한국정치학회보』 제39집
제1호.

목표를 제시하고 있다. 인간의 존엄과 자유, 평등을 중심으로 짜여진 기본권 규정들이 대표적이지만 그 밖에도 평화적인 통일, 정의로운 경제질서 등이 그것이다. 그리고 헌법은 정치과정을 규제한다. 정치권력을 조직하고 정치권력의 행사방식과 절차, 효력을 규정한다. 마지막으로 정치적 결과물인 법률에 대한 위헌심사까지 인정하고 있다. 정치가 헌법으로부터 자유롭지 않고 헌법의 구속을 받아야 하며, 따라서 대표적 정치권력인 입법권력과 통치권력이 사법(헌법재판)에 의한 견제를 받게 되는 현상과 의미를 표현하는 것이라면 정치의 사법화는 정당한 것으로 인식되어야 한다.

그러나 정치과정과 정치력의 무기력, 사법에 대한 과도한 의존을 지적하는 의미라면 정치의 사법화 논의는 필요하고 심화되어야 한다. 가치선택, 자원배분, 갈등의 조정과 해결은 1차적으로 참여와 토론, 타협을 거쳐 합리적 결정을 이끌어내는 정치의 몫이다. 논리적 판단인 사법으로 이를 대체하는 것은 적절하지 못하며, 많은 경우 사법은 이를 감당할 수 있는 자원과 능력, 비용을 갖고 있지 않다. 설사 법적 판단에 의해 결론이 내려졌다 하더라도 문제의 진정한 해결이 이루어지지 않는 경우도 많다. 법적 판단 자체의 옳고 그름을 놓고 논란과 다툼이 이어질 수 있을 뿐만 아니라 법적 판단을 구체화하고 실현하는 일은 여전히 남는다.

정치의 과도한 사법화 못지않게 경계할 것은 사법의 정치화이다. 정치작용을 규제하기 마련인 헌법재판은 자칫 헌법의 뒤에 숨은 정치행위로 전락할 위험이 있다. 이렇게 되면 헌법재판은 헌법 실현이 아니라 재판관 개인 또는 재판관이 대표하는 정치적·사회적 세력이 특정 정치적 입장을 실현시키는 행위가 된다. 이때 재판관들의 정치행위는 사법의 독립이라는 기치旗幟 아래 은폐된다. 이와 같은 명

백한 정치적 재판이 아니라 하더라도 헌법정신과 정치적 요구를 적당히 절충하는 타협적 판결이 행해질 우려도 있다. 헌법은 규범의 내용을 세세히 기록하고 있는 것이 아니라, 원리와 원칙 중심으로 규정된 개방적이고 추상적인 규범이어서 정치적 재판이나 타협적 판결조차 헌법해석으로 둔갑시킬 수 있는 여지가 많다.

그렇다면 우리 헌법재판소는 헌법의 정치규범성이 허용하는 한계를 일탈하는 정치성을 보였는가? 헌법재판소는 창설 이래 초기부터 정치적으로 민감한 사안에 대하여 종종 타협성 판결을 하여 왔다. 찬양·고무죄 등에 대한 국가보안법 판결,[11] 5·18 특별법 판결,[12] 탄핵판결[13]이 대표적이다. 헌법재판소가 보다 적극적으로 판결을 통한 정치행위를 한 사례는 쉬 눈에 띄지 않지만 신행정수도사건 판결은 이 범주에 포함시킬 수도 있을 것이다. 헌법재판소는 수도이전 반대의 여론을 등에 업고 관습헌법론이라는 논리조작을 통하여 국회의 정치적 결정을 재판관들 자신의 정치적 판단으로 대체해 버렸다고 평가되고 있다.[14]

---

11. 국가보안법 사건들에서 헌법재판소가 채택한 한정합헌이라는 주문형식은 그 자체의 의미가 불명확하고 판결의 실효성도 담보할 수 없는 등의 문제를 지녔다.
12. 특별법 규정이 공소시효에 미치는 영향에 관한 법률해석을 법원에 미루면서 가정적 판단을 함에 그쳤다.
13. 대통령이 법률뿐만 아니라 헌법까지 위반했다고 하면서도 중대하지 않다고 하여 기각판결을 하였다. 그러나 헌법재판소가 헌법위반성을 인정한 것은 대단히 목적논리적 구성에 입각한 것이었다. 현행법의 문제점을 지적한 발언, 신임투표를 정치적으로 제안한 행위만으로 헌법위반의 탄핵사유가 있다고 보기는 어렵다. 선거중립의무를 위반하였다 하여 공직선거법 위반을 인정한 것도 헌법해석이나 관련 법률의 체계적 해석에 비추어 보면 타당성에 의문이 있다.
14. 이에 관하여는 정태호, 2005, 「헌법재판소에 의해 왜곡된 '관습헌법'의 법리」, 『시민과 변호사』, 2005년 1월호 ; 전광석, 2005, 「수도이전특별법 위헌결정에 대한 헌법이론적 검토」, 『헌법실무연구』 제6권 ; 김기창, 2005, 「성문헌법과 관습헌법」, 『공법연구』 Vol. 33, No. 3 참조.

4. 전망과 과제

1) 민주주의와 입헌주의의 갈등

헌법재판(위헌법률심사)의 원조인 미국에서 법원의 위헌심사권은 성문헌법의 규정에 근거한 것이 아니라 1803년에 선고된 Marbury v. Madison 사건의 판결에 의하여 확립되었다. 그 후 2세기가 지난 지금까지도 미국에서는 헌법재판의 정당화와 그 한계에 대한 논의가 끊이지 않고 계속되고 있다. 그에 반해 우리나라의 헌법재판은 헌법상 명문규정에 근거하여 행해지고 있지만, 실정헌법의 근거 유무를 떠나 헌법재판의 정당성은 여전히 문제된다. 헌법재판을 통해 민주적 결정이 번복되는 것이 왜 정당화되는지, 국민의 대표자인 국회가 만든 법률의 운명을 몇 명의 재판관들에게 맡겨도 좋은지, 국민이 선출하지도 않은 재판관들이 국가의 중요 정책을 좌우한다면 비민주적인 제도가 아닌지 의문이 제기될 수 있는 것이다.

이 문제는 민주주의와 법치주의에 대한 다양한 개념과 이해가 착종하는 데다 근본적으로 자유, 공동선을 바라보는 관점과도 연관되어 명쾌하거나 일률적인 대답이 존재하기 어렵다. 먼저, 민주주의의 의미와 기능을 소극적인 자유와 인권보장에 치중해 본다면 민주주의와 입헌주의는 대립되지 않을 수 있다.[15] 입헌주의는 국가권력을

---

15. '자유민주적 기본질서'를 우리 헌법의 근본질서로 보면서 이를 자유주의 + 법치주의로 이해하는 헌법재판소의 입장은 이와 상통한다고 할 수 있다.

헌법에 구속시킴으로써 국민의 자유와 권리를 보장하려는 원리와
제도이기 때문이다. 다음으로 일부 심의민주주의자Deliberative Demo-
cracy들은 법원에 의하여, 법원의 재판과정을 통하여 숙고와 심의, 의
사소통이 이루어진다고 보는데,[16] 이 입장에서는 헌법재판 또한 민주
주의 요소의 하나가 된다. 또한 대의민주주의를 헌정주의의 제도적
표현으로, 즉 헌정적 메커니즘으로 보는 입장[17]도 있다. 그리고 법 개
념에 대한 시각을 달리하여 국민을 외재적·타율적으로 규율하는 존
재로서가 아니라, 발생의 민주적 절차와 결합하여 국민의 자율적 지
배의 표현, 공공선의 체화로서 법을 이해하게 되면 민주주의와 법치
주의의 이항대립은 완화될 수 있다.

그러나 민주주의의 본질을 국민에 의한 통치로 본다면 그것이
직접민주제를 통한 직접지배든, 신탁된 권력에 의한 대의적 통치든
민주적 권력의 행사는 국민으로부터 나와 국민에게 책임지는 형태
를 가져야 하는데, 헌법재판권의 행사는 이러한 요건을 갖추고 있지
않다. 헌법재판소 재판관을 국민들이 선출하는 것도 아니고, 헌법재
판의 결과에 대해 그들이 국민에게 책임을 지는 것도 아니기 때문이
다. 이런 점에서 일정한 헌법적 가치를 미리 설정하고 정치권력에 대
한 그것의 우위를 제도화하고 있는 입헌주의와 그 사법제도적 표현
인 헌법재판은 본질적으로 반다수주의적·반민주주의적 제도라 할
수 있다. 아무리 국민이 원하는 법률이나 정책이라도 9인의 재판관
이 헌법을 이러저러하게 해석하여 위헌이라고 선언하면 폐기되는

16. 롤스 저, 장동진·김만권·김기호 역, 2009, 「공적 이성의 재조명」, 『만민법』, 아카넷 ; 하버마
스 저, 한상진·박영도 역, 2000, 『사실성과 타당성』, 나남.
17. Bellamy, 1996, "The Political Form of the Constitution : The Separation of Powers, Rights
and Representative Democracy", Political Studies, 44.

것이 입헌주의요, 헌법재판이다.

민주주의와 입헌주의 간에 존재하는 이러한 근본적 갈등요소는 그리하여 민주주의자와 입헌주의자 간의 화해하기 어려운 지속적인 대립을 초래하고 있다. 민주주의자들은 입헌주의는 근본적으로 반민주주의적이라고 비판하고, 입헌주의자들은 다수의 어리석음과 독재로부터 소중한 근본적 가치들을 보호할 수 있는 제도가 필요하다고 옹호한다.

> 민주주의자 : 그러한 근본적 가치를 사법이 제대로 대표할 수 있느냐?
> 입헌주의자 : 사법의 독립은 정치행위자들에 비하여 정치나 선거결과에 연연하지 않고 법이라는 전문화된 기준을 가지고 헌법의 의미를 결정할 수 있도록 해준다. 그럼으로써 이들에 의한 판단이 헌법의 진정한 의미에 더욱 가까울 수 있다.
> 민주주의자 : 입헌주의 하에서 다수의 독재의 위험보다 더 큰 소수의 독재가 행해지는 것이 아닌가?
> 입헌주의자 : 근본적인 가치의 문제는 정치적 다수결에 의한 투표로 결정되어서는 안 되고, 논리의 질에 의해 결정될 문제이다.

이와 같이 헌법을 부당한 장애로 보는 민주주의자들과 민주주의를 통제되지 않는 위협으로 보는 입헌주의자들 사이의 다툼은 계속된다.

한편 입헌주의의 반다수성을 극복하려는 이론적 모색 또한 다기하게 전개되어 왔다. 이를 대표성 모형, 참여모형, 권리모형의 3가지로 정리할 수 있다.[18] 대표성 모형(Bickel, Ackerman)에 의하면 헌법은 진정한 다수로서 여기에 표현된 민주적 의지는 현실에서 수시로 변화하는 정치 속의 민주적 의지보다 높은 가치의 의지이고, 재판관들은 이 의지를 대표한다고 한다. 참여모형(Ely)에 의하면 민주주의 의사결정 과정에 소수자의 참여가 보장되어야 하는데, 헌법재판은 참여가 제약될 수 있는 소수자의 참여를 보장할 수 있도록 헌법에 따라 보호한다는 것이다. 권리모형(Dworkin)은 다수결의 결정도 침해할 수 없는 개인의 권리가 존재하며, 이를 보호하는 헌법재판은 민주주의와 배치되지 않는다는 것이다.

　우리나라에서는 신행정수도 사건과 노무현 대통령 탄핵사건을 계기로 민주주의와 입헌주의 간의 갈등이 본격적으로 주목되기 시작했다. 신행정수도 사건에서 헌법재판소는 관습헌법론을 내세워 여·야가 합의한 법률을 무효화시켜 정부의 수도이전정책을 무산시켰다. 노무현 대통령에 대한 탄핵소추 의결은 한국의 정치와 사회를 격랑 속에 몰아넣었으며, 한국 사회 전체가 탄핵 지지자와 탄핵 반대자로 나뉘었고, 탄핵철회를 요구하는 대규모 촛불시위가 연일 계속되기도 하였다. 헌법재판이 성년기로 접어들고 정치의 사법화 현상이 지속적으로 관찰되면서 우리나라에서도 민주주의와 입헌주의 간의 관계에 관한 논의가 지속적으로 전개되고 있다.

　민주주의와 입헌주의 간의 문제를 바라보고 해결하는 데 관련되는 관점 또는 차원은 크게 세 가지로 정리할 수 있다. 첫째는, 민주주의나 입헌주의에 관한 정치 이론 또는 정치제도를 재점검함으로써 문제를 해결 또는 해소하려는 시도이다. 정당정치의 정상화를 강조하는 입장이 있고,[19] 공화주의의 재해석을 통한 시도도 있다.[20]

---

18. Croley, 1995, "The majoritarian difficulty : elective judiciaries and the rule of law", 62 U. Chi. L. Rev. 689.

다음으로는 헌법재판소의 구성에 민주적 요소를 투입하려는 시
도이다. 헌법개정 또는 사법개혁 논의와 맞물려 헌법재판소 재판관
의 선출 또는 임명방식 개선 논의가 활발히 이루어지고 있다(이에 관
하여는 후술).

마지막으로 정치기관 또는 입법자와의 관계에서 헌법재판의 역
할과 한계를 어떻게 설정할 것인가에 관한 헌법재판 내부의 법학적
이론들이 있다. 대표적인 것이 헌법재판의 기능적 한계론이다. 이는
헌법재판소는 다른 기관의 기능까지 행사해서는 안 된다는 것으로,
스스로 입법자가 되거나 스스로 정부 대신에 정치적 결정을 내려서
는 안 된다는 것이다.[21] 민주적 통치권력에 대한 헌법재판의 기능적
한계에 관하여는 '입법형성권', '사법의 자제' Self-Restraint, '정치문
제' Political Question,[22] '국회자율권' 등과 같은 여러 한계법리들이 개
발되어 있고, 헌법재판소는 초창기부터 이런 기능적 한계를 의식, 적
용해 왔다.

민주주의와 입헌주의 간의 갈등, 그리고 선출되지 않은 권력인
헌법재판권에 대한 민주적 견제의 문제는 법치주의, 사법권의 독립,
헌법재판제도가 존재하는 한 병행할 수밖에 없을 것으로 보인다. 선
부른 해결책은 존재하지도 바람직하지도 않다. 위에서 본 세 가지 차

19. 최장집, 2005, 『민주화 이후의 민주주의』, 후마니타스 ; 최장집, 2008, 『한국 민주주의 무엇
   이 문제인가』, 생각의 나무.
20. 곽준혁, 2006, 「사법적 검토의 재검토」, 『한국정치학회보』 제40집 제5호 ; 곽준혁, 2005,
   「민주주의와 공화주의 : 헌정체제의 두 가지 원칙」, 『한국정치학회보』 제37집 제3호.
21. 헷세 저, 계희열 역, 2001, 「헌법재판의 기능적 한계」, 『헌법의 기초이론』, 박영사, 219쪽.
22. 고도의 정치적 결단이 요구되는 대통령이나 의회의 행위에 대해서는 사법기관이 그 위헌,
   위법 여부를 판단하지 않는다는 이론. 국군의 이라크 파병이 헌법에 위반되는지에 관하여
   헌법재판소는 이 논리를 이유로 판단하지 않았다.

원에서 이 문제는 지속적으로 검토되고 논의되어야 한다. 민주주의와 정치의 몫을 다하기 위한 모색이 계속되어야 함과 아울러 헌법재판소의 구성과 운영에 있어 민주주의적 요청을 얼마나, 어떻게 투입하는 것이 좋을지에 대한 검토도 계속해야 한다. 이러한 원리적 · 제도적 모색과 함께 헌법재판기관 스스로 그 권한행사의 책임성을 높여 민주주의적 갈등의 소지를 줄여야 한다. 그것은 무엇보다도 법과 양심에 따른 소신 있는 판결을 하여야 한다는 것과 그 판결의 합리성과 신뢰성을 제고해야 한다는 것이다. 헌법재판소의 위상, 그리고 헌법재판소 판결의 효력을 궁극적으로 담보하는 것은 판결의 설득력이다. 엄정한 소신, 치열한 고뇌와 성숙한 숙고, 치밀한 논증이 담긴 판결만이 국민에 대하여는 신뢰, 다른 국가기관에 대하여는 존중을 얻을 것이며, 사법의 정치화라는 논란의 여지를 없앨 수 있다.

2) 민주주의 원리 이해의 심화

위에서 지난 20여 년 간 헌법재판이 우리나라 민주주의 발전에 어떤 역할을 하였는지 헌법재판소 판결을 중심으로 살펴보았지만, 보다 근본적으로 헌법재판소가 실현을 추구한 민주주의가 어떤 민주주의인지, 헌법재판소의 민주주의 이해가 협애하여 다양하고 풍부해야 할 민주주의의 가능성을 축소시킨 것은 아닌지 되돌아 볼 필요가 있다. 척박한 우리 민주주의 현실만큼이나 헌법학의 민주주의론도 풍요롭지 않은데, 그 원인의 일단은 민주주의 정치사상이나 정치이론의 다양하고 풍성한 논의를 규범적 민주주의 이론으로 수용할 수 있는지 모색하려는 노력의 미흡에서 찾을 수 있을 것이다. 민주주의 헌법원리의 이러한 빈약성은 헌법재판에 그대로 반영되어 왔다. 민주주의 이념과 실천의 역사를 전체적으로 고찰해 볼 때 민주주의 가치관은 서로 상충하는 두 입장 간의 경쟁과 투쟁으로 점철되어 왔다고 할 수 있다. 하나는 인민에 의한 자기 지배, 인민의 보다 많은 정치참여를 민주주의로 이해하는 입장이고, 다른 하나는 정치적 결정은 소수 선발된 자에게 맡기되 인민에 의한 정당성 부여, 이들의 인민에 대한 책임을 민주주의로 이해하는 입장이다. 전자의 입장을 대표하는 민주주의 모델은 직접민주주의 혹은 참여민주주의라 할 수 있고, 후자의 입장을 대표하는 민주주의 모델은 자유주의적(혹은 자유주의적-대의제적) 민주주의라 할 수 있다.

자유주의와 이를 기반으로 한 민주주의는 국가나 타인으로부터 개인의 자유를 일정하게 지켜내는 데 엄청난 성공을 거둔 것으로 평가되고 있고,[23] 현재까지 주류 민주주의 이론과 모델로서의 위상이 흔들리지 않고 있다. 그러나 여러 관점과 이유에서 자유주의적 민주주의 모델이 정초하고 있는 입장과 그 제도들에 대한 문제점이 비판적으로 제기되고 있다. 자유주의적 민주주의의 특징적 요소들은 다음과 같이 정리할 수 있다.[24] ① 개인주의적 인간관, ② 소극적 자유의 관념, ③ 대의정부(정기적·경쟁적 선거, 비밀투표 등), ④ 제한국가, 법에 의한 국가권력의 제약, 권력분립, ⑤ 정치적·시민적 자유와 권리의 보장, 법 앞의 평등, ⑥ 공적 영역과 사적 영역의 구분, ⑦ 선good

---

23. 모리치오 비롤리 저, 김경희·김동규 옮김, 2006, 『공화주의』, 인간사랑, 126쪽.

24. David Held, 2006, *Models of Democracy*, 3rd Ed., Polity Press, p. 78, 92 ; David Beetham, "Liberal democracy and the limits of democratization", in : Saward(Ed.), 2007, *Democracy*, vol. 1, Routledge, pp. 291-292.

에 관한 궁극적 진리의 부재라는 인식론, 다원적 가치와 이익 사이의 경쟁, ⑧ 생산수단의 사유, ⑨ 시장경제.

이 중 ③과 ⑥에 대한 비판을 간략히 보자. 피트킨Hanna F. Pitkin 에 의하면 대의제와 민주주의는 서로 다를 뿐만 아니라 상충하는 기원을 갖고 있다고 하며,[25] 대의제를 민주화하려는 계속된 시도에도 불구하고 대의제는 민주주의에 봉사한 것이 아니라 민주주의를 밀어냈다고 평가하고 있다. 오늘날 통치자는 자기 영속적인 엘리트가 되어 수동적인 국민을 통치하고, 국민의 수임자agent가 아니라 국민을 대신하여 다스리고 있으며, 국민들은 무기력하고 무지하게 되어 가정 일이나 돌보게 된다고 하였다.[26] 왈저Michael Walzer에 의하면 공적·정치적 영역과 사적 영역을 분리하고(국가와 시민사회의 구분, 정치와 경제의 구분, 국가와 가족의 구분), 전자에만 민주주의 원리를 적용하는 '분리의 기술'은 자유의 달성이라는 실제적 업적을 달성하였으나 자유주의자들은 분리의 기술을 일관되게 적용하지 않는다고 한다. 경제권력이 공공정책을 형성하고 결정할 수 있는 여지가 없어야 하는데도 시장을 가두는 벽이 효력을 발휘하지 못하여 시장과 국가는 유착되어 있으며, 시장권력이 정치권력화하였고, 기업의 지배력은 사설 정부private government가 되었다고 한다. 그럼에도 불구하고 자유주의 이론가들은 개인의 부와 기업의 권력을 정치적 비중을 가진 사회적 힘으로 보지 않았고, 정치권력의 사용은 제한하면서 돈은 놓아주었다고 한다.[27]

---

25. Hanna F. Pitkin, 2007, "Representation and democracy : uneasy alliance", in : Saward (Ed.), Democracy, vol. III, Routledge, pp. 331-333.

26. Hanna F. Pitkin, supra, pp. 334-335.

우리 헌법은 자유주의적 민주주의 모델에서 필요로 하는 민주주의 제도와 요소들을 갖추고 있는 데 그치지 않고, 나아가 보다 다양한 민주주의 이해를 가능케 하는 여러 근거들을 규정하고 있다. 재산권의 공공성과 사회구속성을 명시하고 있고(헌법 제23조), 사회적 기본권을 보장하고 있다(헌법 제31조 내지 제36조). 특히 균등한 교육을 받을 권리를 보장하면서 교육의 자주성과 아울러 교육의 공공성을 인정하고 있으며(헌법 제31조), 여성, 장애인 등 사회적 약자에 대한 광범위한 사회보장 책무를 규정하고 있다(헌법 제34조). 국민투표라는 직접민주제를 수용하고 있으며(헌법 제72조, 제130조), 사회적 시장경제질서를 채택하고 경제의 민주화를 위한 국가의 다양한 규제와 조정의 가능성을 인정하고 있다(헌법 제119조 내지 제126조).

헌법재판소는 민주주의를 우리 헌법의 기본 원리로 인정하고 있으나 이를 이념사적·정치사상사적 고찰에 기초하여 직접 설명하고 있지는 않다. 그렇긴 하나 지금까지 헌법재판소의 판결들을 전체적으로 조감하여 보면 비교적 자유주의적 민주주의 이해에 치중되어 있다는 판단을 내릴 수 있다. 직접민주주의의 헌법적 허용성을 대단히 좁혔고, 재산권이 지닌 개인주의적 인격발현의 가치를 사회정의 실현의 물적 토대로서의 공공성보다 우위에 두는 듯하며, 산업민주주의의 시금석이라 할 노동기본권 신장에 인색한 태도를 보여왔다. 사회국가 원리와 사회적 시장경제를 우리 헌법의 기본 원리이자 질서라고 인정하면서도 구체적 사건을 판단함에 있어서는 경제민주화나 경제력 남용의 방지, 소득분배의 공정성보다 기업의 자유와 자

27. 마이클 왈저 저, 최홍주 옮김, 2009, 『정치철학 에세이』, 모티브 북, 133-148쪽.

유경쟁을 보다 강조하였다. 뿐만 아니라 안보나 이념이 문제된 사건에서는 '자유민주적 기본 질서'라는 이름 하에 반공주의 이데올로기와 민주주의 개념을 연관시켜 이해하는 것으로부터 완전히 단절되지 않은 모습을 보였다.

민주주의라는 것은 열려 있는, 더 완성된 단계와 수준을 부단히 추구하는 목표지향적 개념이다. 민주주의의 이해와 성취에 직·간접적인 관계와 영향력을 지닌 헌법재판에서 민주주의의 개념과 목표를 협애한 자유주의적 민주주의의 그것에 가둬놓는다면 민주주의의 이론과 현실의 발전과 성취를 저해하게 된다. 앞으로 헌법재판은 보다 다양한 관점에서 여러 이론적 모색을 거쳐 민주주의 헌법원리를 풍성하게 구성함으로써 성숙한 민주주의의 실현을 앞당기는 실천적 행위의 장이 되어야 할 것이다.

3) 헌법재판소 구성의 개선

헌법재판소는 곧 9인의 재판관이다. 위에서 본 민주주의와 입헌주의의 갈등, 사법의 정치화 문제는 헌법재판권을 행사하는 사람들이 누구이며, 이들은 어떻게 선발되고, 어떻게 행동하며, 어떤 책임을 지는가의 문제와 깊은 관련이 있다. 그러므로 입헌주의 또는 헌법재판의 여러 문제를 진단함에 있어서는 헌법재판기관의 조직과 운영, 재판관들의 역할에 관한 논의가 중요한 자리를 차지한다.

헌법재판기관 구성에 있어 고려해야 하는 기본 원리는 민주주의, 사법의 독립성, 그리고 전문성이다. 이 원리들은 상호 보완적이기도 하지만 상호 모순적이기도 하다. 이와 같이 완전한 조화를 이루기 어려운 상반되는 요청들 중 어느 것에 중점을 두고 제도를 구성할지는 논리의 문제라기보다는 선호와 결단의 문제이고, 이때 시대적 상황, 법률문화, 가용자원과 비용 등 그 나라의 제반 사정을 고려하여 설계하게 된다.

헌법재판기관 구성의 주요 요소들은 재판관의 자격, 선출방식, 임기이다.

우리나라는 9명의 재판관 모두 대통령이 임명하나 그 중 3명은 국회에서 선출한 사람을, 3명은 대법원장이 지명한 사람을 임명한다. 즉 국회(입법부), 대통령(행정부)과 대법원장(사법부)이 3 : 3 : 3의 비율로 임명에 관여하는 형태이다. 재판관의 임기는 6년이고, 연임 가능하다.

참고로 외국의 예를 보면, 미국의 헌법재판기관인 연방대법원 대법관들은 대통령이 상원의 동의를 얻어 9명 전원을 임명하며, 이들은 종신직이다. 독일 연방헌법재판소는 16명의 재판관이 각기 8명씩으로 구성되는 2개의 재판부를 구성한다. 이들은 모두 연방의회에서 재적의원 3분의 2의 찬성을 얻어 선출된다(연방대통령이 형식적 임명권을 가진다). 임기는 9년이고, 단임제이다. 스페인 헌법재판소 재판관 12명 중 4명은 하원, 4명은 상원이 각각 재적의원 5분의 3의 다수결로 추천하고 2명은 정부가, 2명은 사법총평의회Consejo General del Poder Judicial(대법원장, 12명의 판사, 4명의 상원의원, 4명의 하원으로 구성됨)가 추천하여 형식적으로 국왕이 임명한다. 임기는 9년이다. 이탈리아 헌법재판소는 재판관 15명 중 5명은 대통령이 지명하고, 5명은 의회의 양원합동회의에서 선출하며, 5명은 대법원 및 최고행정법원에서 지명한다.

우리나라 헌법재판소 구성의 현주소를 보자. 헌법재판소는 단순화하자면 고위법관 출신의 남자들로 구성되어 있다.[28] 대단히 폐쇄적인 구성이며, 우리 사회의 다양한 집단과 그들의 목소리, 이해관계가 배제되어 있음을 알 수 있다. 여성이 배제되어 있고, 비법조인(학자, 행정가, 정치가 등)이 배제되어 있으며, 법조인이라 하더라도 변호사가 배제되어 있다. 헌법재판은 가치와 이익을 형량하는 과정이고, 여기에는 인간과 사회를 바라보는 철학적 성찰이 필요할 때가 많다. 수십 년간 관료법관 생활만 하다가 재판관에 임명된 사람들은 헌법재판의 정신을 익힐 틈도 없이 6년이라는 임기가 지나가 버린다. 그러므로 먼저 보다 다양한 가치관과 이해관계를 반영할 수 있도록 재판관 자격을 개방하여 헌법재판소 구성의 다양성을 꾀하여야 한다. 이를 위해서는 법관 자격자만으로 한정되어 있는 현행 헌법 또는 관련 법률을 개정하여 학자, 행정가 등 비법조인이 일부라도 재판관이 될 수 있도록 하여야 한다.

　　재판관 선출방식에 있어서는 먼저 대통령의 영향력이 과대하다는 점을 지적할 수 있다. 대통령은 국회의 견제 없이 재판관 3명을 독자적으로 임명할 수 있을 뿐만 아니라, 대법원장 임명을 통하여 대법원장이 지명할 수 있는 재판관 3명의 선정에 관하여도 간접적인 영향력을 행사할 수 있다. 다음으로 대법원장이 단독으로 재판관 3명을 지명할 수 있도록 한 것도 문제가 많다. 소극적 권력인 법원이, 그것도 대법원장 한 사람이 헌법재판소의 3분의 1을 구성할 수 있도록 큰 정치적 권력을 부여하는 것은 민주주의나 권력분립, 법원과 헌법재판소라는 두 사법기관 간의 견제와 균형 등 어느 측면에서도 적절

---

28. 얼마 전까지 재판관 9명 중 7명이 이 범주에 해당하였다(나머지 2명은 검사 출신과 변호사 출신). 최근 여성 고위법관 출신이 1명 임명되었다.

하지 않다. 그러므로 재판관 선출방식의 개선방향은 첫째, 헌법재판소 구성의 민주적 정당성을 강화하기 위하여 국회의 관여권을 강화하는 것이고, 둘째, 대통령과 법원의 관여권을 축소하되 절차적 합리성을 제고하는 것이다. 이러한 개선방향 내에서도 구체적 개선방안은 다양하게 구상할 수 있다. 재판관 전원을 국회 재적의원 3분의 2의 찬성으로 국회에서 선출하고 대통령은 형식적으로 임명만 하게 하는 방안이 제시되고 있고,[29] 국회, 대통령, 법원의 협력적 관여를 인정하되 그 관여의 비율을 재조정하는 방안도 생각해 볼 수 있다(예 : 국회 6명, 대통령 2명, 대법원 1명[30]).

6년, 연임의 재판관 임기도 개선을 필요로 한다. 전문성과 안정성을 강화하기 위해 임기를 9년으로 연장하되 정치적 독립성을 보장하기 위해 단임제로 하는 것이 바람직하다.

민주주의, 독립성, 전문성을 강화하기 위한 헌법재판소 구성의 개선은 법제의 변화만으로는 달성되지 않을지 모른다. 제도적 개선책을 현실적으로 실현할 수 있는 의식과 여건의 뒷받침이 동반되어야 한다. 재판관의 자격이 개방되어도 여전히 남자 법조인 중심으로 인선 과정이 진행될 수 있고, 국회의 관여권이 확대되어도 대통령이 정당을 지배한다면 여전히 국회 선출과정에 영향력을 행사할 수 있으며, 청문회절차를 거친다 하더라도 형식적·주변적인 것에 그친다면 자질과 능력을 갖춘 후보자를 검증하는 데 여전히 실패할 수 있다. 헌법재판소 구성의 향상은 또한 전반적 법률문화, 법조의 상황과 무관할 수 없다. 제도적 개선과 더불어 헌법적 가치를 존중하는 법률

---

29. 국회의장자문기구 헌법연구자문위원회 결과보고서, 2009.
30. 대법원장이 단독으로 지명하는 것이 아니라 대법관회의에서 의결로 선출하게 한다.

문화, 그리고 헌법적 소양을 갖춘 법조인의 저변이 확충될 때에 비로소 이상적인 헌법재판기관이 탄생할 수 있을 것이다.

5. 맺음말

민주화 운동의 결실로 1988년에 헌법재판소가 출범함으로써 본격적으로 헌법재판이 시작되었다. 헌법재판소는 비교적 순탄하게 정착하였고, 권위주의적·반인권적 정치제도나 법률환경을 개선하고 불합리한 인습적 제도를 혁파하면서 초기 과제의 이행에 성공했다.

그러나 헌법재판이 성년기로 접어들고 신행정수도, 탄핵 등 정치적·사회적으로 주목이 집중된 대형 사건들을 연이어 처리하게 되면서부터 헌법재판의 바람직한 역할과 위상은 무엇인지, 과연 헌법재판소가 독립성과 중립성을 유지하고 있는지, 비판적 성찰의 목소리가 나오기 시작했다. 앞으로 헌법재판소는 이러한 목소리에 답하는 한편 정치적 분쟁 해결, 사회적 갈등 조정, 공동체 가치의 정립과 같은 보다 어렵고 섬세한 문제를 해결해야 할 과제를 떠맡고 있다. 그리고 비교적 관대했던 초기의 평가와는 달리 향후로는 헌법재판소가 그 역할과 과제를 제대로 완수하고 있는지에 대하여 보다 정교한 검증과 엄정한 평가가 행해질지도 모른다.

헌법규범의 개방성, 헌법해석의 탄력성에 따라 헌법재판소의 행보의 폭은 그만큼 넓다. 민주주의 발전과 인권신장에 추동력을 주는 역할을 할 수도, 제동을 거는 역할을 할 수도 있다. 가장 나쁜 경로는 헌법재판이 정치의 사법적 무기로 동원되는 것이다. 그러나 현재의 헌법재판제도와 헌법재판소의 모습은 이러한 취약점에 노출되어 있다. 사법부의 조직이 관료적이고 내부의 수직적 통제가 매우 강한 반면 정치제도가 미약하고 정권에 대한 사회적 지지가 양분되어 있을 때에는 사법부는 매우 큰 정치적 자율성을 누리게 되고, 이때 정치적 중립성이 견지되는 것이 아니라 특정 정파에 기울게 된다는 분석이 있다.[31] 현재와 같이 헌법재판소의 구성이 폐쇄적이고 관료사법의 특징이 강한 조건이 특정 정치적 상황과 결합할 때 헌법재판은 지배집단의 정치적 헤게모니 유지에 기여하는 장치로 기능할 우려가 있다. 사법의 독립은 자족적 목적이 아니라 사법의 공정성을 위한 원리이다. 사법의 독립을 보장하면서도 그 방패 아래 사법의 정치적 편파성이 작동하는 것은 견제해야 한다. 그 견제의 원리와 수단은 역시 민주주의적인 것이 아니면 안 될 것이다.

판결을 하는 것은 헌법재판소, 즉 재판관들이지만 재판관들은 당사자, 정치적·사회적 상황, 여론, 법률문화 등의 역사적 제약을 받는다.[32] 그러므로 헌법재판의 향배 또한 결국 이런 요소들을 우리 국민 스스로가 어떻게 형성하고 결정짓는가에 달려 있다.

---

31. 호세 마리아 마라발, 「정치적 무기로서의 법의 지배」, 아담 쉐보르스키 외 지음, 안규남 외 옮김, 2008, 『민주주의와 법의 지배』, 후마니타스, 443-447쪽.

32. 렌퀴스트는 "법관들이 여론의 영향을 받지 않는다고 말하는 것은 잘못이다. … 어딘가 바깥에서—법원 벽을 넘어—여론의 흐름과 경향이 흘러들어 법원 문 앞에서 철썩인다"고 하였다고 한다. 호세 마리아 마라발, "정치적 무기로서의 법의 지배", 앞의 글(각주 32), 434쪽.

PART 3
자치와 시민사회

미완의 분권형 선진국가 건설
새로운 방향 모색

소순창

1. 미완의 지방분권

지난 30년간 중단되었던 지방자치제도가 1991년 3월 26일 시·군·구의회의원과 같은 해 6월 20일 서울특별시·도의회의원이 선거를 통해 새롭게 선출됨으로써 다시 시작되었다. 지방자치제도가 발아기(1948년 8월-1960년 6월), 변혁기(1960년 6월-1961년 5월), 그리고 30년간의 중단기(1961년 5월-1988년 4월)를 거쳐서 1991년에 지방의회만 다시 부활하게 되었다.[1]

이렇게 새롭게 실시된 지방자치제도는 군사정부를 거쳐 문민정

---

1. 소순창, 2002, 『지방정부의 이론과 실제』, 사회과학사, 43-58쪽.

부, 국민의 정부, 참여정부, 그리고 현재 이명박 정부에 이르기까지 강산이 두 번이나 바뀌는 세월을 보내게 되었다. 그럼에도 불구하고 아직도 지방자치제도에 대하여 우려의 목소리들이 적지 않다.

역대정권들이 지방자치 및 지방분권에 대하여 기대와 함께 시작되었지만 대부분 실망으로 끝나게 된 경험이 적지 않다. 지방분권을 주장했지만 명분이나 구호에 그치는 경우가 있었으며, 또 중앙집권적 사고와 기득권층에 부딪쳐 그야말로 구호로 끝나는 경우가 많았다.

본장에서는 지방자치 20년을 맞이하여 참여정부를 중심으로 역대정부가 추진해 온 지방자치 및 지방분권정책에 대한 성과를 비교·평가한다. 지난 20년간은 군사정부, 문민정부, 국민의 정부, 참여정부, 그리고 현재의 이명박 정부에 이르고 있다. 그러나 지방분권이 본격적으로 시작된 것은 국민의 정부와 참여정부라고 할 수 있다.

물론 지방자치를 새롭게 시작한 것은 군사정부에서 시작되었고, 문민정부를 지나서 오늘에 이르렀지만 군사정권 하에서는 지방자치제도가 민주화의 거센 요구에 떠밀려 수동적으로 시작되었고,[2] 문민정부는 지방자치단체장의 선거를 앞두고 지방자치제도의 지속적인 실시를 미루려 했으나 시민사회의 여론에 밀려 부득이하게 실시할 수밖에 없는 상황이었다. 문민정부는 지방자치제도를 3년간만 실시해 보고 문제가 있으면 중단하려는 의도[3]에서 지방의회의원과 자치

2. 1987년 정부여당이 대통령선거의 요구를 수용한 "6·29선언"을 하지 않으면 안 되게 만든 민주화 운동은 지방자치법의 전문개정을 촉구하는 요인이 되었다. 즉 지방자치의 실시는 민주화의 중요한 일부분으로서 간주할 수가 있어서 그 결과로 얻은 일종의 전리품이라고 할 수 있다.
3. 문민정부에서는 1995년 6월 27일 지방선거를 전국동시지방선거로 시행하여 지방의회의원과 자치단체장을 선출하여 의결기관과 집행기관을 구성하게 되었다. 그러나 애석하게도 그

단체장의 임기를 3년으로 제한하여 실시하였다. 뿐만 아니라 군사정권과 문민정부에서 실시한 지방분권에 대한 관련 정책도 매우 미흡하고 소극적이어서 그 이후의 정권들과 함께 평가하기에는 한계가 있을 수 있다. 따라서 본장에서는 역대정부의 전반적인 지방분권정책과 핵심적으로 추진되었던 지방분권 과제를 살펴보고자 한다.

또한 지방자치 실시 20년 이후 참여정부가 추구했던 '분권형 선진국가'가 미완으로 그치게 되었는데,[4] 기존의 지방분권정책에 대한 평가를 통하여 새로운 제도적 틀을 모색해 보고 지방분권정책들의 추진방향을 제시해 보고자 한다. 이러한 모색은 중앙정치 및 중앙정부 차원에서만 민주주의의 발전을 모색하는 데서 오는 한계를 극복하는 데 의미가 있다 할 수 있다.

2. 지방분권의 평가시기 및 내용

1) 지방분권의 평가시기

1991년 군사정부 당시 지방의회가 새롭게 부활한 이후 2012년 현재에 이르기까지 지방자치 21년의 세월이 흘렀다. 그리고 1995년

들의 임기를 3년간으로 제한한 것은 지방자치의 역사에 매우 불명예스러운 사건이며, 많은 사람들이 문민정부가 지방자치에 대하여 부정적이었다는 인식을 하는 계기가 되었다.
4. 소순창, 2011, 「역대 정부의 지방분권 정책의 평가」, 『한국지방자치학회보』 제23권 제3호, 52-57쪽.

6월 27일 전국동시지방선거[5]를 계기로 본격적인 지방자치제도가 시행되었다. 민선 제1기(1995.7.1-1998.6.30)가 문민정부에서 시작된 것이다.

〈표 1〉 역대정부와 민선의 비교

연도	91	92	93	94	95	96	97	98	99	00	01	02	03	04	05	06	07	08	09	10	11
정권	군사정부	문민정부						국민의 정부					참여정부					이명박 정부			
민선	지방의회 구성				민선 제1기			민선 제2기					민선 제3기				민선 제4기				민선 제5기
추진 기구	지방이양합동심의회							제1기 (이양위)				제2기 (이양위)	제3기 (이양위)			제4기 (이양위)		제1기 (이양위)			제2기 (촉진위)

민선 제2기(1998.7.1-2002.6.30)는 국민의 정부와 함께 시작되었으며, 지방분권을 위한 초석을 놓고 다지는 시기라고 할 수 있다. 우선 지방자치법을 개정하여 지방자치단체의 조직과 인사행정의 자율성을 확대하였고, "중앙권한지방이양촉진등에관한법률"의 제정을 통하여 "지방이양추진위원회"가 설치되었다. 국민의 정부는 본격적으로 중앙행정권한(사무)의 지방으로의 이양을 통한 지방분권정책을 추진하기 시작했다.[6]

민선 제3기(2002.7.1-2006.6.30)는 2002년 6월 제3회 전국동시지방선거를 통해 시작되었으며, 2003년 2월 참여정부가 출범했다. 참

---

5. 전국적으로 4개의 지방선거―기초자치단체(시·군·구)의 단체장과 지방의회의원, 광역자치단체(시·도)의 단체장과 지방의회의원―를 같은 날 동시에 실시했다고 해서 붙여진 이름이다.
6. 육동일, 2010, 「지방자치와 지방분권 20년의 성과와 발전방향」, 한국지방자치학회, 공명선거 국민토론회, 5쪽.

여정부는 정부출범과 함께 지방분권을 주요 국정과제로 선정·추진
하기 위하여 "정부혁신·지방분권위원회"를 설치하였으며, 국민의
정부에서 출범했던 "지방이양추진위원회"와 함께 지방분권정책을
추진했다. 참여정부는 지방분권을 국정의 주요 과제로 선정하였고,
이를 추진하기 위하여 적극적이었다.[7] 참여정부의 지방분권은 구체
적인 성과보다도 분권개혁을 위한 중요한 이정표를 세우고 미래 국
가발전의 방향이 될 지방분권에 관한 국민적 담론을 확산시켰다는
점에서 큰 의의가 있다.[8]

민선 제4기(2006.7.1-2011.6.30)는 참여정부에서 시작되었으며,
4개의 모든 지방선거에 중앙정당이 공천하는 '정당공천제'가 도입
되었고 또 새롭게 제주특별자치도가 시행되었다. 참여정부의 지방분
권정책은 다양한 분권과제들이 시행되었다. 참여정부는 다양한 지방
분권정책의 추진에도 불구하고 성과에 대해서는 만족할 만한 평가
를 받지 못하고 있다.[9]

2008년 새롭게 출범한 이명박 정부는 2008년 "지방분권특별법"
을 전면 개정하여 동년 12월에 "지방분권촉진위원회"를 출범시켜 참
여정부에서 "정부혁신·지방분권위원회"와 지방이양추진위원회"로
이원화되었던 지방분권정책 추진기구를 일원화하였다. 단순히 지방
분권을 추진하는 것이 아니라 촉진시킨다는 차원에서 위원회를 "지
방분권촉진위원회"로 개칭하였다는 것이다.[10] 그러나 이명박 대통령

7. 강재호, 2010, 「노무현 정부의 지방분권」, 2010 한국지방자치학회 하계학술대회 발표논문, 312쪽.
8. 육동일, 2010, 「지방자치와 지방분권 20년의 성과와 발전방향」, 한국지방자치학회, 공명선거 국민토론회, 6쪽.
9. 이기우, 2008, 「지방분권개혁 : 성과와 과제」, 한국행정학회 기획 세미나, 180-201쪽.

은 2009년 8·15 경축사에서 시민사회단체나 학계 전문가들이 우려하고 있는 '지방행정체제 개편'의 필요성을 강조하면서 시민사회단체나 학계에서는 이명박 정부의 지방분권정책에 대하여 우려를 표하기 시작했다. 그 후 정부는 "지방행정체제개편추진위원회"를 두어 지방분권·지방자치에 대한 추진기구를 이원화하였다.

마지막으로, 민선 제5기(2011.7.1-현재)는 2011년에 지방선거를 통하여 이명박 정부 후반부터 시작되었다. 이미 이명박 정부는 2008년 출범했지만 지방분권정책을 추진하고 있는 "지방분권촉진위원회"가 하는 사업이 미미한 수준에 머물고 있다.

2) 지방분권의 평가내용

본장에서는 참여정부의 지방분권정책을 역대정권들이 추진한 지방분권정책 및 과제를 비교하면서 평가하고자 한다. 이러한 평가 작업은 기존의 지방분권정책들을 모두 평가하기에는 한계가 있으므로 핵심적인 정책 및 과제를 선정하여 평가하기로 한다.

먼저 역대정부들이 지방분권에 대한 철학과 방향이 제대로 설정되어 있는지를 평가한다. 둘째, 지방분권정책을 추진하는 기구에 대해서 평가한다. 이는 지방분권정책을 추진하기 위해서는 제대로 된 기구가 없이는 쉽지 않고, 있다 하더라도 해당 기구가 실질적으로 지방분권을 위해서 제대로 작동하고 있는지를 평가한다. 셋째, 다양

---

10. 이창균, 2010, 「이명박 정부의 지방분권방향과 성과 및 과제」, 한국지방자치학회, 하계학술대회 논문집, 143쪽.

〈그림 1〉 지방분권정책 및 과제의 평가내용

한 지방분권정책들 중에서 핵심적인 분권과제를 평가한다. 먼저 중앙정부의 권한을 지방정부에 어떻게, 얼마나 이양시켰는지, 즉 중앙행정권한의 지방이양정책에 대해서 살펴보고 자치경찰, 교육자치, 그리고 특별지방행정기관의 지방이관에 대해서 평가하고자 한다.

3. 역대정부의 지방분권 철학과 방향

군사정부는 민주화 운동에 의하여 6·29 선언을 하게 되었으며, 정부 여당은 지방자치법을 전면적으로 개정하여 지방자치제도를 수동적으로 실시하였다. 따라서 지방분권의 철학과 방향이 명확하지 않았음을 말한다. 또 문민정부에서는 지방자치제도의 실시를 원래 4년으로 했어야 함에도 불구하고 3년으로 제한한 것을 보면 지방분권의 철학이 부족하고 그 방향이 명확하지 않았음을 말해준다.

한편 국민의 정부는 지방분권과 국가균형발전에 대한 확고한 신념을 갖고[11] 국정을 운영했다. 그러나 지방분권정책은 분산 개념인

지역균형발전에 의해서 우선순위가 뒤로 처지게 되었다. 따라서 지방분산정책에 집중하고 경제적 지원을 강조함으로써 진정한 지방분권의 신장에는 기여하지 못했다.

참여정부는 지방분권의 기본 방향을 '통치에서 협치로', '관에서 민으로', '중앙에서 지방으로', '소외에서 참여로' 설정하고 추진했다.[12] 또 참여정부는 국정 핵심 과제로 지방분권을 설정하고 국정운영의 기본 방침으로 '원칙과 신뢰', '공정과 투명', '대화와 타협', '분권과 자율'을 들고 있다.[13] 지방분권을 기초로 지역사회, 지방정부, 그리고 중앙정부를 혁신하여 국가를 재구조화하는 '분권형 선진국가'를 이룩하는 정책기조를 취하였다.[14] 참여정부는 지방분권의 추진원칙으로 '선분권 후보완의 원칙', '보충성의 원칙', 그리고 '포괄성의 원칙'을 제시하였다.

참여정부는 지방분권을 위한 의지와 철학 그리고 방향은 대체적으로 바람직하게 설정되어 있다는 것이 일반적인 평가이다. 그러나 지방분권에 관련된 대부분의 과제를 망라하고 있어서 제한된 임기 중에 추진할 수 있을 것인가에 대한 우려가 현실로 나타나는 한계점을 드러냈다. 지방정부의 효율성 강화를 위해서 지방분권을 추진하고 위원회에 다양한 전문가들의 활동을 통하여 절차적 민주성을 확보하면서 과제를 추진하였으나 지역주민들이나 지방정부가 체감하는 느낌은 미흡했다고 할 수 있다.

---

11. 정용하, 2006, 「한국지방자치의 성격과 수준」, 한국지역사회학회, 『지역사회연구』, 14(2).

12. 정부혁신지방분권위원회, 2008, 「참여정부의 지방분권」, 『정부혁신지방분권 종합백서』, 25쪽.

13. 제16대 대통령직인수위원회, 2003, 『대화 : 제16대 대통령직인수위원회 백서』, 44-45쪽.

14. 정부혁신지방분권위원회, 2008, 「참여정부의 지방분권」, 『정부혁신지방분권 종합백서』, 39쪽.

<표 2> 정부간 지방분권의 철학과 방향

	노태우	김영삼	김대중	노무현	이명박
내용	불명확	불명확	분산 〉 분권	균형발전 〉 분권	섬기는 정부 지방행정체제개편

마지막으로, 이명박 정부는 100대 국정과제를 발표하면서 '섬기는 정부 분야'에 지방행정체제의 개편, 광역경제권 구축, 자치경찰제 도입 등을 포함하였으며, "지방분권촉진위원회"를 통하여 중앙행정권한을 지방으로 이양하고 있다. 위원회는 지방분권 4개 분야로 '권한 및 기능 재배분', '지방재정 확충', '자치역량 강화', 그리고 '협력 및 공감대 확산'을 통하여 각 분야마다 세부과제를 추진 중에 있다.

4. 역대정부의 지방분권정책 추진기구

지방자치제도가 1991년 3월 26일과 6월 20일 지방의회의원 선거를 통해 부활되었으며, 중앙집권체제에서 중앙정부와 지방정부 간의 역할 재정립이 필요했다. 따라서 총무처는 비법정기구이고 민관합동기구인 "지방이양합동심의회"를 구성하여 중앙행정권한의 지방이양 작업을 추진했다. 그러나 심의회는 비법정기구로서 체계적인 지방분권이 이루어지지 못했으며, 중앙부처는 물론 지방자치단체의 공무원들도 지방분권에 대한 인식부족으로 참여가 소극적이었기 때문에 실질적인 지방분권에는 미흡했다.[15]

문민정부도 기존의 군사정부에서 시행했던 수동적인 지방분권

정책을 그대로 유지하면서 "지방이양합동심의회"를 운영하는 데 그
쳤다.

국민의 정부는 중앙행정권한의 지방이양을 제도적으로 뒷받침
하기 위한 전담기구로 대통령 소속 하에 심의·의결기능을 가진 "지
방이양추진위원회"를 발족하였다. 위원회는 학계, 경제계, 사회단체,
연구단체 등 각계 민간 전문가와 관계부처장관, 지방자치단체장 등
총 20명으로 구성하였고, 지방이양의 기본 방향을 설정하고 중앙행
정권한의 지방이양 대상을 심의·의결하여 국가사무와 지방사무, 광
역과 기초자치단체 간의 사무배분을 결정하는 등 지방분권정책을 추
진하였다. 지방이양추진위원회는 군사정부 시절부터 있어왔던 "지
방이양합동심의회"의 태생적인 법적 한계를 극복하기 위하여 "중앙
행정권권한의지방이양촉진등에관한법률"을 제정하여 대통령 소속
하에 심의·의결기능을 가진 위원회로 같은 해 8월 30일에 발족하였
다. "지방이양추진위원회"는 제3기(2004-2006년)는 참여정부, 그리
고 제4기(2006-2008년)는 참여정부의 후반기와 이명박 정부의 초기
에 걸쳐서 중앙행정권한을 지방으로 이양하는 작업을 추진해 왔다.

참여정부에는 지방분권정책을 추진하는 기구로 국민의 정부 시
절부터 출범한 제3·4기(제3기 2004-2006년, 제4기 2006-2008년)의 "지
방이양추진위원회"와 2003년 2월에 참여정부와 함께 출범한 "정부
혁신·지방분권위원회"가 있었다. 또 참여정부는 2003년 2월에 출범
하여 정부혁신과 지방분권을 담당하는 "정부혁신·지방분권위원회"
를 대통령 직속으로 설치하여 지방분권 로드맵을 작성하고 지방분

---

15. 오희환, 1997, 「중앙·지방간 사무재배분」, 『지방자치』, 2월호, 24쪽 ; 우무정, 2000, 「지방정
부 기획·정책능력의 결정요인에 관한 연구」, 건국대학교 대학원 박사학위 논문, 2쪽.

〈그림 2〉 참여정부의 지방분권정책 추진체계

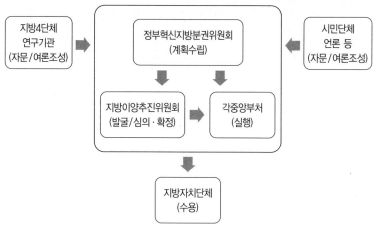

* 자료 : 권경득 · 우무정, 2009, 10.

권에 대한 다양한 정책을 추진하였다. 그래서 양 위원회가 다음과 같은 차원에서 업무를 분담하여 추진해 왔던 것이다(〈그림 2〉). "지방이양추진위원회"는 국가사무를 중앙정부에서 지방정부로 이양해야 할 사무들을 발굴하여 심의 · 확정하는 업무를 추진하였으며, "정부혁신 · 지방분권위원회"는 지방분권정책을 수행하기 위한 계획을 수립하고 직접 추진해 나가는 업무를 담당했다.

　이명박 정부는 참여정부의 "정부혁신 · 지방분권위원회"와 "지방이양추진위원회"를 통합하여 하나의 "지방분권촉진위원회"로 2008년 12월에 출범함으로써 지방분권정책을 일원화하였다. 그 후 이명박 정부는 2012년 6월 30일까지 지방행정체제에 관한 내용을 담은 '지방행정체제 개편에 관한 종합적인 기본 계획'을 마련하여 대통령과 국회에 제출한다는 목표로 "지방행정체제개편추진위원회"를 구성했다. 다시 지방분권을 추진하는 기구가 이원화된 것이다. 두 위원회의 역할과 업무가 중복되어 교육자치, 자치경찰, 특별지방행

〈표 3〉 정부간 지방분권 추진기구

	군사정부 · 문민정부	국민의 정부	참여정부	이명박 정부
추진 기구	지방이양합동심의회	지방이양추진위원회	지방이양추진위원회 정부혁신 · 지방분권 위원회	지방분권촉진위원회 지방행정체제개편추 진위원회
체계	단독기구	단독기구	이원화기구	이원화기구
법정여부	비법정기구	법정기구	법정기구	법정기구

정기관 등 지방분권 과제에 대한 논의를 할 때 불가피하게 갈등의 소
지가 있다.

5. 역대정부의 지방분권 핵심 과제

1) 중앙행정권한 지방이양

군사정부와 문민정부는 정부조직관지침(총리 훈령)에 의거하여
민관합동기구인 "지방이양합동심의회"를 구성하여 중앙행정권한의
지방이양 작업을 추진하였다. 심의회는 지방자치단체와 중앙부처로
부터 권한이양 대상 사무를 연 1회 조사 · 발굴하여, 그 사무에 대하
여 심의회에서 논의하여 중앙정부의 권한을 지방자치단체로 이양하
는 작업을 실시해 왔다.

총무처에 의하여 조사된 총사무수는 17,303건이었고, 그 중에서
국가사무 12,978건(75%), 자치사무 4,325건(25%)으로 나타났으며,
국가사무 중 1,223건이 지방위임사무로 조사되었다.[16]

〈표 4〉 단사무의 전수조사

구분	1994	2002*	2007**
대상법령		3,353개	3,353개
총사무수	17,303개	41,603개	41,603개
단위사무	- 국가사무 : 12,978개 (75%) - 지방사무 : 4,325개 (25%)	- 국가사무 : 30,240개 (73%) - 지방사무 : 11,363개 (27%)	- 국가사무 : 27,833개 (66.9%) - 지방사무 : 13,770개 (33.1%)

자료 : 총무처, 1995/1996 ; 지방이양추진위원회(2002 : 8 ; 2003 : 63-65) ; 행정안전부 내부
　　자료, 2008.
* 2002년 단위사무 전수조사는 2001년 지방이양추진위원회가 한국지방행정연구원에 위
　탁하여 이듬해에 공표한 것이다.
** 2007년 자료는 행정안전부 내부자료 권경(2008)을 재인용한 것이다.

　　국민의 정부에서는 1994년 사무조사에서 국가사무 11,744개
(75%), 지방사무는 4,030개(25%)였으나 2002년 조사에서는 국가사
무 30,240개(73%), 지방사무는 11,363개(27%)로 조사되었다. 사무구
분의 통일된 기준이 적용되지 않았다 하더라도 지방사무가 25%에서
27%로 다소 증가한 것을 볼 수 있다(〈표 4〉). 국민의 정부의 2002년
과 참여정부의 2007년 단위사무의 전수를 비교해 보면, 국가사무는
73%에서 66.9%로 줄어든 반면 지방사무는 27%에서 33.1%로 증가
했다. 지방사무가 6% 정도 증가한 것은 지속적인 국가사무의 지방사
무로의 발굴과 이양작업을 통해서 이루어진 결과라고 할 수 있다.
　　역대정부에 따라서 중앙행정권한이 지방으로 어느 정도 이양되
었는지를 살펴보면 〈표 5〉와 같다. 먼저 국민의 정부는 "지방이양추
진위원회"를 통하여 중앙정부의 행정권한을 지방으로 이양한 건수

---

16. 총무처, 1995 ; 1996, 「지방이양합동심의회 안건」.

〈표 5〉 정부간 중앙행정권한의 지방이양 성과

구분	국민의 정부				참여정부						이명박 정부				
	00	01	02	계	03	04	05	06	07	계	08	09	10	11	계
이양 확정	185	176	251	612	478	53	203	80	88	902	54	697	481	33	1,265
이양 완료	185	175	250	610	466	52	158	59	61	796	30	4	–	–	34
추진중	–	1	1	2	12	1	45	21	27	106	24	693	481	33	1,231

자료 : 지방분권촉진위원회(2010) ; 조성호(2011 : 3) ; 박재옥(2011).

를 보면 총 612건을 이양확정하고, 그 중에서 610건을 법률적인 작업
까지 완료하여 지방으로 완전히 이양했다. 이양완료 비율이 99.7%로
이양확정한 사무를 대부분 이양완료하였다.

또한 2007년 12월 현재 1999년 이후 9년간의 총 5,707개의 지방
이양 대상 사무를 발굴하여 26.7%인 1,577개 사무에 대해 지방이양
을 결정하였다. 이 중 지방이양이 결정된 사무는 902건으로 분석되
었다. 참여정부에서는 이양확정의 902건 중 이양완료 사무는 796건
(88.2%)이며, 여전히 지방이양 추진 중인 사무는 11.8%인 106건으로
나타났다. 따라서 교육, 복지 서비스 등 중앙정부가 처리했던 것을 지
방정부에게 이양해 줌으로써 지역주민들과 가장 가까운 지방자치단
체가 그들의 실정과 상황을 잘 이해함으로써 보다 더 지역주민의 편
익을 위해서 자율적이고 종합적으로 처리할 수 있다는 것을 말한다.

이명박 정부의 "지방분권촉진위원회"는 2008년 54건, 2009년
697건, 2010년 481건 481건, 2011년 현재 33건으로 합계 1,265건을
이양 · 확정하여 참여정부의 902건에 비하면 140%를 넘고 있으나[17]
이완완료 건수를 보면 현저하게 낮다. 이명박 정부의 중앙행정권한의
지방이양 성과는 국민의 정부(612건)와 참여정부(902건)보다 이양확

정 건수는 월등히 많아서 1,265건으로 나타났다. 그러나 이전 두 정부 (612건 중 610건, 902건 중 831건)가 이양확정 후에 같은 해에 이양완료를 추진한 것에 비하면 이명박 정부의 지방이양에 대한 추진이 1,265건에서 34건만 이양완료되어 매우 미온적이라고 평가할 수 있다.[18]

2) 자치경찰

경찰제도의 개혁은 1980년대 말부터 경찰의 중립성과 민주성 확보를 위한 방안으로 추진되어 왔으나 1990년대 지방자치제도가 실시되면서 지방자치의 완성이라는 측면에서 다시 새롭게 시작되었다.

1997년 국민의 정부는 자치경찰 도입을 위해서 정부, 정치권, 학계 등에서 활발하게 논의하였고, 국가경찰체계 속에서 지방자치와 부합되는 방향으로 지방경찰청의 권한을 강화하면서 지방자치단체와의 협조체계의 도입을 시도하고 중장기적으로는 자치경찰제도를 도입하면서 국가경찰의 능률성과 조화를 꾀하는 개편방향을 제시하고 있다. 우선 1998년 1월에 제시된 "국민회의·자민련 공동안"은 자치경찰제 도입의 구체적 시안으로 평가되며, 국가경찰제에 자치경찰제를 가미한 절충형을 취하고 있고, 국민회의 정책기획단의 "경찰법 개정법률안"(1998)은 경찰조직은 국가경찰제와 자치경찰제의 절충

---

17. 박재목, 2011, 「이명박 정부 지방분권은 '선진 거버넌스' 핵심 인프라」, 공감코리아 인터넷 자료 6월 20일(korea.kr/newsweb).

18. 소순창, 2011, 「역대 정부의 지방분권 정책의 평가」, 「한국지방자치학회보」 제23권 제3호, 60-61쪽.

형으로 하되 도입단위는 특별시, 광역시, 도 단위로 하고 있다.

참여정부는 국민의 정부와는 달리 자치경찰제의 실천기라고 할수 있다. 이 시기를 실천기라고 하는 이유는 국민의 정부 시절에는 자치경찰의 논의가 활발했으나 결국 실현되지 못하였고, 참여정부 때 자치경찰에 대한 논의가 정착되어 법안이 만들어졌고, 2005년 11월 3일에 국회에 제출되었으며, 이 법안은 국회에서 통과되지 못하여 전국적으로 실시되고 있지는 않지만 2006년 7월 1일부터 헌정사상 처음으로 '제주특별자치도'에서 자치경찰제를 실시했기 때문이다. 특히 기존 정부들의 논의에서는 자치경찰안이 국가경찰 부속조직으로 논의되고 경찰법 내에 자치경찰에 대한 조항을 첨가하는 형식이었다.

그러나 지방분권을 국정과제로 선정한 참여정부는 자치경찰제를 지방자치단체의 자율 및 자치권의 확대와 실현을 위한 하나의 가능성으로 보았다. 따라서 자치경찰제도를 '보충성의 원칙' 하에 기초자치단체를 도입단위로 하였다. 또한 기능도 교통·방범·경비 행정경찰 중심으로 한정하여 기초자치단체의 행·재정능력으로 수행할 수 있도록 하였다. 자치단체의 자율 및 자치권을 확대하기 위하여 자치경찰공무원을 지방공무원으로 보하도록 하였다. 자치경찰대의 선임도 자치단체가 스스로 하도록 하여 지방자치단체의 자치권을 보장하였다.[19]

"정부혁신·지방분권위원회"의 자치경찰 T/F팀은 자치경찰제의 주요 내용으로 시군 자치구에 자치경찰기구를 창설하며, 이는 지

---

19. 이종배, 2005, 「자치경찰법안의 주요 내용」, 『자치경찰법안 공청회 자료집』, 행정자치부 자치경찰제 실무추진단, 16-34쪽.

〈그림 3〉 참여정부의 자치경찰제안

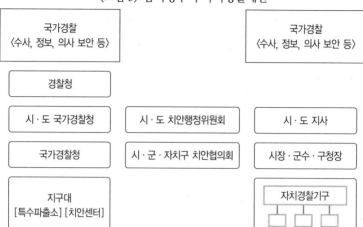

* 자료 : 서찬교, 2005, 63.

역교통, 생활안전 등 주민생활 중심의 치안행정을 담당하고, 자치경찰의 신분은 지방자치단체장이 인사권을 행사하는 특정직 지방공무원으로 보하며, '광역치안 수요에의 효율적 대응'이라는 현행 국가경찰체제의 장점을 유지하는 국가경찰과 자치경찰의 이원적 체제로 운용하게 하였다. 또한 자치경찰과 국가경찰 상호간 업무협조를 위해 "시도 치안행정위원회" 및 "시군자치구 지역 치안협의회"를 설치하고 소요 재원은 제도 정착 시까지 지방교부세, 국고보조금, 범칙금 등으로 확보하여 국가에서 일정 부분 지원한다는 안을 제시했다. 그리고 정부는 이러한 위원회의 안을 중심으로 "자치경찰법안"을 2005년 11월 3일에 국회에 제출했다.

이명박 정부는 기초자치단체에 교통이나 생활안전 분야의 기초적인 치안유지 권한을 인정하는 자치경찰제를 내용으로 '자치경찰법안'을 2010년 9월 정기국회에 제출할 것이라고 하였으나 아직도 제출되지 않고 있다. 이명박 정부의 자치경찰안은 참여정부의 도입

<표 6> 정부간 자치경찰

	군사정부 · 문민정부	국민의 정부	참여정부	이명박 정부
내용	1980년대 말부터 경찰의 중립성과 민주성 확보 방안 추진	중장기적으로 자치 경찰 도입. 국가경찰의 능률성 과 조화를 꾀하는 개편방향 제시	자치경찰에 관한 법안 작성. 제주특별자치도의 자치경찰 실시	기초자치단체에 교통이나 생활안전 분야의 기초적인 치안유지 권한 인정

* 자료 : 서찬교, 2005, 63.

단위, 기능, 조직모형 등에서 거의 차이가 없지만, 기초자치단체의 자문 및 심의기관인 지역치안협의회를 심의 · 의결기관인 자치경찰위원회로 변경하고, 광역자치단체인 시 · 도에는 자치경찰지원과 및 치안협력관을 설치하여 광역자치단체의 조정기능을 강화한다는 것이 차이점이다.[20] 그러나 이명박 정부는 자치경찰제에 대한 가시적인 정책추진을 하고 있지 못하고 있으며, 앞으로 얼마 남지 않은 임기에 과연 추진할 수 있을 것인지에 대한 강한 의문을 갖게 한다.

3) 교육자치

1991년 3월 8일 "지방교육자치에관한법률"이 제정되었고, 1991년 3월 26일 지방의회가 구성되어 같은 해 9월 이중간선방식에 따라 광역단위에 교육위원회가 구성됨에 따라 새롭게 교육자치가 시작되었다. 당시 교육위원회의 성격은 합의제기구에서 심의 · 의결기구로

---

20. 김기현 · 박영숙, 2010, 「정부별 지방자치경찰제와 이명박 정부의 자치경찰제의 과제」, 한국행정학회, 추계국제학술대회 발표문, 881쪽.

바뀌었고, 교육위원은 지방의회에서 이중간선방식으로 교육감은 해당 교육위원회에서 무기명 투표로 선출하였다. 교육자치는 교육위원과 교육감 선출 및 자격기준에서 다양한 논쟁이 있어 왔고, 1995년에는 교육위원의 피선경력 연수를 15년에서 10년으로, 교육감의 경우에는 20년에서 15년으로 그 자격기준이 하향 조정되었다. 1997년에는 선출방법이 개정되어 학교운영위원회 선거인(97%)과 교원선거인(3%)에 의해서 교육위원 및 교육감을 선출하도록 했으며, 다시 교육감의 피선경력 자격을 5년으로 대폭 하향 조정하였다.

국민의 정부에서는 1998년 교육위원 정수를 7~25인에서 7~15인으로 축소 조정했으며, 교육위원과 교육감 선거에서 기탁금제도(교육위원 600만 원, 교육감 3,000만 원)를 도입하였다. 2000년에 들어와서도 교육자치제도는 계속 제도개선이 추진되어 학교운영위원회 대표들만 참여하던 교육위원 및 교육감 선출제도가 위원 전원이 참여하는 방식으로 개정되었으며, 피선자격 중 과거 2년 동안 비정당원 규제사항이 추가되었다. 교육자치와 일반자치의 갈등은 1995년 지방자치제도가 본격적으로 시행되면서 분리론과 통합론으로 나뉘어서 갈등이 증폭되었으나 문민정부에서부터 통합에 대한 관심을 집중하기 시작했고, 국민의 정부에서는 일반자치와 교육자치의 통합 및 분리를 둘러싼 갈등을 해소하기 위해 대통령의 지시로 광역단위의 교육자치는 일반자치와 통합하되 대신 기초단위의 교육자치를 실시하는 방안을 검토해 보기도 하였다. 그러나 교육계의 거센 반대와 정부 관련 부처 간의 이견으로 교육자치의 개편은 이루어지지 못하였다.

참여정부에 들어와 교육위원회가 일반의회와 일원화되고 나아가 교육감을 직선제로 선출하는 일대 변혁을 맞이했다. 지방의회의 위임형 심의 · 의결기관이던 교육위원회가 시 · 도지방의회의원의 심

〈표 7〉 지방교육자치제도의 주요 변천 사항

구분		국민의 정부		참여정부
		1998. 6.	2000. 1.	2006. 12.
교육위원회		- 성격 : 지방의회의 위임형 심의·의결기구	- 성격 : 좌동	- 성격 : 지방의회 내의 상임위원회로 심사·의결기구
		- 성격 : 시도의 인구, 지역적 특성을 감안해 시도별 7-15인 (총 146명)	- 정수 : 좌동	- 정수 : 시도별 7-15인(총 139명), 시도의회의원과 교육위원으로 구성하되 교육위원이 과반수가 되도록 구성
		- 자격 : 위원정수의 1/2 이상은 교육 또는 교육행정경력 10년 이상 혹은 양 경력을 합해 10년 이상	- 자격 : 좌동	- 자격 : 교육위원만 교육 또는 교육행정 경력 10년 이상 혹은 양 경력을 합해 10년 이상
		- 임기 : 4년	- 임기 : 좌동	- 임기 : 좌동
		- 선출 : 학교운영위원회 대표, 교원단체 대표 등으로 구성된 선거인단이 선출	- 선출 : 학교운영위원회 전원으로 구성된 선거인단이 선출	- 선출 : 주민직선으로 선출
교육감		- 선출 : 학교운영위원회 대표, 교원단체 대표 등으로 구성된 선거인단이 선출	- 선출 : 학교운영위원회 전원으로 구성된 선거인단이 선출	- 선출 : 주민직선으로 선출
		- 자격 : 학식덕망, 지방의회의원 피선거권, 비정당원, 교육행정 경력 5년 이상	- 자격 : 좌동	- 자격 : 좌동

* 출처 : 김흥주, 2008, 7.

사·의결기관으로 성격이 전환되었다. 지방의회의 관련 상임위원회를 교육위원회로 명명하였지만, 동위원회 구성을 자격기준이 없는 시·도의회의원과 별도 교육 혹은 교육행정경력 자격기준을 가진 교육위원으로 구분하여 교육의원이 과반수가 되도록 전환하였다.

교육위원회가 지방의회로 일원화되어 자동적으로 교육의원도 일반 지방의회의원과 동일하게 주민직선제로 선출하도록 되었고, 나아가 교육감 역시 주민 대표성을 확보하기 위해 주민직선제로 전환

⟨표 8⟩ 정부간 교육자치

	군사정부 · 문민정부	국민의 정부	참여정부	이명박 정부
내용	이중간선방식에 따라 광역단위에 교육위원회가 구성. 교육위원회의 합의제 기구에서 심의·의결 기구로 변경. 교육감은 해당 교육위원회에서 무기명 투표로 선출	학교운영위원회 대표들만 참여하던 교육위원 및 교육감 선출 제도가 위원 전원이 참여하는 방식으로 개정. 피선자격 중 과거 2년 동안 비정당원 규제사항이 추가. 교육자치와 일반자치의 갈등	교육위원회가 일반의회와 일원화. 교육감을 직선제로 선출. 교육의원 주민직선. 교육자치와 일반자치의 통합 논의	교육자치에 관련된 제도개선. 교육자치와 일반자치의 일원화 개선안 정리

했다. 참여정부는 교육자치와 일반자치의 통합문제를 심도 있게 논의하여 오랜 진통 끝에 2006년 12월 교육위원회를 지방의회로 일원화시키고 교육위원을 교육의원으로 전환시켜 직선제로 개선하였으며, 역시 교육감도 주민대표성을 확보한다는 차원으로 주민직선제로 전환하는 일대 개혁을 단행했다.

이명박 정부는 "지방분권촉진위원회"가 교육자치제도 개선의 일환으로 교육청의 조직 및 교육권을 중앙정부에서 시·도교육감으로 이양하였고 관련 내용도 국회에 법안을 제출 중에 있다. 또 지방교육청의 기구와 정원에 관련된 내용도 개정하였으며, 주로 시·도교육청 및 지역교육청에 관련된 교육자치 관련 사항을 개정하였다. 한편 교육자치와 일반자치의 일원화를 위해서 위원회가 개선안을 정리하여 보고한 상태에 있다.

4) 특별지방행정기관

대체로 중앙정부의 지방분권화 추진방식은 지역을 중심으로 지
방자치단체에게 포괄적인 권한과 기능을 이양하는 '지리적 분권화
방식'과 특별지방행정기관 등에게 제한된 권한과 기능을 위임하는
'기능적 분권화 방식'으로 구분된다.[21] 그런데 우리나라는 지방자치
단체와 특별지방행정기관을 통해서 중앙정부의 지역단위 업무를 처
리하는 이원적 방식을 병용하고 있다. 이러한 이원적 업무처리 방식
은 지방자치단체의 자율성을 저하시키며 업무 및 기능 중복 등 비효
율적인 행정 서비스를 제공하고 있다.

국민의 정부는 특별지방행정기관의 정비를 분권화 개념에 입각
한 전면적인 지방이관이 아니라 행정의 효율성을 위한 조직개편의
측면을 강조했다. 특별지방행정기관에 대해서는 적극적으로 폐지나
지방정부로 완전 이관한다는 입장은 아니었다.

참여정부는 "정부혁신·지방분권위원회"가 작성한 '지방분권
로드맵'에서 특별지방행정기관의 정비를 주요 과제로 포함시켰고,
2003년 통과된 "지방분권특별법"도 특별지방행정기관의 정비를 명
시적으로 규정하였으며, 2008년 전면 개정된 "지방분권촉진에관한
특별법"도 특별지방행정기관의 정비를 지방분권의 추진과제로 명시
했다.[22] 참여정부에서는 단계별 추진전략을 다음과 같이 제시하였다.

---

21. 안경섭, 2009, 「특별지방행정기관의 지방이관에 대한 실증분석」, 『한국지방자치학회보』, 21
(2), 102쪽.
22. 김재훈, 2008, 「특별행정기관 지방이관 추진전략」, 한국행정학회, 기획 세미나 발표논문, 2쪽.

먼저 1단계로 지방중소기업청(11개) 및 사무소(1개)는 모두 지방자치단체에 이관하며, 지방국토관리청의 경우 6개 지방국토관리청, 18개 국도유지사무소, 10개 출장소 등을 이관하고 5대강 관리를 위한 하천별 관리사무소를 설치한다. 두 번째 단계로 식의약 안전분야의 경우 식의약품 사후관리기능을 이관한다. 해양수산 분야의 경우 12개 지방해양수산청 및 25개 해양수산사무소는 이관하고 건설기능 수행을 위해 건설사무소는 별도로 설치한다. 노동분야의 경우 6개 지방노동청을 이관하고 40개 노동사무소는 현행 유지하며, 이관되는 6개 지역에 새롭게 노동사무소를 신설한다. 3개 지방환경천 및 9개 환경 출장소는 이관하고, 4개 유역환경청과 수도권 대기환경청은 현행과 같이 유지한다. 마지막으로 통계, 산림관리, 보훈 등 3개 분야도 현행과 같이 유지하도록 하였다.[23] 그러나 로드맵대로 실천하지 못하였다.

이명박 정부는 2008년 대통령직 인수위원회에서 "특별지방행정기관 정비"를 핵심 국정과제로 채택하고 검토대상 8개 분야를 선정하였다. 정비대상인 8개 분야는 국도·하천, 노동, 보훈, 산림, 식의약품, 중소기업, 해양항만, 환경분야이며, 세무·공안·현업기관 등 전국적 통일성 및 정책집행상의 전문성이 필요한 분야를 제외한 총 201개 기관을 대상으로 하였다.

행정안전부는 국정과제 추진을 위한 기본 계획을 수립하고, 시도 합동작업단을 구성하여 특별지방행정기관 이관에 관한 지방자치단체, 관계 부처, 그리고 이해당사자들의 의견수렴 과정을 거친 후 "특

---

23. 김재훈, 2008, 「특별행정기관 지방이관 추진전략」, 한국행정학회, 기획 세미나 발표논문, 11쪽.

별지방행정기관 정비방안"을 "지역발전전략보고회의"에서 확정·
발표하였다.

〈표 9〉 정부간 특별지방행정기관

	군사정부·문민정부	국민의 정부	참여정부	이명박 정부
내용	구체적 논의 없음	전면적 지방이관이 아니라 행정 효율성을 위한 조직개편의 측면 강조.	특별지방행정기관의 정비를 지방분권의 추진과제로 명시. 로드맵대로 실천하지 못함.	특별지방행정기관의 정비를 핵심 국정과제로 채택. 이해당사자들의 의견 수렴 과정

6. "분권형 선진국가"를 위한 새로운 모색

지금까지 학계와 시민사회에서 제기되어 온 지방분권에 관련된
크고 작은 과제들을 망라해 보면[24] 대체적으로 '지방분권형 헌법개
정', '과세자주권 보장 및 지방재정 확충', '자치입법권 확대', '사무
배분체계의 개편', '특별지방행정기관의 기능조정', '자치경찰제 도
입', '교육자치제도 개선', '지방정부의 국정참여권 보장', '기초자
치단체의 지방선거 정당공천 배제', '지방행정체제의 개편', '지방자
치단체의 책임성 제고'라고 할 수 있을 것이다. 약간의 정도 차이는
있겠지만 지금까지 주장되어 온 지방분권 과제들이 여기에 대부분

---

24. 김종익, 2012, 「분권형 국가건설을 위한 광역지방정부와 시민사회 협력방안」, 전국시도지사
협의회 지방분권정책 포럼.

포함되어 있다.

　이러한 분권과제들은 크게 몇 가지 핵심 과제를 수행함으로써 해결될 수 있다고 본다. 먼저 거시적인 차원에서 헌법개정을 통하여 "분권형 국가건설"을 제기한다. 물론 이 제안은 쉽지 않을 것이다. 그러나 운동론적인 측면에서는 중요한 측면이 있다. 우리나라의 헌법에 지방자치에 대한 조항이 있지만 실질적인 측면에서 지방분권국가가 아니며 중앙집권적인 국가이기에 때문에 대부분의 국가적 개혁과제들이 답보상태에 머물러 있거나 지역이기주의로 비춰서 개혁하기 어려운 측면이 있다는 것을 전 국민들에게 환기시키는 중요한 측면이 있다. 설령 헌법개정이 되지 않더라도 "분권형 국가건설"이 필요하다는 측면에서는 국민들의 관심을 환기시킬 수 있다.

　둘째, 준연방제에 근거한 초광역정부 및 광역정부의 권한을 확대하는 방안을 제시한다. 다시 말하면 현재의 시·군·구를 현행 유지하면서 시도를 통합하여 전국을 준연방제와 같은 지방행정체제로 개편해야 한다는 것이다. 현재까지 지방행정체제의 통합을 제시해 왔던 대안들을 보면 〈그림 4〉와 같이 현재의 시·군·구를 통합하여 전국을 60-70개의 기초자치단체로 개편하는 안, 시도를 통합하여 4개 내지는 7-8개의 광역지방정부로 개편하는 안들이 제기되고 있다. 일단 새로운 "분권형 선진국가"의 건설을 위해서는 새로운 지방행정체제의 개편이 필요하다. 그리고 이러한 광역정부에 중앙정부가 가지고 있되 지방자치단체가 하거나 중앙정부의 외곽기관 및 단체를 통해서 하고 있는 기능을 관련된 권한, 재원, 그리고 인력과 함께 포괄적으로 이양·재배분해야 한다.

　셋째, 이러한 새로운 지방행정체제의 개편과 함께 새롭게 개편된 광역지방정부에 기능을 포괄적으로 이양하기 위해서 "기능별 일

〈그림 4〉 광역 지방행정체제 개편안

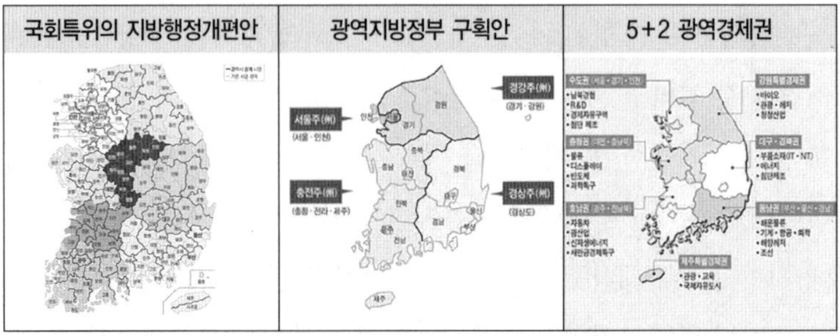

국회특위의 지방행정개편안	광역지방정부 구획안	5+2 광역경제권

괄이양법"을 제정해야 한다. 예를 들면 현재 시·도, 시·군·구가 실질적으로 집행하고 있는 사회복지기능에 대해 중앙정부가 다양한 방법으로 관여하지 말고 사회복지기능에 관련된 권한, 재원, 그리고 중앙정부의 인력도 함께 포괄적으로 광역정부에게 이양하여 집행하도록 해야 한다는 것이다. 이러한 방법으로 교육기능(대학기능 포함), 지역산업 및 경제활성화 기능, 자치경찰기능, 심지어 지역방위기능까지 기능별로 광역지방정부에 일괄적으로 이양해서 수행하도록 해야 한다.

마지막으로, 이러한 주장에 대한 세부적인 전략과 방법들이 모색되어야 할 것이다. 이상의 "분권형 선진국가"의 건설을 위한 방향은 지방분권에 대하여 확고한 철학이 없이는 쉽지 않다. 참여정부의 분권개혁이 미완으로 끝나는 이유도 "분권"이라는 당위적인 '주장'에 그치고 그것을 통하여 얻어낼 수 있는 실리적인 '결실'에 대해서는 홍보 및 비전제시가 부족했다. 그래서 시민사회나 지역주민들이 이에 부응하지 못하고 오히려 지역이기주의로 갈 수 있는 '균형발전' 과제에 천착하게 된 결과이다. 따라서 이러한 오류를 두 번 다시 범하지 않기 위해서 이상의 분권개혁을 통하여 얻을 수 있는 '결실'

들을 제시할 수 있어야 한다. 몇 가지만 거시적인 측면에서 예시하면 현재 우리 사회에서 거대한 이슈가 복지, 교육, 지역경제 살리기이다. 그런데 이러한 문제는 더 이상 중앙정부가 해결할 수 없는 지경에 이르렀다. 중앙정부의 손에 맡겨온 국가적 핵심 정책들을 광역정부가 그들의 필요에 의해서 수행하게 된다면 최소한 중앙정부에 의해서 재단되어 획일적, 부분적, 파편화된 정책집행으로 재정이 낭비되거나 무력해지는 지방자치단체가 자기책임성을 갖고 종합행정을 수행할 수 있을 것이다. 이에 대한 구체적인 방안에 대해서는 지면이 할애되지 않기 때문에 여기에서 약하기로 한다.

〈그림 5〉 분권형 선진국가 건설을 위한 대안

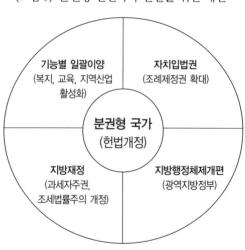

7. '당위'가 아닌 '실리'를 위한 지방분권

본장에서는 지방자치제도가 부활한 1991년부터 2012년 현재에 이르기까지 20여 년 간의 지방분권정책에 대해 개괄적으로 살펴보았다. 2차적 자료에 근거하여 정리한 것이므로 여러 가지 한계가 있을 수 있다. 그러나 이러한 비교평가는 방대한 분석이지만 20년이 지난 오늘 평가해 보는 점에서 의미 있는 작업이라고 할 수 있다.

앞으로 지방자치 및 지방분권에 대한 논의와 운동은 당위론을 극복하고 '실리'를 위한 운동으로 전환되어야 한다. 이제는 지난 20년간의 지방분권에 대한 논의와 주장들이 실제적으로 지역주민과 국민들을 위한 열매로 결실되어야 한다.

역대정부들이 지방자치 및 지방분권에 대하여 기대와 함께 시작되었지만 대부분 실망으로 끝나고 말았다. 새롭게 정권을 획득한 입장에서는 이미 기득권이 되어버리고, 그 권한을 나누어 갖는 것에 대한 두려움과 권력지향적인 정치성향이 지방분권을 어렵게 해왔다. 정권교체기나 선거 때마다 권한을 나누어 갖는 효율적 정부를 위해서 많은 논의와 공약이 난무하지만 선거 후에는 흐지부지되고 마는 것도 그런 연유이다. 따라서 지방분권은 투쟁하여 얻어내야 한다. 선동적 투쟁이 아니라 분권을 함으로써 지역도 살고 국가도 살 수 있는 상생의 분권과제와 대안을 제시할 때가 왔다. 아무리 중앙정치권이 선거제도, 사법개혁, 균형발전, 교육개혁, 복지개혁 등을 논의한다 하더라도 그것을 담아낼 수 있는 분권의 철학과 시스템이 겸비되지 않으면 한 발짝도 앞으로 나아갈 수 없다. 모든 개혁이 권한을 나누워 갖는 것이기 때문이다. 그래서 분권 및 자치가 중요한 것이다.

지방자치를 연구한 세대가 1세대는 이미 물러났고 2세대는 퇴임을 앞두고 있다. 이제는 새로운 3세대들이 나서야 할 차례이다. 자치와 분권에 대한 열정을 갖고 지성으로 대안을 모색해낼 수 있는 젊은 연구자들이 배출되어야 한다. 기존의 '당위론자'들은 '실리론자'들에게 자리를 내주고 새로운 시대에 새 포도주를 새 부대에 담아야 한다. 이제는 젊은 3세대들이 '실리'를 위한 분권과 자치를 말해야 하며, 그러한 시스템이 무엇인지를 연구하여 제시해야 한다. 그래서 지금까지 논의한 지방분권 과제들이 우리의 미래를 위해서 실리 있는 과제로 거듭나야 할 것이다. 무조건 해야 한다는 식의 주장은 맹목적인 것이다. 앞으로의 새로운 20년 후에, 아니 10년 후 또 5년 후에 지방자치제도가 어떤 시스템으로 변해 있을까 하는 자문도 해본다. 분명 실리 있는 지방자치제도로 변해 있을 것으로 확신한다.

특히 지방분권의 디딤돌을 놓고 분권에 대한 확고한 철학과 의지, 그리고 망라한 분권과제들을 제시한 참여정부의 미완의 개혁이 결실할 수 있도록 지방자치 및 분권에 관련된 당사자들(시민–학계–정부)이 서로 협력해야 한다. 1세대의 지혜와 경험, 2세대의 지방분권 당위론적 운동성, 3세대의 실리론적인 연구와 주장들이 어우러져 앞으로 지방자치·분권을 통한 "분권형 선진국가"를 건설하는 데 이바지할 수 있기를 바란다.

시민주권론

안병진

"대의제 정부는 그 자체로 오늘날 위기에 처해 있다. 한편으로는 오랜 기간 동안 시민들의 실질적인 참여를 허용하는 모든 제도를 잃어왔기 때문이고, 다른 한편으로는 정당제도가 모든 것을 대표할 것이라는 믿음의 질병에 막대한 영향을 받고 있기 때문이다."

– 한나 아렌트 (공화국의 위기, 1972, 101)

"기존의 정치질서를 우리가 바꿔야 할 시대가 정말로 왔다."

– 박원순 서울시장 후보 (유창주 2011, 30)

1. 문제의식

한국 민주화 운동 시기의 가장 큰 특징은 일상적 억압체제로 인한 대의제의 기능 결여와 외부 시민사회 저항의 실종처럼 보이다가도 특정 시점에서 축적된 에너지가 폭발적으로 표출되어 기존 정치질서 변화의 핵심 동력으로 작용한다는 사실이다. 부마항쟁, 광주항쟁, 87년 시민항쟁 등의 역동적 운동은 이러한 정치과정의 역동성을 잘 드러내 준다.

이제 이러한 민주화 운동 시기를 거쳐 한국은 의회, 정부, 사법부 간 견제와 균형이라는 제도권 내의 정치가 불완전한 상태이지만 작동하기 시작했다. 그렇다면 이 단계에서 제도권 정치와 사회운동의 관계는 어떻게 규정할 수 있을까? 민주화 이후 단계의 정치작동을 설명하기에 유용한 이론은 브루스 애커만Bruce Ackerman의 이원적 민주주의론dualist democracy이다. 그에 따르면 민주주의가 공고화된 단계에서 시민들은 일상적으로 정치에 개입할 열정과 시간을 가지고 있지 않기에 정치활동을 제도권 정치에 위임한다. 하지만 예외적으로 특별히 시민적 열기가 고양된 순간에 시민은 정치결정에 능동적으로 참여한다. 이 고양된 운동에서 시민적 참여와 심의는 사회적 설득에 성공하면 헌법적 내용으로 귀결되는 '법적 성문화'legal codification 단계로 이어진다.[1] 이 애커만의 이원적 민주주의론은 역동적 사회운

---

1. Ackerman, Bruce, 1991, *We, The People*, Vol 1, Cambridge, Massachusetts : The Belknap Press of Harvard University Press ; 안병진, 2004, 『노무현과 클린턴의 탄핵

동의 힘을 부정하지 않으면서도 이를 일상화하기 어려운 안정적 자유주의 사회에서 그 에너지를 정당과 의회, 나아가서는 헌법적 과정 등 정치과정 속에 궁극적으로 수렴시키는 분업관계의 이상적 모델을 잘 보여준다.

한국에서 민주화 이후 민주주의 시대의 이상적 정치에 대한 대부분의 담론은 이러한 애커만의 이원적 사고틀의 자장으로 모두 수렴된다. 한국에서 가장 대표적인 이론이 최장집 교수가 제기하는 정당정치중심론이다.[2] 그는 사회운동을 통한 역동적 갈등의 생산적 역할을 부정하지 않는다는 점에서 애커만과 궤를 같이한다. 과거 아렌트가 지적한 것처럼 거대정당이 모든 의사표현을 독점하는 일원론적 민주주의론은 공화국을 타락시킨다.[3] 하지만 이러한 일원론적 모델에서 나아간 이원적 모델도 일상적 정치에서 정당의 역할을 핵심적으로 강조한다는 점에서 이는 정당민주주의론이라 부를 수 있다. 최장집 교수는 정당민주주의론의 입장에서 한국의 민주화 운동에서 배태된 진보적 엘리트들이 과거 운동시절의 운동권 정서를 버리고 제대로 된 정당, 제대로 된 정책입법에 집중하는 것이 한국 정치의 핵심 과제임을 강조해 왔다.

하지만 애커만의 일상적 정당정치와 예외적 시민항쟁의 이원적 구분법이 오늘날 과연 타당한가에 대해 의문을 가질 필요가 있다. 일상의 정치는 정당과 의회 등 제도권 내의 정치 엘리트가 독점하고 초일상의 예외적 순간에 시민주권이 발휘되는 이분법은 오늘날 정치현

정치학』, 푸른길, 51쪽에서 재인용.
2. 최장집, 2002, 『민주화 이후의 민주주의 : 한국 민주주의의 보수적 기원과 위기』, 후마니타스.
3. 한나 아렌트, 1972, 『공화국의 위기』, 도서출판 두레.

실을 적실성 있게 설명하는가? 이 절대적 구분법이 문제시된다면 운동의 정서를 가지고 있는 것이 현단계 한국 정치의 가장 중요한 장애라는 진단의 적실성에도 의문이 이어지는 것은 당연하다.

결론적으로 이 글은 더 이상 애커만식 이원적 민주주의론은 안정적 자유주의 사회에서조차도 새로운 현실을 설명할 수 없는 낡은 교과서임을 주장한다. 반면에 이 글은 21세기 한국 정치에서는 시민 네트워크에의 연결성과 실시간 속도의 정치가 새로운 민주주의 현실을 이해하는 중요한 키워드임을 주장한다. 즉 이제 시민들은 더 이상 일상적 시기에조차 정치적 결정을 제도권 정치에 그저 위임하지 않고 자기 주권을 행사하려 한다. 오히려 광범위한 연결망을 통해 적극적으로 정치 어젠다와 담론에 영향력을 행사하고, 심지어 정당의 공직 후보는 물론이고 정당 선출직에까지 관여하고 있다. 이를 필자는 '시민 네트워크의 정치'라 부른다. 뒤에서 자세히 밝히겠지만 특히 주목할 것은 기존 정치적 무관심을 넘어 청년세대들이 시민행동주의의 중요 동력으로 작용한다는 사실이다. 이들은 높은 수준의 교육과 소셜 네트워크 등 엄청난 자원을 통해 정보와 해석능력으로 무장되고 세련된 라이프스타일을 가진 초강력 시민 네트워크로 형성 중이다. 이들은 기존 정치적 판단의 지름길을 제공하는 단서들(정당이 제공하는 단서, 교회나 노조 등 이익집단 단서, 기존 미디어가 제공하는 단서, 기존 좌우 이념 단서)에서 나아가 트위터 등을 통한 사회적 단서, 멘토 단서 등 새로운 정치방식을 동원하고 있다. 이외수, 조국 등 일부 멘토들은 기존 보수언론의 독자수를 넘어 하나의 가장 강력한 미디어나 미니 정당으로까지 기능한다. 이러한 새로운 현실에서 시민들은 소셜 네트워크 기반 정치적 행동주의 등을 통해 일상적으로 정치에 개입하고 투표행위의 정치적 효능감을 즐기며 때로은 온/오프

융합을 통해 폭발적 시민행동주의로 나타난다.[4]

　이러한 시민개입주의 주체들의 능동적 행위가 가진 잠재력이 특히 위력적인 것은 그 속도감의 문제이다. 필자는 이를 시민 주도의 '속도의 정치'라 부른다. 대통령제의 원형인 미국에서 입법, 사법, 행정의 견제와 균형은 본질적으로 인민의 변덕성을 견제하고 느린 의사결정을 강화하는 체제이다. 특히 입법부는 다시 하원, 상원의 구분 하에 복잡하고 오랜 의사결정 과정을 제도화하여 속도감 있는 결정을 방지하고 있다. 하지만 이러한 정치과정의 느린 속도는 필연적으로 역동적 변화와 새로운 이슈의 등장을 요구하는 진영의 불만을 야기한다. 따라서 제도권 정치는 이러한 속도의 지연을 보완하거나 우회하기 위해 다양한 위원회와 대통령령에 의존하는 경향이 증가하고 있다.[5] 그럼에도 불구하고 이러한 보완영역들이 포괄할 수 있는 정치는 제한적이며, 21세기 네트워크 사회의 속도감과 현실 대의제 속도의 커다란 격차는 본질적으로 좁혀지기 어렵다.

　이러한 일상적 연결망과 속도의 정치 특성을 가진 시민의 능동적 개입주의의 새로운 현상을 반영하는 새로운 정치 교과서가 필요하다. 이 글은 이러한 시민주권의 능동성을 강조하기 위해 '시민정치론' Civic Politics 혹은 '시민개입주의' Civic Engagement라 명명한다. 시민정치란 시민이 단지 선거에 참여하고 대표자에게 여론을 제기하는 것을 넘어 개방적 네트워크를 통해 일상적 정치에 보다 능동적으로 참여하여 자신의 삶의 이슈와 선호를 표현하며 정치를 직접 구성

4. 안병진, 2012b, 「시민 네트워크 정치로의 가능성과 한계 : 민주통합당 사례를 중심으로」, 『동향과 전망』 85호.
5. 안병진, 2004, 『노무현과 클린튼의 탄핵 정치학 : 미국적 정치의 시대와 민주주의의 미래』, 푸른길.

해 나가는 경향을 말한다.[6] 더 이상 제도권 정치만을 특권화하는 일원적 민주주의론은 물론이고 제도권 정치와 시민행동주의를 구분하는 이원적 민주주의론의 굳은 사고는 무의미하다. 과거에는 아렌트의 지적처럼 거대정당만이 의사표현을 독점하는 것으로 사고하는 경향이 20세기 공화국의 위기를 낳는다면, 오늘날은 이원적 민주주의 이분법으로 사고하는 경향이 21세기 공화국의 위기를 낳는다. 미국의 애커만이나 한국의 최장집 교수로 상징되는 이원적 민주주의론은 시민행동주의의 일상적 잠재력을 폄하하고, 결국 정당 엘리트들의 현상유지적 통치를 정당화한다. 아래에서는 이원적 민주주의론은 어떠한 정치질서의 맥락에서 작동했으며 오늘날은 왜 새로운 정치학을 필요로 하는지 살펴보고자 한다.

2. 왜 시민정치의 새로운 분석틀이 필요한가?

1) 이원적 민주주의 시대

이원적 민주주의 시대는 기본적으로 시민들의 수동성과 대의기관에의 위임을 전제로 한다. 하지만 이 단계에서도 시민들의 수동성은 다양한 형태를 띤다. 마넹에 따르면 근대 민주주의 시기는 정당 엘리트 통치에서 청중민주주의로 변모해 왔다.[7] 전자는 정당의 엘리

---

6. 러셀 J. 달톤, 『시민정치론 : 선진 산업민주주의 국가의 여론과 정당』, 아르케.
7. 버나드 마넹, 1997, 『선거는 민주적인가?』, 후마니타스.

트들이 당직과 공직 선출권을 가지며 집권한 후에도 정당정부를 운영하는 형태이다. 하지만 아렌트가 지적하듯이 시민참여를 봉쇄하는 거대정당의 등장과 정당관료의 지배는 공화국을 위기의 나락으로 타락시킨다.[8] 결국 정당관료제에 대한 시민행동주의의 저항은 미국 정당개혁운동으로 귀결되었다.

하지만 예비경선 등을 통한 정당개혁은 금권선거와 결합되어 미디어를 통해 정치 소비자들을 공략하는 이미지 정치의 청중민주주의라는 의도하지 않은 결과를 양산한다. 이 청중민주주의 단계는 비단 선거만이 아니라 집권한 이후에도 일상적으로 텔레비전, 신문 등 미디어를 통한 여론을 확인하고, 이에 대한 반응성을 가지며 정치 행위를 전개한다. 선거와 일상적 국정운영의 경계가 무너지고 미디어 엘리트들이 큰 영향을 가지는 이러한 현상을 일컬어 미국 대통령제를 연구하는 학자들은 영구적 캠페인의 시대라 부른다.[9] 여기서 여론이란 능동적 행위자라기보다는 조사의 대상 혹은 수동적인 정치 소비자로서 대통령과 의원 등 정치가에 의해 확인되거나 동원된다. 제도권 정치과정 내에서의 논쟁과 토의보다 텔레비전 등을 매개로 한 시민에의 호소를 가리켜 커널 교수는 '대중 속으로'의 전략going public이라 부른다.[10] 이러한 미디어 선거, 영구적 캠페인과 대중 속으로의 정치 시대에서는 텔레비전과 라디오 등의 미디어 엘리트와 선거전문가가 중요한 역할로 부상한다. 심지어 미국의 일부 전문가들은 미국 및 외국에서 유명 스타의 명성까지 유지하는 것은 이러한 시

8. 한나 아렌트, 1972.
9. 안병진, 2004.
10. Kernell, Samuel, 1997, *Going Public : New Strategies of Presidential Leadership*, Washington D.C : Congressional Quarterly Inc.

대의 속성에서 기인한다. 이 시기에 집단적 시민동원은 각 계층별 맞춤형 동원과 미디어를 통한 행위보다 효력이 떨어진다.

이러한 청중민주주의 단계에서는 특별히 고양된 시기에만 여론은 집단행동이라는 능동적 행위자로 나타난다. 시애틀에서의 반反 신자유주의 세계화 시위나 2006년 미국 불법 이민자들의 민권운동 등은 안정적 자유주의 체제를 갖춘 미국의 대의제에서도 예외적 집단행동은 여전히 위력적으로 나타남을 보여준다. 김만권 교수는 이를 아렌트적 전통에 따라 초일상의 초법적extralegal(불법이 아니라 일상적 법의 적용을 넘어서는) 순간이라 부른다.[11] 하지만 이러한 초일상의 순간이 아닌 일상적 과정에서 시민들은 주로 대의제에 수동적으로 반응한다. 리프킨은 이러한 수동적 대중과의 공감을 통한 대의제의 활동을 시민과의 그림자 대화shadow dialogue로 표현한다.[12] 왜냐하면 각 개인과의 진정한 대화라기보다는 집단적으로 추상화된 여론과의 대화이기 때문이다. 예를 들어 과거 클린턴 후보가 선거 시절 표현하여 유명해진 '나는 당신의 고통에 공감합니다'I feel your pain는 그림자 대화의 전형이라 할 수 있다. 그는 특정 개인에 대해 공감하는 것이 아니라, 텔레비전 브라운관을 통해 막연한 여론 대중을 상대로 공감을 표현하였기 때문이다. 청중민주주의로의 변모가 가장 강하게 나타나는 곳이 미국이다. 하지만 정당민주주의가 강한 유럽도 미디어 정치가 발전하는 추세에 조응하여 청중민주주의가 강화되는 추세이다. 최근 프랑스의 사회당이 국민경선을 채택한 것은 이러한 경향을 잘 보여준다.

---

11. 김만권, 2009, 『참여의 희망 : 광장에서 민주주의를 만나다』, 한울.
12. 제레미 리프킨, 2010, 『공감의 시대』, 민음사.

한국의 경우에 2002년은 청중민주주의로의 변모가 시작된 시기라 할 수 있다. 정치 엘리트들이 과두적으로 지배하는 집권정당과 달리 당시 민주당의 노무현 후보가 당의 엘리트들이 아니라 예비경선을 통해 당선되면서 한국에서도 미디어 엘리트와 이에 잘 조응하는 정치 엘리트들의 시대가 열렸다. 하지만 집권한 노무현 정부는 선거과정에서의 역동성과 달리 청중민주주의 단계에 조응하는 정치활동 방식인 여론에 대한 공감정치(대중 속으로의 전략)에서 능숙한 모습을 보이지 못하였다. 집권정당도 선거과정에서의 소중한 예비경선의 성과를 이후 보다 시민친화적인 정당으로의 혁신으로 이어지지 못하고 무기력한 분열의 모습을 노정하고 말았다.

이 당시의 한계는 결국 그 이후에도 줄곧 시민들과의 공감은 물론이고 능동적 참여 열기를 내부로 유입할 제도적 혁신으로 이어지지 못하고 시민사회와 괴리된 모습으로 고착화되고 말았다. 제도권 바깥의 시민정치 세력들도 여전히 시민들의 의사를 대리하는 엘리트 시민운동의 모델에 의해 강하게 지배되면서 시민의 능동적 개입을 이끌어내지는 못하였다. 다른 한편으로 민주노동당은 변화된 미디어 정치의 지형에 조응하는 청중민주주의 모델보다는 여전히 정당 엘리트들이 주도하는 진성정당 모델을 추구했다. 결론적으로 한국의 정당들은 2002년 외부의 시민들이 정당에 역동적으로 참여하게 한 노무현 후보의 소중한 시민정치 실험이나 퇴임 이후 문제의식인 '깨어 있는 시민'의 민주주의 2.0 과제를 이후 본격적인 시민주권 철학으로 상승시키는 데 큰 한계를 노정한 채 새로이 다가오는 시민 개입주의 시대를 준비하지 못했다.

2) 영구적 시민개입주의 시대

이명박 정부 등장 직후 발생한 광우병 촛불시위는 한국 민주주의의 수준과 특성을 잘 드러내 주었다. 정당과 정부가 시민들의 의사에 제대로 공감하고 대표하는 능력이 극도로 취약한 채 고립된 섬에 머무는 한국 민주주의의 특징은 집권한 정치세력을 하루아침에 극단적으로 추락시켰다. 원래 선거와 집권 사이에는 열망과 실망의 사이클이 존재하기 마련이지만 전 세계적으로 한국만큼 그 진폭이 큰 경우를 찾아보기란 어렵다. 왜냐하면 여전히 선거에서 확인된 민의나 일상적 공감의 반응성에 둔감한 채 자의적 어젠다를 추구하는 일원적 민주주의 모델을 추구하기 때문이다.

이러한 한국 대의제의 극단적 결함은 단지 공감능력이 취약한 행위자만의 문제가 아니라, 강한 반응성을 촉진하기 어려운 제도적 조건과 정치문화들이 큰 역할을 한다. 예를 들어 지역에서의 완고한 일당주의 체제나 실질적으로 견제되지 않는 4년간의 긴 임기, 과열되었다가 쉽게 진화되는 여론의 유동성 등은 정치인들이 항상적으로 여론에의 민감성을 가지기 어렵게 만든다. 이러한 문제는 단지 유럽식 비례대표제 강화로만 해결될 성질이 아니다. 유럽식 비례제가 부재한 미국이지만 의회, 정당, 정부 등 대의제 기관들이 한국보다는 훨씬 더 민감한 반응성을 가지고 있기 때문이다. 결국 한국 대의제의 극단적 취약성은 대의제 자체의 민감성을 강화함과 동시에 비례대표제 강화를 통해 대표성 강화를 추구해야 한다.

한국 대의제의 극단적 취약성을 해결하기 위해 필연적으로 거리에서의 민주주의가 등장한다. 즉 한국은 항상적으로 이원적 민주주의가 작동할 수밖에 없다. 다만 미국에 비해 이원적 민주주의의 한 축인 시민적 항쟁의 양상은 훨씬 더 빈번하고 역동적으로 진행된다. 그만큼 대의제의 반응성과 수렴기능이 취약하기에 시민행동주의의 계기가 자주 형성되기 때문이다.

하지만 광화문 촛불시위에서 일부 지식인을 제외하고는 이 시민행동주의에 대한 가장 중요한 질문 두 가지가 전혀 강조되지 못했다. 하나는, 광장에 갑자기 출현한 이들은 그동안 일상적으로는 무엇을 하고 있었는가 하는 질문이다.[13] 다른 하나는, 이들은 기존 진보적 운동진영의 이념적 특성과 무엇이 같고 무엇이 다른 것인가 하는 실사구시적 질문이다.[14] 당시 한국 사회는 이들의 일상적 활동과 특징이 새로운 시민개입주의 시대의 전조임을 분명히 자각하지 못했다. 결론적으로 말하면 이들은 더 이상 이원적 민주주의가 아니라 일상적으로 정치행동주의를 실천하는 주체들이다. 그리고 이들의 특징은 지금까지 나타나지 않았던 시민행동주의로 규정할 수 있다.

결국 한국은 근대적 대의제의 기본적 반응성도 취약하면서 동시에 출현한 21세기 직접민주주의적 세력에 의해 더욱 더 흔들리는 이중의 결함을 드러내기 시작했다. 기존 대의제가 속도감 있게 시민의 여론을 반영해 나가는 미국에 비해 반응성이 매우 취약한 한국의 상황에서 실시간 소셜 네트워크의 등장은 기존 정치세력을 더욱 위기로 몰아넣는다. 이러한 복합적 특성을 이해할 때 비로소 새로운 현상과 혼란을 균형 있게 이해할 수 있다. 이를 단지 대의제의 붕괴와

---

13. 안수찬, 「한국의 촛불, 일상의 역동적 저항/혁명은 어떻게 일어나는가」, 『르몽드 디플로마티크』, 2009. 05. 20.
14. 조기숙, 2009, 「2008 촛불집회 참여자의 이념적 성향」, 『한국정치학회보』 43.

직접민주주의 시대로의 이행으로만 이해하면 현 지형의 복합성을 단순화하는 것이다.

이를 잘 보여주는 것이 지난 박원순 시장의 선거운동이다. 당시 박원순 시장 선거운동에 핵심적으로 참여한 유창주는 아직 한국 정치세력들이 자의적 어젠다의 사고방식에 지배되는 것을 비판적으로 성찰하고 있다. 그는 결국 "내가 원하는 것이 아니라 시민들이 원하는 것을 따라가자"고 결론을 내리고 선거운동의 새로운 방향을 추구한다.[15] 하지만 박원순 선거는 단지 공감과 경청의 정치 추구에 머무르지 않는다. 당시 박원순 선거운동의 핵심 지향점인 "공감과 동행의 캠페인"은 상징적으로 한국 정치의 과제가 근대적 공감과 탈근대적 동행, 즉 직접민주주의의 결합임을 잘 보여준다. 당시 이 선거운동은 트위터폴, 온/오프 융합 마실 유세(마음을 나누는 실시간 경청 유세) 등 새로운 시도를 통해 직접민주주의의 초보적 양상을 실험한 바 있다.[16]

도대체 갑자기 광장에 나타난 그들은 그동안 어디에서 활동하고 있었는가 하는 질문에 대한 대답은 온/오프 하이브리드 네트워크의 성장에 있다. 그간 한국 사회는 인터넷의 급속한 발전에 따라 시민들의 다양하고 유동적인 네트워크 연결망의 사회로 변모했다. 이에 따라 시민들은 온라인과 오프라인을 넘나들며 다양하고도 느슨한 연결망을 형성하고 있다. 광화문에의 출현은 우연적이고 급작스러운 것이 아니라, 이러한 연결망이 오프라인에 모습을 드러낸 것에 불과하다.

광우병 시위에서 시민들은 네트워크 사회에서 연결된 개인들의

---

15. 유창주, 2011, 『박원순과 시민혁명』, 두리 미디어, 141쪽.
16. Ibid., 155쪽.

잠재력을 유감없이 드러냈다. 시민 개개인은 각자의 스마트 폰을 통해 수시로 상호 연락을 취하고 사진을 네트워크에 올리며 연결된 힘을 발휘했다. 광우병 시위에서 시민들의 잠재력을 유감없이 보여주었지만 이는 제도권 정치의 변화로 수렴되지는 못하였다. 집권진영은 잠시 반성의 제스처를 취한 후 여전히 소통하지 않는 모습을 보였고, 반대 야당은 무기력한 대응과 낡은 정치에 머물렀다. 시민적 항쟁이 제도화되는 이원적 민주주의 모델이 정상적으로 작동하지 않은 것이다. 이러한 정치적 경험은 시민들로 하여금 일상적 정치과정에의 참여의 중요성을 자각하는 계기로 작용했다.

결국 이러한 각성은 지방선거에서 시민들의 적극적 참여로 나타났고 미래지향적 정당 재편성의 징후들은 산재한다. 새로운 시대에 적응을 못한 지역주의와 낡은 감수성을 가진 정당들이 주변화되고 있다. 젊은 세대들의 소셜 네트워크 등을 통한 영향력 증가와 지역주의 완화, 정당 일체감보다 네트워크 내 집단 친밀성을 더 가지는 무당파 유권자들이 전체 유권자의 과반수를 넘어서거나 안철수 교수에 대한 폭발적 지지의 끈질긴 추세를 보이고 있다. 예를 들어 2011년 10월 1일 한국 리서치 조사는 지지정당이 없다는 응답자가 66.4%이며 세대별로는 20대(81.6%), 30대(77.1), 40대(70.9)에서 높다. 안철수 교수가 기존 정당에 가입하여 개혁을 주도하기보다는 새로운 정치체제 구축을 열망하는 여론이 63.6%를 기록했다.[17] 박원순 후보 지지자 중 무당파층이 40%인 것은 결국 안철수 현상과 같은 맥락이라 할 수 있다. 이러한 유권자 재편성, 정당 재편성의 과정에 따

17. 주간동아 2011. 11. 08 : 안병진, 2012에서 재인용.

라 기존 정당들은 큰 충격을 받았다.

가장 극적인 변화는 박원순 후보의 서울시장 선거과정이 가지는 새로움이다. 이 선거는 시민개입주의 시대의 전형적 특징을 생생히 보여주었다. 박원순 무소속 후보를 지지하는 시민들은 민주당 경선에 적극 참여하여 기존 당원들의 지지세를 압도했다. 이들의 적극적 행동주의와 속도성은 기존 정당에 큰 충격을 주었다. 이에 따라 한 민주당 관계자는 "낯설고 이상한 사람들이 몰려왔다"고 충격을 토로하기도 했다.

서울시장 선거에서의 독특한 특징은 단지 시민들의 적극적 경선참여에 머무르지 않는다. 더 중요한 것은 시민들이 단지 선거참여에만 만족하지 않고 선거의 내용과 방식에 적극 개입하기 시작했다는 사실이다. 기존 정당들과 시민운동가들이 위로부터 선거전략과 메시지를 가지고 주도하는 모델은 이 선거에서부터 더 이상 작동하지 않았다. 반면에 시민 지지자들은 나꼼수 팟 캐스트 등 뉴미디어로부터 메시지를 수용하고 소셜 네트워크 등 수평적 플랫폼을 통해 전략, 상대 약점 리서치opposition research, 포지티브 및 네거티브 메시지 공세 및 방어rebuttal, 재정, 문화 등의 지침을 주도하고 활동가들이 이에 협력하는 새로운 시민정치의 모델을 제시했다. 이에 따라 당시 선거운동에 주도적으로 참여한 유민영 피크 15 대표는 이 선거를 한국 최초의 '소셜social 선거'라 평하고 있다.[18]

이러한 선거과정을 보면 네트워크 시대의 시민들은 각각이 1인 뉴미디어, 1인 선거전문가, 1인 시민운동체, 1인 미니 정당으로 동시

---

18. 유창주, 2011. 21 ; 유민영과의 인터뷰, 2012. 4.

에 작동한다는 것을 알 수 있다. 시민들 중 특히 영향력이 높은 명사나 파워 트위터리안, 파워 블로거 등은 기존 언론과 정당의 영향력을 훨씬 뛰어넘는다. 예를 들어 파워 트위터리안인 이외수, 조국 등은 팔로우 수만 해도 각각 약 130만과 30만이 넘는다. 이들은 1인 명사 정당이자 1인 네트워크 정당이라고까지 불러야 할 정도로 어마어마한 잠재력을 가지고 있다.

　도대체 시민개입주의 시대를 주도하는 시민들, 그들은 누구인가 하는 질문에 대해서 이미 광화문 촛불시위 당시 조기숙 교수는 선구적으로 이들의 특징을 규명한 바 있다. 조기숙 교수의 실사구시적 연구에 따르면 광화문 시위에 참여한 시민들은 계급적 이해를 가진 좌파진영의 등장이라기보다는 개인주의, 탈물질주의, 참여의식, 공공성, 부당한 현상의 타파의식과 더 밀접한 상관관계를 지닌다.[19] 이러한 시민들의 특성은 달톤이 흔히 시민행동주의 시대 신정치의 진보적·자유주의적 특성과도 대개 일치한다 달톤에 따르면 서구의 전후 세대들은 탈물질주의적이고 정치적 권리의식과 개인주의를 더 많이 요구하고 있다.[20]

　이들 시민들의 새로운 행동주의에 대해 일각에서는 신자유주의 양극화에 대한 계급적 각성이라고 규정한다. 예를 들어 20대 69%, 30대 76%, 40대 67%의 폭발적 박원순 후보 지지의 의미에 대해 『진보세대가 지배한다』의 저자 유창오는 세대 자체가 계급으로 전화했다고 주장한다.[21] 하지만 이들은 특정 계급의 이익 대변이라기보다는

19. 조기숙, 2009, 143쪽.
20. 러셀 달톤, 2010, 395쪽.
21. 유창오, 『진보세대가 지배한다 : 2040세대의 한국사회 주류 선언』, 폴리테이아.

세대 전반에 걸쳐서 특권층에 대한 삶의 분노와 불안, 그리고 정의로운 사회에의 요구라 할 수 있다.[22]

다른 한편으로 이들의 적극적 행동주의는 단지 경제적 불안의 문제만이 아니라 특정 세대의 공통감각의 충돌이라 할 수 있다. 자유와 접속을 통한 소통 추구, 자기 실현과 자아 노출, 재미 이데올로기, 적극 권리, 유연한 가치 등 새로운 자유주의적 감수성은 정부의 권위주의적 대응방식에 대해 강하게 반발했다. 미국 2008 오바마 대선에 큰 영향 미친 밀레니얼 세대(82-2000)의 자유주의적 특성이 한국에서도 유사하게 나타나고 있다. 이들은 기존의 근대적 정당 및 정치 엘리트와 어울리기 힘든 다른 감수성의 주체라 할 수 있다.[23]

이러한 시민 주체의 본격적 등장과 이들의 능동적 개입주의는 이제 한국에서도 과거 서구에서 나타난 신사회운동이 출현한 것인가? 물론 과거 유기체적 민중이나 그저 경제적 욕망만을 추구하는 의미에서의 국민이 아니라, 민주공화국 시민으로서의 권리의식을 가진 시민의 등장과 이들의 능동적 정치개입이라는 점에서 이는 공통점을 가진다. 하지만 지금의 시민개입주의 시대는 서구의 신사회운동과 정당에의 참여에서 한 발 더 나아가 정치과정 자체를 주도하는 특징을 지닌다. 즉 단지 시민경선에 참여하는 것이 아니라 어젠다, 전략, 메시지를 집단지성의 네트워크를 통해 주도하는 것은 과거 신사회운동과 정당참여에서는 볼 수 없는 새로운 현상이다. 그런 점에서 현재의 시민정치운동은 단지 과거 서구 신사회운동의 재현이 아니라 21세기에 출현한 '신신사회운동'new new social movement이라 규

---

22. 안병진, 2012.
23. 안병진, 2012.

정할 수 있다.

하지만 동일한 신신사회운동이라 하더라도 한국의 시민개입주의는 오늘날 서구의 신신사회운동의 개입주의와는 특성이 다르다. 시민개입주의 시대에 대한 선구적 이론가인 러셀 달톤 교수는 오늘날 선진국은 전후 탈물질주의 사회의 등장 등으로 부분적으로 정당체제가 불확실하고 탈정렬Dealignment된다는 이론을 주장한 바 있다.[24] 물론 현재 한국의 경우에도 정당체제는 매우 유동적인 모습을 띄고 있다. 하지만 서구 민주국가들은 한국에 비해 대의제 구조가 안정화된 단계를 경유한 이후 대의제의 필연적 한계를 보완하거나 넘어서기 위한 새로운 시민운동의 특성을 가지고 있다. 예를 들어 미국의 경우 정당민주주의 대의제는 광범위한 시민의 대표성을 구현하는 원래의 취지와 달리 중산층 이상의 계층이 과잉대표되고 있다.[25] 이는 애초에 미국 건국 논쟁에서 제임스 메디슨 등 연방주의 진영이 제기한 큰 선거구에서의 단순다수대표체제의 구축이 금권선거를 용인하는 제도 및 문화와 결합하여 다양한 시민들의 정서 및 경험과 유사한 이들을 선출하기보다는 소수의 지혜로운 엘리트에 위임하는 귀족주의적 경향으로 기울어질 수밖에 없는 편향성을 가지기 때문이다. 이 점에서 민주적 선거는 마치 비밀투표소의 공정하고 권력 영향력의 진공상태에서 이루어지는 결정처럼 보이지만 사실은 엘리트와 평범한 사람들을 가르며 엘리트들 간의 경쟁체제에 불과하다는 마넹이나 고진의 지적은 연방주의자들의 엘리트주의 경향에 대한 통렬한 비판이 아닐 수 없다.[26]

---

24. 러셀 달톤, 2010, 42쪽.
25. 이에 대해서는 안병진 2004를 참조할 것.

미국의 정치세력들은 이러한 한계를 특권층에 대한 저항의 언사를 담은 포퓰리즘적 정치운동으로 보완해 왔다. 미국에 이념적 스펙트럼을 떠나서 유달리 발달한 정치 포퓰리즘의 언술은 미국식 대의제가 가진 엘리트 편향성에서 기본적으로 기인한다. 유럽은 미국에 비해 비례대표제 등을 통해 보다 다양한 시민 정치세력의 등장이 용이했다. 하지만 유럽의 대의제도 미국과 마찬가지로 도전에 직면해 있다. 예를 들어 신사회운동의 정치세력화인 녹색당의 실험은 기존 대의체제를 강화하는 데 기여하긴 했지만 지금은 기존 체제의 안정된 일부로 편입되면서 해적당 같은 또 다른 비주류 운동의 저항에 직면해 있다. 결국 미국이나 유럽의 정당체제는 한동안 안정적으로 작동해 온 대의제의 한계를 넘어 보다 시민들의 직접적 삶과 이슈, 정서에 밀접하고 직접민주주의적 욕구를 반영한 정치에의 이행을 내포한다.

한국의 경우에는 달톤의 탈정렬 이론은 적실성이 떨어진다. 한국은 기존의 안정적인 대의제 기반이 불확실한 유동성으로 변모하였다기보다 대의제와 외부 네트워크의 강화를 동시에 추구하는 과도기이다. 기존의 반응성과 대표성이 극도로 취약한 불완전한 대의제는 보다 안정적인 대의제를 향해 고통스러운 조정기를 거치고 있다. 다른 한편으로 아무리 반응성과 대표성을 강화해도 대의제 자체가 가지는 필연적 결함을 보완하기 위한 시민행동주의가 전면화하면서 한국의 정치는 더 유동적으로 보인다. 하지만 이는 탈정렬이라기보다는 새로운 시민개입주의적 정당체제로 재구성Realignment되는 과

---

26. 버나드 마넹, 1997.

정의 과도기가 빚어내는 유동성에 불과하다. 이러한 두 가지 특성의 융합이라는 점은 달톤이 지적한 탈물질주의 사회로의 이행이라는 단선적 방향과도 다르다. 오히려 시민의 다양한 행동주의는 물질주의와 탈물질주의 가치들이 시대적 결의 변화에 따라 혼재되어 나타난다. 예를 들어 과거 이명박 후보에 대한 3-40대 부동층 지지의 핵심 이유는 김헌태 한국 사회여론조사연구소 전 소장의 지적처럼 물질적 성장을 통한 분배에의 요구라 할 수 있다.[27] 이들이 오늘날 안철수 교수에 대한 핵심 지지층을 형성하는 이유도 새로운 탈물질주의 가치만이 아니라 공정한 성장에 대한 요구가 혼재한다. 한국의 핵심 정치지형의 대립을 물질주의 대 탈물질주의의 대립으로 보면 한국의 현단계에서의 복합적 특성을 단순화하는 오류를 범할 수 있다.

(1) 시민개입주의 정치의 구체적 양식

결국 이원적 민주주의 시대에서 영구적 시민개입주의 시대로의 이행을 요약하면 다음과 같다. 이제 시민들은 대의제의 반응성을 요구하다가 특정 시기에 시민행동주의를 보이는 이원적 구분을 폐기한다. 그리고 기존 정치 엘리트들의 제도와 문화가 가진 속도성을 압도하는 실시간 속도의 정치와 집단지성의 위키폴리틱스(집단지성을 표현하는 위키wiki와 정치politics의 합성어) 정치가 주요한 모델로 등장했다. 이는 지지의 의사를 표현하는 수준에서부터 집단지성에 의한 심의민주주의의 추구에 이르기까지 다양한 수위를 가진다. 이 시민

27. 김헌태, 2009, 『분노한 대중의 사회 : 대중여론으로 읽는 한국 정치』, 후마니타스.

행동주의는 기존 엘리트 정치와 달리 정치를 보다 시민들의 일상적 삶의 공간과 이슈에 밀접한 방식으로 강화해 나가고 있다. 즉 작은 정치와 큰 정치가 융합하고, 중앙집중형이 아니라 시민들의 온/오프 풀뿌리와 결합한다. 그리고 이는 단순 문제제기형 운동이 아니라 정당, 정부, 시민운동, 창조적 기업 등과 함께 시민 삶의 구체적 문제를 정치 어젠다화하여 함께 해결해 나가는 협업적 시민정치운동으로 전개된다. 이러한 방향은 다음의 구체적 활동양상과 제도적 변화로 나타난다. 이는 이후 더욱 더 전면화할 것이다. 이를 창조적으로 대응하고 새로이 제도, 문화를 혁신하는 진영이 21세기 정치를 주도할 것이다.

(2) 시민정치운동의 네트워크 시민정치로의 변화

지금까지 한국에서 시민정치운동은 시민들의 직접적 참여라기보다는 이들의 의사를 대리하는 성격이 지배적이었다. 이는 민주화운동 시기에 소위 재야운동이라고 하는 전국연합 등의 모델이나 민주화 이후 참여연대 등의 모델에서도 일관된 흐름이라 할 수 있다. 다른 한편으로 이들 시민정치운동은 비정치적인 중립적 감시운동과 정치적 참여운동의 모델 사이에서 때로는 혼재된 형태로, 때로는 역할분담 속에서 활동해 왔다. 하지만 시민들의 적극적 정치개입주의가 두드러진 현실에서 이러한 애매모한 대리형 시민운동은 분명한 시민정치운동과 비정치적 감시운동으로의 분화를 요구받고 있다. 미국의 시민정치운동인 무브온moveon의 성공은 한국의 시민운동가들에게도 강한 변모의 자극제로 작용하고 있다. 무브온은 대리자 모델에서 더 나아가 광범위한 시민들과의 일상적 의사소통을 통해 민주당에 강한 견제력과 영향력을 행사하고 있다. 다만 무브온은 시민행동주의에 걸맞는 보다 직접민주주의에 조응하는 능동적 시민행위를 조직하는 것에는 아직 한계가 많다. 단지 회원들에게 의견을 청취하고, 이를 순위에 따라 어젠다를 결정하는 방식에서 한 발 더 나아가 집단지성 간 심도 깊은 의견논쟁과 수렴의 제도적 모델로까지 상승할 필요가 있다.

오늘날 시민정치운동으로 분화하는 시민운동은 새로운 시대의 성격에 조응하는 네트워크 정치운동으로서 다음의 역할을 요구받는다. 이는 단독이나 정당들과 협력을 통해 투표, 선거운동 캠페인, 기금 모금, 교육, 항의 및 논쟁 등 다양한 정치활동을 전개한다. 그리고 가치나 전술적 목표를 공유하는 기존 근대적 대의제 정당들을 부단히 21세기형의 네트워크 정당으로 혁신하도록 주요 선출과정이나 담론에 시민적 개입 및 시민정치가의 파견 등의 활동을 전개할 수 있다. 나아가 이는 비단 선거운동 기간만이 아니라 일상적으로 정당 및 의회와 함께 시민적 가치를 정치 어젠다로 입법하는 입법운동을 파트너십을 통해 힘 있게 전개할 수 있다.

물론 여전히 비정치적 시민운동은 각급 정부 및 시민정치운동에 대한 견제와 감시운동의 본 영역을 추구해야 한다. 또한 비정치적 시민운동은 각급 정부 등과 초당적 협력으로 민주공화국의 시민교육으로 건강한 시민적 공동체 강화 교육을 강화해야 한다. 현재 비정치적·정치적 시민운동은 다양한 파트너십을 통해 장기적으로 자신들의 후속세대와 시민적 기반을 창출하지 않는다면 결코 안정적인 미래는 보장되지 않는다.

(3) 시민과 제도권 정치 교차로로서의 네트워크 정당[28]

외부의 시민정치운동이 내부의 정당으로 네트워크가 크게 확대되는 동시에 다른 한편으로 정당은 외부의 시민들을 향해 전면적으로 열려 있어야 한다. 현재 한국 정당체제의 가장 큰 취약점은 시민의 일상적인 삶으로부터 정당이 유리되어 있다는 사실이다. 정당은 온/오프의 광범위한 네트워크 속 시민 지지자와 제도권 정치를 연결하는 교차로로 작용한다.

이러한 네트워크 정치의 시대에서 정당의 선거는 선거전문가 정당 선거의 중앙으로부터의 지휘 캠페인에서 시민 기반의 네트워크 캠페인으로 전환된다. 전자는 일부 선거 컨설턴트들이 대중여론에 대한 조사와 엘리트 미디어의 정치광고를 동원하여 주요 맞춤형 유권자를 동원하는 방식이다. 이 선거는 유권자는 능동적 행위자라기보다는 맞춤형으로 동원되는 수동적 지위에 머무르며 전문가와 동원되는 시민들 사이에의 시간적 간격이 발생한다.

후자는 여전히 중앙 차원의 선거전략이 중요하지만 기본적 중심은 광범위한 시민 네트워크 속에서의 능동적 전략, 메시지, 정책 등의 생산과 사용, 확산이다. 중앙은 과거 선거운동 모델에 비해 이러한 전체적 활동을 통제할 힘을 상실하며 단지 기본적 방향을 제시하는 수준에 머무른다.

하지만 동시에 정당의 중앙 센터는 과거 그 어느 시기보다도 더

---

28. 이 내용은 필자가 혁신과 통합 주최 전문가 워크숍(2011. 11. 12)에서 발표한 「현 시대의 성격과 추구할 새로운 가치와 과제」 발표문에 주로 근거하고 있다.

막강한 능력을 가질 수 있다. 왜냐하면 시간적 지체가 발생하는 여론
조사 시대에 비해 이 시기는 소셜 네트워크 상에서 실시간으로 일상
적으로 여론을 모니터링하고 전국과 나아가 지구적 네트워크를 통
해 즉각 대응이 가능하기 때문이다. 앞으로 정당들은 일상적으로 소
셜 네트워크 센터를 설치하여 이 센터를 중심으로 새로운 정치활동
방식을 선보여야 한다.

이러한 선거전문가 정당 선거에서 네트워크 정당 선거로의 전
환은 선거시기만이 아니라 당의 일상적 활동에서도 구현된다. 지금
까지 대통령제의 원형인 미국의 정당은 선거시기에 주로 활동하고
일상적으로는 원내 의원 중심으로 작용한다. 하지만 네트워크 정치
와 시민개입주의 시기에 정당은 지금까지의 소극적 활동에서 벗어
나 보다 능동적으로 활동영역을 만들어낼 수 있다. 필자는 이를 원내
정당에서 '소셜 정당'으로의 변모라 규정한다.

이 소셜 정당은 단지 선거시기만이 아니라 일상적으로 소셜 네
트워크 상에서의 여론, 메시지, 정책적 요구를 확인하고 실시간 대응
을 전개하는 영구적 캠페인의 정당으로 변모가 가능하다. 이들은 정
당의 광범위한 온라인 지지자층으로서 활동하며 당의 기반으로 기
능한다. 이 중 일시적으로나 영구적으로 정당으로 가입한 이들에게
는 모바일 선거 등을 통해 주요 당직 선출직 및 공직 선출 권한을 부
여할 수 있다. 당 지도부가 아니라 온/오프 당원과 지지자가 주도성
을 가지며 일반 당원과 시민가치를 반영할 때 비로소 시민정치가의
정당이 가능하다. 당원이나 지지자가 보다 쉽게 다양한 의사결정에
참여하도록 하기 위해서는 전자투표제나 추첨에 의한 시민배심원제
등의 확대가 바람직하다. 새로운 가치와 전문성, 소수자를 고려하기
위한 전국단위 비례대표 국회의원 후보 선출권도 시민과 전문가가

균형을 이루는 방식으로 유권자 반응성과 전문성의 균형을 추구하
는 것이 바람직하다.[29]

시민정치가 정당에 반영되려면 중앙당이 아니라 온라인은 물론
이고 지역협동조합 등 삶의 뿌리에 기반한 정당을 추구하여 지역시
민 자치운동을 주도함이 바람직하다. 이 삶의 공간은 단지 좁은 의미
의 정치만이 아니라 삶의 다양한 이슈와 재미가 함께 공존하는 생활
공동체이다. 이는 새로운 시민주권과 시민경제론을 추구하는 지자체
선출직들과 광범위하게 협력하여 새로운 분권형 시민자치의 시대를
열어가고, 나아가 장기적으로는 민주연방제 수준의 분권형 경제, 정
치발전 모델을 구축할 때 비로소 정당은 시민의 삶과 접속된다.

시민정치 시대 정당의 정책도 아래로부터의 가치형성의 방식을
취함이 바람직하다. 정치 엘리트가 강령을 작성하고 이를 고정적으
로 유지하는 근대적 정강 시대는 유동적인 네트워크 시대와 더 이상
조응하지 않는다. 시민을 동의나 동원의 대상, 단순 공감의 대상으로
보는 단순 참여나 여론조사 정당, 당원만의 대중정당이 아니라, 시민
주도로 부단히 정책을 형성하고 정강을 일상적으로 혁신해 나가는
집단지성형 정당이 시민정치 시대의 모델이다. 이를 위해서는 지지
자가 쉽게 의사결정에 참여할 수 있게 모바일 투표제를 활용할 수 있
을 것이다. 시민참여형 정강정책 수립을 위해서 일상적으로 다양한
선발방식의 시민정책 패널 운용과 이를 어젠다에 의무적으로 반영
할 때 비로소 시민정치의 활성화가 가능하다.

---

29. 안병진, 2011, 「현 시대의 성격과 추구할 새로운 가치와 과제」, 혁신과 통합정당 추진방향
전문가 워크숍, 11월 12일.

⑷ 의회와 정부의 영구적 시민행동주의

시민행동주의 시대는 단지 기존 시민운동과 정당만이 아니라 의회와 정부의 활동양상도 반응성과 참여라는 측면에서 크게 변화하고 있다. 그 변화의 방향은 시민들 삶의 일상적이고 실시간의 모니터링과 즉각적 반영을 통한 반응성을 획기적으로 증대하며, 동시에 다양한 방식으로 시민집단지성의 참여를 유발시키는 것으로 요약할 수 있다. 이러한 방향은 각 범주별로 다음과 같이 다시 나누어질 수 있다.

● 소셜 네트워크의 실시간 모니터링을 통한 반응성 강화

현재 지구적으로 기업들은 소셜 네트워크가 기존 오프라인 라이프스타일 조사 등에 비해 훨씬 더 큰 조사의 잠재성을 가짐을 이해하고 다양한 혁신을 시도하고 있다. 이들은 소셜 네트워크에서의 일상적 리서치 구조를 만들어 놓으면 소비자의 반응성을 실시간으로 파악함은 물론이고, 소비자의 사적 욕망과 기호에 더 깊이 접근할 수 있음을 자각하고 있다. 이러한 자각은 다양한 혁신으로 나타난다. 예를 들어 베스트 바이 기업은 모니터링 프로그램을 구동하면서 일상적으로 회사 언급하는 단어의 검색과 대응을 시도한다.[30] 이는 비영리 조직들에서도 다양한 혁신으로 이어지고 있다. 예를 들어 아리조나 대학은 시민들의 이슈 관심을 그래픽 이미지를 통해 지속적으로

---

30. 쉘린 리, 2001, 『오픈 리더십』, 한국경제신문사.

표현하며 이에 부응하는 정책을 개발하려 하고 있다. 한국의 세브란스 병원은 일상적으로 자신 병원의 이름이 언급된 소셜 네트워크를 검색하여 이를 지칭한 이들을 팔로우잉하며 1 대 1의 친밀한 관계형성과 미세한 반응성 강화를 시도하고 있다.

정치의 영역에서도 이러한 경향은 지금 강화되고 있다. 영국 정부 등은 소셜 네트워크 모니터링을 강화하고 있으며, 미국 정부는 온라인 타운홀, 온라인 청원 등을 실행하고 있다. 앞으로 의회와 정부는 이러한 소셜 네트워크 모니터링 기능을 강화하여 일상적으로 시민의 반응성을 확인하고 이를 수렴해 나가야 한다. 제도적으로도 각 의원과 정부 직책에서 의무적으로 소셜 네트워크 비서관 설치를 의무화할 필요가 있다.

● 시민집단지성 모델
① 데이터 개방을 통한 시민집단지성 활용 모델

앞으로 전 지구적으로 소셜 네트워크를 통한 어마어마한 데이터의 잠재력을 활용하는 분야가 중요한 영역으로 대두하고 있으며, 심지어 이에 대한 학문분야까지 창출되고 있다. 이에 따라 미국 백악관 등에서는 정부 데이터 개방을 통한 시민적 활용을 적극적으로 시도하고 있다. 박원순 시장 취임 후 서울시에서도 이러한 방향을 적극 추구하고 있다.

② 시민참여형 혁신과 문제해결

소셜 네트워크를 통한 일상적 연결망의 존재는 광범위한 시민들이 일상적으로 정부의 혁신이나 문제해결에 참여하는 모델을 가능하게 한다. 예를 들어 한국의 사회디자인연구소가 벤치마킹한 영국의 픽스더 스트릿 운동이 대표적이다. 이 운동은 시민들이 주변 도로 파손 등 직접 자신의 삶의 공간에서 직면하는 문제들을 영상으로 올리고, 이에 따라 관련된 공무원들이 신속하게 반응하여 해결하도록 유도하는 운동이다. 이러한 방식이 없었다면 문제의 제기와 해결까지는 오랜 시간과 관료적 절차가 걸릴 수밖에 없다. 필리핀 마닐라시 정부는 시민과 환경단체가 팀을 구성하여 시민이 심한 매연을 내뿜는 자동차 위치 문자로 알려 환경 파수꾼으로서도 기능한다. 최근 서울 일부 지역에서 시민들이 직접 참여한 방사능 탐지운동도 이러한 흐름과 궤를 같이한다. 마치 소셜 네트워크 상의 시민들이 각각 일인 미디어로 작용하는 것처럼 동시에 1인 공직자이고 1인 정치인이라 할 수 있다.

③ 심의민주적 참여

과거 의회와 정부는 오프라인에서 다양한 공청회나 여론조사로 시민들에 대한 반응성을 유지하고자 노력했지만 이는 참여의 수와 심도 깊은 토의의 질 등에서 문제가 된다. 이후 등장한 인터넷의 시대는 많은 지식인들에게 더 부정적 위험을 경고하게 한다. 예를 들어 카스 선스타인 등은 인터넷이 끼리끼리 당파적 토의만을 활성화시키는 것을 경고하고 있다. 그리고 니콜라스 카는 트위터 등의 매체가 가지는 표피성에 비판적이다.[31]

하지만 소셜 네트워크 시대가 반드시 표피적이고 당파적 여론만을 심화시키는 것은 아니다. 오히려 광범위한 연결망을 활용하여

---

31. 니콜라스 카, 2011, 『생각하지 않는 사람들 : 인터넷이 우리의 뇌 구조를 바꾸고 있다』, 청림.

심도 깊은 토의와 의견수렴을 가능하게 하는 지구적 심의민주주의로의 잠재력을 가지고 있기에 일부 정부들은 선구적 노력을 시도하고 있다. 예를 들어 캐나다 정부는 IBM과 파트너십으로 3일간 도시 지속 가능성에 대한 온라인 토론회를 개최하였으며, 이에 158개국 3만 9천 명이 참여한 바 있다. 미국 일부 지역 차원의 정부들은 온/오프 융합 타운홀을 통해 심의민주주의의 새로운 차원을 열어가고 있다. 이는 아메리카스픽스 같은 21세기 타운홀 전문 비영리기관이 제공하는 전문적으로 훈련된 토론 보조자 지원에 의해 그룹별 토의와 무선 투표기를 통한 실시간 보고의 방식으로 진행된다. 뉴욕 시의 '시민에게 듣는다' (2002), 워싱턴 D.C. 시민정상회의(1999-2005), 뉴올리안스 재건개혁시민정상회의(2006), 오하이오 주 주거대책회의(2005) 등 이러한 혁신적 시도는 갈수록 확대되는 추세이다.[32] 예를 들어 워싱턴 D.C. 시민정상회의citizen summit는 4번의 횟수로 1999-2005년에 걸쳐서 1만 3,500명 참여의 대규모로 진행되었고 지역개발, 예산, 조례 제정의 우선순위 배정에 결정적 영향력을 미쳤다.

이는 단기 미디어 이벤트나 의례적 의견청취가 아니라 기존과 다른 정책 우선순위가 시민에 의해 결정되고, 이에 따른 예산편성의 변화를 확인했다는 점에서 그 결과 정부에 대한 신뢰가 증가하고 참여 확대의 선순환 구조가 이루어졌다. 예를 들어 시민정상회의에서 나온 성과 책정performance contract, 주민평가지표public score card를 정부는 자신의 활동에 반영하여 시민참여를 실제 활동에 수용했다. 그 구체적 프로세스를 보자면 먼저 1999년 11월 3,000명 참여로 정

32. 장수찬, 2011, 「지방정부와 심의민주주의 실험 : 타운홀 미팅 사례 연구」, 『경제와 사회』 통권 90호.

책 우선순위에 대한 전략회의를 개최하여 시정 기본 방향의 기초를 마련했다. 이어 2000년 1월 1,500명이 개최한 주민회의에서는 앞의 방향과 계획을 검토하고 개별 거주지역별 정책 우선순위를 정했다. 그 결과 채택된 최종 전략계획은 2001년 회계연도 예산배정의 주요 기반으로 활용한 바 있다. 그 결과 주민정책 우선순위를 반영하여 교육에 7,000만 달러, 노인복지 서비스에 1,000만 달러를 추가 배치하고 1,000개의 마약치료 슬롯이 시내 곳곳에 새로이 배치되었다. 더 나아가 회의 후 거주지역에 기초한 계획의 필요성을 절감하게 되고 이를 제도화하기 위한 시민의 요구에 기초하여 거주지역 기획사무실the office of neighborhood planning 등이 조직되었다. 2000년 11월에는 청소년 정상회의 구현을 통해서 참여의 기반을 젊은 세대로까지 넓혔는데, 이는 한국의 청년 세대와 정부의 결합 및 시민교육과 관련해 시사점을 준다.[33]

한국에서도 이러한 실험을 벤치마킹한 충남 도민정상회의가 2010년 9월 실행된 바 있다. 하지만 아직 주민이 실질적 참여결과를 선명히 느낄 수 있을 정도로 지방정부의 실질적 분권화가 부재하고 심의 민주문화 및 시민교육 토대가 부실한 한국 맥락에서는 초보적인 시작에 불과하다고 할 수 있다. 하지만 한국도 아메리카스픽스 같은 역할을 수행하는 비영리단체(코리아스픽스)가 생기는 등 변화의 긍정적 과정 중이라 평가할 수 있다. 향후 전국 지자체들이 다양한 시민정상회의를 진행하고 더 나아가서는 타 지자체와 연계하여 전국 시민정상회의를 통해 전국적 시민자치의 어젠다를 만들어 간다

---

33. 안병진, 2011, 「공동정부 구성을 위한 해외 사례와 시사점」, 서울시 공동정부 구성을 위한 시정협의회 실무 워크숍, 11월 17일.

면 풀뿌리 시민주권의 민주주의의 새 지평이 열릴 수 있다. 물론 이
를 위해서는 재정적 여건이 상대적으로 풍부한 서울만이 아니라, 모
든 지역에서 시민들이 정치적 효능감을 가지고 관여하려면 각 지역
정부의 재정적 권한을 강화하는 방향으로 법이 혁신되어야 함은 물
론이다.

● 사회적 플랫폼과 시민공동체 문화의 혁신

시민주권의 안정적 실현과 시민정치로의 전환은 궁극적으로는
제도나 인프라 이전에 시민적 가치와 문화 감수성의 문제이다. 이번
2012년 4월 11일 총선과정에서 민주당의 모바일 예비경선 선거인단
모집에서의 심각한 잡음은 시민문화라는 측면에서만 한정해 본다면
구시대적 보스와 동원 정치문화가 잔존하는 가운데 시민적 개입주의
정치를 시도함에서 비롯되는 불가피한 문화충돌이라 할 수 있다.[34]

이러한 한계는 결국 두 가지 방식으로 해결되어야 한다. 하나는
조직의 시스템을 개방, 혁신, 참여의 선순환 시스템 구축이 필요하고,
다른 한편으로 이에 참여하는 행위자들이 건강한 시민가치를 가지도
록 부단히 일상적 실천 속에서 교육해야 한다. 건강한 시민가치의 교
육에서 핵심은 시민적 공감과 협업가치의 내면화이다. 일상적으로
정치과정을 소셜 네트워크 및 오프라인 시민과의 공감과 협업과정
으로 설계하면 이 과정에서 자연스럽게 깨어 있는 시민으로의 교육
이 가능하다.

장기적으로는 건강한 시민공동체 문화를 위한 다양한 레벨의

---

34. 안병진, 2012.

시민교육이 필요하다. 지역 차원의 각종 교육기관과 결합하여 온/오프 시민교육원 창립이 하나의 대안이 될 수 있을 것이다. 이는 단지 강의실의 이론교육이 아니라 각자의 삶의 현장과 밀접한 공간에서 이론과 구체적 실천의 결합으로서 시민자치와 분권의 문화의 형성을 추구해야 한다. 과거 강준만 교수는 한 칼럼에서 대의정치의 반응성과 시민문화 증진의 두 가지 목적을 통일적으로 달성하는 데 도움이 되는 창조적 방안을 제안한 바 있다.[35] 그는 전국에 걸쳐 각 지역의 지방의회에 학생과 시민들이 조별로 나누어 지방의원 한 명의 활동을 일 년 내내 집중 탐구할 것을 제안한 바 있다. 이런 시도를 중앙의회에도 비슷한 방식으로 적용할 수 있을 것이다. 그리고 나아가서는 이를 필수 정규 교과목으로 지정하여 실제적 체험과 이론의 조화를 시도할 수 있을 것이다. 이는 초중등, 고등교육은 물론이고 평생교육 차원에서도 다층적 교육 프로그램을 개발할 필요가 있다. 이러한 실험이 단단하게 축적된다면 이는 이후 전국적 시민교육원으로 발전시킬 수 있다.

특히 더 관심을 기울여야 할 것은 아시아 시민, 나아가 지구적 시민의 문제의식을 형성하기 위한 세계시민교육이다. 21세기 세계는 민주공화국의 시민으로서 자신의 나라에 대한 자긍심과 동시에 지구적 공동체의 일원으로서의 지구 시민의식을 동시적으로 교육할 것을 요구하고 있기 때문이다. 노무현 대통령이 퇴임 이후 던진 '깨어 있는 시민'에의 화두는 단지 일국적 차원이 아니라 동시에 세계시민으로 열려 있어야 한다.

---

35. 강준만, 「정치교육의 일상화가 필요하다」, 『한국일보』, 2008. 07. 23.

● 민주화 이후 시민정치의 한계와 전망

미국은 2008년 오바마 선거를 통해 시민개입주의 시대를 열었다. 당시 오바마 선거운동은 2004년 하워드 딘 캠페인의 온라인 네트워크를 적극 활용한 선거경험을 발전시킨 선거운동으로 시민정치의 새 장을 여는 데 성공했다. 당시 오바마 선거운동은 무브온이란 시민정치운동과의 결합, 시민들의 적극적 경선참여, 시민 주도의 전략과 메시지 등 콘텐츠 생산과 확산 등 시민정치의 새로운 면모를 유감없이 보여주었다.

한국의 시민개입주의 시대는 미국과 비교하여 어떠한 발전의 경로를 만들어갈 것인가? 지금까지 한국의 정치 엘리트들은 미국에 비해 새로운 시민개입주의 시대에 잘 적응하는 모습을 보이고 있지 못하다. 박원순 서울시장 선거에서 기존 정치 엘리트들은 시민 주도의 선거과정에서 기존 선거운동 방식과 새로운 방식 사이에서 혼란스러운 동요를 보였다. 그 이후 새로이 탄생한 민주통합당은 모바일 경선, 청년비례 실험 등 일부 새로운 시도에도 불구하고 시민개입주의 시대에 조응하는 정당의 체계적 혁신에 성공하고 있지는 못하다. 상대적으로 미국 민주당이 정당 엘리트주의에서 청중민주주의로 이행한 후 시민개입주의 시대로 안정적으로 이행하고 있는 데 비해 한국은 이 세 가지가 여전히 혼란스럽게 공존하는 모습을 보이고 있다. 왜냐하면 낡은 보스 및 동원정치 시대의 시간대에서 공감과 반응성 위주의 청중민주주의 시대로 아직 이행하지도 못한 상태에서 민주당은 현기증 나는 속도감의 시민개입주의 시대를 맞이했기 때문이다. 모바일 경선동원 논란, 소셜 네트워크 선거에의 부적응 등 온갖 문제들은 이 세 가지 시간대의 혼재에서 비롯된다.

민주당이 이 세 가지 시간대의 혼재로 고통스러운 이행기를 경유한다면 통합진보당이나 진보신당은 청중민주주의 단계로 진입하기 전에 여전히 정당 엘리트주의 시대를 벗어나고 있지 못한 상태로 시민개입주의 시대를 맞이하는 상태라 할 수 있다. 이는 시민개입주의에 적극 적응하며 시민경선을 시도한 프랑스 사회당과는 사뭇 다른 보수적 행보라 할 수 있다. 새누리당으로 변신한 집권정당과 이명박 정부는 시민 눈높이에서의 공감과 반응성이 여전히 극도로 취약하다는 점에서 청중민주주의 단계에 잘 적응했다고 보기 어렵다. 더구나 시민개입주의 시대가 전면화된 상황에서 기존 보수독점 언론, 지역주의 정당, 1인 중심의 수직적 리더십과 나이든 세대 위주의 정치 패러다임으로는 새로운 시민정치의 연결망과 속도감을 따라가기가 어려운 상황이다.

결국 여야 정당들의 부단한 동요는 앞으로도 당분간 한국 정치체제의 시민개입주의로의 이행이 매우 고통스러운 적응과 혼란기를 겪을 것임을 시사한다. 앞으로 한국의 시민정치가 성공하기 위해서는 얼마나 아래로부터의 시민적 열기를 정당, 의회, 정부에서 안정적인 제도화와 동시에 깨어 있는 시민 네트워크와의 적절한 관계구축, 나아가 건강한 시민문화의 형성을 만들어내는가에 성패가 달려 있다. 결국 민주화 이후 성숙된 민주공화국으로의 성공을 위해 우리가 가장 역점을 기울어야 할 분야가 바로 깨어 있는 시민 네트워크와 문화인 것이다.

민주화 이후 한국 민족주의의 변화
통일, 북한, 미국, 외국인, 재외동포, 북한이탈주민에 대한 인식을 중심으로

전재호

1. 민주화 이후 한국 민족주의는 변했는가?

1987년 민주화 이후 한국 사회에는 많은 변화가 일어났다. 정치적으로 군부 권위주의 세력이 퇴진했고, 대통령 직선제가 실시되었으며, 선거제도를 포함해 많은 반反민주적 법률과 제도가 개폐되었다. 사회적으로는 '정치적 공간'이 확장됨으로써 노동운동과 함께 시민운동이 활성화되었고, 경제적으로도 한국의 급속한 경제성장을 주도했던 '발전국가'가 퇴진하고 친親자본적인 신자유주의 정책이 실시되었다.[1] 이뿐만 아니라 한국인의 인식, 특히 한국인의 사고를 지배

---

1. 민주화 이후 한국인은 정부의 경제 개입을 독재의 유산으로 인식하여 국가의 퇴진과 시장의 회복을 요구했다. 이후 한국에서는 민주화의 이름으로 신자유주의가 지배하게 되었다.

하던 민족주의 인식에도 변화가 일어났다. 민주화 이후 전개된 다양한 국내외적 요인은 반공反共과 친미親美만이 '살 길'이라는 권위주의 시기의 민족주의 담론 및 한국인이 공통의 조상을 지닌 하나의 민족이라는 '혈통주의적' 단일민족 관념에 변화를 가져왔다.

먼저 민주화 이후 전개된 국내 및 한반도 정세는 한국 민족주의 담론의 핵심 요소였던 반공주의와 친미주의에 변화를 가져왔다. 1980년대 말 시민사회의 통일운동과 북한바로알기운동, 노태우 정부의 북방정책과 남북기본합의서 체결, 1990년대 북한의 고립과 핵·미사일 개발 및 경제난, 김대중 정부 이후 지속적으로 확대된 남북교류, 두 차례의 남북정상회담, 2000년대 미국과 북한의 대치 및 북한의 핵실험과 6자회담, 그리고 이명박 정부 이후 남북관계의 악화와 무력충돌 등 민주화 이후 한반도 정세의 변화는 북한과 통일에 대한 한국인의 인식에 큰 변화를 가져왔다. 또한 탈냉전 이후 미국의 '노골적인' 시장개방 압력, 2002년 미군 장갑차에 의한 여중생 사망사건과 '불평등한' 한미 행정협정, 부시 행정부의 아프가니스탄 및 이라크 파병 요구, 미국발 경제위기와 중국의 부상 등은 한국 민족주의 담론의 중요한 요소인 친미주의, 곧 한국인의 대미인식에 변화를 가져왔다.

다음으로, 한민족은 한 조상에서 유래했다는 단일민족 관념도 1990년대부터 시작된 외국인 및 '이질적인' 한민족의 유입으로 변화하기 시작했다.[2] 1990년대부터는 재중동포(고려인)를 포함한 외국인

이강국, 2005, 『다보스, 포르투 알레그레 그리고 서울 : 세계화의 두 경제학』, 후마니타스, 328쪽.

2. 이주노동자의 유입은 1987년 6월 민주화 운동의 성공결과 '7-9월 노동자대투쟁'이 전개

노동자가, 그리고 2000년대부터는 외국인 결혼이주자와 북한이탈주민(이하 새터민)이 대거 유입되기 시작하여 2000년대 후반에 외국인 '100만 시대'가 열렸다. 이는 극소수의 화교를 제외하고 외국인과 공생한 역사가 없던 한국인에게 새로운 경험이었다. 또한 외국인 결혼이주자에 따른 '다문화' 가정의 증가 및 한민족이지만 오랜 역사적 단절로 인해 동질성보다 이질성이 더 큰 조선족과 새터민의 유입은 단일민족 관념의 한계를 드러냈다.

마지막으로 민주화가 가져온 효과 역시 한국 민족주의에 변화를 가져왔다. 민주화는 '정치공간'의 확장을 가져왔고, 이를 통해 시민운동과 노동운동뿐 아니라 통일운동의 발전이 가능했다. 또한 민주화로 인한 '민주적 시민의식'의 성장은 단일민족 관념이 지닌 폐쇄성과 배타성을 인지하도록 만들었다. 이에 더해 민주화의 성공은 경제성장과 함께 한국인의 민족적 자긍심을 고양시켰고, 이는 그동안 무심했던 강대국들과의 '불평등한' 대외관계의 개선을 요구하는 동력이 되었다.

그런데 한국인의 민족주의적 인식변화는 민주화 이후 장기간에 걸쳐 점진적으로 진행되었기 때문에 그 중요성에도 불구하고 별로 관심을 끌지 못했다. 이 글이 다루는 반공, 통일, 친미, 외국인 노동자, 재외동포, 새터민이라는 개별 주제에 대해서는 많은 연구들이 존재하지만 이를 한국 민족주의와 연관시켜 종합적으로 고찰한 연구는 존재하지 않는다. 그러나 이 주제들은 개별적으로도 중요한 의미를 갖음과 동시에 모두가 한국 민족주의를 구성하는 핵심적 요소이므

되었고, 그 결과 변화된 한국의 경제환경, 곧 3D 업종에서 노동력이 부족하게 되었기 때문에 가능했다.

로 민족주의 시각에서 체계적으로 고찰할 필요가 있다. 이를 통해 민주화 이후 한국 민족주의가 어떻게 변화했는지를 구체적으로 파악할 수 있을 것이다. 이에 따라 이 글은 민주화 이후 한국 민족주의의 변화를 대외적으로 통일, 북한, 미국, 그리고 대내적으로 외국인, 재외동포, 새터민에 대한 한국인의 인식을 중심으로 고찰한다.

민족주의는 정의하는 사람에 따라 달라진다고 할 정도로 다양한 의미로 사용되므로 이 글은 먼저 민족주의의 개념을 설명하고, 그후 민주화 이후 한국 민족주의의 변화를 대외적 측면과 대내적 측면으로 나누어 다룬다.

2. 민족주의의 개념 : 다양성

민족주의는 다양한 영역에서 다양한 방식으로 사용되므로 그것을 올바로 이해하기 위해서는 그것이 어떻게 사용되는지를 살펴볼 필요가 있다. 먼저 민족주의는 내부적으로 구성원에게 최종적 충성심을 민족에게 바칠 것을 요구하고, 외적으로는 "일차적으로 정치적 단위와 민족적 단위가 일치해야 한다는 원칙", 곧 '1민족 1국가'라는 정치적 교의이다.

한편으로 민족주의가 등장하기 이전 사람들은 자신이 속한 종족宗族, 마을, 도시, 직업, 신분, 지역, 왕조, 제국, 종교 등에 대해 일체감을 느꼈고, 현대에도 개인은 혈연, 지역, 계급, 언어, 종교, 성별 등 복수의 정체성을 보유한다. 개인이 어떤 정체성을 가장 중시하는가는 시대와 환경에 따라 상이했고, 다양한 정체성은 때로 충돌하거나 때로 평화롭게 공존했다.

그러나 민족주의는 궁극적으로는 다양한 정체성의 공존을 허락하지 않는다. 일상적으로는 이를 허락하지만 민족정체성과 다른 정체성이 충돌할 경우, 개인들에게 다른 정체성에 우선하여 민족에 충성을 바치기를 요구한다. 민족주의가 특별한 것은 바로 민족이 개인에게 최고의 충성대상이 되어야 한다는 것, 곧 민족이 일체의 충성심을 독점해야 한다는 논리에 있다.

다른 한편으로 민족을 모든 정치공동체의 기준으로 삼는 인식, 곧 민족자결주의는 근대 이후 유럽에서 등장하여 20세기에 전 세계적으로 공인되었다. 이 원리는 많은 사람들에게 민족의 이름으로 자민족의 국가를 획득 또는 유지하기 위해 투쟁하도록 만들거나, 제국이 국민국가nation-state로 재편되는 과정에서 그동안 공존하던 타민족을 강제적으로 축출하거나 제거하도록 만들었다. 결국 민족주의는 근대 이후 사람들의 사고와 행동을 지배한 매우 중요한 정치적 이념(이데올로기)이다.

다음으로 민족주의는 민족정체성과 동일한 의미로 사용된다. 민족정체성은 특정 민족을 타민족과 구별하는 고유한 속성character을 의미하거나 또는 그에 근거하여 특정 민족의 구성원이 자민족에 대해 갖는 소속감belongings 또는 애정attachment을 지칭한다. 그것이 속성이건 애정이건 민족정체성은 공통의 언어와 문화, 역사의식, 영토의식 등의 특정 민족을 식별할 수 있는 '객관적' 요소를 매개로 인지된다. 곧 이를 근거로 사람들은 자신의 민족정체성을 인식하게 된다. 그래서 민족정체성은 민족주의와 거의 동일한 의미로 사용된다. 예를 들어 서구 문화의 유입으로 인해 고유문화가 침해당할 때 많은 비서구인들은 민족정체성의 위기라고 말한다. 그러면서 전통에 기초한 자민족의 정체성을 지키기 위해 여러 노력을 기울이는데, 이를 문화적 민족주의라고 부른다. 따라서 민족주의는 민족정체성과 관련된 영역에서도 널리 사용된다.

마지막으로 민족주의는 담론영역에서 사용된다. 우리는 일상에서 무의식적으로 민족(국가)을 중심에 놓고 사고하며 민족에 대한 다양한 담론들을 생산한다. 사실 이데올로기로서의 민족주의는 개인에 따라 수용할 수도 있고 거부할 수도 있지만, 민족과 관련된 담론은 일상 언어와 이론에 침윤되어 있기 때문에 무의식적으로 받아들인다. 곧 민족담론이 언어생활 전반을 지배하면서 사람들의 인식, 태도, 가치에 깊숙이 침투한다.[3]

한국에서 대표적인 민족주의 담론은 단일민족 관념이다. 한국에서는 오랫동안(북한에서는 아직까지도) 한민족을 순수혈통의 단일민족이라고 믿었다. 이는 국가가 존망의 위기에 처했던 대한제국 말기와 국가를 상실한 식민지 시기에 구성원들이 한민족으로서의 자부심을 갖고 민족적 정체성을 갖는 데 도움이 되었다. 그러나 자민족의 국가를 갖게 된 해방 이후에도 이 담론은 교과서와 언론매체를 통해 자연스럽게 우리의 일상생활, 특히 언어생활을 지배했다.

이와 관련된 또 하나의 대표적인 민족주의 담론은 단군시조 담론이다. 단군은 신화 속 인물로 고려 후기에 처음 등장했고, 대한제국 말기 이래로 한민족의 시조로 부각되었다. 특히 식민지 시기 '국가 없는 민족'에게 천신天神의 아들인 단군을 통해 민족적 자부심을 갖게 했다. 해방 이후에도 단기檀紀를 사용하고 단군이 나라를 연 날, 곧

3. 장문석, 2007, 『민족주의 길들이기』, 지식의 풍경, 39쪽.

개천절을 국경일로 지정했으며, 역사 교과서에 단군신화를 기술함으로써 한국인에게 단군을 민족의 시조로 인식하게 만들었다. 또한 한민족의 우수성을 부각시키는 담론들 역시 유사한 기능을 한다. 한글, 인쇄술, 팔만대장경 등에 붙여진 '과학적', '세계 최초', '세계 최고' 등의 담론은 우리 역사와 민족의 우수성을 부각시켜 사람들에게 자긍심을 부여한다. 곧 민족주의 담론들은 민족에 순수성, 역사성, 우수성을 부여함으로써 구성원들에게 민족적 자긍심을 갖게 하는 역할을 한다. 따라서 민족주의는 담론영역에서도 중요한 역할을 한다. 결국 민족주의는 이데올로기, 정체성, 담론 등 다양한 영역에서 사용되는 개념이다.

그런데 이데올로기이건 정체성이건 담론이건 공통적으로 민족주의가 지향하는 목표는 민족의 독립, 통합, 발전이다. 비록 그 목표가 구체적으로 의미하는 바가 무엇이고 어떤 방법으로 그 목표를 달성하는지에 대해 모두 동의하는 규정이 존재하지 않지만, 민족주의는 최소한 이러한 목표들과 관련되어야만 민족주의라 부를 수 있다. 그러면 민족주의를 구성하는 개별 목표를 보다 구체적으로 살펴보자.

먼저 민족의 독립은 겔너Ernest Gellner가 규정한 대로 "일차적으로 정치적 단위와 민족적 단위가 일치해야 한다는 원칙"을 의미한다. 이 원칙은 20세기 초 민족은 주권정부를 구성하고 운영해야 한다는 '민족자결주의'로 공인되었다. 물론 이전부터 많은 피식민 민족들이 제국주의에 대항하여 민족해방 투쟁을 전개했고, 식민지 한국에서도 1919년 '3·1 운동'을 비롯하여 식민지 기간 내내 수많은 독립투쟁이 전개되었다. 그런데 식민지 상태에 있는 민족이 독립을 위해 선택할 수 있는 방법은 무장투쟁을 통한 독립, 국제사회의 세력관계를 이용하는 외교적 방법, 또는 인도의 간디처럼 비폭력 무저항 운동을 통해 식민본국의 양심에 호소하는 것 등 여러 방법이 존재한다. 그 방법은 민족이 처한 상황과 조건에 맞게 선택해야 하는 것이지, 어느 하나의 방법만 절대 옳다고 말할 수 있는 것은 아니다.

다음으로 민족의 통합은 민족구성원 내부의 차이를 제거하여 동질적인 성격의 사회로 만들려는 목표이다. 역사적으로 근대국가는 분권화되었던 봉건체제의 유산을 제거하고 행정과 교육제도 등을 통해 국가 내 언어, 관습, 역사의식, 문화 등을 통일시켰다. 한반도에서도 대한제국 말기 한자 대신 한글이 보급되었고, 중국사가 아닌 조선의 역사가 구성되었으며, 한민족의 영토와 영웅에 대한 인식이 확산되었다. 식민지 시기에는 한글 맞춤법통일안이 제정되었고, 해방 이후에도 표준어의 보급 등이 이어지면서 전 근대 시기에 존재했던 많은 이질성이 대부분 사라졌다.

또한 민족의 통합은 하나의 민족이 두 국가로 분단되거나 또는 여러 국가에 분산된 경우에도 적용된다. 이 경우 그 민족은 1민족 1국가 원칙에 따라 자연스럽게 하나의 민족국가를 수립하려 할 것이다. 전자는 한민족과 중화민족에 해당되고, 후자는 쿠르드족과 알바니아 민족에 해당된다. 쿠르드족은 이란, 터키, 이라크, 시리아 등에 산재해 있고, 알바니아 민족은 알바니아와 이웃한 신유고연방의 코소보 자치주에서 다수를 차지한다. 따라서 민족의 통합은 민족국가 내부의 통일성을 지향하는 목표이지만 민족이 처한 상황에 따라서는 민족국가 외부로 확대된다.

마지막으로 민족의 발전은 일반적으로 경제성장을 위한 '후진국'의 노력을 지칭한다. 여러 '후진국'은 '선진국'을 '따라잡기'catch-up 위해 가능한 한 많은 자원을 경제발전에 집중하는 정책 또는 행위를 '민족의 이름'으로 정당화했다. 19세기 말 독일과 일본, 그리고

1960년대 이후 한국과 타이완이 이러한 민족주의에 의거해 경제성장에 성공한 대표적인 사례이다. 한국의 경우 박정희 정권은 1960년대부터 '민족중흥'과 '조국 근대화'라는 민족주의적 구호를 내걸고 국가 주도의 경제발전정책을 전개했다.

민족의 발전에는 경제적 측면 이외에 예술과 스포츠와 같은 문화적 측면도 포함된다. 올림픽과 같은 국제대회를 개최하거나 자민족을 대표하는 스포츠 팀이나 스타가 국제대회에서 좋은 성적을 거두면 민족구성원들은 그것을 민족의 발전, 곧 강한 국력의 증거로 인식하여 자부심을 느낀다. 1936년 나치 독일은 게르만족의 우수성을 과시하기 위해 올림픽을 개최했고, 냉전시기 사회주의 국가들도 올림픽에서 자국의 우수성을 과시하기 위해 스포츠를 대대적으로 지원했다. 한국인들도 올림픽에서의 메달 순위나 월드컵에서 국가대표 팀의 성적을 한민족의 국력이 성장한 것으로 인식한다.[4] 또한 최근 동아시아를 넘어 전 세계로 확산되는 한류도 한민족의 발전이라는 범주에 포함된다. 대부분의 한국인은 한류의 확산이 한국이 발전했기 때문에 가능한 것이라고 생각한다.

결국 민족주의는 민족의 독립, 통합, 발전을 지향하지만 그것의 의미와 방법은 하나로 고정된 것이 아니라 그 민족이 처한 상황과 조건에 따라 상이하다. 따라서 자신이 규정한 내용만이 민족주의이고 다른 것은 민족주의가 아니라는 방식의 접근은 민족주의를 올바로 파악하는 데 적절치 않다. 필자는 이를 민족주의에 대한 '규범적' 입

---

4. 국제올림픽연맹에서는 메달 수를 기준으로 공식적으로 국가별 순위를 집계하지 않는다. 또한 미국을 비롯한 서구 언론들은 국가별 순위를 집계하지만 한국과 같이 금, 은, 동을 차별하여 국가별 순위를 집계하지는 않는다. 한국 언론의 이런 행태는 '일등에만 집착'하는 그들의 '천박한' 사고를 반영한 것으로 보인다.

장이라고 정의하는데, 그것은 민족주의를 구성하는 고유한 내용이 존재한다고 전제한 후 그것을 기준으로 민족주의를 참과 거짓으로 구분하는 입장이다. 대표적 사례는 분단 이후 한국 민족주의의 핵심 과제를 통일로 상정하고, 그것을 지향하는 행위만이 '진정한' 민족주의라고 주장하는 입장이다. 그러나 앞서 지적했듯이 민족주의는 다양한 내용과 방법을 포괄하는 개념이므로 이렇게 규범적으로 재단할 수 없다. 따라서 민족주의를 올바로 파악하기 위해서는 상이한 정치세력들의 상이한 입장을 모두 포함하여 접근해야 한다.

한국 민족주의와 관련하여 마지막으로 첨가해야 할 내용은 한국 민족주의의 독특한 성격이다. 한국 민족주의는 본래 '한민족의 정체성'이었지만 분단국가 건설 이후 그것은 한민족을 향한 충성심인 '종족정체성'ethnic identity과 대한민국(또는 조선민주주의공화국)을 향한 충성심인 '정치적 정체성'political identity 또는 국가정체성state identity으로 분열되었다. 식민지 시기 한반도의 주민들은 해방이 되면 당연히 하나의 민족국가가 건설될 것으로 생각했다. 그러나 해방 이후 한반도에는 적대적 이데올로기에 기초한 두 개의 국민국가가 탄생했다. 그들은 자신만이 한민족의 정통성을 갖고 있다고 주장하면서 주민들에게 배타적으로 충성을 바칠 것을 요구했다. 그리고 상대편을 비롯하여 이에 동의하지 않는 세력은 모두 '비非민족' 또는 '반反민족'으로 몰아 민족구성원의 자격을 박탈했다. 곧 분단국가에 대한 충성을 한민족에 대한 충성으로 치환하려 했다. 이러한 분단국가의 노력은 처음에는 실효를 거두지 못했지만 남북 주민들에게 어느한편만을 선택하도록 강요한 전쟁을 통해 현실화되었다. 그들에게 통일은 이상일 뿐, 현실은 남과 북 어느 한쪽의 국민이 되어야 하는 것이었다.

사실 한국전쟁은 역설적으로 그것이 추구했던 한민족의 통일국가 수립이 대단히 어렵다는 사실을 보여주었다. 따라서 전후 남북은 통일을 유보한 채 상이한 이데올로기에 기초한 국가건설을 지속했다. 이는 남북에서 각각 '자본주의 민족'과 '사회주의 민족'의 형성 과정, 곧 남북의 이질성을 확대 재생산하는 과정이었다. 상이한 세계관, 상이한 정치체제, 상이한 경제체제, 상이한 생활양식은 모든 측면에서 남북의 이질성을 가져왔고, 분단 반세기가 지나면서 그것은 더욱 확대되었다. 특히 남한에서는 통일을 향한 종족정체성이 약화되고 경제적 성취와 민주화에 성공한 '자랑스러운' 대한민국을 향한 정치적 정체성이 강화되었다. 이제 더 이상 다수의 한국인이 통일을 한국 민족주의의 최우선의 과제로 생각하지 않는다. 결국 분단국가 수립으로 새롭게 등장한 분단국가를 향한 '정치적 정체성'은 한국전쟁과 전후의 상이한 국가건설 과정을 거치면서 한민족을 향한 '종족정체성'을 압도하게 되었다. 이는 한국 민족주의의 독특한 성격으로 한국 사회에 많은 영향을 미치고 있다.

이상에서 민족주의가 지닌 다양한 측면을 고찰했는데, 다음 장부터는 민주화 이후 한국 민족주의의 변화를 외적 측면과 내적 측면으로 나누어 살펴본다.

3. 민주화 이후 한국 민족주의의 변화 : 대외적 측면

민족주의는 다양한 영역을 포괄하므로 이 글에서는 민주화 이후 한국 민족주의를 내적 측면과 외적 측면으로 구분하여 살펴본다.

이 절은 민족주의의 외적 측면을 통일, 북한, 미국에 대한 한국인의
인식을 중심으로 고찰한다.

1) 통일에 대한 인식

통일은 이론적으로나 현실적으로 한국 민족주의의 가장 근본적
인 과제이다. 이론적으로 통일은 민족주의의 교의인 1민족 1국가의
원칙을 실현하는 것이며, 현실적으로도 한국인은 남북을 하나의 민
족이라고 생각하기 때문에 하나의 국가로의 통일이 필요하다고 생
각한다. 그러나 분단정부 수립 이후 진행된 개별적인 국가건설은 남
북을 상이한 정치·경제·사회·문화 체제로 만들었고, 게다가 분단
을 보다 '자연스럽게' 생각하는 분단 이후 출생 세대의 증가는 어떠
한 방식으로건 한국인의 통일인식을 변화시켰다.[5] 분단 초기에 한국
인에게 통일은 논리나 설명이 필요 없는 자연스럽고 즉자적인 명령
이었다. 하나의 민족, 곧 민족동질성에 기초한 '당위적 인식'이었다
면, 언제부터인가 통일은 남북의 군사적 긴장이 초래하는 불안정을
해소하고 한국의 발전을 위해 필요하다는 '현실적' 인식으로 전환되
었다.[6] 게다가 상당수의 한국인은 이러한 조건이 충족되지 않는다면

---

5. 그럼에도 불구하고 분단 65년이 지난 2010년 과반수 이상(59%)의 한국인이 통일이 필요하
    다고 응답했다. 서울대학교 통일평화연구소, 2010, 『2010 통일의식조사』, 서울대학교 통일
    평화연구소, 21쪽.
6. 2010년에는 이명박 정부 이후 통일의 필요성에 대한 응답률이 가장 높았는데, 이는 "천안
    함 사건 이후 남북한 간의 군사적 긴장이 극도로 높아지자 안보 불안에 대한 반작용으로
    평화적인 남북관계를 원하는 국민들이 많아졌기 때문으로 볼 수 있다." 위의 글, 22쪽.

통일보다 현 분단상황이 낫다는 '소극적' 인식을 갖게 되었다. 곧 민족동질성에 기초한 당위적 통일인식이 점차 이해관계에 기초한 현실적이고 소극적인 통일인식으로 변했다.

이러한 한국인의 통일인식 변화는 냉전체제에 균열이 일어나고 한국에서 민주화가 진행되기 시작한 1980년대 후반부터 시작되었다. 민주화 이후 '개방된' 공간에서 민주화 운동 세력은 1988년 봄부터 통일에 대한 국민의 관심을 이끌기 위해 '북한바로알기운동'과 '올림픽공동개최운동'을 전개했다. 또한 1989년 3월 문익환 목사가 북한을 방문했고 6월에는 전국대학생대표자협의회전대협 대표 임수경이 평양 세계청년학생축전에 참가했다. 당시 노태우 정부도 소련 및 동구권의 개혁·개방을 계기로 북방정책을 실시하여 동구권 국가들과 수교를 맺는 동시에 북한과 접촉을 진행했다. 그 결과 1991년 북한과 UN에 동시 가입했고, 1992년에는 분단 이후 최초로 남북 간의 기본적인 관계를 규정한 '남북 사이의 화해와 불가침 및 교류·협력에 관한 합의서'를 체결했다. 이 활동들은 그동안 억눌렸던 북한과 통일에 대한 한국인의 관심을 제고시켰을 뿐만 아니라, 그동안 잊고 있었던 '동족'同族 북한을 '재발견'하게 만들었다. 곧 한국인은 북한이 '동족'이라는 사실을 새삼 인식하게 되었다.

김영삼 정부 시기의 남북관계도 한국인의 통일인식에 큰 영향을 미쳤다. 김영삼 정부는 1993년 대통령 취임사에서 민족을 강조했고, '진보인사'로 알려진 한완상을 통일부장관에 임명했으며, 장기수 이인모를 북송했으며 정상회담을 추진했다. 그러나 1993년 3월 북한의 NPT 탈퇴와 핵·미사일 개발은 한반도의 긴장을 높였고, 1994년 6월 김일성 주석 사망 이후 일어난 남한 내 '조문파동'은 남북관계를 극도로 악화시켰다. 더욱이 1990년대 중반 연이은 자연재해는 사회주의권의 붕괴로 인한 북한의 경제난과 식량난을 더욱 악화시켰다. 이런 상황에서 '조기붕괴론'이 등장하여 북한이 곧 남한으로 흡수 통일될 것이라는 인식이 확산되었다. 다음의 〈표 1〉은 이를 잘 보여주는데, 표에 따르면 '10년 이내' 통일이 가능하다는 비율이 1990년대 중반 가장 높았다.

〈표 1〉 통일 예상시기[7]

	2, 3년 이내	5년 이내	10년 이내	20년 이내	30년 이내	30년 이상	절대불가능/ 잘모름
1993	1.3	6.5	37.3	23.6	7.2	9.2	13.3
1994		17.5	56.3		18.7	7.1	0.4
1995		9.5	40.9	26.9	7.1	15.5	
1998		4.7	28.3	27.1	7.2	10.6	22.1
1999		3.0	27.0	28.3	7.4	11.3	22.9

1993년부터 1999년까지 '10년 이내 통일 가능성' 응답률을 보면 1993년 45.1%, 1994년 73.8%, 1995년 51.4%, 1998년 33%, 1999년 30%였다. 이와 대조적으로 통일 예상시기를 '30년 이상' 및 '잘모름'으로 응답한 비율은 1998년과 1999년 32.7%와 34.2%로 전에 비해 크게 상승했다. 이는 한국인이 1990년대 중반 '조기' 통일의 가능성을 높게 보았다는 사실을 잘 보여준다. 곧 북한이 최악의 상태였

---

7. 민족통일연구원, 1993, 「1993년도 통일문제 국민여론조사 결과」, 민족통일연구원, 75쪽 ; 민족통일연구원, 1994, 「1994년도 통일문제 국민여론조사 결과」, 민족통일연구원, 92쪽 : 민족통일연구원, 1995, 「1995년도 통일문제 국민여론조사 결과」, 민족통일연구원, 75쪽 ; 통일연구원, 1998, 「1998년도 통일문제 국민여론조사 결과」, 민족통일연구원 ; 통일연구원, 1999, 「1999년도 통일문제 국민여론조사 결과」, 민족통일연구원, 47쪽.

던 1990년대 중반 통일에 대한 기대가 높았던 데 비해 김정일 체제가 안정되었던 1990년대 말에는 통일에 대한 기대가 낮아졌다. 1990년 대의 이러한 인식변화는 한국인이 이제 통일을 무조건적 당위가 아니라 현실에 기초하여 전망한다는 사실을 보여준다. 곧 1990년대부터 한국인은 '현실적인' 통일의식을 갖게 되었다.

이러한 현실적 통일의식은 1990년대 후반 김대중 정부가 '대북 포용정책'을 진행한 이후 더욱 확고해졌다. 1998년 금강산 관광이 시작되고 경제협력이 확대되었으며, 2000년 6월에는 분단 이후 최초로 '남북정상회담'이 개최되었다. 이 시기는 연평도 사건 및 미국 부시 행정부의 강한 압박에도 불구하고 남북관계가 분단 이후 가장 우호적인 시기였다. 특히 김대중 정부는 통일정책 대신 대북정책이란 명칭을 사용하면서 통일을 서두르지 않았고, '2국가 2체제'에 기초한 한반도 평화체제를 추구했다.

이러한 김대중 정부의 대북정책은 자연스럽게 한국인의 통일인식에 영향을 미쳤다. 남북정상회담 2년 뒤인 2002년 9월 조사에 따르면 응답자의 절반이 넘는 61.6%가 '점진적인 통일'을 원했고, '가능한 한 빠른 시일 안에 통일이 이루어져야 한다'는 응답은 12.8%에 불과했다. 또한 '통일보다 남북한이 좋은 관계를 유지하면서 공존하는 것이 낫다'는 응답도 24.8%에 달했다. 이는 한국인이 통일에 대해 점진적인 동시에 소극적 인식을 지녔다는 점을 보여준다.[8] 이런 경향은 2005년 EAI 중앙일보의 '국민정체성' 조사에서도 잘 드러난다. 조사에 따르면 통일에 대한 '유보적' 또는 '소극적' 의견('여건을 봐가며 속

---

8. 민주평화통일자문회의, 「2000년 일반국민 및 자문위원 통일여론조사(Gallup Korea)」, http://www.acdpu.go.kr/boardz/List.asp?txtBoardSeq=3803(검색일 : 2005. 10. 20), 6쪽.

도를 조절해 추진해야 한다' 54.6%, '통일을 서두를 필요가 없다' 19.6%, '굳이 통일할 필요가 없다' 7.9%)이 82.1%로, '적극적' 의견('빨리 통일을 해야 한다') 17.4%을 압도했다.[9] 그리고 절대다수(88.2%)가 '최소한' 남한체제를 유지한 상태에서의 통일을 요구했다.[10] 이는 사실상 남한체제가 아니라면 통일을 원하지 않는 한국인이 대다수라는 점을 의미하는 것으로, 통일에 대한 '제한적' 인식을 잘 보여준다.

당시 한국인의 통일인식에 영향을 미친 또 하나의 요인은 남북한의 경제적 격차와 상이한 사고와 행동양식이었다. 1990년대부터 시작된 북한의 경제사정 악화와 주민들의 생활고는 남북한의 경제적 격차가, 그리고 지속적인 남북교류는 상호 이질성이 상당이 크다는 사실을 드러냈다. 이에 따라 한국인은 남한에 큰 부담이 될 가능성이 높은 통일에 대해 소극적인 태도를 갖게 되었다. 2000년대 중반까지도 대다수 한국인이 여전히 통일의 필요성을 인정하지만 이는 당위적 인식일 뿐, 실제로는 자신의 이해관계에 기초하여 통일에 대해 소극적으로 생각한다.[11]

이렇게 변화된 통일인식은 2000년대 후반에도 확인된다. 2000년대 후반 통일의 필요성에 대한 인식은 2008년을 기점으로 민족동질성 차원의 비중이 축소되고 현실적 차원의 비중이 증가한다.

---

9. 이내영, 「한국인의 북한과 통일에 대한 인식과 국가정체성」, 강원택 편, 2007, 『한국인의 국가정체성과 한국정치』, EAI, 206쪽.

10. 조사결과는 '각각의 체제를 유지하면서 공존하는 방식으로의 통일' 52.9%, '남한식 체제로의 통일' 35.3%, '남한식도 북한식도 아닌 제3의 체제로 통일' 8.3%였다. 이내영, 2007, 위의 글, 206쪽.

11. 2005년 통일연구원의 조사에 따르면 '통일 당위성'에 대해 '매우 찬성' 49.2%, '대체로 찬성' 34.7%, '대체로 반대' 12.8%, '매우 반대' 3.3%였다. 통일연구원, 2005, 『2005년도 통일문제 국민여론조사 결과』, 통일연구원, 96쪽.

<표 2> 통일의 필요성[12]

	같은 민족이니까	남북 간에 전쟁을 없애기 위해	한국이 보다 선진국이 되기 위해	이산가족의 고통을 덜어주기 위해	북한주민도 잘살 수 있도록
2007	50.6	19.2	18.7	8.9	1.8
2008	57.3	14.5	17.1	6.8	4.3
2009	44.0	23.4	18.6	8.5	5.5
2010	43	24.1	20.7	7.0	4

통일의 필요성에 대해 민족동질성 차원의 응답('같은 민족이니까')은 지속적으로 현실적 차원의 응답('남북한 간에 전쟁위협을 없애기 위해', '한국이 보다 선진국이 되기 위해')을 압도했지만 2008년 이후 전자는 하락하기 시작했고, 2010년에는 후자에 의해 역전되었다. 이는 이명박 정부의 등장 이후 대북강경정책이 실시되면서 천안함 사건과 같이 한반도의 긴장고조를 경험한 한국인이 좀 더 현실적으로 통일을 인식하게 되었음을 보여준다.

사실 김대중 정부의 포용정책을 계승한 노무현 정부는 부시 행정부의 강력한 대북압박에도 불구하고 남북관계를 평화적으로 관리하기 위해 노력했고, 그 결과 2007년 10월 2차 남북정상회담을 성사시켰다. 그러나 2008년 이명박 정부가 들어선 이후 남북관계는 극도로 악화되었다. 특히 2010년대의 천안함 사건과 2011년 연평도 포격 사건은 남북관계를 최고로 악화시켰다. 이런 상황은 한국인이 통일에 대해 보다 현실적으로 접근하도록 만들었다. 이는 2010년의 조사

12. 서울대학교 통일평화연구소, 2007, 『2007 통일의식조사』, 서울대학교 통일평화연구소, 13쪽 ; 서울대학교 통일평화연구소, 2010, 앞의 책, 23-24쪽.

에서 잘 드러나는데, 이 조사에 따르면 통일에 대한 소극적·부정적
인식('통일을 서두를 필요가 없다', 23.5%, '굳이 통일할 필요가 없다'
19.6%)이 2005년(19.3%, 7.9%)에 비해 급증한 데 비해 긍정적·적극
적 인식('빨리 통일해야 한다')은 17.4%에서 10.4%로 감소했다.[13]

결국 남북교류가 본격화된 1990년대 이후 통일에 대한 한국인
의 인식이 변화했다. 한국인은 이제 민족동질성에 기초한 당위적 명
령에 기초한 즉각적 통일이 아닌 현실적 계산에 기초한 점진적인 통
일을 선호한다. 이러한 변화는 분단을 가져온 냉전체제의 붕괴와 2
국가 체제가 낳은 남북한의 이질화, 그리고 분단 이후 출생한 세대의
증가에 기인한다. 특히 1990년대 후반 이후 활발히 진행된 남북교류
는 역설적으로 한국인이 통일을 현실적이고 소극적으로 인식하도록
만들었다. 이제 한국인은 당위보다 이해관계를 중시한다는 점에서
현실주의적이고, 즉각적인 통일보다는 자본주의 체제에 기초한 점진
적 통일을 지향한다는 점에서 소극적 통일인식을 지녔다.

2) 북한에 대한 인식

남북의 한민족은 분단 직후에는 서로를 구별하지 않았지만 분
단정부 수립 이후 생사生死를 건 전쟁을 거치면서 서서히 한민족 정
체성과 구별되는 대한민국 '국민'과 조선민주주의인민공화국 '인
민'이라는 새로운 정체성을 자각하게 되었다. 게다가 냉전체제 아래

---

13. 《중앙일보》 2010년 12월 4일.

⟨표 3⟩ 국제 축구경기에서 북한 응원자의 비율[14]

	북한 대 미국	북한 대 일본
1986	21.8	45.9
1987	56.0	74.6
1988	60.0	76.3
1989	71.9	82.6
1990	85.4	93.9

⟨표 4⟩ 북한에 대한 인식[15]

	긍정적 인식			부정적 인식			중립적 인식	기타
	협력대상	지원대상	계	적대상	경계대상	계	경쟁대상	잘 모름
1993	28.7	50.8	79.5	14.3		14.3	5.7	0.4
1994	20.4	39.2	59.6	7.1	30.7	37.8	2.5	X
1995	25.2	11.7	39.9	15.9	43.7	59.6	3.5	X
1998	24.8	12.4	37.2	13.8	40.6	54.4	3.3	5.1
1999	32.6	19.3	51.9	8.2	28.7	36.9	3.1	8.2

서 남과 북은 주민들에게 한민족 정체성과 구별되는 자국가의 '정치적' 정체성을 내면화하고 상대방을 '적'敵으로 간주할 것을 요구했다. '무찌르자 공산당'이라는 구호가 잘 보여주듯이 한국인에게 북한(정부 또는 주민)은 동족이 아닌 '제거해야 할 적'이었다. 특히 냉전시기 권위주의 정권은 북한에 대한 정보를 차단하고 대북적대의식을 고취시키는 정책을 실시했다. 그 결과 자연스럽게 한국인은 대북

14. 설동훈, 2002, 「국내 재중동포 노동자 : 재외동포인가, 외국인인가?」『동향과 전망』 52호, 36쪽 재구성.
15. 민족통일연구원, 1993/1994/1995, 위의 책 ; 통일연구원, 1998/1999, 위의 책.

적대의식을 내면화했다.

그러나 한국인의 대북적대의식은 1980년대 후반부터 변화하기 시작했다. 한국인의 대북인식을 유추할 수 있는 조사에 따르면, 북한과 미국 및 일본의 축구경기에서 북한을 응원하겠다는 비율이 1980년대 후반 계속 증가했다(《표 3》). 물론 이 사례가 한국인의 대북적대의식 약화를 의미하는 것은 아니지만 최소한 북한에 대해 한국인이 민족동질성을 지녔다는 사실을 보여준다. 이러한 변화는 1987년 민주화 이후 그동안 억눌린 북한에 대한 관심의 표출로 볼 수 있다.

1990년대의 조사는 한국인의 대북적대의식의 변화를 더 잘 보여준다. 1990년대 대북인식 조사에 따르면 김영삼 정부 초기(1993, 1994)와 김대중 정부 출범 2년차(1999)에는 북한에 대한 긍정적 인식이 높은 반면 1995년과 1998년에는 부정적 인식이 더 높았다(《표 4》).[16]

이는 조사 당시의 한반도 정세를 반영한 것으로 보인다. 1993년과 1994년에 북한은 심각한 경제난에 시달렸고 남북관계도 개선조짐을 보였기 때문에 과반 이상의 한국인이 북한의 무력도발 가능성을 낮게 보았을 뿐만 아니라, 북한을 협력 또는 지원 대상으로 인식했다. 또한 1999년 대북인식이 긍정적으로 변화한 것은 1998년부터 시작된 김대중 정부의 대북포용정책의 효과로 보인다. 반면 1994년 김일성 주석 사망으로 인한 '조문파동'과 1995년 대북 쌀 지원과정에서 보여준 북한의 '비상식적' 돌출행동은 1995년 한국인의 대북인식을 부정적으로 만든 것으로 보인다.[17]

---

16. 전재호, 2006, 「세계화·정보화 시대 한국의 정치적 정체성 변화」, 『한국정치학회보』 제40집 3호, 130쪽.
17. 민족통일연구원, 1995, 앞의 책, 11~17쪽.

〈표 5〉 북한에 대한 인식/태도[18]

	긍정적 인식			부정적 인식			무관심
	협력대상	지원대상	계	경계대상	적대대상	계	경쟁대상
2003	38.2	16.2	55.4	28.6	12.5	41.1	
2005	41.8	23.1	64.9	20.9	10.2	31.1	4.0
2007	56.6	21.8	78.4	11.8	6.6	18.4	3.3
2008	57.6	21.9	79.5	11.3	5.3	16.6	3.8
2009	50.7	20.6	71.3	17.4	9.0	26.4	2.3
2010	44.7	19.3	64.0	20.7	12.0	32.7	3.3

결국 1990년대의 조사는 1990년대 한국인의 대북인식이 북한의 상황, 남북관계, 그리고 국제정세에 따라 변했고, 이는 한국인이 이성적 판단에 근거하여 북한을 인식하게 되었다는 사실을 보여준다. 곧 1990년대의 대북인식은 권위주의 시기의 감정적이고 맹목적이던 대북적대의식과 달리 경제적 우위에 기초한 '우월적' 반공의식으로 전환되었다.

이러한 대북인식의 변화는 북한이 핵개발을 선언하고 북미관계가 대결을 지속하며 남북관계 역시 정상회담에서 무력충돌로 격랑을 겪었던 2000년대에도 계속되었다. 〈표 5〉에 따르면 2000년대 한국인의 대북인식은 2008년을 기점으로 전환되었지만 긍정적 인식이 다수이다. 1999년 51.9%였던 긍정적 인식은 2003년 55.4%로 증가했고, 2007년까지 꾸준히 증가했다. 그러나 긍정적 인식은 통일의식과 마찬가지로 2008년을 기점으로 감소하고 대신 부정적 인식이 증가했다. 이 역시 이명박 정부의 대북적대정책의 결과 악화된 한반도의

18. 통일연구원, 2005, 앞의 책, 12쪽 ; 서울대학교 통일평화연구소, 2007, 앞의 책, 24쪽 ; 서울대학교 통일평화연구소, 2010, 앞의 책, 23-24쪽.

안보상황을 반영한 것으로 보인다. 그러나 천안함 사건이 일어났던 2010년에도 여전히 긍정적 인식이 부정적 인식을 압도한 점을 볼 때, 한국인의 대북인식은 더 이상 과거의 맹목적인 적대의식으로 회귀하지 않는다는 사실을 보여준다.

결국 냉전시기 한국인의 대북적대의식은 한국전쟁의 경험, 북한의 호전성, 군사력의 열세, 그리고 권위주의 정권의 대북적대정책에 기인한 것이었다. 그러나 이런 적대의식은 1980년대 후반 남한의 민주화에 기인한 통일운동과 사회주의권의 개혁·개방을 계기로 변하기 시작했고, 1990년대 냉전붕괴 이후 한반도에서 전개된 여러 상황을 거치면서 약화 및 강화를 반복했지만 점차 약화되었다. 특히 1990년대 북한의 국제적 고립과 경제적 곤경, 그리고 이에 대비되는 한국의 국제적 위상 상승과 경제적 성공은 북한에 대한 한국인의 두려움과 적대의식을 변화시킨 결정적 요인이었다. 1990년대를 거치면서 한국인은 맹목적인 적대의식 대신 경제적 우위에 기초한 반공의식을 갖게 되었고, 이는 김대중 정부 이후 진행된 대북포용정책과 남북교류를 통해 더욱 확고해졌다. 그러나 앞절에서 보았듯이 대북적대의식의 약화가 곧바로 민족동질성의 회복을 의미하는 것은 아니다. 남북교류가 확대되고 북한에 대한 정보가 확산된 이후 한국인이 현실적이고 소극적인 통일인식을 보인 점은 동질성 대신 '이질성'을 더 분명히 인지했다는 사실을 반증한다.

3) 미국에 대한 인식

민족주의는 민족국가 간의 평등을 전제로 하는 이데올로기이다.

따라서 민족국가는 외부의 간섭으로부터 독립된 주권을 가져야 한다. 그러나 20세기 중반까지 대부분의 아시아, 아프리카 지역은 서구 제국주의 세력의 식민지배를 받았기 때문에 그들의 민족주의는 자연스럽게 반反제국주의적, 곧 '저항적' 성격을 띠게 되었다. 그리고 이는 독립 이후 강대국에 대한 '배타적' 성격으로 이어졌다. 그래서 냉전시기 아시아, 아프리카 국가들은 비동맹이라는, 두 강대국과 거리를 두는 독자적 노선을 지향했다.

그러나 한국은 미국의 절대적 영향력 아래서 출발했기 때문에 미국에 대해서 다른 아시아, 아프리카 국가들과 상이한 인식을 가졌다. 미국은 한반도에 해방을 가져왔고, 한국전쟁에 개입하여 한반도의 공산화를 막았으며, 이후 한국의 경제성장을 적극 지원했다. 그 결과 미국은 한국인에게 일본 제국주의로부터의 '해방자', 북한 공산주의의 침략으로부터의 '구원자', 그리고 자유민주주의의 '수호자'로 인식되었다. 따라서 한국인은 상당 기간 '숭미崇美의식'이라고까지 말할 정도의 맹목적인 친미의식을 가졌다. 1965년 주한 미국공보원의 조사에 따르면 68%의 한국인이 '제일 좋아하는 나라'로 미국을 선택했고, 1981년 동아일보 여론조사에서도 60.6%에 달했다.[19] 이는 최소한 1980년대 초까지 한국인의 대다수가 미국에 대한 우호적 감정, 곧 친미의식을 가졌다는 사실을 보여준다.

그러나 한국인의 친미의식은 1980년대를 거치면서 변화했다. 1982년 부산과 1985년 서울 · 광주의 미국 문화원 방화 또는 점거 사건은 제한적이지만 '반미反美의식'의 표출이었다. 이 사건을 주도한

---

19. 이강로, 2004, 「한국 내 반미주의의 성장과정 분석」, 『한국정치학회보』 제44집 4호, 250쪽.

세력들은 광주 민주화 운동의 무력진압과 관련하여 미국이 신군부를 지원했다고 비판하면서 자유민주주의의 수호자라는 미국의 '신화'에 도전했다. 또한 민주화 세력은 1980년대부터 권위주의 정부가 시장개방이라는 미국의 압력을 받아들이는 것을 보면서 '불평등한' 한미관계를 비판했다. 특히 1987년 민주화 이후 '민족해방민주주의혁명'NLPDR 세력은 한국을 미국의 식민지라고 주장하면서 반미反美를 주장했다. 그러나 이러한 주장이 한국인의 대미인식에 얼마나 영향을 미쳤는지는 확실치 않다. 대신 한국인의 대미인식에 부정적 영향을 준 사건은 1988년 서울 올림픽에서 보여준 미국 NBC의 편파보도와 유명 선수들의 오만함이었다. 그래서 한국인은 미국 선수보다 소련 및 동구권 선수를 더 응원했다.

여론조사 결과도 1980년대 한국인의 대미의식이 변화했음을 보여준다. 미국을 '가장 좋아하는 나라'로 선택한 한국인이 1981년 60.6%였는데 유사한 질문('미국은 내가 〈가장 좋아하는 나라〉이다')에 대한 응답이 1984년 37.3%, 1987년 36.3%, 1990년 19.5%, 1991년 19.7%였다.[20] 그러나 이 결과를 한국인의 친미의식 약화라고 평가하기는 힘들다. 왜냐하면 미국이 '가장' 좋아하지 않고 '그냥' 좋아할 수도 있기 때문이다. 그래서인지 1995년에도 여전히 상당수의 한국인(70.1%)이 미국을 '가깝게 느끼는 나라'로 선택했다.[21] 다만 이 조사는 '숭미' 의식이라고 지칭될 정도였던 미국에 대한 절대적 호감이 약화되었음을 보여준다는 점에서 의미가 있다.

20. 위의 글, 253쪽.
21. '한국이 가깝게 느끼는 나라'로 미국 70.1%, 북한 16.4%, 중국 6.7%, 일본 6.1%, 러시아 0.7% 순으로 선택되었다. 민족통일연구원, 1995, 앞의 책, 58쪽.

그런데 2000년대의 조사를 보면 한국인의 대미의식 변화가 분명히 보인다. 여러 가지 조사에 따르면, (2003년 3월 조사를 제외하고) 2001-2004년까지 미국에 대한 부정적 인식이 긍정적 인식보다 높고, (2002년 2월을 제외하고는) 중립적인 인식이 과반수에 달할 정도로 높은 비중을 차지했다. 이는 2000년대 전반 한국인의 친미의식이 약화되었다는 사실을 보여준다.

〈표 6〉 미국에 대한 인식[22]

	(아주, 약간) 좋다	(약간, 매우) 싫다	중립	모름/무응답
2001 (서울대 사회발전연)	30.5	39.9	42.3	
2002. 2 (한국 갤럽)	33.7	59.6	6.7	
2002. 12 (한국 갤럽)	37	54		
2003. 3 (코리아리서치)	23.0	29.5	46.0	1.4
2003. 5 (코리아리서치)	26.3	19.9	52.5	1.2
2004. 9 (코리아리서치)	20.0	24.4	53.9	1.6

이러한 변화는 특히 2002년 6월 미국 장갑차에 의한 여중생 사망이 큰 영향을 미친 것으로 보인다. 이 사건을 계기로 대규모 항의 촛불시위가 일어났고, 이 과정에서 한미주둔군지위협정SOFA의 '불평등성'에 대한 인식도 확산되었다. 게다가 2003년 미국 부시 대통령이 한국군의 이라크 파병을 요청하자 많은 한국인은 파병반대와 함께 반전反戰·반미를 구호로 시위를 조직했다. 그 결과 2005년의 조사가 보여주듯이 한국인 사이에서 반미의식이 친미의식에 버금갈 정

---

22. 서울대학교 사회발전연구소, 2003, 『한국사회 국민의식과 가치관에 관한 조사연구』, 서울대학교 사회발전연구소.

도로 확산되었다. 이 조사는 중립적 견해를 제외한 채 오직 찬반만을 선택하는 것이었는데, 절반 정도의 한국인이 반미정서를 지지했다.[23] 그러나 2005년의 또 다른 조사는 여전히 한국인이 주변 국가들 중에서 미국을 가장 신뢰한다는 사실을 보여주었다.[24] 이는 반미의식이 존재함에도 불구하고 한국인이 다른 나라에 비해 미국을 가장 신뢰한다는 사실을 보여준다.

그런데 2000년대 후반의 조사는 친미의식이 약화되던 이전의 경향과 사뭇 다른 모습을 보여준다. 2000년대 후반의 조사에 따르면 미국을 '가장 가깝게 느끼는' 한국인의 비율은 점점 증가했다(《표 7》).

〈표 7〉 한국인이 가장 가깝게 느끼는 국가[25]

	미국	일본	북한	중국	러시아
1995	70.1	6.1	16.4	6.7	0.7
2007	53.4	11.6	24.0	10.2	0.9
2008	59.9	9.6	21.8	7.7	1.6
2009	68.2	8.7	15.9	6.1	1.0
2010	70.6	9.6	14.8	4.2	0.7

1995년 70.1%였던 비율은 2007년에는 53.4%로 하락했지만 이

---

23. '귀하는 한국의 반미정서에 대해 어떻게 생각하십니까?' 라는 질문에 대한 결과는 '지지한 다' 50.3%(매우 지지 12.3%, 대체로 지지 37%)와 '반대한다' 49.7%로(대체로 반대 20.3%, 매우 반대 19.5%) 나타났다. 통일연구원, 2005, 앞의 책, 121쪽.
24. 2005년 조사에서 한국인이 신뢰한다고 응답한 비율은 미국 19.8%, 일본 6.4%, 북한 6.1%, 중국 6.1%, 러시아 3.7%였다. 그리고 신뢰하지 않는다고 응답한 비율도 미국 44.4%, 러시아 57.4%, 북한 61.6%, 중국 63.6%, 일본 72.3%로 미국이 가장 낮았다. 이내영, 2007, 앞의 글, 199쪽.
25. 민족통일연구원, 1995, 앞의 책, 58쪽 ; 서울대학교 통일평화연구소, 2010, 앞의 책, 122-124쪽.

후 계속 상승하여 2010년에는 다시 1995년의 수준으로 상승했다. 이는 2006년과 2009년 북한의 핵실험, 2008년 이명박 정부 등장 이후 남북관계의 악화, 그리고 2010년 천안함 사건 등 한반도의 긴장이 높아지는 상황에서 한국의 안보는 미국에 의존할 수밖에 없다는 현실을 반영한 것으로 보인다. 곧 북한이 2차 핵실험 직후인 2009년 6월의 여론조사에서 한미동맹을 강화해야 한다는 의견이 자주외교보다 우세했고, 북한의 연평도 포격이 일어난 직후인 2010년 12월의 여론조사에서도 '한미동맹을 강화해야 한다'는 의견이 37.9%인 반면 '독자외교'에 대한 지지는 26.5%였던 결과 역시 이를 잘 보여준다.[26] 그러나 이것이 과거의 친미의식과 동일한 것으로 보이진 않는다. 한국인은 전통적으로 일본에 대해 반감을 가진 데다 최근 일본의 우경화 경향을 우려하고, 중국에 대해서도 동북공정을 비롯하여 정치경제적 지위의 급상승에 따른 '패권주의'를 두려워하고 있으며, 러시아에 대해서는 지리적 거리감만큼 심리적 거리감도 크다. 그렇기 때문에 한국인이 안보를 위해 선택할 수 있는 주변국은 미국 외에는 없다. 따라서 최근의 변화는 한국의 안보를 고려한 현실적 선택으로 보인다. 이러한 점에서 최근의 친미의식은 미국을 이상향으로 생각하고 보은의식을 지녔던 냉전시기의 맹목적인 친미의식과는 전혀 다른 성격을 띤 것이다.

결국 냉전시기를 지배했던 맹목적인 친미의식은 냉전의 붕괴 및 경제성장과 민주화 성공 이후 등장한 새로운 세대가 부상하면서

---

26. 2010년 조사는 '한미동맹을 강화해야 한다'는 의견이 2005년 30.3%에 비해 증가한 반면 '독자외교'에 대한 지지는 축소되었다. 《매일경제》, 2009년 6월 17일 ; 《중앙일보》 2010년 12월 4일.

점진적으로 변화했다. 냉전붕괴는 미국이 더 이상 '정의의 수호자'
가 아니라 국가이익에 따라 움직이는 '보통 국가'임을 드러냈다. 그
리고 대한민국에 대한 자부심을 가진 새로운 세대는 구세대와 달리
미국에 대해 보은의식과 열등감을 갖고 있지 않으며 불평등한 한미
관계에 대한 비판적 의식을 지녔다. 그래서 이제 한국인은 미국을 무
조건 숭배 또는 배척하는 것이 아니라 한국의 이익에 기초하여 미국
을 인식한다. 또한 현재에도 한국인은 여전히 미국을 가장 신뢰하기
때문에 21세기 한국인의 대미인식은 현실주의적 친미의식이다.

4. 민주화 이후 한국 민족주의의 변화 : 대내적 측면

민주화 이후 한국에서는 역사상 '처음으로' 혈통, 언어, 피부색
등이 완전히 다른 외국인이 대거 이주하는 큰 변화가 일어났다.[27]
1990년대 이후 중국과 동남, 남아시아로부터 이주노동자를 비롯하
여 결혼이주자가 유입되면서 1990년대 초만 해도 몇 만에 불과하던
외국인 수가 2010년에는 한국 전체 인구의 2.5%인 126만 명으로 증
가했다. 게다가 2000년대 이후에는 국제결혼이 증가하면서 그들의
자녀도 증가했다.[28]

---

27. 민족주의의 대외적 측면이 주로 정치적 교의와 연관되었다면 대내적 측면은 정체성 및 담
론과 연관되어 있다.
28. 통계청 조사에 따르면 2010년 외국인과의 혼인은 총 34,235건으로 2009년보다 9백 건 증
가했고, 외국인과 혼인은 총 혼인(326,104건) 중 10.5% 수준이다. 통계청, "국제결혼 현황"
(http://www.index.go.kr/egams/stts/jsp/potal/stts/PO_STTS_IdxMain.jsp?idx_cd=2430)

〈표 8〉 국내 장단기 체류 외국인, 1999-2010[29]

	체류 외국인	총인구 대비 비율
1999	381,116	0.8
2000	491,324	1.0
2001	566,835	1.2
2002	629,006	1.3
2003	678,687	1.4
2004	750,873	1.5
2005	747,467	1.5
2006	910,149	1.86
2007	1,066,273	2.16
2008	1,158,866	2.34
2009	1,168,477	2.35
2010	1,261,415	2.50

　　이는 그동안 한국 민족주의의 가장 큰 특징이었던 '순혈주의적' 단일민족 관념에 대한 도전이었다. 이 관념은 한민족이 한 명의 조상에서 유래한 '순수' 혈통을 보유했다는 인식과 한민족은 하나의 언어, 문화, 영토, 역사적 기억을 공유하는 동질적 집단이라는 인식이 결합된 것이다. 이는 해방 이후 소수의 화교를 제외하고 장기간 거주하는 외국인이 거의 없었기 때문에 자연스럽게 받아들여졌다. 그러나 1990년대 이후 이주민의 대량이주 및 2007년 유엔 인종차별위원회의 '단일민족국가' 이미지 극복 권고 등으로 인해 이제 한국에서는 공식적으로는 단일민족 개념을 사용하지 않는다. 또한 행정기관

(검색일 2012. 2. 9).

29. 이삼석 외, 2011, 『저출산·고령사회에서 외국인 유입의 파급효과 분석』, 한국보건사회연구원, 64쪽.

과 학교에서 '다문화' 정책과 교육을 실시하는 등 한국이 장래에 다문화사회로의 전환될 것이라는 인식이 확산되었다.

그러나 이러한 변화가 실제 한국인의 순혈주의적 단일민족 관념을 변화시켰는지는 의문이다. 이러한 상황을 고려하여 이 절 1)에서 1990년대 이후 외국인과 관련된 정책의 변화를 살펴보고, 그 과정에서 외국인에 대한 한국인의 인식이 어떻게 변했는지를 살펴본다. 또한 2)와 3)에서는 1990년대부터 등장한 중국동포로 인해 부쩍 쟁점이 되었던 재외동포와 2000년대부터 증가하기 시작한 새터민에 대한 한국인의 인식을 살펴본다.

1) 외국인에 대한 인식

1990년대 이전까지 외국인에 대한 한국인의 인식은 '손님'이었다. 해방 이후 화교를 제외하고 한국에 오래 거주하는 외국인은 극소수였기 때문에 한국인은 그들을 잠시 한국에 머물다가 고향으로 돌아갈 사람이라고 생각했다. 그러나 이러한 인식은 1990년대부터 시작된 외국인의 노동이주와 장기체류, 그리고 2000년대 영구거주를 전제로 한 결혼이주 여성의 지속적 유입으로 바뀌었다.

1990년대 해방 이후 처음으로 외국인 노동자가 대거 유입되었지만 그들에 대한 한국인의 인식은 이전과 크게 다르지 않았다. 한국인에게 그들은 곧 떠날 손님이었고, 정부의 정책 역시 이런 인식의 연장선상에 서 있었다. 정부는 1991년 '외국인산업기술연수제도'의 시행으로부터 시작하여 최근까지도 외국인 노동자를 한국 사회의 구성원으로 받아들이지 않았다. 그들의 노동조건은 지속적으로 개선되고 체류기간 역시 연장되었지만 귀화조건이 몹시 까다로웠기 때문에 그들은 반드시 본국으로 돌아가야만 했다. 이러한 점에서 볼 때 한국 정부의 외국인 정책은 자국민으로의 진입을 허용하지 않는 '배타적' 성격을 지닌 것이었다.

한편 2000년대부터 한국에는 결혼을 목적으로 이주하는 외국인 여성들이 급속히 증가했다. 이는 1990년대 이후 고학력화와 경제활동 참여 확대에 따른 한국 여성의 만혼과 독신 경향이 심화됨에 따라 농촌과 도시의 저소득 남성들이 국내에서 결혼 배우자를 찾지 못한 것과 관련되어 있다. 이에 따라 지방자치단체들은 저출산현상 극복, 지역인구 증가, 주민 복지 차원에서 개별적으로 국제결혼 지원정책을 실시했다. 중앙정부 역시 국제결혼 이주민이 급격히 증가하는 과정에서 발생하는 인권침해, 한국 사회 부적응, 빈곤화, 자녀양육 곤란 등을 해결하기 위해 여러 정책을 실시했다.[30]

결국 1990년대 이후 한국 정부는 외국인 노동자에 대해서는 기본적으로 한국 사회의 일원으로 받아들이지 않는 배타적 정책을 전개한 데 비해 결혼이주자에 대해서는 한국 사회로의 성공적 적응을 지원하는 상대적으로 '수용적' 정책을 실시했다. 이는 한국 정부가 입국목적을 기준으로 외국인에 대해 상이한 대응을 한다는 사실을 보여준다. 그러면 외국인의 대량이주라는 최근의 변화에 대해 한국인은 어떤 인식을 갖고 있는가?

2007년 이주자의 권리에 대한 태도 조사에 따르면 한국인의 압

---

30. 정부는 2005년 외국인 이주여성 자녀의 인권실태 및 차별 개선 방안을 마련했으며, 2006년에는 결혼이민자 및 혼혈인, 이주자의 사회통합 지원대책을 확정했다. 특히 2008년 다문화가족지원법과 2008년 12월 확정된 '제1차 외국인정책 기본계획(2008~2012)을 중심으로 국제결혼 이주민에 대한 지원정책이 추진되고 있다. 이삼식, 2011, 앞의 책, 57~58쪽.

도적 다수(78%)는 외국인도 한국인과 마찬가지로 '노동법적 권리'
를 보호받아야 한다고 생각했다. 또한 이보다 낮지만 외국인 근로자
의 가족동반, 이주자 정책 마련 과정에서 그들의 의견수렴, 이주자 인
권보호 등에 대해 찬성 의견이 많았다. 그러나 이것이 한국인이 외국
인 노동자를 국민 또는 민족구성원으로 받아들이는 것을 의미하지는
않는다. 위의 조사에 따르면 '계약 종료 외국인 노동자들의 귀국'과
'불법 외국인 노동자 본국 송환'에 찬성하는 비율은 모두 50%가 넘
었다. 곧 과반수 이상이 외국인 노동자는 계약기간이 끝나면 귀국해
야 하고 불법체류자는 본국으로 보내야 한다고 생각했다.[31] 결국 외
국인에 대한 한국인의 인식은 복합적이다. 합법적으로 국내에 거주하
는 외국인의 권리는 인정하고 배려하지만 법적 체류기간을 넘긴 장
기 거주는 반대한다. 이는 한국인이 여전히 '다른 민족'인 외국인을
한민족 또는 한국 국민으로 받아들이지 않는다는 사실을 보여준다.

　　2006년 '결혼이주자 자녀의 정체성'에 대한 분석 역시 이런 경향
을 보여준다. 결혼이주자 자녀에 대해 한국인의 69%가 '한국인'으
로, 그리고 54.4%가 '한민족'으로 보았다.[32] 한민족의 피가 절반 섞인
자녀에 대해 한민족이라는 응답이 절반 가까이라는 점, 그리고 한국
인보다 한민족이라는 응답이 낮은 것을 볼 때 한국인이 여전히 혈통
에 근거한 단일민족 관념을 고수하고 있다는 점을 볼 수 있다.

　　그러나 흥미로운 사실은 절반 이상의 한국인이 속지주의에 따라

---

31. 황정미 외, 2007, 『한국 사회의 다민족·다문화 지향성에 대한 조사연구』, 한국여성정책연
구원, 108쪽.
32. 결혼이민자 가족의 부모들은 대다수가 자신의 자녀를 한국인(97.3%)인 동시에 한민족(97%)
로 보았다. 설동훈, 2006, 「국민·민족·인종 : 결혼이민자 자녀의 정체성」, 한국사회학회,
『동북아 다문화시대 한구사회의 변화와 통합』, 동북아시대위원회 용역과제 보고서, 84쪽.

한국에서 태어난 외국인 이주자 자녀들에게 시민권을 부여하는 것에 대해 긍정적이라는 점이다. 위의 2007년 조사에 따르면 54.9%의 한국인이 부모의 인종이나 국적에 관계없이 한국에서 태어나면 한국 국적을 부여해야 한다는 데 찬성했고 반대는 15.7%에 불과했다.[33] 이는 한국인이 민족 개념을 혈통적으로, 그리고 국민은 시민권적으로 구별하여 인식한다는 사실 및 단일민족 관념의 지속에도 불구하고 한국인이라는 국민 개념의 범주가 점차 개방적으로 변화한다는 사실을 보여준다. 이는 외국인 귀화에 대한 한국인의 태도에서도 잘 드러난다. 한국인은 같은 민족인 조선족보다 인종, 언어, 문화적으로 아주 다른 미국인의 귀화를 인정할 수 있다는 비율이 더 높다. 한국인은 자신과 인종적으로 비슷한 중국인이나 몽골인, 일본인 등 다른 모든 집단보다 미국인을 국민으로 받아들일 수 있다는 태도를 지니고 있다는 사실을 볼 때, 한국인은 국민의 자격에 대해서는 혈통적 특징을 중시하지 않는 것으로 보인다.[34]

이상의 외국인 노동자 및 결혼이주자와 그 자녀에 대한 한국인의 인식은 단일민족 개념의 지속과 변화의 모습을 동시에 보여준다. 2011년의 한국보건사회연구원의 '외국인·이민자에 대한 국민의식 조사' 역시 외국인에 대한 상반된 인식이 드러난다. 한국인의 66.9% 가 '외국인·이민자에 대한 친밀감'을 느낀다고 응답했고, '외국인·이민자가 증가하면 한국 사람들이 느끼는 위협감이 커질 것'이라는 견해에 59.3%가 동의하지 않았다. 반면 한국인의 절반 정도(57.8%, 50.8%, 47.5%)가 언어, 종교, 피부색의 차이로 인해 외국인·이민자와

---

33. 황정미 외, 2007, 앞의 책, 104–108쪽.
34. 황정미 외, 2007, 앞의 책, 99쪽.

갈등이 존재할 것이며, 64%가 외국인 이민자가 증가하면 외국과 같이 그들의 소요사태나 데모 등이 발생할 것이라고 우려했다.[35]

결국 민주화 이후 민주적 의식의 증진으로 인해 한국 사회에서 외국인에 대한 법적 처우는 많이 개선되었다. 그러나 외국인 노동자를 한국 사회의 일원으로 받아들이지는 않고 있다. 반면 한국인과 결혼하는 외국인 이주자에 대해서는 그들이 성공적으로 한국 사회에 정착하도록 지원한다. 그리고 2000년대 중반부터는 다민족·다문화 사회를 말하고 있지만 한국인은 여전히 혈통중심적 단일민족 관념을 보유하고 있다. 다만 1990년대 이전에 비해 외국인의 지속적 유입으로 그 관념이 가진 배타성은 변화하기 시작했다.

2) 재외동포에 대한 인식

한국의 민족구성과 관련하여 1990년대 이후 일어난 또 하나의 변화는 그동안 잊고 지냈던 조선족과 새터민의 유입이다. 양자는 모두 '같은 민족'이기 때문에 한국인이 아닌 '동포'에 대한 한국인의 의식을 파악할 수 있는 중요한 지표이다.

1990년대 이전까지 한국인에게 재외동포는 주로 교포로 불렸고, 재일교포와 재미교포를 의미했다. 재일교포는 식민지 시기 반강제적으로 이주한 사람들과 그들의 자손들로서 일본에서 차별대우를 받았기 때문에 한국인의 안타까움과 함께 반일反日감정을 일으키는

---

35. 이상식 외, 2011, 앞의 책, 216-228쪽.

존재였다. 또한 친親북한의 조총련이 있었기 때문에 일반인들이 그리 쉽게 접근할 수 있는 대상은 아니었다. 반면 재미교포의 경우에는 주로 해방 이후 이주한 사람이 다수였고, 그래서 한국과 지속적으로 활발히 교류했다. 특히 미국으로 이민갈 수 있는 한국인은 제한되었고 상당수가 경제적 성공을 거두었다고 알려졌기 때문에 한국인의 부러움의 대상이었다.

그런데 특이한 것은 한국인은 재일교포가 일본 국적을 취득하면 한민족으로서의 정체성을 포기한 것으로 인식한 데 비해 재미교포의 경우, 미국 국적을 취득해도 계속 한국인이라고 생각하는 경향이 있었다. 이는 국적여부와 상관없이 한국인은 백인이 아니기 때문에 진짜 미국인이 될 수 없다고 생각했기 때문으로 보인다. 비록 재일교포가 일본에서 차별당하는 존재였지만 1990년대 이전까지 재외동포는 주로 한국보다 선진국에 사는 동포였기에 대체로 한국인은 그들을 동경했다.

그런데 재외동포에 대한 이러한 인식은 1990년대 초 조선족과 고려인이 유입되면서 변화했다. 특히 한국이 경제발전과 민주화에 성공하고 한국보다 경제적으로 후진적인 지역으로부터 많은 동포가 유입되자 재외동포에 대한 인식은 달라졌다. 재외동포 중 조선족은 1990년대 초부터 경제적 격차와 지리적 근접성으로 인해 한국으로 대거 입국했다. 초기에 그들은 오랜만에 다시 만난 형제처럼 인식되었고 특유의 말투와 문화로 인해 '관심'의 대상이었다. 그러나 그들은 다른 외국인 노동자들과 마찬가지로 일자리를 찾아 한국에 입국했기 때문에 주로 한국인이 기피하는 3D업종에 종사했고, 그로 인해 한국인에게 '무시'와 '동정'의 대상이 되었다. 2001년 조사에 따르면 한국인에게 멸시나 피해를 당한 적이 있는 조선족이 67%에 달했다.[36]

그럼에도 불구하고 조선족은 한국 사회에 존재하는 특유의 단일민족 관념으로 인해 수혜를 입었다. 1998년 한국 정부가 재외동포에게 혜택을 부여한 재외동포법을 제정할 때 중국의 반대로 조선족은 적용대상에서 제외되었다. 그러나 이후 정치권과 시민사회의 지원으로 2004년 재외동포법이 개정되고 2007년에는 방문취업제가 실시됨으로써 그들은 중국 국적자임에도 불구하고 재외동포로서의 특혜를 받았다. 그러나 2000년대 조선족에 대한 한국인의 인식이 개선된 것 같지는 않다. 최근 전문직에 종사하는 조선족이 늘어났지만 여전히 다수는 한국인이 꺼리는 직업에 종사하기 때문이다.

한편 재외동포 중 다수를 차지하는 재미동포에 대해서도 한국인의 인식은 과거와 달라진 것으로 보인다. 1980년대 후반 한국의 민주화와 '3저 호황'에 따른 경제적 성공은 한국의 경제적 위상을 높였고 미국에 대한 한국인의 열등감을 어느 정도 해소시켰다. 특히 1990년대에는 '역이민'이라는 용어가 생겨날 정도로 한국의 상황이 개선되었기 때문에 재미동포에 대한 '동경憧憬' 역시 약화되었다. 비록 IMF 경제위기를 겪으면서 이러한 경향이 일시 역전되기도 했지만 미국의 위상 약화 및 배타성의 증가로 인해 한국인에게 재미동포는 더 이상 큰 동경의 대상은 아니게 되었다.

그런데 재외동포에 대한 한국인의 인식은 지역에 따라 상이한 것으로 나타난다. 2003년 조사에 따르면 한국인은 조선족보다 재미교포를 더 가깝게 느끼는 것으로 나타났다. 또한 한국인의 92%가 재미교포를 동포로 답한 데 비해 조선족에 대해서는 77%만이 동포라

36. 설동훈, 2002, 앞의 글, 215쪽.

고 답했다.[37] 이는 한국인이 조선족보다 재미교포를 더 친근하게 느
낀다는 사실을 보여준다. 그것은 조선족이 대부분 해방 이전 이주한
사람들의 자손이고, 오랫동안 접촉하지 못했고, 한국과 다른 사회주
의 체제에 살았으며 한국보다 경제적으로 뒤처진 지역 출신이라는
여러 이유에 기인한 것이다. 결국 1990년대 이후 재외동포에 대한 한
국인의 인식은 재외동포의 형성과정, 출신지역과의 역사적 관계, 그
리고 그 지역의 경제적 지위 등에 따라 '위계적' 성격을 보인다. 곧
한국인은 같은 재외동포라도 출신국에 따라 다르게 대우하는 차별
적 인식을 지녔다.

3) 북한이탈주민에 대한 인식

새터민은 중국동포와 마찬가지로 1990년대 이후 새롭게 한국
사회에 유입된 한민족이다. 그들은 같은 민족이지만 조선민주주의인
민공화국의 공민으로서 '자유'를 찾아 대한민국에 들어왔다. 그들의
유입은 1990년대 초반까지 10명 이내의 적은 인원이었으나 1994년
김일성 사망을 기점으로 증가하기 시작하여 2001년 1,043명, 2002년
1,138명이었고, 2006년부터는 매년 2,000명 이상으로 급격히 증가하
는 추세이다. 이는 북한의 어려운 경제상황과 기존 북한이탈주민의
중간 역할, 브로커들의 활동으로 인한 것으로 분석된다. 또한 입국경

---

37. Seol Dong-hoon and John D. Skrentny, 2009, "Ethnic return migration and hierar-chical nationhood : Korean Chinese foreign workers in South Korea", *Ethnicities*(Vol. 9 no. 2), p. 60.

로가 이전에 비해 다양화되었고, 먼저 입국한 가족이나 친인척의 도
움을 받아 입국하는 것도 중요한 증가요인 중 하나가 되고 있다. 그
리고 입국자들의 직업배경도 매우 다양해지고 있다. 그들은 남한 사
회에 안정적으로 정착하기 위해 정부가 운영하는 하나원에서 교육
을 받고 한국 사회로 진출한다.[38]

　　한국인은 유입 초기에는 새터민에 대해 호기심과 동정심을 보
였지만 북한의 열악한 경제상황에 따라 입국자가 증가하자 점차 관
심이 멀어졌다. 게다가 그들은 북한이라는 독특한 사회에서 거주했
기 때문에 언어, 사고, 문화 등 모든 측면에서 한국 사회에 쉽게 적응
할 수 없었다. 이에 따라 새터민에 대한 한국인들의 인식도 그리 좋
지 않았다. 그래서 그들은 한국 사회로부터 차별과 배제를 경험했다.
그래도 2000년대 후반의 조사에 따르면 새터민에 대한 한국인의 친
근감은 약간씩 상승하는 대신 거리감은 축소되고 있다. 그러나 2010
년에도 여전히 친근감보다는 거리감을 가진 한국인이 다수였다.

　　결국 2000년대 후반의 조사에 따르면 새터민에 대한 한국인의
인식이 점차 개선되고 있지만 여전히 다수의 한국인이 거리감을 느
끼고 있다. 이는 한국인은 새터민이 같은 한민족일지라도 남한과 북
한의 '거리' 만큼 그들에게 이질감을 느끼고 있다는 사실을 보여준
다. 한국인에게 새터민은 관념상으로는 민족동질성을 지닌 존재지만
현실에서는 차별성과 이질성을 지닌 존재이다.

---

38. 최승호, 2010, 「북한 새터민에 대한 사회통합 방안 : 독일 사례를 바탕으로」, 『정치정보연구』
　　제13권 제1호, 162쪽.

<표 9> 북한이탈주민에 대한 친근감[39]

	매우 친근	다소 친근	별로 친근하게 느끼지 않는다	전혀 친근하게 느끼지 않는다
2005	7	29.3	61.8 (별 감정이 없다 46.8 + 다소 거리감이 느껴진다 15.0)	1.9 (매우 거리감이 느껴진다)
2007	2.6	33.4	56.8	7.0
2008	3.1	33.1	57.2	6.6
2009	3.1	33.2	55.3	8.0
2010	4.4	38.1	50.8	6.7

5. 민주화 이후 한국 민족주의의 변화요인과 전망

이상에서 민주화 이후 한국 민족주의의 변화를 한국인의 다양한 인식을 중심으로 고찰했다. 이 변화는 다양한 국내외적 요인에 의해 추동된 것으로, 그 배경에는 1987년의 민주화와 1990년대 초의 냉전붕괴가 존재했다. 반공주의적이고 친미적인 한국 민족주의를 변화시킨 요인을 구체적으로 살펴보면 첫째, 1990년대부터 시작된 탈냉전과 북한의 변화는 한국인의 통일인식을 변화시켰다. 북한에 대한 정보와 교류가 차단되었던 권위주의 시기에 한국인의 통일인식은 민족동질성에 기초한 감성적이고 당위적이며 적극적인 성격을 지녔다. 1990년대 북한의 외교적 고립과 경제난은 북한 붕괴, 곧 통

---

39. 서울대학교 통일평화연구소, 2010, 앞의 책, 101쪽.

일에 대한 기대를 높였지만 김정일 체제가 안정되고 김대중·노무현 정부의 남북교류가 확산되면서 기대는 도리어 약화되었다. 특히 10여 년 간의 남북교류는 남북 간의 이질성을 확인시켰을 뿐만 아니라, 즉각적인 통일이 현실적으로 가능하지 않고 통일된다고 해도 그것이 한반도의 발전과 번영을 가져오지 못할 것이라는 인식을 가져왔다. 따라서 한국인은 즉각적인 통일보다 점진적인 통일을, 각자의 삶에 부담되는 통일보다는 '평화적인' 분단상태가 더 바람직하다고 생각했다. 결국 2000년대 한국인의 통일인식은 통일의 당위성에 대한 인식과 별개로 매우 현실적이고 소극적인 성격으로 변했다.

둘째, 민주화 직후부터 전개된 통일운동과 북한바로알기운동은 북한에 대한 호기심과 호의를 이끌어냈다. 그러나 1990년대 북한의 NPT 탈퇴와 핵·미사일의 개발 및 경제난은 이런 호의적 대북인식을 역전시켰다. 이는 김대중·노무현 정부 시기 남북정상회담과 남북교류 확대로 인해 다시 개선되었지만 북한의 핵실험과 부시 행정부와의 갈등, 결정적으로 2000년대 말 북한의 무력공격으로 인해 다시 악화되었다. 이렇게 민주화 이후 한국인의 대북인식은 호전과 악화를 거듭하는 과정에서 한국인은 핵과 미사일만 제외한다면 북한은 더 이상 두려워할 존재가 아니라고 생각하게 되었다. 또한 북한의 '후진성'으로 인해 한국인의 대북호감도 저하되었다. 결국 민주화 이후 한국인의 대북인식은 무조건 북한을 절멸시켜야 한다는 냉전시기의 맹목적인 반공주의에서 벗어나 '체제 우월감'에 기초한 반공주의로 전환되었다.

셋째, 한국인의 대미인식 역시 1980년대부터 변화가 시작되었고, 2000년대에 결정적으로 변화했다. 냉전시기 한미 간의 '특수한' 관계로 인해 한국인의 대미인식은 숭미崇美의식이라고 할 정도로 친미적이었다. 그러나 1980년대 초반부터 친미의식이 약화되기 시작하여 냉전붕괴 이후 노골적으로 자국이익만을 추구하는 미국의 외교정책에 의해 더욱 약화되었다. 특히 2000년대 초반 불평등한 한미관계를 드러낸 몇몇 사건들은 한국인의 자존심에 상처를 가함으로써 '감정적인' 반미의식의 확산을 가져왔다. 그러나 2000년대 북한의 핵·미사일 실험과 중국의 부상, 그리고 2000년대 말 북한의 무력사용은 한국인의 대미인식에 또 다른 영향을 미쳤다. 이제 한국인은 한국 안보에서 미국의 중요성을 인정하고 안보를 위해 미국에 의존해야 한다는 현실주의적 인식을 갖게 되었다. 결국 2000년대 한국인의 대미인식은 숭미도 반미도 아닌 현실주의적인 친미로 변화되었다.

다음으로 한국 민족주의의 내적 측면인 단일민족 관념의 변화를 가져온 일차적 요인은 1990년대부터 시작된 외국인 노동자와 재중동포(고려인)의 대거 유입, 그리고 2000년대부터 증가한 결혼이주자와 새터민의 유입이었다. 그 중 재중동포를 포함한 외국인 노동자의 유입은 1987년 민주화가 가져온 노동자 대투쟁의 결과 중 하나였다. 노동자 대투쟁은 노동자의 임금상승과 권익향상을 가져왔기 때문에 한국 노동자들은 더 이상 3D 업종에서 일하려 하지 않았다. 그 결과 3D 업종에 외국인 노동자가 들어오게 되었다. 따라서 민주화는 외국인 노동자 유입을 가져온 간접적 요인 중 하나로 볼 수 있다. 그러나 결혼이주자의 증가와 새터민의 유입에는 민주화가 영향을 미치지 않았다.

한편 외국인 노동자의 유입은 단일민족 관념에 내재된 배타성을 드러내는 계기가 되었다. 소수 화교를 제외하고 외국인과 살아본 경험이 없던 한국인은 한국 사회에 외국인 노동자가 들어오자 그들을 무시하고 편견을 드러냈으며, 한국인 노동자에 비해 그들을 차별대우했다. 그러나 외국인 노동자의 저항, 한국 시민단체의 지원, 그리고 정부의 인권보호 의지 등으로 인해 1990년대 중반 이래 한국 사회에서 외국인 노동자의 상황은 상당히 개선되었다. 게다가 2000년대 결혼이주자가 대거 유입되면서 단일민족 개념도 공식적으로 사용되지 않고, 다문화 담론의 확산을 통해 그들을 포용하려는 노력이 진행되었다. 그러나 다수의 한국인은 여전히 단일민족 관념을 갖고 있다. 한국인은 외국인 노동자의 인권보호에는 동의하지만 그들이 합법적인 체류기간을 넘기기를 원치 않는다. 이는 한국인이 아직 외국인을 한국 사회의 일원으로 받아들이기를 원하지 않는다는 사실을 보여준다. 다만 다수의 한국인이 다문화 가정 지원 프로그램에 찬성하고 한국인과 결혼한 외국인을 한국인으로 수용하는 태도를 보이는 점은 이전보다 배타성이 많이 약화되었다는 사실을 보여준다. 결국 외국인의 유입 이후 한국인의 외국인 인식은 상당히 개선되었지만 아직도 단일민족 관념은 지속되고 있다.

둘째, 같은 한민족이지만 외국인인 중국동포에 대한 인식도 시간이 가면서 변화했다. 처음에는 호기심과 관심의 대상이었지만 수가 늘어나고 이질성이 드러나면서, 게다가 주로 한국인이 기피하는 3D 업종에 종사하면서 그들은 동정 또는 무시의 대상이 되었다. 곧 한국인은 돈을 벌기 위해 고향을 떠난 그들을 불쌍히 여기거나 또는 직업과 경제적 위상에 근거하여 그들을 무시했다. 물론 그들은 동포라는 이유로 다른 외국인에 비해 법적이고 현실적으로 많은 혜택을 누렸지만 그런 인식은 개선되지 않았다. 이는 재미교포 및 재일교포에 대한 인식과는 다른 것으로 중국동포의 유입이 재외동포에 대한 위계적 인식을 드러내는 계기가 되었다. 곧 같은 한민족임에도 불구하고 재외동포 형성의 역사와 출신국의 경제적 위상에 따라 한국인은 재외동포를 차별적으로 인식한다. 이는 혈연적 단일민족 관념에도 위계가 존재한다는 사실을 보여준다.

또한 2000년대 이후 본격적으로 한국 사회로 들어온 새터민에 대한 한국인의 인식도 중국동포와 유사했다. 그들은 처음에는 엄혹한 상황에서 목숨을 걸고 탈출했기 때문에 한국인의 관심 또는 동정심의 대상이 되었다. 그러나 수가 늘어나고 한국인과의 이질성이 확인되자 한국인들은 점차 관심을 기울이지 않았다. 2000년대 후반 다수의 한국인은 그들에 대해 친근감보다는 거리감을 더 많이 갖고 있는데, 이는 단일민족 관념이 가진 한계를 드러내는 사례이다.

이렇게 외국인의 유입으로 1990년대부터 시작된 한국 사회의 인구구성의 변화는 한국인이 기존에 갖고 있던 단일민족 관념에 대한 도전이었다. 재외동포, 외국인 노동자, 결혼이주자, 새터민 등 다양한 이방인의 유입은 이 관념이 지닌 문제점을 드러냈고, 그래서 2000년대 중반 노무현 정부는 공식적으로 다민족·다문화 정책을 실시했다. 많은 한국인은 이에 공감하면서도 여전히 다수는 단일민족 관념을 갖고 있다. 그러나 재중동포와 새터민의 등장이 가져온 단일민족 관념의 균열은 인권과 민주주의의 가치를 중시하는 시대적 흐름이 지속된다면 약화될 것이다. 결국 이질적인 외국인 및 동질적인 동시에 이질적인 한민족의 유입은 단일민족 관념에 기초한 한국 민족주의에 변화를 추동했다.

결국 민주화 이후 한국의 민족주의는 외적으로는 반공과 친미, 그리고 통일지상주의에 기초한 당위적 인식에서 자신의 이익에 기초한 현실주의적 인식으로 변화했다. 반면 내적으로는 단일민족 관념의 균열이 시작되었지만 아직도 한국인의 인식에서 지배적 위상을 차지하고 있다. 그러나 대한민국에 대한 자긍심과 민주적 의식을 지난 세대의 증가 및 노동이주자와 결혼이주자의 유입을 필요로 하는 한국 사회의 구조로 인해 앞으로도 한국 민족주의에서 현실주의적 인식은 강화되고 단일민족 관념은 약화될 것이다.

한국 민주주의의 전개와 평가

박호성

1. 한국 민주주의를 어떻게 볼 것인가

민주주의는 고대 그리스에서 유래하여 서구에서 발달한 이념이다. 한국 사회에 민주주의가 도입된 시기와 배경에 대해서는 여전히 논란이 되고 있다. 비록 왕조시대라는 근본적인 제약이 있었지만 일찍이 조선왕조 후반인 19세기 말엽 개화기에 들어와 일부 지식인층을 중심으로 서구 민주주의의 이념을 도입, 각종 매체를 통해 많은 사람들에게 전파하려는 시도가 나타났기 때문이다. 그 이후 일본의 식민지배 시기에 일어난 3·1운동의 성과로 수립된 대한민국 임시정부 헌법에서는 서구식 민주주의에 가까운 권력분립과 기본권 보장을 규정하기에 이르렀다.[1]

그러나 망명정부로서의 한계 때문에 임시정부 헌법에 도입된 민주주의 원리도 명목상으로 존재하는 것일 뿐, 일반 대중에게 실질적인 효력을 미치는 규범의 역할을 수행할 수 없었다. 따라서 한국 사회에 서구에서 발달한 근대 민주주의가 제도적으로 도입된 시기를 1945년 해방에 뒤이어 1948년 대한민국 정부수립을 기점으로 설정하는 데는 이론의 여지가 없다. 이후 한국 현대사에 나타난 민주주의의 전개는 '한국의 민주화' 과정임과 동시에 '서구 민주주의의 한국화' 과정이라고 표현할 수 있다.[2]

한국 민주주의의 전개를 보는 다양한 입장의 내면에는 민주주의의 이상, 주체, 목표 등에 대한 인식의 차이가 반영되어 있다. 이런 인식의 차이는 종종 이념 차원을 넘어 현실 차원에서 민주주의의 실현을 둘러싼 세력 간의 대립과 투쟁으로 이어질 정도로 심각한 갈등을 촉발시켰다.[3] 한국 민주주의를 둘러싼 갈등도 민주주의의 이해에 따른 세분화된 쟁점으로 구분하면 다음과 같다. 우선 민주주의를 보편적 이상으로 인식하여 사회가 추구해야 할 원리 혹은 목표로 삼는 경우 무엇을 위한 민주주의냐가 쟁점이 된다. 다음으로 민주주의를 제도나 절차로서 인식하면 민주화 과정을 중시하고, 어떻게 민주주의를 달성하느냐가 쟁점이 된다. 또한 민주주의의 주체에 대한 인식에 따라 누구에 의한 민주주의와 누구를 위한 민주주의의 실현이냐가 쟁점이 된다. 물론 이 세 가지 차원은 흔히 서로 중첩되어 이해되

1. 박명림, 2003, 「한국의 초기 헌정체제와 민주주의 : '혼합정부'와 '사회적 시장경제'를 중심으로」, 한국정치학회, 『한국정치학회보』 제37집 1호, 115-117쪽.
2. 강정인, 2002, 「서구중심주의에 비쳐진 한국의 민주화, 민주주의의 한국화」, 『민주주의의 한국적 수용』, 책세상, 17-67쪽.
3. 라종일, 1992, 「한국의 이념갈등과 보편민주주의」, 경희대학교 부설 사회과학연구소, 『사회과학연구』 제18집, 21-37쪽.

며, 실제로 현대 한국 정치사에서도 혼재된 양상으로 나타났다.[4]

한국 민주주의가 전개되는 특징도 밝은 면과 어두운 면의 공존이라는 양면성을 지니고 있다. 한국 민주주의의 역사는 한편으로 좌절과 왜곡의 경험을 지니고 있으며, 다른 한편으로 온갖 시련과 진통을 극복하면서 꾸준히 전개되어 왔기 때문이다. 이처럼 서로 조화가 불가능할 정도로 상반된 양상이 나타나면서 전개되어 온 한국 민주주의를 어떻게 평가해야 하는가? 한국 민주주의의 전개를 평가하는 시각이 국내외적으로 극단적인 편차가 존재하는 이유도 이와 무관하지 않다.

더욱이 한국 민주주의의 전개에 따른 성취 수준을 보는 관점도 한국 민주주의를 평가하는 기준에 따라 커다란 차이가 나타난다. 즉 민주주의의 대한 이해의 차이에 못지않게 민주주의의 핵심 내용 중 어느 부분을 강조하느냐에 따라 한국 민주주의의 전개에 대한 평가도 달라질 수밖에 없다. 따라서 한국 민주주의를 종합적으로 평가하기 위해서는 지금까지 많은 학자가 제시한 한국 민주주의의 평가 기준에도 유의할 필요가 있다.[5]

이처럼 민주주의에 대한 이해와 평가기준이 다양하지만 이 글에서는 민주주의를 "국민 다수의 지배를 확립하기 위한 제도, 이념

4. 라종일. 1995. 「한국 현대 정치사상 : 민주주의의 전개」. 정창수 편 『한국사회론 : 제도와 사상』, 사회비평사, 467-497쪽.
5. 로버트 달 지음, 김왕식 옮김, 1999, 『민주주의』, 동명사, 55-66쪽 ; 박기덕, 1998, 「정치제도 연구의 문제영역과 관련 변수」, 박기덕 편, 『민주주의와 정치제도 : 체제수행능력을 중심으로』, 세종연구소, 17-76쪽 ; 최장집, 1996, 『한국민주주의의 조건과 전망』, 나남출판, 285-317쪽 ; 임혁백, 1997, 「한국 민주주의의 공고화 : 평가와 전망」, 한배호 편, 『한국의 민주화와 개혁』, 세종연구소, 63쪽 ; 임혁백, 2000, 『세계화 시대의 민주주의 : 현상, 이론, 성찰』, 나남출판, 155-180쪽.

및 생활원리의 총칭"을 뜻하는 것으로 전제하기로 한다.[6] 또한 논의의 편의상 여기서 한국 민주주의를 평가하는 기준은 정치적 측면에서 헌법과 권력구조 및 공권력의 행사방식 등이고, 경제적 측면에서 시장경제와 노사관계 및 분배정의 등이며, 사회적 측면에서 여성을 비롯한 소수자의 인권보장과 문화, 예술, 교육 등 '더 많은 민주주의' more democracy 영역에서 국민의 생활과 직결된 문제에 주목한다.

2. 한국 민주주의의 전개

1) 1945년 해방 이후 4월혁명까지

해방 이후 한국에 도입된 민주주의는 전근대적인 전통을 유지하고 있는 한국 사회에 과거의 쓰라린 경험으로부터 벗어나 새로운 역사를 만들어 나갈 수 있다는 기대와 함께 수입된 근대 서구의 산물이었다. 그러나 미군정 시기에 도입된 서구 민주주의는 서구의 환경과 전혀 다른 아시아의 변방에 속한 한국에 그 정착 여부도 불확실한 상

---

6. 민주주의라는 용어는 정치학, 더 나아가 사회과학에서 가장 정의하기 어려운 개념 가운데 하나일 것이다. 따라서 그 용어 안에 어떤 내용물을 담아도 가능한 '여행용 가방'에 비유되는 민주주의라는 개념에 대한 검토는 별도의 작업이 필요한 방대한 과제로서, 이 글에서는 민주주의에 대한 엄밀한 개념정의를 논외로 하고자 한다. 본문과 연관된 선행연구로 다음을 참조하라. 박호성, 2001, 「한국의 민주화와 시민운동의 과제」, 민준기 편저, 『21세기 한국의 정치』, 법문사, 501–555쪽 ; 박호성, 2003, 「현대 한국 정치사 연구 서설 : 민주주의의 전개를 중심으로」, 『한국외교사논총』 제25집 1호(2003년 8월), 87–113쪽 ; 박호성, 2005, 「1980년대 한국 민주주의의 전개 : 제도, 의식, 생활의 측면에서」, 한국학중앙연구원 편, 『1980년대 한국사회 연구』, 백산서당, 113–176쪽.

태에서 이식된 제도였다. 따라서 이 시기에 민주주의의 이상과 삼권 분립 원리에 입각한 헌법이 제정되고 권력구조가 형성되었지만, 극소수 지식인층을 제외한 대다수 국민에게 민주주의는 '자신의 삶과 전혀 혹은 거의 무관한' 상태로 다가왔다.

이처럼 민주주의가 한국 사회에 전혀 뿌리내리기 못한 상태에서 1950년에 한국전쟁의 발발이라는 한국 민주주의의 전개에 대한 최대의 장애물이 나타났다. 3년여에 걸친 한국전쟁은 한국 민주주의를 여러 측면에서 후퇴시킨 결정적인 사건이었다. 민주주의를 압도하는 절대가치로서 반공주의anti-communism가 전쟁의 체험을 통해 한국 사회를 지배하는 수준에 이르렀기 때문이다.

한국전쟁이 끝난 이후 한국 민주주의는 민주주의의 다양한 형태 중에서 최근에 나타난 이념의 하나인 자유민주주의liberal democracy를 제외하고는 어느 것도 언급조차 할 환경이 주어지지 않았다. 공산주의의 위협을 현실로 체험한 한국 사회에서 논의할 수 있는 민주주의의 최대 한계도 자유민주주의로 축소되었다. 그 결과 한국 민주주의의 쟁점 역시 자유민주주의를 대체할 민주주의가 아닌, 지상목표로 격상된 자유민주주의의 실현을 둘러싼 논쟁과 갈등 수준에 그치게 되었다. 한국 민주주의의 이상이 자유민주주의로 결정되었기 때문이다.[7]

한국 현대사에서 분단과 전쟁을 통해 형성된 반공주의와 자유

7. 제헌헌법은 사회민주주의의 영향을 강하게 받았으면서도 자유민주주의 이념을 기본 원칙으로 천명하였으나 서구의 자유민주주의와 달리 반공주의가 지배하면서 이념의 이상이 왜곡되고 편협한 '한국적' 자유민주주의로 전락했다. 한국의 자유민주주의 전개에 대해서는 다음을 참조하라. 송병헌·이나미·김면회, 2004, 『한국자유민주주의의 전개와 성격』, 민주화운동기념사업회.

민주주의의 기묘한 결합은 이후 상당 기간 그것에 배치되는 어떤 이념의 도전도 허용하지 않는 한국판 '프로크루스테스Procrustes의 침대'였다. 이런 상황은 이승만 정부가 행정·입법·사법 기구를 장악하여 제왕적 대통령의 권력을 행사할 때까지 큰 변화없이 유지되었다. 그러나 이승만 정부는 1960년 3·15 총선거 실시과정에서 부정선거를 실시하여 자유민주주의의 근본원칙을 스스로 위배함으로써 4·19혁명이라는 강력한 저항을 받아 퇴장하게 되었다.

4월혁명의 결과로 장면 정부가 등장함으로써 한국 민주주의는 활성화될 계기를 맞이했다. 이 시기는 한편으로 민주주의의 과잉에 비할 만큼 민주주의의 동요기라는 특징도 지니고 있지만, 다른 한편으로 비록 제한된 형식일지라도 자유민주주의가 지닌 좀 더 풍부한 내용을 현실화할 수 있는 기회로 평가할 수 있는 시기였다. 즉 이 시기는 한국 민주주의의 새로운 가능성이 돋보이는 시기였다. 정부형태가 대통령제에서 의원내각제로 개편되고, 비민주적이고 반민주적인 제도의 개혁 등이 시도되었다. 특별히 이승만 정부를 퇴장시킨 4월혁명을 주도한 학생과 지식인층의 민주주의에 관한 의식은 높은 수준에 이를 정도로 성숙한 모습이었다는 평가도 적지 않다. 그러나 이 시기에 민주주의에 대한 전반적인 국민의식은 여전히 미흡한 수준에 머물고 있었다.

2) 군사정권의 등장부터 퇴장까지

장면 정부 시기에 시도된 민주주의의 실험은 5·16 군사 쿠데타로 좌절되고 단명으로 끝나고 말았다. 5·16 군사 쿠데타로 집권한 뒤 반공주의를 국시로 삼고 장기집권한 박정희 정부 시기는 한국 민주주의의 중단 혹은 퇴보기에 해당된다.

산업화를 주도한 박정희 정부 시기에 이뤄진 고도경제성장은 절대빈곤에서 탈출하고 '한강의 기적'으로 불릴 만큼 발전도상국의 모범사례라는 평가를 받을 정도였다. 그러나 이 시기는 한국 경제의 뿌리 깊은 폐해, 곧 모든 분야의 중앙집중 현상과 관료 주도의 하향식 정책, 재벌 중심 성장제일주의 등에서 벗어나지 못하고 관치금융과 정경유착이 만연하여 정실자본주의crony capitalism의 수렁에서 헤어나지 못하게 만든 근본적 원인도 제공한 시기였다. 더욱이 이 시기는 경제우선주의라는 지상목표에 밀려 민주주의의 부재에 비유할 만큼 민주주의의 가치가 유보된 시기였다. 특히 1972년 10월 유신 이후에는 민주주의가 전면 후퇴하고 군사독재가 그 자리를 대체했다.

그러나 이 시기는 한국 민주주의의 전개에서 중요한 계기를 내포하게 된다. 군사정권 치하에서 민주주의가 후퇴했지만 민주화 운동의 성과로 산업화가 진행되는 수준에 비례해서 국민의 민주주의 의식도 꾸준히 성장한 시기였기 때문이다. 특히 군사정권이 산업화를 추진하기 위해 사용한 '하면 된다'라는 군사구호에 가까운 표어와 '잘 살아보세'라는 새마을운동의 표어는 경제성장에 도움이 되었을 뿐만 아니라, 분단과 전쟁을 겪으면서 깊어진 열등의식 혹은 좌절감에서 벗어나 국민에게 자신감을 회복시키는 계기가 될 수 있었다. 경제성장의 추진동인을 넘어 장차 한국 민주주의의 발전을 내포한 씨앗이 국민의식의 내면에 뿌려진 시기였다.

이 시기에 군사정권의 탄압이 심해지는 만큼 한국 사회의 다른 한편에서 민주주의를 강력히 요청하는 세력이 등장했다. 이들은 "과연 어떤 삶이 잘 사는 것이냐?"를 묻는 방식으로 군사독재의 비정통성을 지적하며 민주주의를 수호하기 위해 저항했다. 한국 현대사의 변화를 주도해 온 또 하나의 중요한 세력으로서 민주화 운동의 장구한 역사가 시작된 시기였다.

박정희 정부 시기는 군사정권으로 상징되는 반민주세력과 재야 민주화 운동으로 상징되는 민주주의 세력의 대립구도가 형성되는 시기였다. 이후 1970년대에 들어와 한국 사회에서는 민주화를 주도한 각 부문 운동 가운데 학생운동, 노동운동, 농민운동, 빈민운동 등이 꾸준히 성장하여 유신독재를 종식시키는 데 중요한 역할을 담당했던 부마항쟁으로 이어졌다.

1979년 10월 26일 김재규 중앙정보부장에 의한 박정희 대통령의 갑작스런 암살은 유신독재의 종식을 가져왔다. 그러나 4월혁명 이후 기나긴 민주주의의 암흑기에서 벗어나 '민주화의 봄'을 통해 소생하는 듯하던 민주주의는 1980년 5월 광주항쟁을 무력으로 억압하며 재등장한 전두환 군사정권의 탄압으로 또 다시 위기를 맞게 되었다. 1980년대 초 모든 국민이 기대했던 권위주의 체제에서 민주주의 체제로 전환이 무산된 이후 전두환 정부 하에서 민주주의는 질식 상태에서 사라진 듯 보였다.

더욱이 광주항쟁에 개입된 주한미군에 대한 비판은 결과적으로 미국식 민주주의에 대한 비판으로 이어졌다. 이 시기에 대두된 급진적인 반미운동은 한국 사회에서 장기간 주도 이념의 역할을 해온 자유민주주의의 정당성을 전면 재검토하는 반성의 계기를 제공했다. 자유민주주의의 한계가 근본적으로 드러난 시기였다.

1980년대 한국 사회의 전면에 부상한 급진주의radicalism는 이런 시대적 배경에서 태동되었다. 이 시기에 나타난 급진주의는 그 이전과 달리 단순한 이념으로서만 아니라, 일정 부분 정치세력화의 형식까지 갖춘 특징을 지녔다. 더욱이 급진주의의 태동 이후 그간 자유민주주의라는 제한된 틀 내에서만 한국 민주주의를 모색하는 차원에서 벗어나 사회민주주의를 포함한 근대 이후 거의 모든 이데올로기가 한국 사회의 변혁을 위한 논의에서 수용되기 시작했다. 특히 1980년대 이전 민주화 운동이 반공주의에 의존한 군사정권의 정치적 정통성을 문제삼고 자유민주주의의 성취를 목표로 삼은 민주화 요구였다면 광주항쟁의 경험은 민주화 운동을 양적·질적으로 변화시키는 계기가 되었다.

이 시기에 나타난 특이한 양상은 외형적으로는 군사정권의 탄압이 거세어질수록 민주화 운동 세력이 양적·질적으로 확충되어 대학생, 노동자, 농민 등 수많은 사람들에게 민주주의의 가치에 대한 인식이 내면적으로 확대되어 갔다는 점이었다. 더욱이 이 시기에 도입된 급진주의의 영향으로 '반공이념에 지배되는 한 왜곡될 수밖에 없는' 자유민주주의가 한국 정치발전의 유일한 대안이 아니라, 다양한 이념 가운데 상대적으로 우월한 장점을 지닌 이념일 뿐이라는 인식이 지식인층을 중심으로 확산되기 시작했다.

민주화 운동의 주도세력도 학생, 노동자, 농민, 지식인 등을 중심으로 확대되어 점차 사회 모든 계층이 민주화 운동에 직접·간접으로 참여하기 시작했다. 재야세력과 사회운동에 참여한 각계각층의 인사가 한 목소리로 군사독재 철폐와 민주화를 요구했다. 1980년대에 들어와 각 부문과 지역조직을 통해 처음에는 개별 단위로 활동하던 민주화 운동 세력은 점차 연합운동의 성격으로 결합했다. 연합운동의 성격도 초기의 사안별, 한시적인 결합 수준에서 점차 조직적·체계적인 연대 틀의 양상으로 발전했다. 이처럼 1980년대 초부터 양적·질적으로 확대된 민주화 운동의 역량은 1983년 유화국면을 계기로 공개적으로 표출되기 시작하여 1980년대 중반에 이르러 군사정권이 강압적으로 억누를 수 없는 수준에 이르렀다. 그 결과로 나타난 것이 국민의 민주화 의지를 집단적으로 표출한 1987년 6월 민주항쟁이었다.

6월항쟁이 일어난 배경은 오랜 기간 내면으로 축적된 민주화 세력의 역량이 전두환 정권에 의한 박종철 고문치사 사건과 4·13 호헌 조치 등 일정한 계기를 맞이하여 표출된 것이다. 이때 국민운동본부가 개최한 6·10 국민대회는 전국 22개 지역에서 40만 명 이상의 학생 시민이 참여하여 동시다발적인 시위투쟁의 양상으로 전개되었다. 특히 주목할 만한 변화는 6·10 대회를 계기로 상당수의 시민이 학생과 재야 민주화 세력에 적극 호응, 가세하는 양상이 나타났다는 점이었다. 즉 6·10 대회는 시위의 전국적 확산, 대규모화, '넥타이 부대'라고 불린 사무직노동자와 시민의 가세, 경찰력의 한계 노출 등 종전의 시위와는 전혀 다른 양태로 전개되었다.

이런 변화는 한국 민주주의의 전개, 더 나아가 세계 민주주의 역사에 기록될 만한 장엄한 6월항쟁의 주역이 역사의 전면에 등장하고 있음을 의미했다. 그때까지 '침묵하는 대중'으로 군사정권의 압제와 억압에 신음해 온 한편, 경제적 과실의 제한된 분배에 만족하는 정치적 무관심층으로 분류되어 정치권은 물론 민주화 세력으로부터도 주목받지 못했던 중산층이 오랜 침묵에서 깨어나 군사정권에 정면으로 맞서 민주화를 추동하는 주도세력으로 역사의 전면에 부상하는 '행동하는 시민'의 대행진이 시작되었다. 6·10 대회 이후 대도시의 시위대열에 합세한 중산층의 존재는 당시 극도로 취약한 처지에 몰렸던 제도정치권의 야당과 재야 민주화 운동 세력에게 정당성을 부여하는 상징이자 커다란 격려가 되었다.

이런 국면에서 예전과 달리 한국 민주화 세력의 역량을 재평가하게 된 미국 정부의 개입으로 군의 동원이 차단된 상태에서 전두환 정부가 선택할 수 있는 유일한 방안은 '제한된 민주화' 수용이었다. 그 결과 노태우 민정당 차기 대통령 후보가 제도정치권 인사의 해금과 대통령 직선제 개헌 등을 요지로 하는 성명서를 발표하고 전두환 대통령이 이 제안을 수용하는 형식으로 나타난 것이 이른바 '6·29 선언'이었다.[8]

6월항쟁은 한국 민주주의의 전개에서 4월혁명 이후 두 번째로 민주주의 세력의 대규모 실체가 드러난 계기였다. 특히 1987년에 일어난 6월항쟁에 뒤이어 7-8월 울산을 비롯한 대규모 노동현장에서 폭발된 노동자 대투쟁은 1970년대 이후 노동현장 저변에서 꾸준히 확대되기 시작한 노동운동의 역량이 축적되어 나타난 결과였다. 비록 그 이후 나타난 직접적인 성과는 제한된 범위에 그쳤을지라도, 이런 일련의 민주화 운동을 통해 장기간 민주주의를 억압해 온 군사정권은 점차 퇴장하게 되었다.

그러나 6월항쟁과 노동자 대투쟁이 지닌 정치적 한계는 '대통령 직선제'로 헌법을 개정[9]한 후 치러진 1987년 12월에 실시된 13대

---

8. 6월 29일 선언은 당시 전두환 대통령이 기획한 것을 노태우 민자당 대표가 발표한 것이라는 주장이 제기되어 정확한 배경에 대한 논란이 있다. 그러나 한국 민주주의의 전개를 전반적으로 살펴보는 이 글에서는 논의의 실익이 없다.
9. 이때 전두환 정부의 주도 하에 개정된 헌법은 기본적으로 1962년 제5차 개정헌법으로 환원하는 것을 원칙으로 삼았다. 그러나 당시 대통령 후보 출마 예상자들의 초미의 관심사였던 대통령 직선제 채택을 제외하고는 권위주의 정권 하에서 제정된 각종 반(비)민주적 헌법조항에 대한 폐지 혹은 수정 없이 민주화 시대에 걸맞은 헌법으로 개정하지 못한 채 신중한 검토절차 없이 졸속으로 개정되었을 뿐이었다. 이런 문제점은 군사정권의 퇴장 이후 민간정부의 부담으로까지 이어져 권위주의 유산이 잔존하는 헌법 아래서 민주화를 추진해야 한다는 난제(dilemma)를 극복하지 못하고 한국 민주주의의 정착을 지체시키는 걸림돌

대통령 선거과정에서 드러났다. 개정헌법에 따라 실시된 대통령 선거에서는 민주화 운동 세력의 집권이 확실한 것으로 보였지만 실제 진행과정은 민주화 운동 세력, 더 나아가 민주화를 열망하는 국민의 기대와는 전혀 다른 양상으로 전개되었다. 대통령 선거는 김영삼, 김대중 후보의 동시출마로 나타난 민주화 운동 세력의 분열과 지역감정의 심화 및 정권장악을 위한 반공주의의 위기국면 조성 등으로 인해 군사정권의 연장인 노태우 정부가 출범하는 결과로 나타났다.

한국 민주주의의 전개에서 노태우 정부는 권위주의 체제가 해체되기 시작하는 시기로서 자유민주주의가 실현될 전망을 보여주기도 했다. 그러나 이 시기는 민주주의의 형식이 민주주의의 내용을 기만할 수 있다는 것을 실증한 시기로서 민주주의의 빈곤기라는 특징을 지니고 있다. 노태우 정부는 존재와 외관의 분리, 즉 근본적으로 군사정권의 연장선상에서 관료적 권위주의 체제의 속성을 지니고 있으면서도 외관상 민주주의 체제처럼 장식하는 자기 한계 혹은 모순을 극복하지 못한 채 민주주의를 왜곡시킴과 동시에 민주주의를 지체시켰다.

그러나 1988년 4월에 실시된 13대 국회의원 총선거에서 민주화 운동과 연관된 세력이 정치권에 일부 진입하면서 여소야대 국회를 구성하여 노태우 정부에 대한 견제력을 일정 부분 확보하고, 청문회에서 밝혀진 과거의 잘못된 조처들이 일부 시정되는 성과를 얻을 수 있었다. 비록 군사정권의 연장이 분명하지만 노태우 정부 출범 이후 장기간 한국 민주주의를 억압해 온 군사정권도 서서히 퇴장하는 추

로 남아 있다.

세로 접어들었다. 이 시기에 권위주의 체제에서 민주주의 체제로 이
행하는 시기의 특징이 일부 나타나기도 했다. 극히 일부의 사례에 그
쳤지만 제도적인 차원에서 민주주의가 형식적이나마 운영되는 양태
를 보였기 때문이었다. 특히 1988년 9월에 설립된 헌법재판소는 헌
법재판의 활성화를 통해 인권 수호기관으로서의 역할을 담당하게 되
었다.

그러나 6월항쟁을 통해 표출된 국민의 민주화 요구를 수용하는
모습을 보여준 초기의 외형상 변화와 달리, 노태우 정부는 위기에 처
한 군사정권의 변형된 연장방식으로서 1980년대에 도달한 한국 민
주주의의 성취 수준을 정체 혹은 역전시키는 계기가 되는 3당(민주정
의당–신민주공화당–통일민주당) 합당이라는 반민주적인 정치공작을
진행시켰다.[10] 실제로 1990년대 초 3당 합당의 배경은 1980년대 한
국 민주주의의 성취 수준에 노태우 정부가 위기의식을 느낀 것이 일
차적인 요인이지만, 1980년대 후반기에 나타난 여러 변화의 흐름을
반영한 지배전략에 따른 대응이기도 했다.

---

10. 최장집은 1990년 1월의 '3당합당'을 한국의 민주주의로 이행과정에서 역사적 의미를 갖는
    중요한 사건으로 본다. 그에 따르면 '3당합당'은 군부 권위주의로부터 민주주의로 이행하
    는 데 있어 양 체제상의 고도의 연속성을 보장하고, 민주주의를 공고화하는 과정에서 보
    수–온건 개혁연합의 방법을 통하여 이루어질 수 있게 한 계기로서, 20세기 초 이탈리아의
    지올리티 자유당 정부 하에서 나타난 '전면적 변형주의'(transformism)와 유사한 형태이다.
    최장집, 1996, 『한국민주주의의 조건과 전망』, 나남출판, 203–240쪽.

3) 김영삼 정부 시기

한국 민주주의는 장기간 군사정권의 강압적 통치 하에서 억눌려 온 시기를 벗어나 1993년 2월에 출범한 김영삼 정부에 이르러 비로소 정상적인 단계로 이행하기 시작했다. 물론 한국 민주주의의 전개에서 김영삼 정부가 차지하는 의미는 논란이 될 수 있다. 그 이유는 정부의 탄생과정과 집권 이후 정부의 성격이 상이한 데서 비롯된다. 김영삼 정부는 군사정권과 야합이라는 비난을 무릅쓰고 이질적인 3당 간의 합당을 통해 집권했으나 공식출범시 민주화 운동의 연장선상에서 집권하였음을 선언하였다. 김영삼 정부는 그 이전의 군사정권과 차별화된 의미를 부여하고자 '문민정부'라고 명명하며 군사정권의 유산을 철폐하는 개혁정치를 표방했다.

문민정부는 한국 민주주의의 기초가 마련되는 축적기로서 한국 현대사에서 비로소 제대로 된 민주주의의 출발기에 해당한다. 문민정부는 30여 년에 걸친 군사정권의 퇴장 이후 민주주의의 기초를 조성하기 시작했다. 문민정부 초기에는 민주화를 위한 변화와 개혁이라는 기치 아래 개혁조치가 잇달았다. 집권하자마자 실시한 정치자금 수수 근절, 재산공개, 사정태풍, 군내 사조직인 하나회 해체, 금융실명제 실시 등의 개혁조치는 군사정권 하에서 구조화된 부패와 타락의 풍토에 젖어온 사회풍토에 일대 경종을 울리는 데 기여했다.

문민정부 하에서 이뤄진 정치적 민주화의 성과는 사회적·문화적 부문으로 확산되는 중요한 요인이었다. 그 중에서도 문민정부가 앞선 정부에서 이런저런 핑계를 대며 실시를 유보했던 지방자치제의 전면적인 실시는 한국 민주주의 발전의 중요한 토대가 되었다. 이 시기에 군사정권 시절 억압받았던 언론과 출판, 집회, 결사의 자유와 같은 기본권의 회복은 사회 전반에 걸쳐 민주주의의 가치와 인권의 식을 제고하여 시민단체의 자발적인 결사체 형성을 촉진하는 계기가 되었다.

문민정부는 초기에 군사정권 시절에 비해 훨씬 높은 국민의 지지를 받고 더 나은 업적을 남겼다는 평가를 받았다. 비록 단기간에 머물렀을지라도 민주화 운동의 역량이 현실정치에 성공적으로 접목될 수 있다는 것을 입증한 시점이었다고 해도 과언이 아니다.

문제의 싹은 그때부터 자라고 있었다. 예컨대 문민정부 초기에 개혁을 약속했던 재벌독점 경제구조의 타파는 집권 후반기에 들어 훨씬 더 악화되었다. 특히 경제협력기구OECD 가입을 앞두고 국제경쟁력 강화라는 명분 하에 재벌·대기업 우대정책으로 선회한 정책운영은 문민정부에 대한 국민의 기대를 외면한 잘못된 방향설정이었다. 이는 수십 년간 온갖 특혜와 비리로 점철된 정경유착의 단절을 목표로 삼고 민주화 과정에서 제기된 '경제정의'와 '경제민주화'에 근본적으로 어긋나는 몰역사적 태도였다.

물론 문민정부가 실시한 민주적 개혁의 성과를 부정하는 것은 아니다. 그러나 문민정부는 군사정권 이후 최초의 민간정부로서 치러야 할 역사적 대가로 치부하기에는 지나친 국민의 희생을 요구했다. 문민정부는 '위로부터 민주화'로 진행된 개혁에 대한 반발로 제기된 "인치人治냐 법치法治냐?"라는 소모적 논쟁을 종식시키고, 국민의 전폭적인 지지가 뒷받침되던 집권 초기에 개혁 추진과정에서 나타나는 기득권층의 저항을 예방하고 민주화를 지속적으로 추진할수 있는 기반으로서 법적·제도적 장치를 확보했어야만 했다.

더욱이 문민정부는 이질적인 정당연합의 한계를 극복하지 못했

다. 민주화와 개혁을 실천하려는 의지는 있었을지라도, 그것을 실질
적으로 뒷받침할 수 있는 국민의 지지를 결속시킬 제도적 통로도 부
재했다. 이를 보완하기 위해 문민정부는 민주화 운동 인사를 충원해
정통성을 강화하고자 했다. 그러나 이런 방식은 민주주의의 내용과
형식이 뒤바뀐 형태로서, 외형만 그럴듯했지 민주적 대표성을 실질
적으로 반영하지 못한 한계를 지닌 집권층의 일방적인 선택일 뿐이
었다. 민주적이고 공평한 인사를 강조했던 문민정부의 인사정책은
결과적으로 특정 지역 출신을 우대하는 군사정권 시절과 다를 바 없
는 '형식적 민주주의'의 한계라고 비판받았다.

더욱이 군사정권과 결탁하여 출범한 문민정부의 태생적 한계는
벗어나기 힘든 족쇄로 작용했다. 문민정부는 권위주의 문화에서 비
롯된 부정적 유산을 극복하지 못했을 뿐만 아니라, 연이은 실정으로
민주화 추진에 필요한 국민의 지지를 상실하여 전반적인 국가경영
능력의 부재라는 비판을 받기에 이르렀다. 그 결과 군사정권 시절 권
위주의적 리더십 하에서 고속 경제성장을 이룩했던 한국 경제는 문
민정부 임기 말에 국가부도 직전의 외환위기에 직면하여 국제통화
기금IMF(International Monetary Fund)에 긴급 자금지원을 신청해야만
하는 파국적인 결과를 맞이했다.

한국전쟁 이후 최대의 국가위기라는 IMF 경제관리 체제의 수용
은 문민정부에 들어와 성취된 한국 민주주의의 성과를 결정적으로
퇴색시킨 사건이었다. 15대 대통령 선거를 직전에 둔 1997년 말 대다
수 국민은 민주화 운동의 연장선상에서 집권한 문민정부의 국정수
행 능력을 근본적으로 불신하는 상태였다. 그러나 국민의 선택은 문
민정부 이전으로 회귀하지 않았을 뿐만 아니라, 경제위기의 근본원
인과 표출시기의 책임을 구분하여 인식하고 당면한 국가위기의 극

복과제와 함께 한국 민주주의의 전통과 역사를 이어갈 주체로 김대중 정부를 선택했다.

4) 김대중 정부 시기

한국 민주주의의 전개에서 '문민정부'를 내세운 김영삼 정부가 군사정권의 지배를 벗어나 민간정부의 재출발을 알리는 역사적 의의가 있다면, '국민의 정부'를 내세운 김대중 정부는 최초의 여·야 간 평화적 정권교체의 출범이라는 역사적 의의를 지닌다. 1998년 2월 25일 '국민의 정부'(이하 국민정부)를 선언하며 공식출범한 김대중 정부는 국정의 최우선 과제를 외환위기 극복에 두는 한편, 임기 동안 중점을 두고 수행해 나갈 국정목표로서 '민주적 시장경제'를 제시하였다.

국민정부는 출범과 함께 외환위기를 극복하기 위해 총력을 기울였다. 특히 제2의 국채보상운동이라는 전 국민의 금모으기운동 동참은 국민정부에 대한 국민의 신뢰와 기대를 보여주는 중요한 계기였다. 국민정부는 국가 부도사태 위기라는 최악의 조건에서 민주화와 개혁의 장애물을 해소할 최상의 기회를 맞이했다. 국민정부는 다른 국가 사례와 비교해 외환위기를 최단기간에 성공적으로 극복하고 IMF로부터 경제정책 수립의 자율권을 회복하였다.

국민정부는 문민정부의 성과를 이어받아 정치적 민주화를 진전시킴과 동시에 탈냉전 이후 새로운 민주화의 영역으로 부상한 '더 많은 민주주의'의 실현을 위해 사회적·문화적 민주화를 위한 기반도 적지 않게 구축했다. 국민정부는 사회적 차원에서 인권의 보장에 관심을 기울여 민주화 운동기념사업회 지원, 민주화 운동 관련자 보상법 등을 비롯하여 민주화 운동의 역사에서 제기되어 온 숙원사업을 해결하려고 시도했다. 국민정부는 민주노총과 전교조의 합법화가 상징하는 것처럼 노동운동의 정치적 자유와 기본권을 보장했으며, 고용보험과 국민연금 및 건강보험의 확대 실시 등 복지정책과 노동정책의 제도적 기반도 만들었다.

국민정부는 외환위기 속에서도 여성정책을 중시하여 빈곤 여성, 여성 노동자의 비정규직화, 성차별적 관행, 여성 실업문제 등을 정책의제로 수용하고 1995년 세계여성대회에서 채택된 양성평등정책의 행동강령을 적극적으로 수용했다. 그 결과 정부 출범 초기인 1998년에 대통령직속 여성특별위원회와 6개 부처 및 지방자치단체에 여성정책담당관실을 신설하고 영성평등정책 실현 도구인 1차 여성정책기본계획(1998-2002)을 수립하여 시행하였다. 2001년에 여성특별위원회는 상설적으로 여성정책을 총괄할 수 있는 예산과 인력을 충원하기 위해 여성부로 개편되었다.

국민정부는 문화부문에서도 민주화를 촉진시키고 장기적인 양적 성장기반을 마련했다. 또한 1999년 2월 공연법을 개정·공표하여 각종 규제를 전면 폐지하고 정부 관련 기구를 민간 예술계가 자율적으로 운영하도록 바꿔 표현의 자유를 신장하고 문화예술의 자율성을 확대하는 기반을 만들었다. 더욱이 국민정부는 외환위기 시절에도 불구하고 '문화의 힘'에 주목하여 문화가 정치·경제 발전의 목적이자 토대임을 천명하며 국민의 삶의 질 향상을 지향하여 문화예산 1% 확보를 2000년에 실현하고 2001년부터 1조 원이 넘게 배정하였다.

그러나 국민정부의 정책은 외환위기 극복과 민주주의의 확대라는 성과에도 불구하고 국민의 삶에 영향을 직접적으로 영향을 미치는 부분에서는 정책의 혼선이 두드러져 점차 정치적 신뢰의 위기로 연결되는 심각한 문제점이 내포되어 있었다. 예컨대 국민정부는 집권 초기 경제위기 극복과 결부된 문제로 사회적으로 별다른 저항 없이 수용된 구조조정과 재벌개혁의 기조로 민주주의와 시장경제를 조화시킨 '민주적 시장경제' 원칙을 표명했다. 그러나 국민정부의 실제 정책집행 과정은 구조조정에 대한 원칙이 실종되고 구조조정 방식에서 일관성이 없는 문제점이 드러남으로써 관련 당사자의 혼선과 불만을 확대시켰다.[11]

국민정부가 역점을 갖고 추진했던 노사관계의 민주화에서도 교원노조를 합법화하고 공무원 직장협의회를 설립하는 등 노사관계에 진전이 있었으나 노사정위원회의 초기 성공사례를 빼놓고는 정치개혁, 행정개혁, 공공부문 개혁 등에서 기대했던 성과가 드러나지 않았다. 예컨대 정부조직 개편과정의 혼선, 지방선거에서 공명선거 구현 실패, 구조조정 과정에서 대량의 실업자 양산 등은 국민정부의 새로운 부담으로 제기된 문제였다.

국민정부는 군사정권 시절부터 형성된 낡은 경제 틀을 쇄신하는 데도 미흡했다. 예컨대 재벌과 대기업의 구조조정, 시중은행의 퇴출 등으로 대마불사의 신화를 깨뜨리고 시장규율을 정립하며 대기업과 은행의 부채비율을 낮춰 재무건전성을 개선시킨 것은 한국 경제의 기본 체질을 상당히 강화시킨 요인이었다. 그러나 재벌 중심 성장전략, 금융감독기능의 종속화 등 낡은 경제 틀이 대부분 온존하고, 외환

---

11. 기업구조 개선작업(workout)은 은행 주도 방식으로, 협조융자는 정부 주도 방식으로, 재벌기업 간 사업교환(big deal)은 초기에 시장 주도 방식으로, 후에는 정부 주도 방식으로 추진된 것이 그 실례이다. 이종찬, 1998, 「한국의 경제자유화 개혁을 위한 정치경제적 방안」, 국민대 사회과학연구소, 『사회과학연구』 제11집, 325쪽.

위기 이후 촉발된 구조조정과 취업난 등으로 비정규직 급증과 빈부 격차가 커져 부문별 양극화가 심화되었다.

　더욱이 국민정부 초기에 외환위기 극복을 위한 긴급처방으로 이뤄진 기업의 과도한 구조조정과 노동시장의 유연화와 함께 신자 유주의 노선과 결부된 시장경제원칙의 무차별한 적용은 기업의 도 산과 실업자가 양산되는 결과를 초래했다. 국민정부는 외환위기를 맞이하여 일시적으로 구조조정과 노동시장을 유연화한다고 천명했 으나 외환위기 국면을 벗어나서도 유연화 정책이 지속되어 비정규 직은 급증하고 노동시장의 양극화는 심화되었다. 특히 IMF 사태 이 후 중산층의 대거 몰락 현상이 초래되면서 사회분위기가 급속도로 위축된 시점에서 국민에게는 실직과 생활대책을 비롯한 경제문제가 초미의 관심사로 부각되었다. 그에 따라 빈부격차가 위험수위로까지 벌어졌지만, 경기회복에만 집착한 결과 고소득층의 불건전한 소비행 태를 적정 수준으로 통제하지 못하고 방임해 사회적 위화감을 증폭 시켰다.[12]

　국민정부는 실업과 고용불안 등이 사회적 문제로 제기되자 그 해결책을 모색하기 위한 정책목표의 하나로 '생산적 복지' 개념을 추 가했다. 그러나 민주주의와 시장경제의 조화도 달성하기 힘든 과제 인데 생산적 복지까지 완성하는 과제는 현실을 무시한 무리한 발상 이었다. 신자유주의의 문제점을 보완하기 위하여 새롭게 설정한 '생 산적 복지'라는 정책목표는 '민주주의'와 '시장경제'라는 원칙과 조

---

12. 통계청의 당시 자료에 따르면 2000년 2/4분기중 도시근로자 가구 상위 10%의 월평균 소 득은 하위 10%에 비교하면 9배 차이가 날 뿐만 아니라 주식배당, 부동산 임대료 등 재산 소득의 경우에는 21배에 달할 정도로 이 시기 한국 사회의 빈부격차가 심각함을 보여준다. 「도시근로자 소득차 더 커졌다」, 《국민일보》(2000. 9. 10).

화시키기 힘들고, 동시에 달성할 수 있는 목표인지도 불확실하기 때문이다. 더 나아가 사회적 토대가 마련되지 않은 현실에서 복지정책의 확대라는 이상은 국민정부 초기부터 시행해 온 경제개혁의 추진력을 약화시키고 실시단계에 들어선 이행조치를 완화시키거나 무력화시킬 수 있는 문제점을 내포하고 있었다.

국민정부가 한국 사회에 깊게 뿌리내린 권위주의 가치와 관료·재벌 주도 경제질서를 민주주의 가치와 시장경제질서로 전환시키겠다는 이상은 정책목표로서 큰 문제가 될 수 없었다.[13] 그러나 국민정부는 목적과 수단, 곧 이념적인 가치와 현실적인 정책 사이의 괴리를 메울 수 있는 방법을 인식하지 못했다. 더욱이 산업화 세력과 민주화 세력의 통합과 지역등권론에 기초한 연합이라는 명분 하에 정권획득을 목적으로 연합한 DJP(새정치국민회의 김대중 총재-자유민주연합 김종필 총재의 영문 약칭 합성어) 공동정권의 구조적 모순이 국정운영 과정에서 수시로 노출되었다. 공동여당의 권력분점을 둘러싼 불협화음, 대북정책을 둘러싼 색깔논쟁 등 이념과 정책이 다른 이질적인 정당 간의 권력배분과 정책 우선순위를 둘러싼 갈등은 적절한 여과장치 없이 국민의 부담으로 전가될 뿐이었다.[14] 따라서 국민정부 후반

---

13. 김대중 정부는 시장경제와 민주주의가 양립 가능한 것으로 시종일관 역설했지만 이 문제는 쉽게 결론내릴 문제가 아니다. 에릭 홉스봄은 민주주의와 시장 사이의 모순이 현대의 가장 근본적인 문제라고 지적하면서 시장은 인간을 사적인 고객으로 취급하지만 민주주의는 공동체의 문제에 책임을 질줄 아는 공적 시민을 필요로 하기 때문에 시장의 전면적 지배는 곧 민주주의의 붕괴를 가져올 것이라고 예견했다. 《문화일보》(2000. 1. 4).
14. 국민정부가 집권세력 간의 갈등으로 인해 비판받는 부분 외에 국정 수행능력의 부족이라고 비판받는 부분에는 국정의 동반자 역할을 수행해야 할 야당의 책임도 결코 적지 않다. 특히 IMF 사태의 역사적 원인을 고찰해 보면, 국민정부의 정상적 국정운영에 대한 야당의 비협조는 시대적 과제를 망각한 무책임한 태도라는 비판을 받았다. 국민정부는 출범 초기부터 '집권 소수당'의 정치적 한계를 벗어나지 못하여 구조조정을 뒷받침할 수 있는 개혁입법이

기는 전반기의 정책혼선과 오류를 극복하는 데만도 상당한 부담을
지니게 되어 한국 민주주의를 좀 더 진전시킬 수 있는 여력이 없었다.

5) 노무현 정부 시기

노무현 대통령은 20세기 후반 오랫동안 한국 정치에서 지도자
역할을 해온 김영삼, 김대중, 김종필 이른바 3김 정치 시대를 마감하
고 21세기 새로운 시대에 걸맞은 새로운 정치과정을 통해 집권하였
다. 16대 대통령 선거가 한국 정치에서 정당 외에 국민이 직접 참여
하는 상향식 후보 결정방식인 국민경선제를 도입하여 선거과정의
공정성과 투명성을 확보하는 데 획기적인 전기를 마련하였고, 오프
라인은 물론 온라인상의 정책대결 선거를 실현하여 전자민주주의의
활성화와 선거문화의 선진화에 커다란 진전을 이룩했기 때문이다.[15]
노무현 정부는 참여민주주의를 역설하며 '참여정부'라 명명하
고 국정운영의 제1원칙으로 '특권과 반칙의 청산'을 내세우며 민주
화 이후에도 여전히 남아 있는 제왕적 권력과 이에 유착한 특권 구조
와 정경유착 및 권언유착의 폐해를 근본적으로 해소하려고 시도했
다. 참여정부는 정경유착을 근절하고 정치개혁의 기반을 조성하기
위해 천문학적인 자금이 소요되는 대선자금 공개를 제안했다. 이를

라는 정책수단 없이 경제위기 극복이라는 정책목표를 달성해야 한다는 난제를 극복하지
못했다. 경제위기를 극복하는 데 정치권의 지지와 합의가 갖는 의미에 대해서는 이종찬, 앞
의 글, 331-332쪽을 참조하라.
15. 임혁백, 2011, 『1987년 이후의 한국 민주주의 : 3김 정치시대와 그 이후』, 고려대 출판부,
147-155쪽.

계기로 정치자금법, 선거법, 정당법 등 정치관계법이 개정되고 선거 문화가 변화되는 등 정경유착의 중요한 부패고리가 상당 부분 해소되었다. 투표 연령도 종전의 만 20세에서 만 19세로 낮추어 청년층의 참정권을 확대하는 제도적 기반을 확대했다. 다음으로 정치권력과 언론의 유착을 단절하기 위해 가판 구독 중단, 개방형 브리핑제, 취재 지원 선진화 방안 등 개혁조치를 시행했다. 이런 조치는 과거 정부에서 찾아보기 힘든 개혁방안이었지만 언론과 보수층의 강력한 반발에 직면해 이후 커다란 저항을 불러일으키는 요인이 되기도 했다.

참여정부는 역대 대통령의 통치기반이 되어 온 국정원, 검찰, 경찰, 국세청 등 권력기관에 대한 개혁도 추진했다. 참여정부는 이들 권력기관을 정권에 봉사하는 기관이 아니라 국민의 권익보호를 위한 기관이라는 본연의 임무와 역할에 충실하게 재정립하고, 국민의 형사재판참여제도 도입 등 사법제도를 개혁함으로써 제왕적 대통령의 권력기반을 해체하고 민주적 대통령상을 제시한 최초의 정부였다.

특히 참여정부는 지역균형발전을 국정과제로 채택한 최초의 정부로서 지역균형발전 3대 특별법을 제정하고 지역정책 수행을 위한 추진주체로 국가균형발전위원회, 정부혁신지방분권위원회, 행정수도추진위원회를 설치했다. 이를 통해 지방에서 자립기반 확대를 위한 추진 주체가 형성되고 지역의 정체성의 확대된 것은 적지 않은 성과였다. 그러나 이런 정책은 지역균형발전에 지나치게 초점을 맞추면서 대규모 지역개발 사업과 부동산 가격 상승 등의 부작용이 발생하는 원인도 되었다. 더욱이 언론과 국민에게 지역균형발전정책은 행정 중심 복합도시 건설이나 공공기관 이전 등 수도권 기능분리 측면만 부각되고 수도권에 대해서는 규제강화를 의미하는 것으로 변질되었다.[16]

참여정부는 국민정부의 여성정책도 발전적으로 계승하여 남녀의 조화로운 동반자 관계의 형성을 목표로 2차 여성정책기본계획(2003-2007)을 수립했다. 특히 가부장적인 불평등한 남성과 여성의 관계를 근본적으로 변화시킬 수 있는 호주제 폐지와 성매매방지특별법과 같은 개혁조치도 시행했다. 그러나 2005년 이후 여성부를 여성가족부로 개편하여 종전의 여성부에서 관장하던 남녀차별금지 및 구제에 관한 법이 국가인권위원회로 이관되면서 차별해소를 통해 평등한 양성관계를 목적으로 하는 여성정책의 핵심을 놓치는 위험을 노정하게 되었다. 특히 경제위기 이후 가속화된 비정규직 여성의 고용불안정과 노동시장 차별에 대한 해결책과 법제화는 충분하지 못했다.[17]

참여정부는 국민정부의 문화정책을 계승하여 문화복지를 강화하는 한편 지역문화 활성화를 지향하였다. 문화부문 예산의 꾸준한 확대를 추진했으며, 정부 각료는 물론 각종 문화예술 기구 책임자를 문화예술인 출신으로 충원하고, 지역문화 활성화를 통해 문화의 지방화, 지역, 계층, 세대 간 문화 격차를 해소하는 문화의 균형발전을 지향했다. 더 나아가 문화산업을 신성장동력으로 설정하여 세계 문화산업 5대 강국 진입을 목표로 세우고 문화산업 인프라의 확충, 문화기술과 문화인력의 양성, 문화 컨텐츠의 확충과 해외진출 역량 강화에 힘썼다.

그러나 국민정부 이래 참여정부에 이르기까지 문화적 가치보다 산업적 가치를 강조하는 문화정책에 대한 심각한 문제점도 여전히

16. 변창흠, 2011, 「민주정부 10년, 지역정책 및 부동산정책의 성과와 한계 그리고 과제」 발제문.
17. 김경희, 2011, 「민주정부 10년, 여성, 보육정책의 성과와 한계 그리고 과제」 발제문.

상존했다. 문화산업이 국가경쟁력 향상에 주요한 동력이 된다는 점이 부각되면서 권위주의가 물러난 자리에 경제주의가 들어섬으로써 문화적 향유의 확대보다 물질적 욕망의 극대화를 자극하는 세력이 주도하는 결과를 초래하는 원인이 되었기 때문이다.[18]

참여정부 시기에 사회복지 분야는 뚜렷한 진전을 보여 기존 4대 사회보험과 국민기초생활보장제도의 확대, 장기노인요양보험, 기초노령연금, 근로장려세제 등이 도입되었다. 그러나 한계는 분명했다. 고담준론은 무성했으나 소득정책, 노동시장정책, 산업정책, 사회정책 등이 연계된 체계적인 복지국가화 전략은 구체화되지 못했다.[19] 설령 구체적인 전략에 대한 구상이 있었을지라도 그것을 현실화시킬 추진력도 부족했다. 결국 참여정부 시기에도 사회안전망과 복지체계는 OECD 국가 중에서 최하위 수준을 넘지 못하고 양극화의 골은 더욱 깊어졌다.

참여정부에 들어와 공무원의 노동기본권도 확대되었다. 국민정부 시기인 1998년 2월 노사정위원회는 공무원 노동조합을 허용하기로 하고 1단계로 공무원 직장협의회 결성을 허용했다. 그러나 이후 국민정부는 여러 가지 이유로 공무원 노동조합의 설립 허용에 대해 소극적 태도를 보였으며, 참여정부 출범 후인 2005년에 이르러서야 비로소 공무원노조법이 국회를 통과함으로써 2006년부터 공무원 노조가 합법화되었다. 물론 공무원 노조의 활동과 가입범위에 대해서는 가입 제한과 교섭 비례대표 강제 등 일정 부분 제약이 있지만 공무원의 노동 3권 보장에 대한 제도적 기초가 마련되었다.

---

18. 정희섭, 2011, 「민주정부 10년, 문화정책의 성과와 한계 그리고 과제」 발제문.
19. 최태욱, 2011, 「민주정부 10년, 개혁의 한계와 제약요인」 토론문.

참여정부가 한국 민주주의를 확대하려고 많은 노력을 기울인 결과는 프리덤하우스가 매년 발표하는 세계 각국의 민주주의 발전 수준 지표에서도 드러났다. 1987년 이전까지 한국의 민주주의 평가는 정치적 권리와 시민적 권리보장 수준에서 4-5등급을 받아 제한적 자유국가로 분류되었지만, 2005년에는 시민적 권리 면에서 2등급, 정치적 권리 면에서 1등급을 받았을 뿐만 아니라,[20] 2007년에 역대 정부와 비교한 여러 지표분석 결과에서도 높은 평가를 받을 정도였다.[21] 불과 10여 년 전만 해도 군사독재에 신음하던 한국 정치가 대외적으로 높은 수준의 민주주의를 성취했다는 외부의 평가도 놀라운 발전이지만, 대내적으로도 역대 어느 정부 시기보다 확대된 민주주의를 누리고 있음을 국민은 충분히 인식했다.

그러나 참여정부의 문제점도 적지 않다. 특히 대통령의 취약한 리더십은 물론 전문성이 떨어지고 역량이 검증되지 않은 핵심 참모와 정책 실무경험이 부재한 지식인 위주의 인사는 개혁정책을 실현시킬 정교한 구상을 만들어내기에 부족할 수밖에 없었다. 더욱이 집권 초기에 야심적으로 추진한 4대 개혁입법이 국회에서 통과되지 못한 사례에서 드러나듯이, 청와대 측과 국정운영에 공동책임을 져야 할 집권여당 간 협조도 부족한 상황에서 전형적인 보신주의 풍토에 젖은 관료조직 장악에 한계를 보임으로써 개혁적 국정운영에 제대로 된 정책적 뒷받침도 받을 수 없었다.

예컨대 국민정부와 참여정부가 연속성을 지닌 가장 두드러진 분야는 경제정책이었다. 양 정부 모두 성장과 분배의 균형 있는 추구

---

20. 국정홍보처, 2008, 『참여정부 국정운영백서 2 : 민주주의』, 21쪽.
21. 대통령 자문 정책기획위원회, 2007, 『참여정부 국정리포트』.

를 목표로 삼았으나 결과적으로 바람직한 성과를 도출하지 못했다. 실제로 1997년과 2007년 소득분배 지표를 비교하면 전국 가구기준 가처분소득 지표 중 지니계수는 0.262에서 0.316으로 소득 5분위 배율은 3.94에서 5.73으로, 상대적 빈곤율 8.9%에서 14.8%로 악화되었다. 분배정책을 강화하려고 하였으나 분배구조 개선에 실패한 결과이다. 물론 거시경제 지표로 보는 성과는 나쁜 편이 아니다. 국민정부 시기에는 최단기간에 외환위기를 극복했고, 참여정부 시기에는 4-5%의 꾸준한 경제성장을 이뤘으며, 일부 대기업이 세계적 수준의 기업으로 성장할 정도에 이르렀다. 참여정부에 들어와 1인당 국민소득이 2만 달러 수준에 달하고 주가상승, 경상수지 흑자, 외환보유액 확충, 비교적 높은 성장률, 물가안정 등 거시적으로는 성과가 많았다.

그러나 부문별로 보면 분배와 재분배 구조의 악화, 부동산 가격 폭등 등 극복해야 할 과제도 많이 남겼다. 특히 부동산 정책의 혼선은 국민정부부터 참여정부에 이르기까지 가장 실패한 부분이다.[22] 국민정부는 무분별한 부동산 규제 해제로 거품의 씨앗을 뿌렸고, 부동산 가격 안정에 대한 처방을 내리지 못하고 우왕좌왕하다가 가격폭등을 막는 데 실패했다. 참여정부가 추진한 세종시를 비롯한 10개 혁신도시, 6개 기업도시, 6개 경제자유구역 설치 등도 지역균형발전이라는 이상과 달리 정책 시행과정의 부작용으로 전국적으로 부동산 가격 상승을 부추기고 부동산 불패 신화를 지속시킬 뿐이었다. 이런 결과를 초래한 원인 가운데 하나는 참여정부가 정부의 역할을 조정자 혹은 심판자로 규정하여 직접적인 규제를 지양하고 자율적인 감

22. 정남기, 2011, 「민주정부 10년-경제정책 평가 3」 토론문.

시와 통제를 통해 기업경영의 투명성과 책임성을 높이는 방향으로
정책을 수립했기 때문이다.

　　물론 참여정부가 단기적 정책수단을 활용한 경기부양을 지양하
고 중장기적 관점에서 경제 체질을 강화하도록 시도한 것은 장기적
으로 바람직한 방향이라고 평가할 수 있다. 그러나 소비자나 노동자
등 경제적 약자의 권한을 보장하는 제도적 장치가 미흡한 상태에서
각종 규제완화는 경제적 강자의 일방적 권한을 강화하는 결과를 초
래했다. 더욱이 구조적으로 중소 하도급 기업이 재벌과 대기업에 전
면 종속되고 비정규직 노동자가 양산되면서 시장경제에서 자본과
노동의 바람직한 균형이 무너짐으로써 자본의 전횡이 가능한 구조
로 전환되어 노동자의 일방적인 피해로 전가될 뿐이었다.

　　노사관계 역시 정부 출범 초기에는 상당히 개혁적인 노동정책
의 청사진을 제시하고 일정 부분 성과를 거두기도 하였으나, 시간이
지날수록 노동부문의 기대와 달리 미흡하거나 변질된 정책으로 귀
결되어 지지층을 가장 실망시킨 분야가 되었다.[23] 참여정부도 사회통
합적 노사관계 구축을 표방했으나 노동시장 유연화 정책만 지속되
고 사회통합적 노동시장 정책은 없었다. "비정규직의 눈물을 닦아주
겠다"는 구호도 임기말인 2007년 7월에야 비정규직 보호법이 시행
되었을 뿐이고, 노동시장 양극화에 대한 실질적인 대책은 찾아볼 수
없었다. 노사관계 정책도 산별교섭 등 초기업 수준에서는 일부 진전
이 있었으나 이를 제도화하려는 노력이 없었고 사업장 복수노조 허
용마저 유예되었다.

23. 김유선, 2011, 「민주정부 10년―노동정책 평가」 토론문.

참여정부에서도 국민이 피부로 느끼는 삶은 나날이 악화되었다. 무엇보다도 청년실업과 비정규직 양산으로 대표되는 고용불안 심화, 경제성장률에 비해 낮은 가계소득 증가율로 대표되는 서민과 중산층 소득의 상대적인 정체, 전월세 인상으로 인한 주거비 부담, 사교육비와 대학등록금 인상에 따른 교육비 부담, 의료비 증가로 인한 가계 압박 증대, 사회보장비 증가와 과도한 통신요금 부담 등도 가계 수지를 압박하는 요인으로 작용했다. 요컨대 국민정부와 참여정부 시기에 서민과 중산층의 생활은 훨씬 더 팍팍해지고 대기업 수출에 일방적으로 의존하여 '고용 없는 성장'을 반복하는 폐해로 이어졌다.

이런 결과가 발생한 원인으로는 전반적으로 한국 경제를 둘러싼 세계적·시대적 환경요인이 중요하겠지만 정부의 정책 오류에도 상당 부분 책임이 있다.[24] 즉 국민정부와 참여정부 시기에 경제정책의 기조는 외환위기를 극복하고 건전한 시장경제를 확립하고자 하는 목표를 어느 정도 달성했으나, 다른 측면에서는 시장경제를 시장만능주의나 신자유주의와 혼동해 일관성을 잃고 스스로 혼돈에 빠지는 경우가 있었다. 예컨대 시장경제가 제대로 작동하기 위해 필요한 금산분리 원칙과 재벌 지배구조의 개혁은 더욱 철저히 추진되어야 했다. 그러나 재벌기업의 지배구조 개선도 정치권과 관료의 미온적인 태도로 개혁의 진전이 없었으며, 불법행위를 저지른 재벌기업 총수가 일시 퇴진했다가 곧바로 복귀하는 등 재벌개혁의 일관성을 찾아보기 힘들었다.

실제로 군사정권부터 초고속으로 성장하기 시작한 재벌은 민주

---

24. 윤진호, 2011, 「민주정부 10년, 노동시장 및 노사관계 정책의 성과와 한계 그리고 과제」 발제문.

화 이후에도 끊임없이 성장하여 한국 경제에서 차지하는 재벌의 경
제력 집중은 더 심해졌다. 한국 경제를 수렁에 빠뜨린 IMF 외환위기
를 초래한 재벌과 은행 및 대기업의 손실도 국민이 부담하여 회생할
수 있었지만, 국민정부와 참여정부에 들어와 재벌과 대기업이 오히
려 막대한 부를 축적하는 역설적인 결과로 나타났다. 더욱이 국민정
부와 참여정부에서 추진한 개혁적인 경제정책을 보수적인 관료주의
의 틀에 사로잡힌 경제관료에 의존함으로써 전반적인 정책이 재계
편향적으로 수립된 것도 재벌의 지속적인 성장에 커다란 도움이 된
요인이었다.[25]

국민정부와 참여정부 모두 재벌과 대기업 중심의 성장론에서
벗어나지 못했다. 국민정부에서는 성장률 제고를 위해 부동산 규제
완화나 신용카드 규제완화와 같은 무리한 경기부양책을 실시했고,
참여정부에서는 각종 개발정책이나 '2만 달러론' 같은 것이 제창되
었다. 국민정부와 마찬가지로 참여정부도 본래 목표로 했던 분배보
다 성장 위주의 정책에 치중해 벤처 거품, 신용카드 거품, 부동산 거
품 등을 통제하지 못해 서민경제를 더욱 피폐화시켰다. 정부가 인위
적 경기부양을 하지 않는 정책은 결과적으로 성장을 민간부문에 의
존하게 됨으로써 시장의 과도한 쏠림현상을 방치했다. 이는 한국 경
제의 장기적 성장잠재력을 크게 훼손하는 결과를 초래했고, 정부나
가계가 기업이 중심이 된 시장에 종속되는 결과를 초래했다.

노무현 대통령이 언급한 대로 이미 권력은 시장에 넘어간 듯했
다. 더욱이 임기 후반기에는 한미 FTA를 추진함으로써 신자유주의

25. 홍종학, 2011, 「민주정부 10년, 성장과 분배정책의 성과와 한계 그리고 과제」 발제문.

정책 기조를 수용하는 태도를 보였다. 그 결과는 양극화의 심화, 빈곤층의 확산, 비정규직의 급증 등과 같은 신자유주의 사회에서 흔히 나타나는 사회경제적 문제가 크게 부각되었다.[26]

노무현 대통령은 임기 중반기인 2004년 3월 한국 헌정사상 최초로 국회 의결을 통한 대통령 탄핵이라는 시련을 겪었지만, 참여정부는 한국 민주주의의 수준을 한 단계 높인 것으로 평가받으며 많은 분야에서 더 많은 민주주의의 정착을 위한 교두보를 구축하는 역할을 담당했다. 그러나 참여정부는 후반기에 정치권과 언론의 비협조와 일방적인 비판 속에 정치적 리더십을 상실한 채 지역주의에 기반을 둔 총선과 대선을 거치면서 거대 자본이 지배하는 시장경제의 덫에 빠져 이명박 후보가 상당한 득표율 차이로 당선되는 것을 지켜볼 수밖에 없었다.

6) 이명박 정부 시기

임기 중인 정부에 대한 평가는 시기상조임이 분명하다. 그러나 한국 민주주의의 전개에 대한 전망을 위해서는 이명박 정부에 대한 평가가 필수적인 전제이다. 이명박 정부 출범 직후 세계경제는 미국발 금융·재정위기 상황으로 비관적인 전망이 지배적이었다. 미국의 경제위기는 유럽연합EU에도 부정적인 영향을 미쳐 유럽 남부지역 국가들이 IMF 구제금융을 받는 등 전반적인 경제침체 현상으로 이어

---

26. 최태욱, 2011, 「민주정부 10년, 개혁의 한계와 제약요인」 토론문.

졌다. 이명박 정부는 국민정부 시기에 외환위기를 극복한 경험을 토
대로 세계 경제위기 초기에 성공적으로 대처한 것으로 평가받았다.

　　이명박 정부는 경제우선주의를 주창하며 집권한 명분을 내세우
며 '기업하기 좋은 나라'를 목표로 친기업정책을 정책기조로 삼고
재벌과 대기업 중심의 성장을 독려하기 위해 각종 규제를 완화하고
재벌의 출자총액 제한 해제, 지주회사 기준 완화, 금산분리 완화 등
재벌규제를 완화했다. 물론 중산층과 서민을 위한 정책을 기본으로
삼은 예전 정부에서도 재벌은 결과적으로 성장의 최대 수혜 당사자
였지만, 이명박 정부는 겉으로 대기업과 중소기업의 상생과 협력을
역설하면서도 재벌과 대기업을 정책적으로 전폭 지원함으로써 '재
벌공화국'이라고 명명될 정도이다.[27]

　　이명박 정부에서 각종 부동산 규제도 대부분 폐지되었다. 이명
박 정부는 여러 차례에 걸쳐 참여정부 당시 도입되었던 다주택자중
과세 폐지, 서울 강남 재건축 아파트 규제 완화, 분양가 상한선 상향
조정, 토지거래 허가구역 해제 등 주택경기 활성화 대책을 발표했다.
그러나 이런 부동산 정책도 극소수 부유층에게만 혜택이 주어질 뿐,
전반적인 부동산 경기침체를 해소하기 힘들고, 중산층과 서민에게
실질적인 혜택이 주어지지 못한다는 한계를 지니고 있다.

　　이명박 정부에 들어와 연간 무역규모가 1조 달러에 이를 정도로
외형적 성장이 지속되고 1인당 국민소득GNI이 2만 달러 수준으로 복
귀했지만 분배구조는 김대중 정부 이전 수준으로 후퇴할 정도로 훨
씬 더 악화되었다. 특히 이전 정부에서도 나타난 양상이지만 이명박

27. 이종철, 2012, 『그대의 꿈이 현실이다』, 인간사랑, 특히 제1장.

정부에 들어와 비정규직은 나날이 늘어가고 청년실업률은 갈수록 높아졌다. 대학생조차도 이른바 '88만 원 세대'라는 자조적인 표현이 나올 정도로 일정한 능력과 조건이 맞으면 가능했던 사회 상층부 진입이라는 계층 간 이동가능성이 희박하여, 부유층 자녀는 해외 조기유학을 다녀오는 등 문제가 없지만 빈곤층 자녀는 등록금과 생활비를 버느라 정상적인 대학생활을 못할 정도로 양극화가 심해진 상태이다. 그 결과 이명박 정부에 들어와 산업, 업종 및 기업 간 양극화는 물론 고용, 소득 및 지역과 계층 간 양극화 역시 심화되었다. 물론 세계적으로도 경제위기와 세계화 및 기술발전으로 인해 양극화가 심화되고 있다. 그러나 한국 사회 양극화는 전례없는 속도로 진행되어 양극화의 폭과 깊이가 나날이 심각한 양상으로 나타나고 있다.

이를 보완하기 위한 이명박 정부의 사회안전망 정책은 사회적 기업 육성과 미소금융 활성화 등을 통해 취약계층을 지원하고 '4대강 살리기' 사업 등과 같은 대규모 재정지출을 통해 밑바닥 계층의 소득을 시혜적으로 보충해 주겠다는 목표를 갖고 추진되었다. 그러나 이명박 정부 말기에 이르러서도 정부와 지방자치단체의 재정지원에 의존한 사회적 기업 대부분이 자립기반을 확보하지 못하고 존폐위기에 처해 있어 사회 취약계층 일자리 창출 목표는 실패하였다. 초기 공정이 완료된 4대강 살리기 사업도 부실공사 논란이 끊이지 않을 뿐 아니라, 사업결과 역시 토목공사 중심과 비정규직 중심의 일자리 창출에서 벗어나지 못하고 그 혜택 역시 소수 건설 관련 업체로 국한된다는 한계를 지닌다.

참여정부에서 시작하여 이명박 정부에 들어와 국회에서 날치기로 통과된 한미자유무역협정FTA도 논란의 여지가 많은 쟁점이다. 야당과 시민단체가 주장하는 논리처럼 한미 FTA가 재벌과 대기업의 수출과 이윤창출에는 유리한 환경이 조성될지라도 농어민과 소상공인에게는 그에 상당하는 피해가 예상됨을 우려하지만, 정부는 뚜렷한 근거나 구체적인 자료 제시 없이 국가이익과 일자리 창출에 도움이 되니 무조건 실행해야 한다는 일방적인 주장만 되풀이하고 있다.

이명박 정부가 출범하는 계기가 된 17대 대선은 선거과정에서 제기된 후보의 각종 스캔들과 부정행위에서 비롯된 도덕적 정당성이 결정적인 정치쟁점으로 부상하지 못했고, 국가의 지도자에게 요구되는 정치적 능력보다 경제적 '잠재'능력을 우선시한 국민 다수의 선택에 따라 당선자가 결정된 선거였다. 그러나 현 시점에서 평가하자면 그 당시 국민의 선택결과는 참담할 정도이다. 한국 민주주의의 성취 수준이 순식간에 퇴보하거나 역전당할 수 있다는 가능성이 또다시 나타났기 때문이다.

무엇보다도 한국 민주주의의 전개에서 가장 두드러지게 후퇴한 부문은 이명박 정부의 공권력 행사와 연관된다. 과거 독재정권 시기 군사독재 유지의 근간이었으나 문민정부 출범 이후 상당 부분 정상화된 공권력의 존재가 이명박 정부 들어와 권위주의 정권 시대로 회귀했기 때문이다. 일일이 거론하기 힘들 정도이지만 행정부와 입법부 및 사법부에 이르기까지 국민주권 수호기관이 대부분 정권의 비호기관으로 변질되었다.

우선 '공권력의 사유화' 현상이 두드러진다. 그 가운데 대표적인 사례로 참여정부 시기에 상당히 중립적인 태도를 보였던 검찰이 과거 권위주의 정권 시기에 비판받던 '정치검찰'로 변질되어 전직 대통령의 비극적인 사망과 연루된 책임논란에서 벗어나지 못하고 있으며, 촛불시위를 진압하는 과정에서 강압적인 시위진압이 재등장하고 '명박산성'明博山城이라는 표현에서 나타나듯이 경찰이 정권의 충

견역할을 담당할 정도로 정치적 중립성이 훼손되었다. 심지어 선거
와 투표권 행사에서 주권행사를 보장해야 할 국가기관으로서 중앙
선거관리위원회가 선거운동의 자유를 위축시키고 정부와 여당 관계
자가 공모하여 홈페이지가 해킹을 당하거나 국회의원 총선거에서 부
정선거 논란이 제기되었음에도 정상적인 후속절차도 밟지 못할 정
도로 정치적 중립을 지키지 못한다는 비판에 직면할 정도이다.

정당도 제왕적 대통령 시절로 회귀해 여당은 집권 초기 대통령
의 사당화로 전락되어 국민의 정당이 아닌 정권의 충실한 하수인 역
할을 담당하고, 집권 후반기에는 당내 유력인사를 중심으로 독선적
인 파벌정치의 폐해가 나타나는 양상이다. 국회 역시 민주화 이후 대
화와 합의를 중시하는 여야협상은 사라지고 '다수 독재'의 전형적인
모습으로 야당을 완전히 무시하고 주요 쟁점법안을 날치기 통과하
는 모습이 재현되었다. 여당은 다수로 밀어붙이고 야당은 폭력으로
저항하는 군사정권 시기의 낡은 의회상이 재현되어 의회정치가 실
종되었다.

사회적으로도 경제분야와 마찬가지로 문화·예술·교육 부문 등
에서 오직 시장논리가 지배해 과거 권위주의 정권 시절로 회귀하는
풍조가 팽배해지게 되었다. 심지어 군사정권 시절 심하게 억눌린 국
민의 인권을 보장하기 위해 2001년 국가기구로 공식 설립된 국민정
부의 중요한 성과인 국가인권위원회는 이명박 정부에 들어와 인권
의 확대는커녕 이전 정부보다 훨씬 후퇴한 인권정책을 수행하여 위
상이 대폭 추락하고 소속 인권위원이 사퇴하는 등 잡음이 끊이지 않
고 있다.

이명박 정부 출범 초기에 급변하는 환경에서 방송과 통신의 융
합발전과 국제경쟁력 강화를 목적으로 대통령 직속 합의제 행정기

구로 설립된 방송통신위원회 역시 방송과 통신의 공익성보다 사회적 영향력과 수익성을 앞세우는 재벌과 거대언론의 방송분야 진출을 적극 도울 뿐만 아니라, 문민정부 이후 확대되어 온 언론과 표현의 자유를 억압하는 대표적인 기관이라는 비판이 제기되고 있다.

이명박 정부의 여성정책도 이전 정부에 비해 후퇴일변도이다. 이명박 정부는 여성가족부를 해체하고 초미니 형태로 여성부의 골격만 유지시켰다. 가족과 보육업무는 다시 보건복지부로 이관하고 역대 정부와는 달리 양성평등을 위한 구체적인 정책을 제시하지도 않았다. 여성정책 담당기구도 남녀차별의 문제나 보육문제를 뺀 명맥만 유지한 상태에 있다.[28]

이명박 정부는 문화예술 교육과 같은 세부 사업에서는 예전의 정책을 이어가는 것처럼 보이지만, 국민정부 이래 활성화된 문화정책의 성과를 이어받기는커녕 오히려 지난 성과와 새로운 과제로 설정되어야 할 정책마저 완전히 부정하고 있다.[29] 심지어 문화예술의 자유도 심각한 위협에 처하고 있으며, 문화예술위원회의 정책 변화 과정에서 나타났듯이 문화예술계의 자율성이 사라진 형편이다. 이런 변화는 시대 흐름에 완전히 역행하는 양상이다. 다만 이런 문제점은 문화적 가치의 중요성을 강조하고 문화민주주의에 대한 기대를 높인 반면에 문화를 경제발전의 축으로 인식하고 문화산업의 발전을 추구한 이전 정부의 문화정책에서 일부 비롯된 측면도 있다.

이명박 정부의 교육정책도 문민정부 이래로 도입된 신자유주의 정책 기조를 더욱 확대함으로써 적지 않은 문제점을 야기하고 있다.

28. 김경희, 2011, 「민주정부 10년, 여성 보육정책의 성과와 한계 그리고 과제」 발제문.
29. 정희섭, 2011, 「민주정부 10년, 문화정책의 성과와 한계 그리고 과제」 발제문.

정부 출범 초기부터 국제경쟁력 강화라는 명분으로 지나치게 강조
된 영어교육 등 교육정책 기조에서 교육의 공공성을 전면 도외시함
으로써 경쟁지상주의에 입각한 시장원리가 교육현장을 지배하게 만
들었기 때문이다. 특히 최근 논란이 되고 있는 교과서 논쟁처럼 이명
박 정부에서는 한국 현대사와 민주주의에 대한 교육, 더 나아가 진리
를 추구하는 학문의 근간을 뒤흔드는 행태가 나타날 정도이다.

　　예컨대 신우파 지식인 이른바 '뉴라이트' 계열 지식인층은 일
본제국주의의 강탈적 조선지배를 교묘히 정당화하는 '식민지 근대
화론'에 동조적이고, 5천 년 가까운 문화와 역사를 이어온 대한민국
의 정통성을 사실상 부인하는 2차 세계대전 이후 신생독립국에서나
가능한 '건국'이라는 표현을 내세우며 '건국' 60주년 기념 각종 행
사를 개최하고 정부가 이를 대대적으로 지원했다. 심지어 고등학교
교과서에서 현대 한국 정치사의 전개를 보편적 민주주의가 아닌 '자
유민주주의'의 역사로 축소시켜 개편 서술할 정도에 이르렀다. 이와
같은 일련의 움직임은 대한민국의 정통성을 '국부' 이승만, '산업
화' 지도자 박정희로 이어지는 정부수립과 산업화의 성과를 교과서
전면에 부각시키는 동시에 이승만 독재와 박정희 군사독재를 미화
하고 '민주화역사 지우기'의 일환으로서 4·19 혁명, 5·18 광주 민
주항쟁, 6·10 시민항쟁으로 이어지는 민주화 운동의 역사적 정통성
을 박탈 혹은 축소시키려는 의도로 평가할 수밖에 없다.

　　임기 말을 기준으로 평가하면 이명박 정부 출범 이후 한국 민주
주의의 수준은 전반적으로 후퇴했다. 이런 평가는 이명박 정부의 국
정운영에 대한 각종 평가지표에서 여실히 드러난다. 물론 정부 차원
의 평가에서는 전임 정부의 국정운영보다 여러 분야에서 낮거나 최
소한 비슷한 성취를 이뤘다고 자평하지만 민간 차원에서 국민 대다

수가 느끼는 체감지수는 전혀 다르다. 임기 중반에 사회정의를 바로 잡는다는 거창한 목표를 갖고 제시된 '공정사회론'이야말로 이명박 정부의 어두운 측면을 반사적으로 비춰주는 거울이다. 국민이 이명박 정부에 대해 가장 먼저 떠올리는 것이 측근 인사, 재벌과 대기업 우선, 부자 지원, 서민 부재 등이기 때문이다. 정부는 새로운 가치로 공정을 제시했지만 정작 국민 대다수는 이명박 정부야말로 출범 초기부터 임기 말까지 이어지는 일련의 인사파동에서 보듯이 불공정하다고 느낀다.

이명박 정부는 임기 1년을 앞둔 시점부터 레임덕이 가속화되는 양상을 보였다. 물론 역대 정부에서도 되풀이되었던 사례이긴 하지만 이명박 정부에 들어와 이전 정부 시기에 비해 훨씬 심할 정도로 대통령의 친인척과 측근 인사들의 부정부패 사례가 연이어 드러났기 때문이다. 이런 레임덕 현상은 이미 이명박 정부와 사실상 갈라선 여당과 국회뿐 아니라 점차 공권력 분야로 확산될 전망이다. 무엇보다 이런 양상이 초래하는 가장 심각한 문제는 남은 임기 국정수행 과정에서 나타나는 이명박 정부의 위기에 그치지 않고 일종의 무정부상태anarchy로 이어지는 통치불가능성ungovernability 양태가 팽배해져 한국 사회의 위기, 한국 민주주의의 위기로 확산될 우려가 있다는 점이다.

물론 이런 원인의 일차적 원인은 이명박 정부를 지탱하는 권력구조와 언론 등이 한국 사회의 각 분야에서 민주주의의 가치를 확산하기보다 과거 권위주의 시대로 회귀한 데 있다. 그러나 한국 민주주의가 후퇴한 또 다른 원인 가운데 하나는 지금까지 한국 민주주의의 전개를 돌이킬 수 없도록 정착시키지 못한 제도적 측면 외에 국민의 의식과 생활 측면에서 여전히 미성숙한 민주주의 수준의 반영이라고 할 수도 있다. 따라서 한국 민주주의의 향후 과제는 현 수준에서 성취된 민주화를 더욱 확산·심화시킬 수 있는 실천방안의 모색에 있다.

3. 한국 민주주의의 평가

돌이켜 보면 군사정권의 강제력을 통하여 산업화를 주도해 온 박정희 정부는 절대빈곤의 상태로부터 벗어나 고도성장시대를 열었다는 면에서 한국의 근대화를 위한 경제적 토대의 구축이라는 시대적 소명을 완수했다. 그러나 이른바 박정희 패러다임Park's paradigm이라고 명명할 수 있는 국가 주도의 '동원식 근대화'는 형식과 외형만 근대화된 '권위주의적 근대화'로서, '근대인 없는 근대화'가 갖는 모순을 처음부터 내포하고 있었다. 그 논리는 다음과 같다.

근대화의 주체라 할 근대인, 곧 민주시민의 양성 없이 추진된 근대화는 자기 정화능력을 갖지 못한다. 시민의 참여가 없는 양적 성장은 질적 성장으로 전환될 수 없다. 따라서 민주주의의 정착 없이 근대화는 완성될 수 없다. 더 나아가 다양성을 억압하고 창의성을 억제하는 '박정희 패러다임'은 21세기 최첨단 지식사회의 기반인 인력양성을 가로막고 새로운 패러다임을 창조할 수 있는 상상력을 질식시킨다.[30] 한국 민주주의의 정착과 민주시민의 양성은 한국 사회의 선

---

30. 김용호, 1997, 「누가 '박정희 패러다임'에 매달리는가」, 『신동아』(1997년 11월호) ; 최배근, 1998, 「한국 사회에서 시장경제와 민주주의의 관계」, 한국정치발전연구원, 『민주화와 정치발전』, 176쪽 참조.

진화를 위한 전제이다. 그러나 군사정권은 그 속성상 자기 부정이나 자기 해체라는 모순을 초래하게 될 상향식 의식결정이나 자율적 시민 양성을 통해 민주주의를 심화시킬 수 없다는 딜레마를 안고 있다.

군사정권의 장기집권에 따른 폐해는 문민정부와 국민정부에 들어와 개선되기 시작했다. 그러나 20세기에 들어와 한국 사회가 겪은 외세의 침략, 일제의 식민지배, 해방과 분단, 한국전쟁과 군사정권의 장기간 지배시기를 거치면서 구축된 지배질서와 기득권층의 형성 등은 단기간에 해체될 수 있는 구조가 아니다. 더욱이 문민정부나 국민정부는 모두 정권획득 과정에서 민주화를 탄압 혹은 지체시킨 과거 권위주의 세력과 결합 혹은 연합해 집권하였으므로 그 한계는 시작부터 예견할 수도 있었다. 그럼에도 불구하고 민주화 운동의 역사와 이어지는 문민정부와 국민정부 시기에 한국 민주주의의 전개는 상당 부분 성과가 있었다. 이 시기야말로 과거 권위주의 체제를 뒷받침한 각종 제도의 민주화를 통하여 민주화가 다른 분야로 확산될 수 있는 기반을 확보한 시기였기 때문이다. 이 점에서 한국 사회 민주화 운동의 결실로 등장한 문민정부와 국민정부는 권위주의에서 민주주의로 이행하는 단계로서 역할을 충실히 수행하는 데서 그 존재의의 raison d'être를 찾아야 할지 모른다.

국민정부 이후 참여정부의 출범으로 21세기 탈3김 정치 시대가 개막되었다. 참여정부 출범 시기를 살펴보면 장기간에 걸친 군사독재와 권위주의적 정치문화의 잔재는 물론이고 민주화 이후에도 지역주의와 파벌, 계파정치의 폐해가 지속되어 한국 민주주의의 정착을 가로막고 있었다. 따라서 참여정부는 3김 시대의 부정적 유산을 청산하고 비민주적인 제도와 관행의 개혁을 실천해야 하는 시대적 과제를 안고 있었다. 더 나아가 참여정부는 역대 어느 정부보다 민주

시민을 양성하여 질 높은 민주주의로의 도약과 '더 많은 민주주의'
의 확산과 심화를 위한 기반을 조성하고자 했다.

그러나 참여정부 시기에도 본래 의도했던 목표와 실제 나타난
결과는 달랐다. 그 원인은 무엇인가? 우선 준비가 미흡한 채로 정권
을 잡았던 이유를 들 수 있다. 다음으로 야당, 보수언론, 재벌, 관료 등
으로 형성된 기득권층 연대의 반발과 비협조가 지적될 수 있다. 흔히
여소야대로 불리는 분점정부 구조에서 비롯된 문제점도 있고, 한국
정당정치의 후진성도 중요한 원인 가운데 하나이다.[31] 더욱이 참여정
부가 개혁을 추진하는 데 봉착한 어려움은 야당과 언론 및 재벌과 같
은 기득권을 지닌 보수세력의 반발뿐 아니라 개혁을 둘러싼 보수와
진보의 대결구도를 기본으로 한 보수 대 보수, 진보 대 진보세력이라
는 중층적인 대립구도의 형성으로 가중되었다.[32]

그러나 참여정부가 시도한 각종 개혁조치를 여러 불리한 조건
과 환경에서도 성공적으로 완수하려면 민주화와 개혁을 실시하는 데
따르는 문제점을 충분히 대비해 정교한 실천과정을 밟아야만 했다.
민주화의 역사에서 흔히 나타나는 사례이지만, 민주주의를 위한 개
혁에는 인적 개혁의 대상과 주체가 분리되지 않는다는 근본적인 난
제가 가로막고 있을 뿐만 아니라, 제도개혁에도 그 제도를 뒷받침하
는 관행과 풍토 등을 단기간에 바꾼다는 것은 불가능하기 때문이다.

권위주의 체제에서 민주주의 체제로의 이행이 민주화의 발전이
나 확대라는 낙관적인 진행으로만 이어지지 않고 때로는 쇠퇴하거
나 좌절되는 비관적인 진행으로 나타나는 이유가 여기에 있다. 이 문

31. 최태욱, 2011, 「민주정부 10년, 개혁의 한계와 제약 요인」, 토론문.
32. 「참여정부 국정운영백서 2 : 민주주의」, 17쪽.

제는 현실에 잔존하는 비[반]민주적 유산을 청산하고 민주적 문화를
창출하는 과제와도 직결된다. 민주주의의 실현을 어렵게 하는 요인
중의 하나는 민주적 의식과 민주적 삶의 괴리현상이기 때문이다. 즉
민주적 제도의 확립과 민주적 의식 및 민주적 삶의 불일치에서 나타
나는 문화지체cultural lag 현상이다. 따라서 한국 민주주의의 정착 여
부를 결정하는 요소는 민주적 문화의 창달과 함께 민주주의를 일상
생활에서 실천할 수 있는 주체인 시민의 양성과 연관될 수밖에 없다.
이는 한국 민주화의 미해결과제이자 한국 민주주의를 공고화하기
위한 향후 실천과제로서 생활 속의 민주주의를 지향하는 것과도 연
관된다.[33]

　더 나아가 한국 민주주의의 실천과제를 설정하기 위해서는 급
변하는 국내외 현실을 직시할 필요가 있다. 과거와 달리 어느 한 국
가 혹은 사회의 문제가 세계의 문제와 분리될 수 없는 시기이기 때문
이다. 특히 20세기 후반부터 본격화된 세계화 현상은 전반적인 삶의
수준 향상에 기여하는 측면에 못지 않게 초국적 자본의 독점적인 이
윤창출을 확대시키는 양면성을 지니고 있다. 더욱이 '시장의 실패'
에 대한 부담은 사회적 약자에게 전가될 수밖에 없다.[34]

　대표적인 예를 들자면 이념과 체제를 넘어서 세계적으로 확산된
시장경제의 문제이다. 국경 없는 시장경제의 확대는 근대 이후 인류
의 무한한 꿈이었던 '세계의 보편화'가 시장논리market mechanism의
작동을 통해 이뤄지는 현상일 수도 있다. 그러나 시장의 지배는 민주
화의 실현을 위한 기회를 제공해 주는 반면 시장의 물신화物神化라는

---

33. 백완기, 1994, 『민주주의 문화론─생활양식으로서의 민주주의』, 나남.
34. 한스 피터 마르틴, 하랄드 슈만 지음, 강수돌 옮김, 1998, 『세계화의 덫』, 영림카디널.

위험을 동반할 수밖에 없다.[35] 더욱이 세계화된 시장globalized marke-ts과 자유주의 가치liberal values는 어떠한 유기적인 관계도 없다는 것을 분명히 인식할 필요가 있다.[36] 시장에서 이루어지는 주체와 객체의 전도, 곧 상품과 인간의 운명이 뒤바뀌는 구조적 소외현상에 대한 대비책도 전혀 마련되어 있지 않다는 것을 주의해야 한다.

지나치게 단순화하는 논리일 수도 있지만 민주주의는 1인 1표를 원칙으로 결정하는 제도이다. 따라서 민주주의는 개인의 인권과 자아의 실현을 목표로 삼는다. 그러나 시장경제의 논리는 1원 1표, 1주株 1표로 결정된다. 따라서 자본을 극대화하기 위한 수익과 효율성을 목표로 삼는다. 이런 원리를 미처 몰랐거나 의도적으로 무시한 이명박 정부가 이전 민주정부를 비효율적이라고 평가절하하고 언론과 재벌 및 일부 지식인층이 가세해 포퓰리즘populism(대중영합주의)이라고 비판하여 반민주정책으로 일관한 결과는 한국 민주주의의 성취뿐 아니라, 21세기 지식기반 사회에서 새로운 경쟁력의 주체인 사람을 도외시함으로써 경쟁의 효율성조차 달성하지 못한 결정적인 오류로 나타났다.[37] 따라서 한국 민주주의의 실천과제는 시장의 냉혹한 논리에 무방비 상태로 처해 있는 국민을 바로 세워 민주주의의 주역으로 나서도록 함과 함께 공동체의식을 확립시키는 방안을 모색하는 데 있다.

---

35. 김상기, 1994, 『밖에서 본 고국』, 정우사, 208-210쪽.

36. TLS No. 5094(Nov. 17, 2000), p. 18.

37. 헬무트 셸스키(Helmut Schelsky)는 민주주의가 효율성을 저해한다는 논거를 매우 세련되게 이론화했지만, 민주화가 서구 선진국은 물론 발전도상국에서도 중장기적 관점에서 효율성의 증대가 일어났음을 보여주는 실증 사례연구가 많다. 서규환, 2010, 『더 많은 민주주의와 비판시민사회』, 다인아트, 305-306쪽.

현 시점에서 보면 한국 민주주의는 전반적인 국민의 의식이나 제도적 차원에서 최소한의 수준에는 도달했다고 평가할 수 있다. 그러나 세부적으로 살펴보면 국민의 생활과 직결된 부문은 물론 민주주의 공고화를 위한 제도화도 제대로 정착되지 못했음을 알 수 있다. 예컨대 문민정부 이후 한국 사회에서 제도의 민주화가 제기될 때마다 제도보다 운영이 문제라는 논거에 밀려 개혁을 시도하지 못한 사례가 적지 않았다. 그러나 이명박 정부에 들어와 한국 민주주의가 공고화되는 데 필수적인 선결과제는 운영의 주체인 인적 지배보다 제도적 지배가 더욱 중요하다는 점을 다시 한 번 깨닫게 되었다. 철인왕의 지배보다 법의 지배가 낫다는 것은 고대 민주주의 이후 인류가 얻은 분명한 교훈이다.

따라서 한국 민주주의의 공고화를 위해서는 형식과 명목상의 민주주의를 성취하는 '낮은 수준의 제도화' 단계에서 내용과 실질적인 민주주의를 성취하는 기반이 될 '높은 수준의 제도화'를 달성해야 한다. 이를 위해서는 예컨대 대통령제를 비롯한 권력구조 전반에 대한 재검토와 개편은 물론 국가보안법과 같은 시대착오적 법률의 개폐 문제부터 검찰과 경찰 등 공권력의 정상화 방안을 법적·제도적으로 확립해야 한다. 특히 정당정치와 의회정치가 비정상적으로 운영됨으로써 초래된 대의민주주의의 위기현상을 극복하기 위해서는 시민의 자발적 참여에 기초한 직접민주주의와 참여민주주의의 활성화가 필요하다.

한국 사회의 근대화 과정에서 상실된 또 하나의 가치로서 민주주의를 회복시켜 '선진 문화사회'[38]를 구축하는 과제가 여기에 있다. 민주시민의 참여의지와 실천적인 행동이 뒷받침된 '생활의 민주화'는 민주주의를 확고히 뿌리내리는 기반이 되기 때문이다.[39] 더 나아가 해방과 더불어 한국 사회에 민주주의가 도입된 이래 '민주적 문화가 실종된 정치'에서 비롯된 한국 정치의 위기를 극복하고 '민주적 문화에 바탕을 둔 정치'가 실현될 유일한 전망vision도 '위대한' 정치인에 의해 주어지는 것이 아니라, '평범한' 시민의 노력에서부터 비롯된다는 인식의 전환이 필요하다. 그러한 터전 위에 '시민이 스스로 통치하는 원리'로서 민주주의가 한국 사회에 뿌리내릴 것이다.

4. 민주주의 : 끝나지 않는 여행

한국 사회의 경험에 비추어 볼 때 후발 민주국가들의 사례와 마찬가지로 한국 민주주의의 미래는 쉽게 예측하기 힘든 전망이다. 더 나아가 한국 사회에 민주주의가 정착되기까지는 근대 이후 서구를 비롯한 각국에서도 민주주의가 정착되는 과정에서 시행착오를 겪었던 것처럼 누구도 예상치 못한 숱한 난관과 장애물이 있을 수 있다. 그러나 세계적인 추세와 마찬가지로 민주주의는 이미 거스를 수 없는 시대적 과제이다. 다만 한국 민주주의가 더 이상 좌절되거나 표류하지 않고 정당한 방향으로 이끌 좌표의 설정이 필요할 뿐이다.

군사정권 이후 시도된 개혁과 민주주의에 반대하는 논거로 언론과 지식인층이 자주 사용하는 포퓰리즘 논쟁의 실체도 주의 깊게 살펴볼 필요가 있다. 일부 지식인이 개혁과 민주화에 반대하는 용어로

---

38. 김경동, 2000, 『선진 한국, 과연 실패작인가』, 삼성경제연구소.
39. 이진우, 2000, 『이성정치와 문화민주주의』, 한길사, 31–42쪽.

사용하는 포퓰리즘은 과두제에 대한 거대한 염원을 숨기는 동시에
드러내기도 하는 개념으로서, 민주적 정당성과 과두적 정당성 사이
의 악화된 모순을 은폐시킬 수 있는 아주 편리한 용어이기 때문이다.
국민이 없는 통치, 분열이 아닌 통합의 통치, 정치가 없는 통치가 바
로 그것이다.[40] 따라서 친일문화와 친미문화를 공유하며 군사정권 시
절에 영화를 누린 세력이 한국 사회의 개혁과 민주화에 대한 저항의
식의 반영으로 나타난 것이 바로 포퓰리즘 논쟁의 실체이다. 앞서 살
펴본 교과서 논쟁의 실체도 한국 민주주의의 역사를 자유민주주의
의 역사로 바꾸려는 뉴라이트 지식인층의 시도가 궁극적으로 민주주
의 자체를 반대하는 결과로 귀착된다는 점에 문제의 심각성이 있다.
그러나 민주주의democracy라는 용어 자체가 인민demos의 지배kratia
의 합성어인 것처럼 다수의 일반의지general will에 따른 결정은 고대
부터 현대에 이르기까지 민주주의를 신봉하는 모든 사회의 당연한
귀결이다.

　　20세기 후반에 새로운 민주화의 영역으로 부상한 '더 많은 민주
주의'에 대한 반론의 실체도 민주주의 자체에 대한 반대로 귀착된다
는 점에 주의해야 한다. 예컨대 셸스키는 '더 많은 민주주의'에 대해
자유의 침해라는 논거로 대응했다. 그는 자유민주주의의 기본질서에
대한 문제제기 대신에 민주주의와 자유를 서로 대립되는 것으로 이
해했다. 그의 논거에서 '더 많은 민주주의'는 '더 적은 자유'와 결합
된다. 그러나 셸스키의 논거와 정반대로 '더 많은 민주주의'는 민주
화, 정치참여의 토대로서 민주주의의 강화, 자유주의적인 것의 강화
를 의미할 뿐 아니라, 효율성도 증대한다는 경험적 연구도 적지 않음

40. 자크 랑시에르 지음, 허경 옮김, 『민주주의는 왜 증오의 대상인가』, 인간사랑, 2011, 167쪽.

에 주목해야 한다.[41]

　민주주의와 민주화를 반박하는 여러 논리도 민주주의 자체를 반대하는 사유가 공론장 뒤로 퇴장하면서 대의민주주의를 변호하는 논거로 활용된다는 점에 유념할 필요가 있다. 실상 근대 이후 대의민주주의가 제도로서 굳게 정착하는 동시에 이 제도의 한계에 대한 비판도 다면적으로 전개되었다. 이런 전개양상에는 민주주의적 제도를 심화·확대하려는 시도도 있으며, 제도를 실제로 움직이는 실천 주체의 도덕적·윤리적 덕성의 발전에 주목하는 시도도 있다.[42] 이처럼 한국 민주주의의 전개와 연관된 대의민주주의와 자유민주주의의 한계와 제반 문제점을 개선하기 위해서라도 직접민주주의, 참여민주주의의 핵심 요소에 주목할 필요가 있다.[43]

　역사적으로 민주주의는 고대 그리스 이후 현대에 이르기까지 인류가 고안한 '현실적으로 최선인' 제도와 이념 및 원리로서 그 전개과정에서 숱한 시련과 도전을 겪으며 발전해 왔다.[44] 단언컨대 인류의 역사가 끝나지 않는 한, 민주주의를 향한 도정이 종결되는 순간은 없다. 민주주의의 종말[45]은 결코 도래하지 않을 것이다. 결론적으로 21세기 한국 민주주의의 전망과 결부시켜 볼 때 "민주주의 : 끝나지 않는 여행"[46]이란 명제는 대단히 시사적이다.

41. 서규환, 앞의 책, 306-307쪽.
42. 서규환, 2010, 『더 많은 민주주의와 비판시민사회』, 다인아트, 299-309쪽.
43. 김하열, 2010, 「민주주의 정치이론과 헌법원리 : 자유주의적 이해를 넘어」, 한국공법학회, 『공법연구』 제39집 1호.
44. 로버트 달 지음, 김왕식 외 옮김, 1999, 『민주주의』, 동명사.
45. 장 마리 게노 지음, 국제사회문화연구소 옮김, 1995, 『민주주의의 종말』, 고려원.
46. John Dunn, 1992, Democracy : The Unfinished Journey-508BC to AD1993, Oxford University Press.

편집 후기

한국의 민주주의의 성숙을 위한 정치제도 및 정치현실의 개선을 지향하는 정치학자들과 법학자들이 모여 이 책에 실린 글 하나 하나에 대해 토론하고 인식을 심화·공유하며 지혜를 모아 담아내는 작업을 시작한 지 어언 2년이 지났다. 이제야 그 첫 작품을 세상에 내놓게 되어 출간의 기쁨보다는 연구회 활동을 지원해 온 미래발전연구원 측에 송구스러운 마음이 앞선다.

외국 이론에 대한 의존도가 높아 이웃 학문에까지 신경을 쓸 만큼의 여력이 별로 없기 때문인지 우리 학계에는 학문분과를 가르는 담장이 유달리 높은 편이다. 정치학과 법학의 관계도 예외가 아니다. 그와 같은 높은 담장이 정치현실에 대한 정확한 인식과 그 개선을 어렵게 만드는 장애물일 뿐임은 명약관화하다. 정치현실의 개선을 위해서는 모든 유관학문들의 성과들을 유기적으로 연계·활용해야 한다는 데 의문의 여지가 있을 수 없기 때문이다. 그렇게 볼 때 정치현

상을 연구하는 정치학자들과 정치를 규율하는 법제를 연구하는 법
학자들이 서로 보완해 가면서 우리의 정치현실 및 그 개선방안에 대
한 인식지평을 확장하기 위해 함께 고민해 왔던 지난 2년의 작업기
간은 이 책의 집필진 모두에게 매우 뜻 깊은 기간이었다고 생각한다.
독자제현에게도 필진들의 성찰의 향내가 잘 전달될 수 있기를 고대
할 뿐이다.

　우리는 한국의 절차적 민주주의의 성숙, 나아가 실질적 민주주
의의 질적 도약을 가로막고, 심지어는 절차적 민주주의가 너무도 쉽
게 퇴행하고 있는 원인들에 대해서 토론하면서 그 근본원인이 우리
의 정치를 규율하는 헌법과 같은 거시적인 제도적 틀 내에 있다기보
다는 국민의 의식이나 정치문화의 미숙, 헌법의 민주주의 관련 규율
을 구체화하고 집행하여야 하는 선거법, 정당법과 같은 법률 차원의
정치 관련 법제의 결함 등에 있다는 평범한 사실의 확인에 도달했다.
즉 최고국가기관 구성원들에게조차도 빈번하게 나타나는 민주주의
나 법치주의에 대한 이해의 부족, 민주주의를 지탱하는 '관용', '대
화와 타협', '소수파 존중'과 같은 민주적 정치문화의 미숙, 사실 왜
곡이나 편파 보도를 일삼는 보수편향의 언론환경, 국민의 의사를 정
확히 반영하지 못하는 선거제도, 후보자나 정당 또는 정책에 관한 정
보의 자유로운 유통을 심각하게 제약할 뿐만 아니라 정치 신인과 기
성 정치인을 극심하게 차별하는 공직선거법, 검찰권의 편파적 행사
나 남용을 통제하기 어려운 형사소송구조 및 검찰법제, 국가를 사실
상 지배하고 있는 정당의 저발전과 비민주성, 수평적 정권교체의 경
험에도 불구하고 아직도 개선되지 않고 있는 전문관료·검사·법관
등의 이념적 편향성, 정치·경제·사회·문화 등 사회 각 영역의 세력
들 간 심각한 힘의 불균형 등등이 절차적 민주주의의 고도화를 가로

막고 있다는 것이다.

그에 따라 우리는 그 실효성이 불확실한 헌법개정과 같은 거시적 실험 시도보다는 민주주의를 구현하고 있는 개별 영역의 구조나 법제, 문화의 개선에 국민의 역량과 에너지를 집중하는 것이 민주주의의 공고화를 앞당기는 길이라는 추론을 내렸다.

한편 노무현 대통령이 제안했던 원포인트 개헌의 필요성에 대한 평가는 엇갈렸다. 이명박 정권 하에서의 민주주의의 퇴행이라는 압도적 현실 앞에서 장기독재 위험 불식에만 초점이 맞추어졌던 1987년 헌법의 한계를 극복하려면 원포인트 개헌안의 취지를 살릴 필요가 있다는 유력한 주장은 관철되지 못했다. 대통령의 책임성을 제고하고 민주화 진전에 따른 정책입안에서 정책의 실행에서 완성까지 소요되는 시간이 길어짐에 따라 대통령에게 재선기회를 부여함으로써 일관성 있는 정책추진의 가능성을 높여주며, 대통령과 국회의원의 임기 불일치에 따른 여소야대의 빈발과 그로 인한 정치적 불안정성 및 비능률성을 시정하기 위해서는 대통령과 국회의원 선거의 주기를 일치시키고 두 선거를 동시 또는 근접해서 실시하는 것이 필요하다는 노무현 대통령의 통찰이 헌법개정이라는 열매를 맺으려면 한국의 정치현실의 개선을 기다려야 한다는 아쉬운 확인을 해야 했다.

끝으로 이 책을 통해 내디딘 우리 연구회의 세상을 향한 첫 걸음이 한국의 민주주의 발전에 의미 있는 밑거름이 되기를 기대한다.

저자 소개

1 **김종철**은 현재 연세대학교 법학전문대학원 교수로 헌법과 법이론을 연구하며 가르치고 있다. 서울대학교 법과대학 공법학과를 졸업하고 같은 대학 대학원에서 헌법을 전공한 후 영국 런던정경대학(LSE)에서 영국의 정당법과 선거법제를 헌법이론적 관점에서 분석하고 대안을 제시하는 주제로 법학 박사학위를 받았다. 짧은 기간 헌법재판소 연구원 생활을 거쳐 한양대학교에서 교직을 시작한 이래 현재 연세대학교 법학전문대학원에서 교수로 재직하면서 〈연세 공공거버넌스와 법센터〉 소장으로 활동하고 있다. 『헌법학 입문』(공역), 『법·정치와 현실』(공저)의 저술 외에 「'정치의 사법화'의 의의와 한계─노무현 정부 전반기의 상황을 중심으로」, 「대통령의 헌법상의 지위와 권력비판의 올바른 방향」, 「헌법재판소 구성방법의 개혁론」 등의 논문이 있다. 헌법계몽운동, 법학교육개혁 등 법을 통한 사회개혁과 헌법학의 현실화를 위해 노력하고 있다.

2 **김하열**은 현재 고려대학교 법학전문대학원 교수이다. 사법시험을 합격하고 오랜 기간 헌법재판소에서 헌법연구관으로 일했다. 헌법재판을 주제로 한 논문으로 고려대학교에서 법학 박사학위를 받았다. 「현행헌법의 의원내각제적 요소에 대한 평가」, 「군가산점제도에 대한 헌법적 평가」 등 다수의 논문

과 『군대와 성평등』, 『헌법판례 연구』 등의 공저서가 있다.

3 박용수는 현재 연세대학교 국가관리연구원 연구교수이다. 연세대학교 경제 학과를 졸업하고 고려대학교 정치학과에서 박사학위를 받았다. 연세대학교 국가관리연구원은 한국의 역대 대통령의 리더십과 국정운영에 대한 연구 및 자료 수집을 하고 있다. 최근 그는 「김대중 정부의 자유주의적 대북대외 전략의 현실주의적 측면」, 「김영삼 정부 북핵위기 대응의 한계에 대한 재평 가」, 「노무현 대통령의 한미 FTA 추진 이유」 등의 논문을 발표했으며, 각 대 통령의 주요 정책과 리더십에 대해 관심을 갖고 연구하고 있다.

4 박호성은 1974년 국제대학 법학과에 입학한 뒤 주경야독하는 생활을 하며 대학을 졸업한 후, 정치학으로 전공을 바꿔 연세대학원 정치학과에서 석사과 정을 마치고 1993년 경희대학원 정치학과에서 〈장 자크 루소의 정치사상 : 시민사회와 개인의 문제를 중심으로〉라는 연구주제로 정치학 박사학위를 받 았다. 1995년 초 재단법인 국제평화전략연구원의 설립에 참여하여 현재까지 수석연구위원으로 재직하면서 〈한국정치쟁점연구회〉와 〈현대북한연구회〉를 창립하여 학문의 공론장을 마련하였고, 재외동포의 현실과 다문화 시대의 쟁 점에 주목하여 논의하는 〈국제이주문화포럼〉 대표로도 활동하는 한편, 양원 주부학교 등 평생교육시설에서 30년 가까이 사회교육에 종사해 왔다. 현재 는 루소 원전 번역에 전념하고 있으며, 지금까지 통상적인 학회활동 외에 정 치사상의 관점에서 한국 정치의 다양한 현상을 분석하는 데 관심을 갖고 민 주주의와 통일과 연관된 주제를 연구 중이다.

5 서보학은 경희대학교 법학전문대학원에서 형사법을 연구·강의하고 있다. 1985년 고려대학교 법과대학을 졸업하였고 1996년 독일 쾰른 대학교에서 독일과 한국의 형벌제도에 대한 연구로 법학 박사학위를 취득하였다. 이후 아주대학교 법학부 교수를 거쳐 1999년 이래 경희대학교에 근무하고 있다. 지난 참여정부에서 사법개혁을 주도했던 사법제도개혁추진위원회의 추진기 획단에서 기획연구팀장으로 일하며 형사소송법의 개정, 형사재판에 있어서 국민참여 등 형사사법 시스템의 선진화 및 개혁작업에 실무자로 참여한 바 있다. 법조인 양성 시스템의 개혁, 법원 및 검찰개혁, 경찰개혁, 한국 형벌제 도의 선진화 및 인간화 등에 관심을 갖고 연구하고 있으며, 참여연대 사법 감시센터의 실행위원으로서 사법권력 남용의 감시와 대안제시 활동에도 적 극 참여하고 있다. 저서로는 『형법총론』, 『형법각론』, 『검찰공화국 대한민국』

(이상 공저) 등이 있다.

6 **소순창**은 건국대학교 행정학과(글로컬캠퍼스)에서 지방행정론, 행정개혁론, 그리고 거버넌스론 등을 강의하고 있으며, 우리나라 대표적 시민단체인 '경제정의시민실천연대'(경실련)에서 지방자치위원장을 맡고 있다. 국민대학교 대학원에서 석·박사를 하였으며, 일본 도쿄(東京)대학교 대학원에서 박사과정을 수료하였다. 지금까지 발표된 저서로는 『지방정부의 이론과 실제』(사회과학사, 2002), 『지방정부의 실증연구: 한미일 3개국의 비교분석』(한울, 2001), 『地方自治の實證分析』(共著, 1998), 그리고 논문으로는 「韓國地方選の地域主義と政黨支持」(1997), 「地方エリートの役割認知」(1998), 「로컬 거버넌스의 짧은 여행과 새로운 여정」(2005), 「정부인가 거버넌스인가? 계층제인가 네트워크인가?」(2005), 「지방정부의 혁신역량의 지표개발에 관한 기초연구」(2006) 등이 있다.

7 **안병진**은 경희사이버대학 미국학과 교수로 한겨레신문 '세상읽기' 컬럼니스트 역임 등 여러 신문에 칼럼을 쓰고 있다. 서강대학교 사회학과를 졸업하고 서울대 정치학 석사를 거쳐 미국 New School for Social Research에서 미국 정치학으로 정치학 박사학위를 받았다. 이 대학에서 최우수박사논문상인 한나 아렌트 상을 수상하였고, 대학 설립자인 존 듀이의 시민정치사상의 정신에 따라 공적 지식인으로서의 삶을 추구하고 있다. 저서로는 『민주화 이후 민주주의와 보수주의 위기의 뿌리』, 풀빛(2008) 등 4권의 단행본과 다수의 논문이 있다.

8 **전재호**는 현 서강대 한국사회기반연구(SSK)사업단 전임연구원으로, 1986년 서강대학교 철학과를 졸업했고 1998년 동 대학 대학원에서 「박정희 체제의 민족주의 연구」로 정치학 박사학위를 받았다. Harvard-Yenching 연구소 초빙연구원, 민주화운동관련자명예회복및보상심의위원회 전문위원, 성균관대 동아시아학술원 연구교수 등을 거쳤으며, 『반동적 근대주의자 박정희』라는 저서와 「한국 근현대사 교과서를 둘러싼 역사인식 갈등 연구」, 「세계화 시기 한국 재외동포정책의 변화와 쟁점, 그리고 대안」 등 다수의 논문을 집필했다. 최근에도 여전히 한국 민족주의의 다양한 측면에 관심을 갖고 있다.

9 **정태호**는 전남대학교 법과대학 전임강사, 조교수를 거쳐 현재 경희대학교 법학전문대학원 교수로 헌법학 및 헌법소송법학을 강의하고 있다. 1983년

고려대학교 법과대학을 졸업하고 1994년 독일 Regensburg 대학교 법과대학에서 독일 헌법소원법제에 관한 연구로 박사학위를 취득하였다. 국무총리 행정심판위원회 위원, 헌법재판소 연구위원 등을 역임하였다. 「지구당의 강제적 폐지의 위헌성」, 「대통령의 선거중립의무의 부조리성」 등 현 정치관계법의 부조리성 내지 위헌성을 논증하는 논문 등 다수의 논문과 『독일헌법재판론』 등의 역서가 있다. 최근 한국의 절차적 민주주의 성숙을 가로막는 법제 개선에 관심을 기울이고 있다.

10 **조기숙**은 이화여자대학교 국제대학원에서 국제협상론, 국제홍보론, 공공외교론, 글로벌 리더십 등을 가르치며 국제협력통상연구소장으로도 활동하고 있다. 1982년 이화여자대학교 정치외교학과를 졸업했고, 1990년 미국 인디애나 대학에서 「미국 정당의 선거전략과 유권자의 투표행태」를 분석해 정치학 박사학위를 받았다. 노무현 대통령의 홍보수석을 역임했으며 『여성과학자의 글로벌 리더십』, 『지역주의 선거와 합리적 유권자』, 『마법에 걸린 나라』 등 다수의 저서가 있다. 최근엔 촛불집회 참여자에 대한 연구, 신뢰와 민주주의 거버넌스의 관계를 연구하고 있다. 보다 나은 현재를 위해 리더십을 미래를 위해 교육개혁에 대한 관심을 이어가고 있다.

11 **조진만**은 현재 덕성여자대학교 정치외교학과 교수로 재직하고 있다. 1993년 인하대학교 정치외교학과를 졸업하고 연세대학교 정치외교학과에서 석사와 박사학위를 받았다. 박사학위 논문에서는 정치제도와 의회 입법수행능력 간의 관계를 55개 국가들을 대상으로 경험적으로 분석하였다. 박사학위를 취득한 이후 연세대학교 리더십센터 교육전문연구원, 미국 플로리다주립대학교(Florida State University) 정치학과 연구교수, 인하대학교 국제관계연구소 연구교수로 재직한 바 있다. 전공분야는 비교정치와 한국 정치로 의회, 선거, 정당과 관련된 연구들을 주로 수행하였다. 『선거제도의 변화와 17대 총선』(저서, 2006)과 『매니페스토의 올바른 이해와 사용 : 서구 25개국의 매니페스토 연구』(역서, 2007)를 포함하여 다수의 논문들을 Electoral Studies, Pacific Focus, Korea Observer, 『한국정치학회보』, 『의정연구』, 『국가전략』 등의 학술지에 게재하였다.

12 **채진원**은 경희대학교 일반대학원에서 「민주노동당의 변화와 정당모델의 적실성」이란 논문으로 정치학 박사학위를 받았다. 현재 경희대 후마니타스 칼리지의 전담교수로 '시민교육', 'NGO와 정부관계론' 등을 강의하고 있다.

전공은 비교정치(의회, 선거, 정당)이며, 주요 관심분야는 시민교육, 중도수렴의 생활정치 그리고 지구화와 글로벌 거버넌스가 심화되는 시대상황에 부합하는 정당·정치 모델과 숙의·공화민주주의 모델 등이다. 주요 논문으로 「원내정당 모델의 명료화 : 대안적 정당 모델과의 비교 논의」(2010), 「대화형 정치 모델의 이론적 탐색 : 아렌트의 '공공화법'과 바흐친의 '다성악적 대화법'」(2010), 「민주주의의 사회적 기반 : 자원봉사활동의 의미와 정치적 상관성을 중심으로」, 「세계화 시대의 시민성과 대학교육」(2011), 「무당파·SNS 유권자의 등장배경과 특성에 대한 이론적 함의와 시사점」(2012), 「보수 독점의 정당체제 개혁론의 재검토」(2012) 등이 있다.

한국 민주주의 어디까지 왔나 성과와 과제

발행일 1쇄 2012년 6월 30일
지은이 조기숙/정태호 외 펴낸이 여국동

펴낸곳 도서출판 인간사랑
출판등록 1983. 1. 26. 제일-3호
주소 경기도 고양시 일산동구 백석동 1178-1번지 2층
전화 031)901-8144(대표) I 977-3073(영업부) I 907-2003(편집부)
팩스 031)905-5815
전자우편 igsr@naver.com I igsr@yahoo.co.kr
블로그 http://blog.naver.com/igsr
인쇄 인성인쇄 출력 현대미디어 종이 세원지업사

값 25,000원
ISBN 978-89-7418-059-1 93340